KB160906

임진왜란과
동아시아세계의 변동

한일문화교류기금
동북아역사재단 편

景仁文化社

발간사

1592년부터 98년까지 7년간의 임진왜란은 조선과 일본의 전쟁이었다. 그러나 이 전쟁은 조선과 일본만의 전쟁으로 끝낸 것이 아니라, 동아시아 전역에 걸쳐 커다란 영향을 미쳤고, 급기야는 동아시아 세계에 엄청난 변화를 가져왔다. 중국에서는 명·청의 교체를 초래했고, 일본에서는 새로운 막부가 탄생했으며, 조선에서도 사회변동에 큰 영향을 미쳤다.

그동안 한일 사학계에서 임진왜란에 대한 연구는 많은 성과가 이루어졌다. 예를 들면 연구 방향은 주로 전쟁의 원인이나 목적 또는 동기, 그리고 전쟁의 경과나 실태, 또는 전쟁 중의 강화협상 등에 대한 연구가 대상이 되었고, 특히 한국에서는 장기화 되는 전쟁 중에 항왜, 의병, 조선피로인 등에 관심이 쏠려 있었다. 그 결과 이 방면에는 상당한 연구의 축적이 이루어지기도 했다.

그러나 전쟁에 필요한 병력지원이나 군량 공급, 전쟁 중에 쌓은 조선에 있는 왜성과 그에 관련된 사항, 전쟁에 의한 조선과 일본 사회의 변화, 피로인 송환제도나 송환에 관련된 사항, 나아가 동아시아 국제환경과 국제질서 내지는 국제사회의 변동에 관해서는 아직 연구가 제대로 되었다고 보기 힘들다.

이 책은 임진왜란이 동아시아세계에 어떠한 변화를 가져왔는가를 심층적으로 분석하려는 목적에서, 2009년 9월 18일부터 20일까지 한일문화교류기금과 동북아역사재단이 여수 디오션리조트에서 공동으로 주최한 국제심포지엄 <임진왜란과 동아시아세계의 변동>에서 발표된 원고들과 한국의 임진왜란 관련 사료해제집을 합쳐 단행본으로 엮은 것이다.

　　기조강연으로 전 일본공립여자대학 北島万次교수가 <「亂中日記」의 세계와 이순신>을 했고, 이어 <秀吉의 조선침략에 대한 학설사와 연구과제>를 통해 일본에서의 임진왜란에 관한 연구사를 검토했다. 이어 주제발표로 제1부에서 동아시아 국제관계에서 본 임진왜란을 한국측에서 명지대학교 한명기교수가 <전쟁이후 명 청 일 관계를 중심으로> 검토했고, 일본측에서 공립여자대학 堀新교수가 <동아시아 국제관계로 본 임진왜란>을 일본입장에서 다루었다. 제2부에서는 임란 당시 조일간의 군선과 무기를 검토했는데, 한국측에서 전쟁박물관의 박재광실장이 <조선군의 군선과 무기의 과학적 검토>를 했고, 일본측에서 西南學院大學의 久芳崇교수가 <일본군의 선박과 무기의 과학적 검토>를 통해 주로 鐵砲문제를 다루었다. 제3부에서는 임진왜란에 대한 인식을 주제로, 강원대학교 손승철교수가 <『동국신속삼강행실도』를 통해 본 임진왜란의 기억>을 다루었고, 일본 中央大學의 米谷均교수가 <豊臣秀吉의「일본국왕」책봉을 둘러싼 인식의 격차>를 검토했다. 그리고 종합토론을 통해 발표논문의 완성도를 높이고 심화하는 과정을 거쳤다. 또한 한일 양국의 임진왜란에 연구를 돕기 위해, 해군사관학교 박물관 이상훈 실장이 작성한 한국의 <임진왜란관련 사료해제>를 부록으로 첨부하였다. 다만 米谷均교수의 발제문은 본인의 사정상 심포지엄 당시의 요약문을 그대로 실었음을 밝혀둔다.

　　이 글들이 임진왜란의 실상을 밝히고, 한일관계 및 동아시아 국제관계사 이해의 폭을 넓히기 위한 밑거름이 되리라 믿는다.

　　끝으로 이번 심포지엄을 위해 수고해 주신 한일문화교류기금의 김수웅국장, 동북아연구재단의 이훈실장, 장세윤연구위원, 그리고 김강일, 황은영, 이승민님께 감사의 말씀을 드린다.

2010년 4월

한일문화교류기금 운영위원 **손 승 철**

〈개회사〉 歷史의 과학적 인식을 위한 첫걸음이 되기를

한 역사철학자는 "歷史는 오늘의 관심과 시각에서 지나간 사실을 재구성하여 놓은 것"이라고 했습니다. 지나간 사실은 불변입니다. 그러나 관심과 시각은 계속 바뀝니다. 그래서 역사는 살아있는 것, 진화하는 것이라고도 합니다. 100년 전에 인식했던 '임진왜란'이라는 역사는 그래서 지금 다시 해석하는 '임진왜란'과 같을 수 없습니다.

문학으로서의 역사는 그 나름대로 의미가 있습니다. 작가의 관심에서 보고 싶은 것, 보여주고 싶은 것을 작가의 상상력을 보태서 선명하게 들어내 보여줌으로써 하나의 像을 독자들에게 각인시켜 줄 수 있고 독자는 그 像을 간직하고 거기서 감동도 얻고 배움도 얻기 때문입니다. 그러나 역사에서 교훈을 얻으려는 사람들은 과학으로서의 역사를 알고 싶어 합니다. 하나의 역사적 사건을 그 사건에 영향을 미친 모든 변수를 동원하여 객관적으로, 그리고 입체적으로 재구성해보려 합니다. 하나의 역사적 사건이 일어나는 데는 엄청난 많은 변수가 작용합니다. 관련된 사람들의 사상, 생각, 지식, 그리고 전쟁이라면 당사국의 정치, 경제, 사회적 실태가 모두 관련되고 나아가서 당시의 국제정치도 영향을 미칩니다. 또한 과학기술 수준도 중요한 변수가 됩니다.

한일문화교류기금은 동북아역사재단과 공동으로 오늘 "임진왜란과 동아시아 세계의 변동"이라는 주제로 의미 있는 학술회의를 엽니다. 한국과 일본, 특히 한국에서는 수천번 되돌아보았던 임진왜란을 왜 다시 논의하는가라고 의문을 제시하는 분도 있을 것 입니다. 그러나 다루는 사건은 같아도 다루려는 방법은 다릅니다. 한일양국의 전문가들이 모여

"임진왜란"을 과학으로 재 분석해보려는 시도를 해보려고 합니다. 그동안 간과해 왔던 당시의 동아시아 국제관계라는 맥락속에서 임진왜란을 재조명해보고 일한 전쟁에서 사용되었던 무기체계를 검토해 봄으로써 '임진왜란'을 객관화해보려는 시도입니다.

오늘 회의의 제3부에서는 여기에 덧붙여 한일양국 국민들이 기억하는 임진왜란을 비교해 보려합니다. 한일양국의 임진왜란 인식의 차는 한일간의 상호이해를 깊이하는데 중요한 영향을 끼치기 때문입니다.

오늘 이 회의는 비록 하루 동안 진행되는 작은 규모의 회의이지만 그 의미는 크다고 생각합니다. 이 회의에는 양국의 전문학자들이 모두 모였기 때문입니다. 일본에서는 北島 万次교수, 堀 新교수, 久芳 崇교수, 米谷 均교수 등이 참여하고 있으며 한국측에서는 孫承喆교수 등 10명의 전문학자들이 참여하고 있습니다. 좋은 토론이 있으리라 기대합니다.

저희 한일문화교류기금은 한국 국민과 일본 국민간의 상호 이해를 높여 양국간의 우호관계를 깊게 하는 일을 목적으로 설립한 기관입니다. 그동안 한일관계는 역사 인식의 차이에서 생긴 오해로 항상 긴장 속에 놓여있었습니다. 그래서 저희 기금에서는 앞으로도 과거 역사를 객관화하여 양국 국민들이 공동의 역사 인식을 가지고 좀 더 상대를 바로 이해할 수 있도록 돕기 위한 이런 회의를 계속해 나가려 합니다.

비록 짧은 기간이지만 임진왜란의 주전장의 하나였던 이 아름다운 여수에서 사적지도 둘러보고 맑은 한국의 남해안 바다도 감상하시면서 좋은 시간을 보내시기를 바랍니다. 감사합니다.

2009년 9월 19일

(재)한일문화교류기금 이사장 **李 相 禹**

환영사

안녕하십니까?

한국 동북아역사재단의 사무총장을 맡고있는 신연성입니다.

동북아역사재단은 2006년 9월 설립 이후 보편적 역사인식 구축과 한·중·일 공동의 역사인식을 지향하며 다양한 활동을 전개해왔습니다. 여러 방면의 연구 및 지원사업을 통해 한·중·일 등 동아시아 지역의 상호이해와 협력, 그리고 공동번영의 기반을 마련하기 위해 노력하고 있습니다.

역사에 대한 이해의 지평을 확대하는 노력의 일환으로 동북아역사재단은 2007년부터 매년 한차례씩 한일문화교류기금과 공동으로 한·일 양국의 전문가가 참여하는 국제학술회의를 개최하고 있습니다. 올해에는 '임진왜란과 동아시아세계의 변동'이라는 의미있는 주제에 대한 심도있는 논의가 있을 것으로 기대되고 있습니다.

한국에서 '임진왜란'이라고 부르는 한·일 간의 7년 전쟁은 당시 조선과 일본은 물론, 중국과 동아시아 전체에 커다란 영향을 끼친 국제전쟁으로 평가되고 있습니다. 오늘 '임진왜란과 동아시아세계의 변동'에 관한 활발한 발표와 토론을 통해 새로운 논의와 알찬 성과를 거둘 수 있기를 바랍니다.

잘 아시겠습니다만 학술회의가 열리고 있는 이곳 여수는 한국의 명장

이순신(李舜臣) 장군의 본거지 전라좌수영(全羅左水營)이 있던 곳입니다. 학술회의를 전후하여 여수와 순천 일대 현장답사도 병행하면서 생생한 역사의 숨결을 느끼실 수 있을 것입니다.

오늘 기조강연을 해주시는 기타지마 만지(北島萬次) 교수님, 그리고 호리 신(堀新), 쿠바 다카시(久芳崇), 요네다니 히토시(米谷均) 교수님께 감사의 말씀을 드립니다.

아울러 귀중한 발표를 해주시는 한명기 교수님을 비롯한 여러 석학과 참가자 여러분께 감사의 말씀을 드립니다.

또한 금번 학술회의를 준비하시느라고 애쓰신 이상우 한일문화교류기금 이사장님과 김수웅 사무국장님, 강원대 손승철 교수님께도 감사의 말씀을 전하고자 합니다.

감사합니다.

2009년 9월 19일

동북아역사재단 사무총장 **慎 年 晟**

목 차

기조강연

「亂中日記」의 世界와 李舜臣

기타지마 만지(北島万次)*

들어가며

나는 지금까지의 壬辰倭亂 연구에서 日本·朝鮮·明 각각의 사례를 취급해 왔다. 조선 쪽 사례로서는 「朝鮮王朝實錄」「懲毖錄」「亂中雜錄」「壬辰錄」 그리고 「亂中日記」 등의 사례를 예로 들 수 있다. 이들 중에서 「朝鮮王朝實錄」「懲毖錄」 등은 朝鮮王朝 상층부의 동향을 중심으로 한 편찬물 또는 覺書이다. 또 「亂中雜錄」「壬辰錄」 등은 중간층에서 일반 서민에 이르는 광범위한 계층의 움직임까지도 기술한 覺書이다.

이에 대하여 「亂中日記」는 리얼타임의 사례이다. 이 「日記」는 壬辰倭亂 이 발발했던 해인 1592년 정월부터 李舜臣이 1598년 11월 19일 露梁海戰에 서 戰死하기 전전날, 즉 11월 17일까지의 일기이다. 「亂中日記」는 朝鮮水軍 전체를 지휘하는 입장에 있던 李舜臣이 그 직무를 수행하기 위한 備忘記이 며, 水軍과 관련된 인물의 동향, 군사상의 정보, 海戰의 준비와 陣立, 海戰 의 경위 등 水軍을 지휘하는데 필요한 여러 가지 사항을 메모한 것이다.

* 前 日本共立女子大學

더욱이 「亂中日記」에는 水軍을 지휘하는 현장에서 보았던 중앙관료들에 대한 의견과 불만, 고생하면서 明의 水軍과 협조했던 내력, 日本과 和議를 권유하려는 明 측 및 이를 시인하려는 朝鮮 내부의 특정인물에 대한 분노, 明 册封使에 수행하여 日本으로 향하는 黃愼의 通信使에 대한 선박 조달 양상, 水軍 병사와 格軍(船軍)의 모습, 水營에서 水軍을 그늘에서 지원했던 목수 등 기술자들의 모습, 倭亂의 여파를 피해 이리 저리 떠돌거나 李舜臣의 戰果에 기뻐서 덩실거리는 민중, 전란으로 인한 생활고 때문에 倭賊으로 변장하고 약탈행위에 나선 민중, 降倭가 된 日本人의 취급과 그 모습, 자기 가족에 대한 걱정 등 다양한 인간들의 움직임을 생생하게 말해주고 있는 것이다.

오늘의 이야기는 이상의 사실을 고려하면서, 「亂中日記」를 통하여 전란 속의 민중은 어떻게 살아갔는가에 대하여 언급하고자 한다.

Ⅰ. 도적·절도에 나선 하층민

1. 倭人으로 변장하고 도적이 된 下層民

1593년(宣祖 26) 7월, 충청·경상·전라 3도의 하층민이 임진왜란의 혼란을 틈타 倭人으로 변장하고 약탈행위를 감행했던 사건이 있다. 그것은 다음의 사례이다. 여기에 대해 다음의 사례를 들어보자.

1593년(宣祖 26) 7월 8일의 「亂中日記」에 의하면, 李舜臣은 「倭賊이 光陽縣을 침범했고, 왜적은 이미 官舍와 창고를 불태웠다」는 소문을 들었다. 李舜臣은 즉시 군사를 보내려고 했지만 소문을 그대로 믿을 수 없어서 蛇渡鎭의 軍官 金鵬萬을 탐색차 光陽에 파견했다(사례 1).[1]

---
1) 「○八日庚申, 晴, 因南海往來人趙鵬, 聞賊犯光陽, 光陽之人, 已爲焚蕩官舍倉

또 1593년(宣祖 26) 7월 9일의 「亂中日記」에 의하면, 南海縣令 奇孝謹이 李舜臣에게 와서 光陽과 順天은 이미 불에 탔다고 전했다. 이 때문에 光陽縣監 魚泳潭·順天府使 權俊 및 軍官 宋希立·金得龍·鄭思立 일행을 현지로 출발시켰다. 그 뒤에 李舜臣은 全羅右水使 李億祺·慶尙右水使 元均과 사건의 경위에 대하여 논의하였다. 그런데 한밤중이 되어 全羅左水營의 探候船이 돌아와서 光陽縣을 침범했던 賊은 왜적이 아니라 慶尙道의 피난민이 왜적으로 변장하고 光陽에 돌입하여 마을을 불태웠다고 전했다(사례 2).[2]

더욱이, 1593년(宣祖 26) 7월 10일의 「亂中日記」에 의하면, 蛇渡鎭의 軍官 金鵬萬이 돌아와서 광양사건은 사실이며, 倭賊 100여명이 陶灘(현재 全羅南道 求禮郡 土旨面 把道里)으로부터 침입하여 光陽을 침범했다고 李舜臣에게 보고했다. 그러나 李舜臣이 그 倭賊이라는 자들의 행위를 자세히 캐물었더니 총을 한 발도 쏘지 않았다고 전했다. 李舜臣은 倭賊이라면 절대로 총을 쏘지 않았을 리가 없다고 생각했다(사례3).[3]

그리고, 1593년(宣祖 26) 7월 10일의 「亂中日記」에 의하면, 蛇渡僉使 金浣이 李舜臣에게 돌아와서 "광양사건은 光陽 주민이 倭服으로 변장하고 일으킨 사건이며, 光陽 뿐만 아니라 順天·樂安도 이미 모두 불에 탔

庫云, 不勝怪怪, 順天·光陽, 卽欲發送, 路傳不可信, 停之, (≪細字双行≫ 蛇渡軍官金鵬萬, 探知次送之)」(李舜臣 「亂中日記」 癸巳 7월 8일).

2)「○九日辛酉, 晴, 南海又來傳云, 光陽·順天已爲焚蕩云, 故光陽·順天及宋希立·金得龍·鄭思立等, 發送李渫, 昨日先送, 聞來痛入骨髓, 不能措語, 與右令公及慶尙令公論事, (中略) ○三更末, 營探候船入來, 傳賊奇, 則非倭賊, 嶺南避亂之人, 假著倭形, 突入光陽, 閭閻焚蕩云, 則不勝喜幸, 晋陽之事亦虛云, 然晋陽事, 萬無是理「亂中日記」 癸巳 7월 9일).

3)「○十日壬戌, 晴, 晚金鵬萬自豆恥來言, 光陽之事實矣, 而但賊倭百餘名, 自陶灘越渡, 已犯光陽云, 然就觀所爲, 則銃筒一無度放之云, 倭而萬無不放炮之理矣, (中略) ○昏吳水自巨濟加參島(加助島)來告曰, 賊船內外不見云, 又曰, 被虜人逃還言內, 賊徒無數, 還向昌原等地云, 然人言未可信矣」(「亂中日記」 癸巳 7월 11일).

다”고 보고했다. 또한 光陽에서 돌아온 吳壽成은 “光陽의 도적은 모두 晋州 및 光陽縣 백성이며 그들이 이런 흉계를 꾸몄다. 관청의 창고는 텅 비었고, 마을도 모두 인적이 끊어졌다. 피해는 順天이 가장 심하고 樂安이 그 다음으로 심했다”고 보고했다(사례 4).[4]

2. 倭賊 습격의 헛소문을 퍼뜨리고 소를 훔친 鮑作人

1597년(宣祖 30) 8월. 全羅道 於蘭浦에서 慶尙道 唐浦의 鮑作人이 왜적이 쳐들어왔다고 헛소문을 퍼뜨리고 소를 훔친 사건이 있었다.

1597년 8월 25일의 「亂中日記」에 의하면, 李舜臣이 全羅南道 於蘭浦에 주둔하고 있을 때, 唐浦의 鮑作人이 방목 중인 소를 훔쳐가면서 왜적이 쳐들어왔다고 헛소문을 퍼뜨렸다. 李舜臣이 그 흉계를 알고 헛소문을 퍼뜨린 두 사람을 잡아서 斬梟했다(사례 5).[5]

이상의 사례1~5에서의 문제점은 다음과 같다.

    ① 倭亂으로 생활난에 빠진 전라도 光陽·경상도 晋州의 하층민들이 倭人으로 변장하고 약탈행위를 하였다.
    ② 이 무렵 光陽·晋州 지역뿐만 아니라 忠淸·慶尙·全羅 3도 등 광범위한 지역에서 하층민들이 혼란을 틈타 약탈행위를 감행하기에 이른 상황이 확산되고 있었다.[6]
    ③ 丁酉倭亂 때인데, 海民인 鮑作人이 식량난으로 헛소문을 퍼뜨리고 소를 훔쳤다(사례5).

---

4) 「○十一日癸亥, 晴, 蛇渡僉使(金浣)還來言內, 豆耻渡賊事虛傳, 而光陽之變著倭服, 自相作亂云, 順天·樂安已盡焚蕩云, 不勝痛憤々々, 夕吳壽成, 自光陽還來, 告曰, 光陽賊事, 皆晋州及縣人, 出此兇計, 官庫寂然, 閭里一空, 終日回觀, 無一人云, 順天尤甚, 而樂安次之云」(「亂中日記」癸巳 7월 11일).

5) 「○廿五日癸酉, 晴, 因駐同處, 朝食時, 唐浦鮑作偸放牛牽去, 而虛警曰, 賊來々々, 餘已知其誣, 拿虛警者二名, 卽令斬梟, 軍中大定」(「亂中日記」丁酉 8월 25일).

6) 「○全羅道觀察使李廷馣馳啓曰, 下道一帶不逞之徒, 乘時作亂打破官庫, 公然搶掠云」(「朝鮮王朝宣祖實錄」宣祖 26년 8월 己丑).

이 鮑作人에 대하여는 나중에 설명한다. 여기서 전란의 여파로 생활고로 인하여 약탈행위를 감행했던 하층민의 실태가 보인다.

그러면 이 문제를 벗어나 全羅左水營의 기술자(職人)에게 눈길을 돌려보자.

II. 水營을 지탱했던 기술자 집단

1. 목수

1) 造船과 船材 운반

造船에 관련된 것으로서, 「亂中日記」1593년(宣祖 26) 6월 22일의 기사에 다음과 같은 기술이 있다. 全羅左水營에서는 戰船을 建造하기 위하여 坐塊①을 시작했다. 耳匠②240명, 運搬役③으로 全羅左水營에서 72명, 防踏鎭에서 35명, 蛇渡鎭에서 25명, 鹿島鎭에서 15명, 鉢浦鎭에서 12명, 呂島鎭에서 15명, 順天府에서 10명, 樂安郡에서 5명, 興陽縣과 寶城郡은 각각 10이었다고 기술했다(사례6).[7]

(注)
① 坐塊 ; 배를 만들 때 배 바닥의 판자 아래 굴림목으로서 둥근 통나무를 설치하는 일.
② 耳匠 ; =목수. 목수 역할과 토목공사를 하는 사람. 여기서는 船大工.
③ 운반역 ; 잡역부.

또 「亂中日記」1593년(宣祖 26) 6월 23일의 기술에는 이 날, 新船의

---

7) 「○六月二十二日乙巳, 晴, 戰船始坐塊, 耳匠二百十四名, 運役內營七十二名, 防踏三十五名, 蛇渡二十五名, 鹿島十五名, 鉢浦十二名, 呂島十五名, 順天十名, 樂安五名, 興陽·寶城各十名, 防踏則初送十五名, 軍官色吏論罪, (이하, 略)」(「亂中日記」癸巳 6月 22日).

底板作業이 종료하였다(사례7).8)

이상 사례 6~7을 통하여 다음 사실을 지적해 두고 싶다.

「亂中日記」에는 船大工에 관한 것을 「耳匠」으로 기록하고 있다. 「耳匠」이란 「목수」라고도 부르며, 선박 건조를 비롯하여 목수의 작업과 관련된 기술자이다. 「日記」의 이 부분에 의할 때, 이 시점에서 全羅左水營(麗水)에 240명이나 되는 다수의 耳匠(船大工)이 있었음을 알 수 있다. 이 船大工이 造船의 첫 작업인 坐塊에 착수하였다. 그때 船大工의 작업을 보조하기 위하여 船材를 운반하는 많은 잡역부(「運役」)가 左水營 및 左水營 관할하의 防踏鎭·蛇渡鎭·鹿島鎭·鉢浦鎭·呂島鎭 등 각 鎭營과 順天府·樂安郡·寶城郡·興陽縣에서 동원되었던 것이다.

여기서 船大工이라는 기술자 집단이 左水營에 있고, 그들의 전문작업 이외의 일을 잡역부가 담당하는 구조가 존재했음을 알 수 있다.

그러면 이들 船大工은 어떻게 조직되어 있었는가? 이에 대하여 다시 사례를 들어보자.

2) 船大工의 장악과 통제

1594년(宣祖 27) 1월 24일의 기술에는, 軍船의 재목 벌채를 위하여 宋德馹이 耳匠 41명을 인솔하고 나갔다(사례8).9) 여기에 나오는 宋德馹은 壬辰倭亂 발발 당시 國王을 호위하고 平安道까지 扈從했다. 1594(宣祖 27)년 李舜臣 휘하에 가담했고, 耳匠(목수)를 이끌고 山役을 행했다. 丁酉倭亂 때 珍島郡守가 되었고, 鳴梁海戰에서 활약했다(『朝鮮人名辭書』).

또 「난중일기」 1595년(宣祖 28) 11월 27일의 기술에는 軍官 金應謙이 2년생 나무를 벌채하기 위하여 耳匠 5명을 인솔하고 산으로 갔다(사

---

8) 「○二十三日丙午, 晴, 早朝點付耳匠等, 則無一名干云, 新船本板畢造」(「亂中日記」 癸巳 6월 23일).

9) 「○正月二十四日癸卯, 晴且暖, 朝山役事, 耳匠四十一名, 宋德馹領去」(「亂中日記」 甲午 1월 24일).

례 9).10) 더욱이 「난중일기」 1597년(宣祖 30) 10월 30일. 李舜臣은 軍官 黃得中에게 명하여 耳匠을 이끌고 島北의 산기슭에서 건설용 목재를 베도록 했다(사례10).11)12)

이상 사례 8~10에서 다음과 같은 사실을 알 수 있다.

(사례 8)에서는 船大工이 軍船의 목재를 벌채하고, 그들을 통솔한 사람이 李舜臣의 부장 宋德駟이었으며, (사례 9)도 船大工이 목재를 벌채하고, 그들을 李舜臣의 軍官이 통솔했음을 알 수 있다.

여기서 船大工이 造船用 목재를 벌채한다는 것은 무엇을 의미하는 것일까? 앞에서 船材를 운반하는 잡역부의 존재를 언급하였다. 造船用 목재도 이들 잡역부에게 맡겨도 좋을 듯하지만, 船大工이 직접 목재를 벌채하는 것은 무슨 이유일까 하는 문제가 있다. 생각할 수 있는 것은 造船用 목재의 선정이다. 船材에 적합한지 어떤지 여부는 船大工이 판별하는 것이다. 따라서 목수가 직접 船材를 탐색하는 것이라고 생각할 수 있다.

또한 (사례 10)은 1597년 9월 17일 鳴梁海戰 뒤의 사례이며, 이 무렵 李舜臣은 全羅右水營에 거점을 두고 있었다. 그 청사 건설 때문이었는지 船大工도 건설용 목재의 벌채에 동원되었다. 그리고 (사례 10)에서 또 하나 지적할 것은 李舜臣의 軍官 黃得中이 船大工을 이끌고 작업에 임했다는 사실이다. 「亂中日記」의 다른 부분을 보면 黃得中은 船舶과 銃筒用 鐵材의 運搬 등도 담당하고 있으며(「亂中日記」丙申 2월 18일·19일), 아마도 철재·목재의 조달 임무를 맡았던 것으로 생각할 수 있다. 그 휘하에 耳匠 등의 기술자가 편성되어 있었던 것은 아닐까?

---

10) 「○十一月二十七日乙未, 晴, 金應謙以二年木斫來事, 耳匠五名率去」(「亂中日記」乙未 11월 27일).

11) 「○十月三十日丁亥, 晴而東風, 多有雨態, (中略) 早使黃得中, 率耳匠往于島北峯底, 造家材木斫來」(「亂中日記」丁酉 10월 30일).

12) 「○十八日乙卯(中略)黃得中載鐵來納」(「亂中日記」丙申2月18日)。
「○十九日丙辰(中略)黃得中所持銃筒鐵、称量入藏」(「亂中日記」丙申2月19日)。

이 세 가지 사례에서 李舜臣의 軍官이 이들 船大工를 통제하고 있었음을 알 수 있다. 船大工 편성 구성은 李舜臣→軍官→船大工 집단이며, 그 外延에 大工의 전문작업을 보조하는 잡역부가 배치되어 있었다고 할 수 있다.

3) 船大工의 출장 작업

이어서 船大工의 출장 작업에 대하여 다음의 사례를 들어보자.

「난중일기」1596년(宣祖 29) 2월 6일. 李舜臣은 耳匠(船大工) 10명을 巨濟島로 보내 선박을 건조하도록 지시하였다(사례 11).[13]

이 사례에서 다음 사실을 말할 수 있다. 즉 이 시기에 李舜臣은 閑山島로 본거지를 옮겼다. 「日記」에 따르면 船大工도 李舜臣을 따라 閑山島에서 업무에 종사하고 있었을 것이다. 이들 船大工 중에서 10명이 造船 작업을 위하여 巨濟島로 출장을 갔던 것이다. 이 사실에서 李舜臣 휘하의 船大工은 巨濟島 이외의 각 鎭營의 船倉에도 작업을 하러 출장하는 일이 있었던 것으로 생각된다.

2. 石工

다음 船大工이외의 기술자에 대해 보면, 「亂中日記」 1592년(宣祖 25) 1월 16일에는 石工(石手)에 관하여, 城底(城 부근)의 土兵(토착 병졸) 朴夢世가 石手(石工)를 인솔하고 先生院①의 鎭石 採石場에 갔다는 기술이 있다(사례 12).[14]

---

13) 「○二月初六日癸卯、陰、曉耳匠十名、送于巨濟、造船事敎之」(「亂中日記」丙申2月6日)。

14) 「○正月十六日丁丑、晴、(中略)城底土兵朴夢世、以石手往先生院鎭石浮出處」(「亂中日記」壬辰1月16日)。

① 先生院 ; 省生院 또는 成生院이라고도 한다. 驛院의 하나. 현재 全羅南道 麗川郡 栗村面 新豊里.

또 「亂中日記」 1592년(宣祖 25) 2월 15일기술에는 石手들이 새로 쌓은 포구의 塹壕가 많이 무너졌으므로 처벌하기로 하고 다시 쌓도록 했다(사례13).[15]

이상 (사례 12)와 (사례 13)에 관해 지적하면, 全羅左水營 주변의 土兵(토착 병졸)이 석공을 인솔하고 돌을 캐러 나갔다는 것이다. 이 경우 土兵과 石工의 관계는 어떤 것이었을까? ① 石工도 李舜臣 휘하에 편성되어 있었고, 그들을 李舜臣의 명령에 따라 土兵이 인솔했던 것일까? 그렇다면 船大工을 인솔한 것은 李舜臣의 軍官이었는데 이 경우는 왜 土兵이었을까 하는 의문이 남는다. 어쩌면 ② 석공은 그 지역의 土兵 휘하에 배속되어 있었던 것일까? 이것은 앞으로 검토해야 할 과제이다.

(사례 13)에서 지적할 수 있는 것은 석공은 원래의 업무로서 참호공사(돌쌓기)를 맡고 있었다. 따라서 (사례 12)에서 보았듯이 석공은 채석에서부터 돌쌓기까지 담당했다고 말할 수 있다.

3. 弓匠과 冶匠

弓匠이든 冶匠(제련기술자)이든 船大工의 경우와 마찬가지로 출장 작업을 하고 있다. 그 사례를 다음에 들어보자.

1) 弓匠의 출장 작업

1596년(宣祖 29) 7월 7일. 弓匠 智伊와 춘도가 本營(全羅左水營)으로 돌아왔다(사례 14).[16]

15) 「○二月十五日丙午、大風雨、(中略)石手等以新築浦坑多致頹落決罪、使之更築」(「亂中日記」 壬辰2月15日).
16) 「○七月七日壬申、晴、(中略)夕、弓匠智伊及春卜、夕歸營」(「亂中日記」 丙申7月7日).

이 사례(14)에서 다음 사항을 지적해 두고자 한다. 즉 이 시기에 李舜
臣은 閑山島에 본거지를 두고 있었다. 弓匠이 本營(全羅左水營)으로 돌
아왔다는 것은 그들 弓匠이 활 만드는 일 때문에 全羅左水營에서 閑山
島로 출장을 가 있었으며, 작업이 끝났으므로 全羅左水營으로 돌아왔던
것이다. 이 사실은 船大工이 巨濟島로 출장을 갔던 것과 동일한 문제이
며, 左水營의 弓匠職人은 李舜臣 관할하의 鎭營으로 출장 작업을 가기
도 했던 것이다.

2) 冶匠의 출장 작업

또 冶匠(제련기술자)의 출장 작업에 관해서는 다음의 사례가 있다. 「난
중일기」 1597년(宣祖 30) 10월 23일. 李舜臣은 冶匠 許莫同을 羅州로 보
내려고 初更(오후 8시)이 끝날 무렵 하인에게 부르러 보냈는데 복통 때
문에 올 수 없었다고 한다(사례 15).[17]

이 사례 15의 마지막에 冶匠이 腹痛으로 李舜臣이 있는 곳으로 올
수 없었다고 하는데, 제련기술자 역시 全羅左水營에 있으면서 船大工·
弓匠의 경우와 마찬가지로 李舜臣이 관할하는 각 지역으로 출장 작업을
나가기도 했다는 것을 말해주고 있다.

4. 『湖左水營誌』에 보이는 기술자 집단

지금까지 「亂中日記」를 통하여 船大工(耳匠)·石工(石手)·弓匠·冶匠의
사례를 든 것에 불과하지만, 1631년(仁祖 9)에 저술된 『湖左水營誌』에 의할
때 左水營에는 다음과 같은 기술자가 편성되어 있었음을 알 수 있다.

---

17) 「○十月廿三日庚辰、晴、(中略)冶匠許莫同往于羅州、初更末使奴招之、則腹
痛云」(「亂中日記」 丁酉10月23日)。

* 耳匠 ————— 46名		* 火砲匠 ————— 45名
* 沙工(船頭) ————— 48名		* 弓矢人(造弓匠) ————— 37名
* 漆匠 ————— 8名		* 銀匠(金·銀·銅細工製造) ————— 2名
* 扇子匠 ————— 26名		* 木手(木工) ————— 30名
* 聰匠(葬送具·祭器製造) ————— 3名		* 環刀匠 ————— 4名
* 筒箇匠(竹筒細工) ————— 24名		* 刀子匠(小刀製造) ————— 3名
* 鍮器匠(眞鍮器具製造) ————— 1名		* 朱錫匠(朱錫은 眞鍮の一種) ————— 1名
* 竹席匠(竹皮の敷物細工) ————— 10名		* 笠子匠 ————— 6名
* 官木手 ————— 3名		* 水鐵匠(銑鐵匠?) ————— 37名
* 沙鐵吹錬匠 ————— 10名		* 皮鐵匠(皮細工職人?) ————— 3名
* 磨造匠(研ぎ師?) ————— 3名		* 螺鈿匠 ————— 2名
* 蓋匠(屋根葺き職人) ————— 2名		* 瓦匠(瓦職人) ————— 6名

『湖左水營誌』가 저술된 시점의 左水營의 실태는 李舜臣이 水使가 되었던 당시와는 약간의 차이가 있음을 염두에 둘 필요가 있기는 하지만, 壬辰倭亂 시기에 있어서 船大工(耳匠)·石工(石手)·弓匠·冶匠을 비롯한 다양한 기술자들이 水軍에게 필요한 군수물자를 중심으로 하는 각종 물품의 제조에 관여하고 있었던 것이다. 그리고 그들은 水使 직속의 軍官 아래 편성되어 水軍의 수요에 응할 태세를 갖추고 있었다고 할 수 있다.

Ⅲ. 船軍이 된 降倭

1. 투항하는 倭卒과 그 이유

倭卒은 왜 조선측에 투항했을까? 여기서는 투항했던 倭卒의 사례부터 살펴보기로 하자. 「亂中日記」1594년(宣祖 27) 10월 6일에는, 場門浦·永登浦海戰이 끝나고 李舜臣 휘하로 투항했던 倭卒 있음. 심문한 바 永登浦에 진을 친 시마즈(島津) 부대의 병졸이었다(사례 16).[18]

---

18) 「○倭奴一名、來到漆川山麓、欲爲投降、故昆陽郡守招降載船、問之則乃永登倭也」(「亂中日記」甲午10月6日)。

또 「亂中日記」 1596년(宣祖 29) 1월 8일에는, 慶尙道 加德島 시마즈 (島津) 부대의 병졸이 축성공사 등 혹독한 부역을 견디지 못하고 閑山島 의 李舜臣 휘하로 투항함. 李舜臣이 도망한 이유를 캐물었더니 그들의 대장인 시마즈씨(島津氏)의 성격이 좋지 않다고 한다(사례 17).[19]

더욱이, 「亂中日記」 1597년(宣祖 30) 7월 3일의 기술에는 慶尙左兵 使 成允文 휘하의 軍官이 降倭 2명을 데리고 왔다. 이들은 가토 기요마 사(加藤淸正)가 이끄는 병졸이라고 한다(사례 18).[20]

이들 사례(16~18)의 降倭에 관하여 투항 이유를 자세히 살펴보면, 시마즈(島津) 부대의 경우(사례 16, 17) 1594년 10월의 場門浦·永登浦海 戰 무렵에는 巨濟島 永登浦에 倭城을 쌓고 있었다. 그런데 히데요시(秀 吉)를 日本國王에 封하는 明의 册封使가 慶尙道로 갔을 때, 倭軍이 慶尙 道 일대의 倭城을 파괴하고 朝鮮에서 철수하지 않으면 일본으로 건너가 지 않겠다고 강경한 태도를 보였다. 이 때문에 시마즈 부대의 永登浦倭 城도 파괴하게 되었고, 시마즈 부대는 加德島로 이동했는데 이곳에서 다 시 축성공사를 시작했다. 뿐만 아니라 시마즈 부대의 대장인 시마즈 타 다쯔네(島津忠恒)는 永登浦倭城 안에 공을 차는 정원과 茶室을 만들고 여러 다이묘들과 교제하는 일에 밤낮을 보내고 있었다. 加德島로 이동한 뒤에도 시마즈 타다쯔네는 그곳에서도 축성공사를 시작하고 다시 축구 장과 茶室을 만들었다. 降倭가 "大將의 성격이 좋지 못하다"고 한 것은 바로 이 무렵이었을 것이다.

또 가토 기요마사의 병졸이 투항한 사례(사례 18)에 관하여 언급하자 면, 기요마사 부대가 주둔하고 있던 西生浦倭城도 시마즈 부대의 永登浦

---

19) 「○早降倭五名入來、故問其來由、則以其將倭性惡、役且煩重、逃來投降云、 收其大小刀、藏之樓上、實非釜山倭也、乃加德沈安屯(島津殿)所率云」(「亂中 日記」 丙申 1月 8日)。

20) 「○左兵使、使其軍官押降倭二名而來、乃淸正所率云」(「亂中日記」 丁酉 7月 3日)。

倭城의 경우와 마찬가지로 파괴했던 것이다. 그러나 日明 강화교섭의 파
탄에 따라 丁酉倭亂이 시작되자 기요마사는 다시 西生浦倭城의 수축에
착수하였다. 끊임없이 계속되는 축성공사에 혹사당하던 병졸이 慶尙左
兵使 成允文에게 투항했던 것이다.

　이들 사례에서 보이는 降倭의 특징은 도망이며, 慶尙道 友鹿洞의 투
항장 沙也可(＝金忠善)이 투항했던 경우와는 차이가 있다. 전자는 개별적
으로 투항했던 것이며, 沙也可의 경우는 집단투항이다. 다음으로 그 차
이점에 관하여 지적해 두고자 한다.

2. 두 가지 유형의 투항

1) 降倭將 定住型

　주지하다시피 沙也可는 加藤清正 부대의 선봉장이며, 1592년(宣祖
25) 4월 조선침입 직후에 휘하의 병졸을 이끌고 조선쪽에 항복한 인물이
다. 沙也可는 朝鮮의 예의와 중화문물이 성행하는 모습을 흠모하여 휘하
의 병졸을 이끌고 조선쪽에 투항하였다. 그리고 조선군에 종사하며 왜군
과 싸워 공적을 올리고, 金忠善으로 개명하고 朝鮮에 뼈를 묻었으며, 자
손은 友鹿洞에서 번영하였던 것이다. 이 沙也可의 경우와 동일한 사례가
「亂中雜錄」에도 보인다.

　경상도에 주둔 중이던 「金向義」라는 이름의 倭將은 점점 심해지는
전투와 노역에 혐오감을 느끼고 慶尙右兵使 金應瑞에게 부하를 이끌고
투항하였다. 그 후 조선 측에 종사하며 전공을 세우고 通政大夫(정3품의
宗親·文武官·儀賓 등의 堂上官 위계)·嘉善大夫(종2품의 宗親·儀償·文
武官 등의 堂上官 위계)에 올랐으며, 密陽에 거주하면서 농사와 누에치
기에 종사하였고 자손도 번창하였다(사례 19).[21]

---

21) 「○嶺南諸屯倭賊、厭其久戍勞役、多有降附我國者、金應瑞所招幾至百餘名、其

☆☆沙也可와 金向義의 경우는 부하를 이끌고 투항했으며, 상대방의 戰力이 되었고, 안주의 땅을 얻었던 것이다. 이것은 일본의 戰國爭亂에서도 볼 수 있는 반란이다. 일본 쪽의 입장에서 보자면 배신이다. 따라서 조선쪽도 그에 상당하는 대우를 부여했던 것이다. 이 유형의 降倭를 降倭將定住型이라고 부르겠다.

그런데 降倭가 모두 降倭將定住型은 아니다. 또 다른 유형의 降倭가 있었다.

2) 兵卒勞役型

이 유형의 降倭는 앞에서 본 시마즈 타다쯔네와 가토 기요마사 휘하에서 도망한 경우이며, 이들은 部將에게 이끌려 투항했던 것이 아니라 개별적으로 도망한 것이다. 그 사례로서 시마즈 부대에서 투항했던 병졸의 경우를 예로 들어보자.

1598년(宣祖 31) 5월. 요에몽(與右衛門 또는 要汝文)이라는 이름의 시마즈 부대의 병졸이 조선쪽에 투항했다. 都元帥 權慄이 조사한 결과, 그 자의 공술에 의하면 ① 요에몽(與右衛門)은 나이가 30세이고 弓矢와 放砲 기량을 가진 병졸이라는 점, ② 양친은 이미 타계했고, 형제는 모두 왜란의 여파에 말려들어 고생 중이며 요에몽은 의지할 데 없는 고아의 몸이라는 점, ③ 그리고 요에몽은 끝없이 계속되는 축성공사에서 사역하였고, ④ 그러한 때 조선쪽이 降倭를 후대한다는 말을 듣고 시마즈 진영에서 도망했던 것이다(사례 20).[22]

酋曰金向義、向義與其衆多立戰功、官至通政嘉善、其後、二三年間、降倭等屯居密陽之地、務農桑長子孫、名其里降倭鎭」(趙慶男,「亂中雜錄」甲午6月)。

22)「○備邊司啓　曰、都元帥權慄、上送降倭要汝文称名者、捧招入　啓、此倭則付諸也汝文、使之同在何如、
其招曰、年三十、居博多州沈安頓吾軍、壬辰、過海出來、住在釜山、三年後還歸本土、今正月間、又爲出來、來住釜山浦、粗知發矢、且解放砲、行

이 요에몽의 투항은 명백하게 沙也可와 金向義의 경우처럼 반란·배반
이 아니라 단순한 개별적인 도망이다. 이들 降倭는 조선쪽으로부터 어떤
취급을 받았을까? 이에 대하여 「朝鮮王朝實錄」에 다음의 사례가 있다.

1594년(宣祖 27) 9월, 조선정부 수뇌는 降倭의 취급에 대하여 다음과
같은 방침을 밝혔다. 즉 降倭 중에서 才技가 있고, 더욱이 恭順하여 國用
에 쓸모가 있는 자는 陣中에 머물도록 하고, 나머지 降倭는 閑山島의 水
軍으로 보내서 船軍(格軍)으로 사역하게 한다는 것이다(사례 21).[23]

이들이야말로 진정한 兵卒勞役型 降倭이다. 그렇다면 다음으로 이들
船軍(格軍)에게 주목해 보자.

軍時負旗前導、去月間、朝鮮曾有相知人來言、朝鮮厚待降倭云、故來降、
父母皆沒、只有三箇同生、而一在釜山、二在日本、沈安頓吾所率軍兵、元
是三萬餘名、軍糧則藏置十倉、而非俺所管、不能詳知其數、朝鮮男女時在
釜山者、各二千餘名、而糧食則大槪計數摠給、不知實數、當初出來時、大
船三十餘隻、各載軍糧八九十石出來、其後、間或運到、且於朝鮮地方、搶
得而食之、朝鮮之人、皆給腰牌、出入陣中、而雖有腰牌者、若有罪、即殺
之、釜山兩處城子、時方修築、軍卒役事則所食、一日三時、尙未畢役、頃
日蔚山 天兵接戰時、沈安頓吾在釜山、聞接戰之奇、簡率精兵三百餘名、向
蔚山、中路還來、倭衆發動期則皆云、當在八九月間、而迷劣卒倭、不能詳
知、傳曰、依啓」(「朝鮮王朝宣祖實錄」 宣祖31年 5月己丑)。

23) 「○備邊司啓曰、降倭初欲入送于深僻處、皆令上送京中、仍送兩界、其數已多、
非徒道路傳送之際、貽弊多端、兩界郡邑、一樣殘破、許多降倭、盡皆入送、亦
非物力之所堪、今後來降、而有其才技、恭順可使者、留置陣中、其餘則收其刀
釰、入送于閑山島舟師所在、分置諸船、以爲格軍、如有情狀可疑者、令諸將登
時善處、上從之」(「朝鮮王朝宣祖實錄」 宣祖27年9月己丑)。

Ⅳ. 바다를 아는 鮑作人

1. 朝鮮 水軍의 戰力과 梢水軍

水軍 병력은 射手(弓手와 砲手)와 梢水軍(船頭와 格軍＝船漕ぎ)으로 구성된다. 여기서 1595년(宣祖 28) 朝鮮國王이 明에 회답했던 朝鮮 水軍의 실태를 도표로 구성하면 다음과 같다.

「朝鮮 水軍의 戰力－1595년(宣祖 28) 3월－」

	射手 (弓手·砲手)	梢水軍 (船頭·格軍)	龜甲船	戰船	哨探船
統制使李舜臣配下 (含, 全羅左水營)	717명	3072명	5척	26척	31척
慶尙右水使裴楔配下	55명	398명	0척	10척	10척
全羅右水使李億祺配下	425명	2171명	0척	24척	24척
慶尙左水使李守一配下	31명	240명	0척	3척	3척
計	1228명	5881명	5척	63척	68척

* 出典 : 萬曆 23년 3월 4일 朝鮮國王回咨(「事大文軌」 12).

이 도표에서 다음 사항을 지적해 둔다.

제일 먼저 지적할 것은 射手에 비하여 梢水軍, 특히 格軍(船軍)의 인원수가 많다는 점이다. 射手 1228명에 대하여 梢水軍은 5881명이며, 梢水軍은 射手의 4.5배에 상당한다. 이것은 動力으로 움직이는 현대의 선박과 달리 格軍(船軍)의 人力에 의존하는 선박의 경우 格軍(노젓는 병사)의 숫자가 海戰에서 승패의 열쇠를 쥐고 있다는 사실을 말해 주고 있다.

두 번째 문제는 선박 1척에 대하여 어느 정도의 格軍이 필요한가 하는 점이다. 이 도표에 올린 軍船 전체의 수는 136척이며, 格軍은 5881명이다. 따라서 평균을 내면

軍船 136척＝A, 格軍 5881명＝B, B/A＝43명이 되는데, 軍船에는 龜甲船에서부터 哨探船까지 크고 작은 선박이 있다. 이전에 내가 해군사관학교박물관의 鄭鎭述씨로부터 들은 설명에 의하면, 龜甲船의 경우 노(櫓)는 좌우에 8本씩 합계 16本이며, 櫓 1本당 4명의 格軍이 배치(그 중 2인은 교대요원)된다. 따라서 龜甲船 1척의 格軍은 64명이라고 한다.

이 도표에 표시한 龜甲船은 5척, 戰船은 63척, 합계 68척이 된다. 따라서 여기에 배치되는 格軍(노젓는 병사)는 68척×64명＝4352명이 된다. 그리고 5881명(格軍＝노젓는 병사 전체수)-4352명(龜甲船·戰船에 배치되는 格軍)＝1529명이 哨探船 등 소형 선박에 배치되는 것으로 생각된다.

그렇다면 이들 格軍(노젓는 병사)는 어떤 사람들로 구성되어 있었을까? 이들은 앞에서 말한 降倭 외에 奴婢·土兵·鮑作人 등으로 구성되어 있었다. 그리하여 다음으로 鮑作人에 대하여 서술해 두고자 한다.

2. 鮑作人이란 무엇인가?

鮑作人이란 鮑尺人이라고도 한다. 일찍이 朝鮮總督府가 작성한 『朝鮮語辭典』에 의하면 鮑尺이란 '물속에 들어가서 전복(鮑)을 채취하는 자'라고 되어 있다. 「亂中日記」 癸巳 3월의 메모에도 '鮑作'으로 기록된 부분에 '沿海人'이라는 注記가 있다. 이런 사실들로 미루어 볼 때 鮑作人이란 沿海를 생활터전으로 하는 海民이라고 할 수 있다.

그러나 그들은 朝鮮 국가뿐만 아니라 육지의 일반인들로부터 배척당하고 소외되고 있었던 것이다. 그 사례를 예로 들어보자.

15세기 중엽, 濟州島의 鮑作人이 全羅·慶尙 양도의 후미진 해안으로 잠입하여 빈번하게 절도를 일삼고 있었다. 그러나 확실한 증거가 없었다. 전라도 관찰사 柳洵은 그들을 濟州島로 돌려보내려고 해도 생업에 종사하려 하지 않았다. 그래서 중앙정부가 취한 鮑作人에 대한 대책은 ① 소재지의 守令·萬戶에게 명하여 鮑作人의 선박에 字號를 붙이게 하고 全羅·慶尙 양도로 건너갈 때 路引(通行券)을 발급하며, 만일 路引을 소지하지 않았거나 字號를 붙이지 않은 배를 타고 멋대로 全羅·慶尙 양도를 출입하면 해적으로 간주하여 엄벌에 처할 것, ② 아울러서 鮑作人이 거주하는 마을에 매년 그 인구를 등록하게 하고 전라도 관찰사에게 보고하며, 그 사항을 다시 조정에 轉報하도록 할 것, ③ 守令·萬戶는 鮑作人을 存撫(단속을 완화하다)할 수 없으며, 鮑作人을 流亡하게 하면 이 사실을 守令·萬戶 등 관리의 업적평가에 참고하기로 하였다(사례22).[24]

1589년(宣祖 22), 景轍玄蘇·宗義智 일행이 히데요시의 일본 전국통일을 축하하는 通信使 파견을 조선쪽에 요청했을 때, 조선은 全羅道 珍島의 반란민 沙火同의 縛送을 通信使 파견의 조건으로 삼은 일이 있었다. 沙火同은 지난 해 11월, 일본 해적을 끌어들여서 全羅道 高興郡 損竹島를 습격하고 邊將 李太源을 살해한 인물이며, 그 후 五島에 잠적해 있었던 것이다(사례23).[25]

---

24) 「○兵曹據全羅道觀察使柳洵啓本啓、鮑作人等自濟州而來、散處全羅、慶尙兩道海曲、潛行剽竊、其漸可慮、但時無顯然罪狀、治罪爲難、且雖欲刷還本土、必不安業、請令所在官守令·萬戶、於船隻字號著標、入海時、給路引、如無路引、或騎無標船、而任意出入、則論以海賊、置之重典、令所居邑、每歲抄錄人口、報觀察使轉啓、若守令·萬戶、不能存撫、致令流移、請於殿最、憑考施行、從之」(「朝鮮王朝成宗實錄」成宗14年12月乙丑)。

25) 「○全羅道左水營鎭撫金介同·李彦世等、於去年春損竹島之戰、爲倭擄去、轉賣南番國、因逃入中國地界、盤問解送北京、謝恩使柳典(土ヘン)等之還也、順付以來、介同等之言曰、有沙火同者、我國珍島人也、被擄而去、因効忠於倭奴、謂介同曰、此地風俗人心甚好、可居也、汝可無懼、朝鮮則賦役甚苦、大小全艘、無限徵出、不勝支當、因留居此、前年初、欲犯馬島·加里浦、風候不順、泊于損竹島、此乃我之所嚮導也云云、其島名曰五島、周回數日程、人居稠密、若一大州、我國人被擄者居多、有船五百餘艘、全羅右道伏兵船、全數虜去、故弓箭·銃筒、亦皆輸去、而徒爲積置、不知試用、只兒童爲戲具而已」(「朝鮮王朝宣祖實錄」宣祖二十一年十一月丙寅)。

이 사례 23의 경우, 문제는 沙火同의 출신 내력이다. 「朝鮮王朝實錄」에는 "沙火同이라는 자가 있다. 그는 우리나라 珍島 사람이다"(사료25)라고 기록했는데, 李廷馣의 「行年日記」에 따르면 '寶城 鮑作人 沙火同'26)의 출신지는 全羅南道 寶城이며, 신분은 鮑作人으로 되어 있다. 沙火同은 鮑作人이라는 사실이 주목되는 것이다. 바닷가를 왕래하며 사는 鮑作人이었던 만큼 사례에는 그의 거소가 全羅南道 珍島라거나 寶城이었던 것이다.

沙火同 사례에서 볼 수 있듯이 鮑作人은 全羅南道 해안지대의 몇몇 居所를 옮겨 다니면서 본업인 전복 채취 외에 절도행위를 감행하거나 해적행위에도 가담하였다. 이것도 鮑作人이 살아가는 방식이었던 것이다. 그런 만큼 그들은 국가와 일반인들로부터 아웃사이더와 유사한 존재로 간주되고 있었던 것이다.

3. 格軍의 도망을 방조하는 鮑作人

「亂中日記」에는 格軍(船軍)에 관한 기술이 많이 보인다. 한 가지 예를 들어보면,

1593년(宣祖 26) 2월 3일의 「亂中日記」에 따르면,

① 慶尙道에서 80명 정도의 格軍이 도망했다는 보고가 李舜臣에게 도착했다.

② 도망자 중에는 向化人 金浩乞과 羅將(지방 관아의 하급관리) 金水男도 있었다. 이 경우 向化人이란 倭軍에서 귀순한 자를 말하는데, 그런 이유로 인하여 向化人 金浩乞은 格軍이 되었다고 생각되며, 또한 羅將 金水男도 어떤 이유 때문에 格軍에 배치된 것으로 생각할 수 있다.

---

26) 「○往在丁亥(1587年)、湖南之變、寶城鮑作人沙火同者、被擄入倭國、向導作耗、邊警不絶、人心痛憤、朝議以爲、若刷還此人、則當使通信云」(李廷馣、「行年日記」己丑春、『四留齋集』 8 所收)。

③ 慶尙右水營의 관리가 도망한 格軍의 捕捉에 나섰지만, 도망한 格軍으로부터 뇌물을 받고 임무를 달성하지 않았다.

④ 이 보고를 받은 李舜臣은 配下의 軍官 李鳳壽·鄭思立 등을 파견하여 도망친 格軍 70명가량을 붙잡아서 여러 척의 배에 나누어 태우고, 이와 동시에 金浩乞과 金水男(이 들 두 명이 格軍 도주사건의 주동자라고 생각된다)을 처형했다(사례24).27)

이와 같은 格軍(노젓는 병졸) 도주에 鮑作人이 적극적으로 관여하고 있었던 것이다.

1594년(宣祖 27) 5월 13일의 「亂中日記」에 따르면, ①黔毛浦 萬戶가, "慶尙右水使 元均의 관할 아래 있는 鮑作들이 格軍을 태우고 도망했는데, 현지에서 鮑作을 체포한 바 鮑作들은 元均이 주둔하는 곳에 숨어 있었다. 그래서 司僕①들을 보내어 그들을 체포하려고 했는데, 元均이 크게 화를 내며 司僕들을 결박했다"고 李舜臣에게 통보하였다.

②이 때문에 李舜臣은 軍官 廬潤發을 보내 司僕들을 석방하게 하였다(사례25).28)

(注)
① 司僕 ; 司僕은 司僕寺의 약칭. 즉 宮中의 輿馬·廐牧 등의 사무를 관장하는 관아이다. 그러나 여기서는 兼司僕(禁軍의 하나)을 말하는 것으로 생각된다.

아울러서 다음 사례를 소개해 둔다.

27) 「○初三日戊子、晴、諸將准會、而寶城(金得光)未及、東上房出坐、與順天·樂安·光陽(魚泳潭)論約有時、是日、嶺南來向化金浩乞·羅將金水男等置簿格軍八十餘名、告以逃去、多受略物不捉來、故潛遣軍官李鳳壽·鄭思立等、搜捉七十餘名分船、浩乞·金水男等、卽日行刑、自戌時、風雨大作、諸船艱難救護」(「亂中日記」 癸巳2月3日)。

28) 「○十三日庚寅、晴、是日、因黔毛浦萬戶報、慶尙右水使所屬鮑作等格軍逃載、現捉鮑作則隱在於元水使所駐處云、故送司僕等推捉之際、元水使大怒、司僕等結縛云、故送廬潤發解之」(「亂中日記」 甲午5月13日)。

더욱이 1594년(宣祖 27) 8월 26일의 「亂中日記」에 따르면,

① 興陽의 鮑作人으로 莫同이라는 이름을 가진 자가 長興의 軍士 30명을 남몰래 자기 배에 태우고 도주시켰다.

② 그 죄로 李舜臣은 鮑作人 莫同을 처형하고 효수하였다(사례26).[29]

이들 사례 24와 25에서 보는 바와 같이, 鮑作人은 格軍＝船漕 의 도주에도 적극적으로 관여하고 있는데, 이 뿐만아니라 사례 26에 보는 바와 같이 鮑作人은 일반병사의 도주에도 도움을 주고 있는 점이다.

그러면 格軍은 왜 도주하는 것일까? 다음으로 이 문제에 관하여 생각해 보자.

4. 格軍이 도주하는 이유

1) 海戰의 공포

여기에 대하여는 한산도 전투의 경우를 들어보자, 李舜臣은 1592년(宣祖 25) 7월 8일의 閑山島海戰의 성과를 같은 달 15일자로 보고하였다.[30] 그때 海戰으로 인한 사상자의 숫자도 보고하고 있다. 보고에 따르면 사상자 전체는 132명이며, 그 내역은 格軍이 61명, 射夫 7명, 기타가 15명이었다. 格軍 사상자가 압도적으로 많은 것이다. 그 이유는 전투상태로 들어가도 格軍은 싸움에 참가하지 않고 오로지 노를 저을 뿐이며 포격을 피할 수도 없기 때문이다. 海戰은 格軍을 피로하게 만들 뿐만 아니라 극한의 공포 이외에 아무 것도 아니다.

---

29) 「○廿六日辛未、晴、朝各官浦公事題送、興陽鮑作莫同長興軍三十名潛載其船逃出之罪、行刑梟示」(「亂中日記」甲午8月26日)。

30) 李舜臣,「壬辰狀草」萬曆20年 7月15日啓本、見乃梁破倭兵狀「狀 9」。

2) 질병, 기아, 추위

1594(宣祖27)년 6 月. 조선국왕의 휘하의 당상관이 모여, 전국에 대하여 의논할 때에, 영의정 柳成龍은 "水軍들 사이에 기아와 질병이 만연하여, 많은 사상자가 나오고 있지만, 이순신은 여기에 손을 쓸 틈이 없다." 술회하고 있다.[31] 또 巡撫御史 徐渻도 水軍에 기아와 질병이 만연하여 사상자가 속출하고 있다고 보고하고 있다[32].

兵糧에 대해서는 경상·전라·충청 3도의 都體察使로서, 이 방면에 있었던 좌의정 尹斗壽가 동년 9 월 李舜臣에게 兵糧의 보급을 단절시키라고 명했다.[33] 또 李舜臣 자신도 屯田의 곡식을 점검하는 등 하면서, 鹿島 鎭道陽의 屯田을 시찰하고 兵糧에 대한 배려를 하고 있다.[34] 그러나 「亂中日記」에 "蛇梁 萬戶(李汝恬)가 와서 兵糧의 궁핍을 고하고, 인사하고 돌아갔다."[35] "후에, 全羅 右水伯(李億祺)를 만나서 이야기 했다. 兵糧이 궁핍하지만, 그것에 대해 아무런 대책이 없다는 것을 여러 가지로 이야기 했다. 대단히 걱정이다."[36]고 한 것처럼, 兵糧이 만성적으로 부족했다.

---

31) 「○成龍曰、水軍多死於饑疫、李舜臣不得下手」(「朝鮮王朝宣祖實錄」宣祖27年 6月乙丑)

32) 「○備邊司啓曰、巡撫御史徐渻狀啓內、(中略)近來軍政解弛、水軍之厭避立役、日甚於前(中略)長在海上、飢困疾疫、死亡相繼」(「朝鮮王朝宣祖實錄」宣祖27年6月戊辰)。

33) 「○卄日乙未、(中略)體察使(尹斗壽)關(公文)內、水軍捧軍粮繼餉云」(「亂中日記」甲午9月20日)。

34) 「○二十四日辛酉、晴、食後出坐、監屯租改正、右水使入來、申時風雨大作、屯租改正之數百七十石入庫、流數三十石」(「亂中日記」丙申 2 月24日)。
「○十九日癸未、晴、發鹿島(興陽郡道陽面鹿頭)、路審見道陽(興陽郡道陽面道德里)屯田、體相多有喜色、到宿」(「亂中日記」丙申閏8月19日)。

35) 「○初三日甲辰、(中略)蛇梁(李汝恬)萬戶來告絶粮、因告歸」(「亂中日記」乙未6月3日)。

36) 「○初十日辛巳、(中略)晚見右水伯相話、多說乏粮、無所計策、極悶極悶」(「亂中日記」乙未7月10日)。

이 兵糧不足에 덧붙여 兵糧 횡령이 횡행했다. 「亂中日記」에는 "各船에서 頻繁하게 兵糧을 훔친자의 처형을 행했다."[37] "이른 아침, 樓上에 나와 南平의色吏 및 順天의 格軍으로 3번이나 兵糧을 훔친자를 처형했다."[38] "저녁에 나와 공무를 집행했고, 光州에서 軍糧훔친자를 취조했다."[39] "順天의 七船將인 張溢을 軍糧을 훔친 것을 취조하고 처벌했다."[40]등의 사례가 있다(사례 27).

횡령은 船將에서부터 色吏(지방관아의 하급관리), 그리고 格軍에 이르기까지 만연했다. 李舜臣은 처형도 하고, 단속도 했지만, 兵糧의 횡령은 없어지지 않았다. 水軍의 兵士로서 당연한 일이지만, 특히 船漕라는 중노동을 했던 格軍들로서 兵糧不足은 死活의 문제였다.

兵糧不足과 함께 格軍을 고민은 추위였다. 李舜臣은 "船頭나 格軍들이 추위에 얼어죽는 것을 걱정하여 마음이 아팠다."[41] "未時(오후 2 시), 비가 그치고 개었다. 그러나 북풍이 강하게 불어 船頭와 格軍들이 추위에 괴로워 했다."[42]고 하여 船頭와 格軍의 고통에 신경을 쓰고 있다. 공복에 추위가 덮쳤다. 兵糧을 훔치면 처형, 훔치지 않으면 공복에 추위, 여기에 또 格軍이 목숨을 걸고 도망하는 이유가 있었다. 그래도 水軍은 格軍이 없으면 싸울 수 없는 것이다. 바로 여기에 李舜臣의 고민이 있다.

---

37) 「○初三日己卯(中略)各船累次偸粮人行刑」(「亂中日記」甲午7月3日)。
38) 「○十一日丙戌、晴、早出樓上、決南平色吏及順天格軍三度偸粮人行刑」(「亂中日記」甲午9月11日)。
39) 「○十一日壬子 (中略) 夕出坐、囚光州軍粮偸竊人」(「亂中日記」乙未6月11日)。
40) 「○十六日丁巳、晴、出坐公事、順天七船將張溢、偸軍粮見捉決罪」(「亂中日記」乙未6月16日)。
41) 「○廿一日戊寅、四更或雨或雪、風色甚寒、慮舟人寒凍、不能定心也」(「亂中日記」丁酉10月21日)。
42) 「○十一月初一日戊子(中略)未時雨則霽、而北風大吹、舟人寒苦」(「亂中日記」丁酉11月1日)。

5. 李舜臣의 海民 기용과 그 의미

지금까지 검토한 것처럼 格軍에 편성된 鮑作人들은 스스로 도망을 치거나 다른 格軍의 도망을 방조하는 등 참으로 다루기 어려운 존재이기도 했던 것이다. 그럼에도 불구하고 鮑作人을 水軍에 기용한 것은 나름대로의 이유가 있었다고 생각된다. 즉 1592년(宣祖 25) 9월 1일의 釜山浦海戰 전황보고 속에서 전사자이기는 하지만 '沙工 鮑作 金叔連'의 이름이 보이는 것이 주목할 만하다.[43) '沙工'이란 船頭를 말하며, 鮑作人 외에 '沙工 土兵 水軍 安元世'의 이름도 보인다. 土兵은 토착 병졸이며, 이들 역시 해안가 거주민이다. 그들은 자신들의 생활체험에서 조류의 干滿이 심한 慶尙南道·全羅南道 해로와 암초의 소재를 잘 알고 있었던 것이다. 李舜臣으로서는 바다를 잘 알고 있는 이들 鮑作人이 필요했으며, 그런 만큼 李舜臣은 鮑作人 格軍들의 도주를 필사적으로 저지하려고 했던 것이다.

맺는 말

지금까지 「亂中日記」를 통해서 도적·절도를 감행하는 하층민, 左水營에서 일하는 기술자(職人), 格軍(船軍)으로 편성된 降倭, 鮑作人 등 해안가 거주민의 실태를 살펴보았다.

도적·절도는 말할 필요도 없이 '악행'에 속한다. 도주하는 格軍 역시 水軍의 입장에서 보자면 범죄에 해당한다. 하지만 그들은 壬辰倭亂으로 인한 생활난과 공포에서 벗어나 자신의 생명과 생활을 지키려고 했던 것이다. 이것이 전쟁에서 민중이 살아가는 모습인 것이다.

그러나 민중 모두가 절도·도적·도주 등의 행위를 감행한 것은 아니

---

43) 李舜臣, 「壬辰狀草」 萬曆20年9月17日啓本、釜山破倭兵狀 「狀11」。

다. 全羅左水營의 船大工을 비롯한 기술자 집단은 그 업무를 통해서 水軍을 지탱해 갔다. 아울러서 鮑作人 등의 해안가 주민은 도주 등으로 인하여 格軍으로 징발되는 것에 거역하기는 했지만, 그들의 노력과 바다를 잘 아는 생활체험은 李舜臣의 水軍을 지탱하는 역할을 수행했던 것이다. 鮑作人 등 해안가 주민들 없이 水軍은 성립할 수 없는 것이다. 반발하지만 협력도 한다. 이 양면성을 가진 鮑作人을 어떻게 편성할 것인가? 여기에 李舜臣의 역량이 있었다.

降倭로 눈길을 돌리면, 그들도 역시 민중이다. 히데요시는 동아시아 세계에서 군림하려는 야망을 품고 壬辰倭亂을 일으켰지만, 降倭들은 그런 야망과는 아무런 관계도 없다. 앞에서 시마즈 부대의 병졸 요에몽의 경우에 관하여 언급했지만, 兵卒勞役型 降倭가 그와 같은 경우이다. 장기간에 걸친 전투와 끊임없이 계속되는 축성공사 노역으로부터 벗어나 조선쪽의 厚待를 기대했지만, 그들 대부분은 格軍으로 편성되어 노 젓기를 강요당하게 되었으며, 아이러니컬하게도 그 노력은 조선수군에 기여하는 일이 되었던 것이다.

지금까지 나온 전쟁의 역사서에는 반드시 영웅·위인들에 관한 서술이 있다. 壬辰倭亂에 관한 역사서도 예외는 아니다. 조선 쪽 인물로는 官人인 柳成龍, 무인인 李舜臣과 權慄, 의병장 郭再祐·高敬命, 승려 의병장 松雲大師 등이 있으며, 일본 쪽에서는 도요토미 히데요시(豊臣秀吉)·가토 기요마사(加藤淸正)·고니시 유키나가(小西行長) 등이 대부분의 역사서에 등장한다. 그러나 전쟁에 휘말린 이름도 없는 사람들, 전투를 그늘에서 지원해 준 사람들에 관한 언급은 거의 없다. 민중에게 있어서 전쟁이란 무엇이었을까? 그들이 반드시 국가에 대한 충성을 제일로 삼았던 것은 아니다. 먼저 자신의 생명과 생활을 우선시 한다. 민중에게 있어서 전쟁이란 그런 것이다. 그리하여 그들은 어떤 생활방식을 취했는가? 이번의 이야기는 이러한 시각에 관한 시도이다.

「亂中日記」の世界と李舜臣

北島万次

はじめに

　私は、これまでの壬辰倭亂の研究において、日本・朝鮮・明、それぞれの史料を扱ってきた。朝鮮側史料としては、「朝鮮王朝實錄」「懲毖錄」「亂中雜錄」「壬辰錄」、そして「亂中日記」などの史料をあげることができる。これらの中で「朝鮮王朝實錄」「懲毖錄」などは朝鮮王朝トップの動向を中心とした編纂物または覺書である。また「亂中雜錄」「壬辰錄」などは、中間層から一般庶民にいたるまでの幅廣い階層の動きも記述した覺書である。

　これに對して「亂中日記」はリアルタイムの史料である。この「日記」は壬辰倭亂が勃發した歲の1592年正月から李舜臣が1598年11月19日に露梁の海戰で戰死する前々日、すなわち11月17日までの日記である。「亂中日記」は朝鮮水軍全體を指揮する立場にあった李舜臣がその職務を遂行するための備忘記であり、水軍にかかわる人物の動向、軍事上の情報、海戰の準備や陣立、海戰の經緯など、水軍を指揮するうえで必要なことがらをメモしたものである。

　さらに「亂中日記」には、水軍を指揮する現場からみた中央の官人など
への意見や不滿、苦勞しながら明の水軍と協調したいきさつ、日本と和議
をすすめようとする明側およびそれを是認しようとする朝鮮内部の特定人物
への怒り、明册封使に隨行して日本に向かう黄愼に通信使への船舶調達の
樣子、水軍の兵士や格軍＝船漕ぎの樣子、水營にいて水軍を陰から支え
た船大工などの職人の樣子、倭亂のあおりを受けて逃げまどったり、李舜
臣の戰果に小躍りする民衆、戰亂による生活難により、倭賊に變裝して略
奪行爲に走った民衆、降倭となった日本人の扱いとその樣子、自分の家族
についての心配事など、さまざまな人々の動きを生き生きと語っているので
ある。

　本日のお話は、以上のことがらを考慮しながら、「亂中日記」をつうじて、
戰亂において民衆はどのような生き方をしたのかについて述べたいと思う。

Ⅰ、盜賊・竊盜をおこなった下層民

1、倭人に變裝して盜賊となった下層民。

　1593（宣祖26）年7月、忠淸・慶尙・全羅の三道の下層民が壬辰倭亂
の混亂に乘じて、倭人に變裝して略奪行爲を働いた事件がある。それにつ
き、つぎの事例をあげておこう。

　1593年7月8日の「亂中日記」によると、李舜臣は〝倭賊が光陽縣を侵犯
し、倭賊はすでに官舍や倉庫を燒きつくしたした〟という噂を聞いた。李舜臣は
すぐに兵を出そうとしたが、その噂をそのまま信ずることが出來ず、蛇渡鎭の軍
官金鵬萬を探索のため、光陽に派遣したのである（事例1）。1)

1)「〇八日庚申、晴、因南海往來人趙鵬、聞賊犯光陽、光陽之人、已爲焚蕩官

また1593年7月9日の「亂中日記」によると、南海縣令奇孝謹が李舜臣のもとへ來て、光陽と順天はすでに燒きつくされたと傳えた。このため、光陽縣監魚泳潭・順天府使權俊および軍官宋希立・金得龍・鄭思立らを現地へ出發させた。そのあと、李舜臣は全羅右水使李億祺・慶尙右水使元均と事の經緯について論議した。ところが眞夜中になって、全羅左水營の探候船が戻って來て、光陽縣を侵犯した賊は倭賊でなく、慶尙道の避難民が倭賊に變裝して光陽に突入し、村里を燒きつくしたと云った（事例2）。2)

さらに1593年7月10日の「亂中日記」によると、蛇渡鎭の軍官金鵬萬が李舜臣のもとへ戻ってきて、光陽の事件は本當であり、倭賊百餘名が陶灘（現、全羅南道求禮郡土旨面把道里）から侵入して光陽を侵犯したと、李舜臣に報告した。しかし、李舜臣がその倭賊なるものの行爲を詳しく尋ねたところ、鐵炮を一發も擊たなかったと云う。李舜臣は、倭賊でありながら鐵炮を放たないはずは絕對にないと思った（事例3）。3)

そして、1593年7月10日の「亂中日記」によると、蛇渡僉使金浣が李舜

舍倉庫云、不勝怪怪、順天・光陽、卽欲發送、路傳不可信、停之、(≪細字双行≫ 蛇渡軍官金鵬萬、探知次送之)」(李舜臣、「亂中日記」癸巳7月8日)。
2) 「○九日辛酉、晴、南海又來傳云、光陽・順天已爲焚蕩云、故光陽・順天及宋希立・金得龍・鄭思立等、發送李渫、昨日先送、聞來痛入骨髓、不能措語、與右令公及慶尙令公論事、(中略)
○三更末、營探候船入來、傳賊奇、則非倭賊、嶺南避亂之人、假著倭形、突入光陽、閭閻焚蕩云、則不勝喜幸、晋陽之事亦虛云、然晋陽事、萬無是理(「亂中日記」癸巳7月9日)。
3) 「○十日壬戌、晴、晚金鵬萬自豆恥來言、光陽之事實矣、而但賊倭百餘名、自陶灘 越渡、已犯光陽云、然就觀所爲、則銃筒一無度放之云、倭而萬無不放炮之理矣、
(中略)
○昏吳水自巨濟加參島(加助島)來告曰、賊船內外不見云、又曰、被虜人逃還言內、賊徒無數、還向昌原等地云、然人言未可信矣」(「亂中日記」癸巳7月11日)。

臣のもとへ戻ってきて、"光陽の事件は、光陽の住人が倭服に變裝して起した事件であり、光陽だけでなく、順天・樂安もすでに燒きつくされた"と報告した。また、光陽から戻ってきた呉壽成は"光陽の賊は皆な晋州および光陽縣の人であり、彼らがこの兇計を企てた。官庫は空っぽとなり、村里もすべて空となった。被害は順天がもっともひどく、樂安はこれについでひどかった"と報告したのである（事例４）。4)

２、倭賊襲來の虛報を流して牛を盜んだ鮑作人

1597（宣祖30）年８月、全羅道於蘭浦で慶尙道唐浦の鮑作人が、倭賊が來たと虛報を流し、牛を盜んだ事件があった。

1597年８月25日の「亂中日記」によると、李舜臣が全羅南道於蘭浦に駐屯していた時、唐浦の鮑作人が放牛を盜んで行くさい、倭賊が來たと虛報を流した。李舜臣はその惡巧みを知り、虛報者２名を拿らえて斬梟したとある（事例５）。5)

以上の事例１～５からどのような問題點が指摘できるのだろうか。

第一は、倭亂により生活難に陷った全羅道光陽・慶尙道晋州の下層民が、倭人に變裝して掠奪行爲を行ったということである。

第二としては、この頃、光陽・晋州地域だけでなく、忠淸・慶尙・全羅の

---

4)「○十一日癸亥、晴、蛇渡僉使（金浣）還來言內、豆耻渡賊事虛傳、而光陽之變著倭服、自相作亂云、順天・樂安已盡焚蕩云、不勝痛憤々、夕呉壽成、自光陽還來、告曰、光陽賊事、皆晋州及縣人、出此兇計、官庫寂然、閭里一空、終日回觀、無一人云、順天尤甚、而樂安次之云」（「亂中日記」癸巳7月11日）。

5)「○廿五日癸酉、晴、因駐同處、朝食時、唐浦鮑作儂放牛牽去、而虛警曰、賊來々々、餘已知其誣、拿虛警者二名、卽令斬梟、軍中大定」（「亂中日記」丁酉8月25日）。

三道の廣い範囲で、下層民が混亂に乘じて略奪行爲に及ぶ狀況が廣まっていたのであり、それは「朝鮮王朝宣祖實錄」にみられる。[6]

　第三としては、丁酉倭亂の時期であるが、海民である鮑作人が食糧難により虛報を流して牛を盜んでいる(事例5)。この鮑作人については、のちに說明する。

　ここに戰亂の余波をうけ、生活に困って略奪行爲を行った下層民の實態がみられる。それでは、この問題から離れて、全羅左水營の職人に目を移そう。

Ⅱ、水營を支えた職人集團

1、船大工

a、造船と船材運搬

　造船にかかわることがらとしては、「亂中日記」1593(宣祖26)年6月22日の箇所につぎのような記述がある。すなわち、全羅左水營では、戰船を建造するため、坐塊 ① を始めた。耳匠 ② 240名、運搬役 ③ として、全羅左水營より72名、防踏鎭より35五名、蛇渡鎭より25名、鹿島鎭より15名、鉢浦鎭より12名、呂島鎭より15名、順天府より10名、樂安郡より5名、興陽縣と寶城郡は各々10名であったという(事例6)。[7]

---

6)「○全羅道觀察使李廷馣馳啓曰、下道一帶不逞之徒、乘時作亂、打破官庫、公然搶掠云」(「朝鮮王朝宣祖實錄」宣祖26年8月己丑)。

7)「○六月二十二日乙巳、晴、戰船始坐塊、耳匠二百十四名、運役內營七十二名、防踏三十五名、蛇渡二十五名、鹿島十五名、鉢浦十二名、呂島十五名、順天十名、樂安五名、興陽·寶城各十名、防踏則初送十五名、軍官色

（注）
① 坐塊 … 造船のさい、船底の板の下にコロとして置く丸太を設置すること。
② 耳匠 … ＝木手。大工仕事や土木工事をやる人。ここでは船大工。
③ 運搬役 … 雑役夫。

　また、「亂中日記」1593（宣祖26）年6月23日の記述には、この日、新船の底板の作業が終了したとある（事例7）。[8]

　以上、事例6〜7をつうじて、つぎのことを指摘しておこう。

　「亂中日記」には船大工のことを「耳匠」と記している。「耳匠」とは、「木手」とも呼ばれ、船の建造をはじめ大工仕事にたずさわる職人である。「日記」のこの箇所によれば、この時點で、全羅左水營（麗水）に 240名にもおよぶ多くの耳匠（船大工）がいたということが分かる。この船大工が造船の最初の仕事である坐塊にとりかかった。そのさい、船大工の仕事を補助するため、その船材を運搬する多くの雑役夫（「運役」）が水營および左水營管轄下の防踏鎭・蛇渡鎭・鹿島鎭・鉢浦鎭・呂島鎭の各鎭營、および順天府・樂安郡・寶城郡・興陽縣から動員されたのである。

　ここに船大工の職人集團が左水營にいて、その專業作業以外の仕事を雑役夫が擔當する仕組みのあることが分かる。

　それでは、これらの船大工はどのように組織されていたのか。それについて、さらに事例をあげよう。

b、船大工の掌握・統制

　1594（宣祖27）年1月24日の記述には、軍船の材木伐採のため、宋德馹が耳匠41名を率いて出かけたとある（事例8）。[9]

吏論罪、（以下、略）」（「亂中日記」癸巳6月22日）。
8）「○二十三日丙午、晴、早朝點付耳匠等、則無一名于云、新船本板畢造」（「亂中日記」癸巳6月23日）。
9）「○正月二十四日癸卯、晴且暖、朝山役事、耳匠四十一名、宋德馹領去」（「亂

　　ここに出てくる宋德馹は、壬辰倭亂勃發の時、國王を護衛して平安道に扈
從しており、1594（宣祖27）年には、李舜臣の配下に加わり、耳匠＝木手を
率いて山役を担当し、丁酉倭亂のさい、珍島郡守となって、鳴梁の海戰で活
躍した人物である（『朝鮮人名辭書』）。

　　また 「亂中日記」 1595（宣祖28）年11月27日の記述には、軍官金
應謙が二年木を伐採するため、耳匠 5 名を率いて山へ行ったとある
（事例9）。[10]

　　さらに「亂中日記」1597（宣祖30）年10月30日の記述には、李舜臣は、
軍官黃得中に命じて、耳匠を率いて島北の山麓で建設用の材木を伐らせた
とある（事例10）。[11]

　　以上、事例 8 ～10から、つぎのことを指摘しておこう。

　　（事例 8 ）からは、船大工が軍船の材木伐採を行い、それを統率するの
が李舜臣の部將宋德馹であったということであり、（事例 9 ）も船大工が材木
伐採を行い、それを李舜臣の軍官が統率していたことが分かる。

　　ここで船大工が造船用の材木を伐採するということは何を意味するの
であろうか。先に船材を運搬する雜役夫の存在をあげた。造船用の材木
もこれら雜役夫にまかせても良さそうなものであるが、船大工がみずから
材木伐採を行うのはなぜであろうかという問題がある。考えられるのは造
船用材木の選定である。船材に適しているかどうか、それは船大工が見
分けるのである。したがって、大工みずからが船材を探すのものと思わ
れる。

中日記」甲午 1 月24日）。

10)「○十一月二十七日乙未、晴、金應謙以二年木斫來事、耳匠五名率去」(「亂中
日記」乙未11月27日）。

11)「○十月三十日丁亥、晴而東風、多有雨態、（中略）早使黃得中、率耳匠往于島
北峯底、造家材木斫來」(「亂中日記」丁酉10月30日）。

　また（事例10）は1597年9月17日の鳴梁海戰あとの事例であり、この時點、李舜臣は據點を全羅右水營に置いていた。その廳舍建設のためであろうか、船大工も建設用の材木伐採に動員された。そして、この（事例10）からもうひとつ指摘することは、李舜臣の軍官黃得中が船大工を率いて作業にあたったということである。「亂中日記」の他の箇所をみると、黃得中は船舶や銃筒用の鐵材の運搬なども擔當しており、12)　おそらく鐵材・材木を調達する任務についていたものと考えられる。その配下に耳匠などの職人が編成されていたのではなかろうか。

　これら三つの事例から、李舜臣の軍官がこれらの船大工を統制していることが分かる。船大工編成の仕組みは、李舜臣→軍官→船大工集團であり、その外延に大工の專業作業を補助する雜役夫が配置されていたといえよう。

c、船大工の出向作業

　つぎに船大工の出向作業について、つぎの事例をあげておこう。「亂中日記」 1596（宣祖29）年2月6日の記述には、李舜臣は耳匠（船大工）10名を巨濟島に送って造船にあたるよう指示したとある（事例11）。13)

　この記述からつぎのことが言える。すなわち、この時期、李舜臣は閑山島に本據を移していた。「亂中日記」によれば、船大工も李舜臣に從って閑山島で業務にたずさわっていたのであろう。この船大工のうち、10名が造船作業のため、巨濟島に出向いたのである。このことは、李舜臣配下の船大工は巨濟島以外の各鎭營の船倉にもその作業に出向くことがあったものと考えられる。

---

12)　「○十八日乙卯(中略)黃得中載鐵來納」(「亂中日記」丙申2月18日)。
　　「○十九日丙辰(中略)黃得中所持銃筒鐵、稱量入藏」(「亂中日記」丙申2月19日)。
13)　「○二月初六日癸卯、陰、曉耳匠十名、送于巨濟、造船事敎之」(「亂中日記」丙申2月6日)。

2、石工

　つぎに船大工以外の職人について目を移すと、「亂中日記」1592（宣祖25）年1月16日の箇所に、石工（石手）について、城底（城付近）の土兵（土着の兵卒）朴夢世が石手（石工）を率いて先生院①の鎖石の採石場に行ったとの記述がある（事例12）。14)

　　（注）
　①　先生院 … 省生院または成生院ともいう。驛院のひとつ。現、全羅南道麗川郡栗村面新豐里。

　また「亂中日記」1592（宣祖25）年2月15日の記述には、石手らが新しく築いた浦の塹壕が多く崩れ落ちたので處罰することし、再び築かせたとある（事例13）。15)

　以上、（事例12）と（事例13）に關して指摘しておくことは、
　（事例12）は、石工が全羅左水營周邊の土兵（土着の兵卒）に率いられて採石に出かけたということである。この場合、土兵と石工の關係はどのようなものであったのか。①　石工も李舜臣のもとに編成されていて、それを李舜臣の命令によって土兵が率いたのか？そうだとすれば、船大工を率いたのは李舜臣の軍官であったが、この場合、なぜ土兵かという疑問が殘る。あるいは、②　石工はその地域の土兵の配下にまとめられていたものなのか？これは今後の檢討課題である。
　（事例13）から指摘することは、石工は本來の仕事としての塹壕工事（石

---

14)「〇正月十六日丁丑、晴、(中略)城底土兵朴夢世、以石手往先生院鎖石浮出處」（「亂中日記」壬辰1月16日）。
15)「〇二月十五日丙午、大風雨、(中略)石手等以新築浦坑多致頹落決罪、使之更築」（「亂中日記」壬辰2月15日）。

積み)にあたっている。したがって、(事例12)でみたように、石工は採石か
ら石積みまで行ったものと言える。

3、弓匠と冶匠

つぎに弓匠と冶匠(鍛冶職人)に目を移そう。弓匠も冶匠も、船大工の
場合と同じように、出向作業している。その事例をつぎにあげよう。

a、弓匠の出向作業

「亂中日記」1596(宣祖29)年7月7日の記述によれば、弓匠の智伊と
春卜が本營(全羅左水營)に歸ったとある(事例14)。[16]

この(事例14)からつぎのことを指摘されよう。すなわち、この時期、李
舜臣は閑山島に本據を置いていた。弓匠が本營(全羅左水營)に歸ったと
いうのは、かれら弓匠は弓造りの仕事のため、全羅左水營から閑山島に出
向いていたのであり、作業が終了したので全羅左水營に歸ったのである。
このことは船大工が巨濟島へ出向いたのと同じ問題であり、左水營の弓匠
職人は李舜臣管轄下の鎭營に出向作業をもするのである。

b、冶匠の出向作業

また冶匠の出向作業については、つぎの事例がある。「亂中日記」1597
(宣祖30)年10月23日の記述によれば、李舜臣は、冶匠の許莫同を羅州に
行かせようとして、初更(午後8時)の末に、下男に呼びに行かせたところ、
腹痛で來られないとのことであったとある(事例15)。[17]

16)「○七月七日壬申、晴、(中略)夕、弓匠智伊及春卜、夕歸營」(「亂中日記」丙申
　　7月7日)。
17)「○十月廿三日庚辰、晴、(中略)冶匠許莫同往于羅州、初更末使奴招之、則腹
　　痛云」(「亂中日記」丁酉10月23日)。

この（事例15）の最後に、腹痛で李舜臣のところへ來られないと云っているものの、鍛冶職人も全羅左水營にいて、船大工・弓匠の場合と同じように、李舜臣管轄の各地域へ仕事に出ることもあったということを物語っている。

4、『湖左水營誌』にみられる職人集團

これまで「亂中日記」をつうじて、船大工（耳匠）・石工（石手）・弓匠・冶匠の事例をあげたにすぎないが、1631（仁祖9）年にまとめられた『湖左水營誌』（全羅左水營聖域化事業推進委員會刊）によると、左水營にはつぎのような職人が編成されていたことが分かる。

＊耳匠	46名	＊火砲匠	45名
＊沙工(船頭)	48名	＊弓矢人(造弓匠)	37名
＊漆匠	8名	＊銀匠(金・銀・銅細工製造)	2名
＊扇子匠	26名	＊木手(木工)	30名
＊甎匠(葬送具・祭器製造)	3名	＊環刀匠	4名
＊筒箇匠(竹筒細工)	24名	＊刀子匠(小刀製造)	3名
＊鍮器匠(眞鍮器具製造)	1名	＊朱錫匠(朱錫は眞鍮の一種)	1名
＊竹席匠(竹皮の敷物細工)	10名	＊笠子匠	6名
＊官木手	3名	＊水鐵匠(銑鐵匠？)	37名
＊沙鐵吹鍊匠	10名	＊皮鐵匠(皮細工職人？)	3名
＊磨造匠(研ぎ師？)	3名	＊螺鈿匠	2名
＊蓋匠(屋根葺き職人)	2名	＊瓦匠(瓦職人)	6名

この『湖左水營誌』がまとめられた時點の左水營の樣子は、李舜臣が水使となっていた當時とはいくらか異なっていることを念頭に置く必要があるものの、壬辰倭亂の時期において、船大工（耳匠）・石工（石手）・弓匠・冶匠（鍛冶職人）をはじめとするさまざまな職人が、水軍に必要とする軍需物資を中心とした品々の製造にたずさわっていたのである。そして、かれらは水使直屬の軍官のもとに編成され、水軍の需要に應ずる態勢をとっていたものといえよう。

　以上、「亂中日記」 にみられる船大工をはじめとする職人について述べ
てきたが、つぎに朝鮮水軍の船漕ぎとなった降倭に目を移そう。

Ⅲ、船漕ぎとなった降倭

1、投降する倭卒とその理由。

　倭卒はなぜ朝鮮側に投降したのか？それについて、投降した倭卒の事
例をあげておこう。

　「亂中日記」 1594（宣祖27）年10月6日の記述によれば、場門浦・永登
浦海戰（1594年9月29日～10月4日）のあと、倭卒が李舜臣のもとへ投
降した。尋問したところ、永登浦に陣を構える島津勢の兵卒であったという
（事例16）。18)

　また、「亂中日記」 1596（宣祖29）年1月8日には、慶尙南道加德島に
在陣する島津勢の兵卒が城普請など役儀の嚴しさに耐えかねて、閑山島の
李舜臣のもとへ投降した。李舜臣が逃亡の理由を問いただしたところ、彼ら
の大將である島津氏の性格が惡いと云ったとある（事例17）。19)

　さらに 「亂中日記」 1597（宣祖30）年7月3日の記述には、慶尙左兵
使成允文配下の軍官が降倭2名を連れてきた。これは加藤清正に率いられ
た兵であるという（事例18）。20)

---

18) 「○倭奴一名、來到漆川山麓、欲爲投降、故昆陽郡守招降載船、問之則乃永
　　登倭也」（「亂中日記」甲午10月6日）。
19) 「○早降倭五名入來、故問其來由、則以其將倭性惡、役且煩重、逃來投降云、
　　收其大小刀、藏之樓上、實非釜山倭也、乃加德沈安屯（島津殿）所率云」（「亂中
　　日記」丙申1月8日）。
20) 「○左兵使、使其軍官押降倭二名而來、乃清正所率云」（「亂中日記」丁酉7月3日）。

　これらの(事例16〜18)の降倭が投降した理由を仔細に檢討みるならば、島津勢の場合(事例16、17)、1594年10月の場門浦・永登浦海戰のころは、巨濟島永登浦に倭城を構えていた。ところが、秀吉を日本國王に封ずる明册封使が慶尙道へ來た時、倭軍が慶尙道一帶の倭城を破却し、朝鮮から撤退しなければ、日本へ渡海しないと強硬な態度をとった。このため、島津勢の永登浦倭城も破却することとなり、島津勢は加德島へ移動したが、ここで再び城普請をはじめた。そればかりか、島津勢の若大將である島津忠恒(Shimazu Tadatsune)は永登浦倭城の中に蹴鞠の庭や茶室を造り、諸大名との付き合いに明け暮れていた。さらに加德島へ移動した後も、島津忠恒はそこでも城普請を始め、さらに蹴鞠の庭と茶室を造った。降倭が〝大將の性格が惡い〟というのはこのあたりにあろう

　また、加藤清正の兵卒が投降した事例(事例18)について述べれば、清正勢が在番していた西生浦倭城も明册封使の日本渡海の條件として、島津勢の永登浦倭城の場合と同様に破却したのであった。しかし、日明講和交渉の破綻により、丁酉倭亂が始まると、清正はふたたび西生浦倭城の修築にかかった。この果てしなく續く城普請に酷使された兵卒が慶尙左兵使成允文のもとへ投降したのである。

　これらの事例にみられる降倭の特質は逃亡であり、慶尙道友鹿洞の投降將沙也可(＝金忠善)が投降した場合とは異なっている。前者は個々に投降に投降したものであり、沙也可の場合は集團投降である。つぎに、その相違について指摘しておこう。

2、二つのタイプの降倭

a、降倭將定住型

　周知のように、沙也可は加藤清正軍の先鋒將であり、1592(宣祖25)年

4月、朝鮮侵入直後に配下の兵を率いて朝鮮側に寝返った人物である。沙也可は朝鮮の禮義と中華文物の盛んな様子を慕い、その配下を率いて朝鮮側に投降した。そして朝鮮軍につき、倭軍と戦い功績をあげ、金忠善と名乗って、朝鮮に骨を埋め、子孫は友鹿洞で繁榮したのである。この沙也可の場合と同じような事例が「亂中雜錄」にもみられる。

　慶尙道に在陣していた ʻ金向義ʼという名の倭將は度重なる戦いと勞役を嫌い、慶尙右兵使金應瑞のもとに部下を率いて投降した。その後、朝鮮側に付き、戰功を立て、通政大夫(正三品の宗親・文武官・儀賓などの堂上官の階)・嘉善大夫(從二品の宗親・儀賓・文武官などの堂上官の階)の位につき、密陽に居住して農桑に務め、子孫は繁榮したのである(事例19)。21)

　これら沙也可の場合と金向義の場合の特徴は、彼らは部下を率いて投降し、相手方のまとまった戦力となり、安住の地を得たことにある。これは日本の戰國爭亂にもみられる叛亂である。日本側の立場からみれば裏切りである。したがって朝鮮側もそれに相當する待遇を與えたのである。このタイプの降倭を降倭將定住型と呼んでおこう。

　ところが、降倭はすべて降倭將定住型ではない。もうひとつのタイプの降倭がいた。

b、兵卒勞役型

　このタイプの降倭は先にみた島津忠恒や加藤清正のもとから逃亡したものであり、彼らは部將に率いられて投降したのではなく、個々に逃亡したのである。その事例として島津勢から投降した兵卒の場合をあげておこう。

---

21)「〇嶺南諸屯倭賊、厭其久戍勞役、多有降附我國者、金應瑞所招幾至百餘名、其酋曰金向義、向義與其衆多立戰功、官至通政嘉善、其後、二三年間、降倭等屯居密陽之地、務農桑長子孫、名其里降倭鎭」(趙慶男「亂中雜錄」甲午6月)。

　1598(宣祖31)年5月。與右衛門(Ｙoemon)(要汝文)という名の島津勢の兵卒が朝鮮側に投降した。都元帥權慄が取調べた結果、その供述によると、① 與右衛門は年齢30才であり、弓矢と放砲の技量を持つ兵卒であること、② 　両親はすでに他界し、兄弟はすべて倭亂の卷添えをくらい、與右衛門は天涯孤獨の身であること、③ 　そして與右衛門は果てしなく續く城普請に使役された。④ 　そのような時、朝鮮側が降倭を厚遇すると聞いて島津勢の陣から逃亡したのである(事例20)。[22]

　この與右衛門の投降は、あきらかに沙也可や金向義の場合のような叛亂・裏切りでなく、單純な個々の逃亡である。これらの降倭は朝鮮側からどのような扱いをうけるのだろうか。それについて、「朝鮮王朝實錄」につぎの事例がある。

　1594(宣祖27)年9月、朝鮮政府首腦は降倭の扱いにつき、つぎのような方針をうち出した。すなわち、降倭のうち、才技があり、かつ恭順であって、國用に役立つものは陣中に留め、その他の降倭は閑山島の水軍のもと

---

22)「○備邊司啓 曰、都元帥權慄、上送降倭要汝文称名者、捧招入 啓、此倭則付諸也汝文、使之同在何如、
　　其招曰、年三十、居博多州沈安頓吾軍、壬辰、過海出來、住在釜山、三年後還歸本土、今正月間、又爲出來、來住釜山浦、粗知發矢、且解放砲、行軍時負旗前導、去月間、朝鮮曾有相知人來言、朝鮮厚待降倭云、故來降、父母皆沒、只有三箇同生、而一在釜山、二在日本、沈安頓吾所率軍兵、元是三萬餘名、軍糧則藏置十倉、而非俺所管、不能詳知其數、朝鮮男女時在釜山者、各二千餘名、而糧食則大槪計數摠給、不知實數、當初出來時、大船三十餘隻、各載軍糧八九十石出來、其後、間或運到、且於朝鮮地方、搶得而食之、朝鮮之人、皆給腰牌、出入陣中、而雖有腰牌者、若有罪、卽殺之、釜山兩處城子、時方修築、軍卒役事則所食、一日三時、尙未畢役、頃日蔚山 天兵接戰時、沈安頓吾在釜山、聞接戰之奇、簡率精兵三百餘名、向蔚山、中路還來、倭衆發動期則皆云、當在八九月間、而迷劣卒倭、不能詳知、傳曰、依啓」(「朝鮮王朝宣祖實錄」宣祖31年5月己丑)。

に送って船漕ぎ（格軍）として使役するものとするというのである（事例21）。[23]

　＊これこそ、まさに兵卒勞役型の降倭である。それではつぎに、この船漕ぎ（格軍）に目を轉じよう。

Ⅳ、海を知る鮑作人

1、朝鮮水軍の戰力と梢水軍

　水軍の兵力は射手（弓手と砲手）と梢水軍（船頭と格軍＝船漕ぎ）によって構成される。ここで1595（宣祖28）年、朝鮮國王から明へ回答した朝鮮水軍の實態を示しておこう。

「朝鮮水軍の戰力－1595(宣祖28)年３月－」

	射手 （弓手・砲手）	梢水軍 （船頭・格軍）	亀甲船	戰船	哨探船
統制使李舜臣配下 （含、全羅左水營）	717名	3072名	5隻	26隻	31隻
慶尚右水使裴楔配下	55名	398名	0隻	10隻	10隻
全羅右水使李億祺配下	425名	2171名	0隻	24隻	24隻
慶尚左水使李守一配下	31名	240名	0隻	3隻	3隻
計	1228名	5881名	5隻	63隻	68隻

＊ 出典 萬暦23年３月４日 朝鮮國王回咨（「事大文軌」12）。

---

23)　「○備邊司啓曰、降倭初欲入送于深僻處、皆令上送京中、仍送兩界、其數已多、非徒道路傳送之際、貽弊多端、兩界郡邑、一樣殘破、許多降倭、盡皆入送、亦非物力之所堪、今後來降、而有其才技、恭順可使者、留置陣中、其餘則收其刀釼、入送于閑山島舟師所在、分置諸船、以爲格軍、如有情狀可疑者、令諸將登時善處、上從之」（「朝鮮王朝宣祖實錄」宣祖27年９月己丑）。

　この表からつぎのことがらを指摘しておこう。

　第一に指摘することは、射手に比べて梢水軍、とりわけ、格軍＝船漕ぎの人數の多さである。射手1228名に對し、梢水軍は5881名であり、梢水軍は射手の4.5倍に相當する。これは動力で動く現代の船と違って、格軍＝船漕ぎの人力に賴る船の場合、格軍＝船漕ぎの多さが海戰勝敗の鍵を握っていることを物語っている。

　第二の問題は、船1隻に對して、どれほどの格軍＝船漕ぎを必要としたか、ということである。この表にあげた軍船全體の數は136隻であり、格軍＝船漕ぎは5881名である。したがって平均すれば、軍船136隻＝Ａ　船漕ぎ5881名＝Ｂ、Ｂ／Ａ＝43名となるが、軍船には龜甲船から哨探船まで、船の大小がある。以前に私が海軍士官學校博物館の鄭鎭述氏からうけた說明によれば、龜甲船の場合、櫓は左右に8本、計16本。櫓1本につき、4名の格軍が配置（その內、2人は交代要員）される。したがって、龜甲船1隻の格軍は64名とのことであった。

　この表にあげられている龜甲船は5隻、戰船は63隻、合計68隻となる。したがって、これに配置される格軍＝船漕ぎは、68隻×64名＝4352名ということになる。そして、5881名（格軍＝船漕ぎ全體數）－4352名（龜甲船・戰船に配置される格軍＝船漕ぎ）＝1529名が哨探船などの小型船に配置されるものと考えられる。

　それでは、これら格軍＝船漕ぎはどのような人々によって構成されているのであろうか。それは先に述べた降倭のほかに、奴婢・土兵・鮑作人によって構成されていた。そこで、つぎに鮑作人について述べておこう。

2、鮑作人とは何か

鮑作人とは鮑尺人ともいう。かつて朝鮮總督府が作成した『朝鮮語辭典』によれば、鮑尺とは、'水中に入って鮑を漁る者'とある。「亂中日記」癸巳3月のメモにも、'鮑作'と記した箇所に'沿海の人'と注記がある。このことから、鮑作人とは沿海を生業の場とする海民であるといえよう。

しかし、彼らは朝鮮國家のみならず、陸地の一般の人々から嫌われ、疎外されていたのである。その事例を二つあげておこう。

15世紀なかば、濟州島の鮑作人が全羅・慶尙兩道の入江に紛れこみ、頻繁に竊盗を行うようになっていた。しかし、確たる証據がない。そこで全羅道觀察使柳洵は彼らを濟州島に刷還しようとしても、生業につこうともしない。ここで中央政府のとった鮑作人への對處は、① 所在官の守令・萬戸に命じ、鮑作人の船隻に字號を付けさせ全羅・慶尙兩道に渡る時の路引（通行券）を給付して、もし、路引を所持しなかったり、あるいは字號を付けていない船に乗って、勝手に全羅・慶尙兩道に出入すれば、海賊とみなし、嚴罰に處すこと、② さらに鮑作人の居住する集落に、毎歳、その人口を登録させて、全羅道觀察使に報告し、それを朝廷に轉報させること、③ もし守令・萬戸が鮑作人を存撫（やわらげ安んずる）ことができず、鮑作人を流亡させたならば、それを守令・萬戸ら官吏の業績評価の參考とすることとした（事例22）。24)

1589（宣祖22）年、景轍玄蘇・宗義智らが秀吉の日本全國統一を祝賀

---

24)「〇兵曹據全羅道觀察使柳洵啓本啓、鮑作人等自濟州而來、散處全羅、慶尙兩道海曲、潛行剽竊、其漸可慮、但時無顯然罪狀、治罪爲難、且雖欲刷還本土、必不安業、請令所在官守令・萬戸、於船隻字號著標、入海時、給路引、如無路引、或騎無標船、而任意出入、則論以海賊、置之重典、令所居邑、毎歳抄錄人口、報觀察使轉啓、若守令・萬戸、不能存撫、致令流移、請於殿最、憑考施行、從之」（「朝鮮王朝成宗實錄」成宗14年12月乙丑）。

する通信使派遣を朝鮮側に要請したさい、朝鮮側は全羅道珍島の叛民沙火同の縛送を通信使派遣の條件としたことがあった。この沙火同は、前年11月、日本の海賊を手引きして全羅道高興郡損竹島を襲擊し、邊將李太源を殺した人物であり、その後、五島にかくまわれていたのであった(事例23)。25)

　この(事例23)の場合、問題はこの沙火同の素性である。「朝鮮王朝實錄」には"沙火同なる者有り。は我が國珍島の人也"(史料25)とあるが、李廷馣の「行年日記」によれば'寶城鮑作人沙火同'26)の出身地は全羅南道寶城であって、その身分は鮑作人であったとあり、沙火同は鮑作人であることが注目されるのである。海邊をわたり住む鮑作人であるだけに、史料によっては、その居所が全羅南道の珍島であったり寶城であったりするのである。

　この沙火同の事例にみられるように、鮑作人は全羅南道の海邊地帶にいくつかの居所を移し、本業の鮑採り以外に、竊盜行爲を行ったり、海賊行爲にも荷担する。これも鮑作人の生き方だったのである。それだけに彼らは朝鮮國家や一般の人々からアウトロー的存在とみなされていたのである。

---

25) 「○全羅道左水營鎭撫金介同・李彦世等、於去年春損竹島之戰、爲倭擄去、轉賣南蕃國、因逃入中國地界、盤問解送北京、謝恩使柳典(土ヘン)等之還也、順付以來、介同等之言曰、有沙火同者、我國珍島人也、被擄而去、因効忠於倭奴、謂介同曰、此地風俗人心甚好、可居也、汝可無懼、朝鮮則賦役甚苦、大小全鰒、無限徵出、不勝支當、因留居此、前年初、欲犯馬島・加里浦、風候不順、泊于損竹島、此乃我之所嚮導也云云、其島名曰五島、周回數日程、人居稠密、若一大州、我國人被擄者居多、有船五百餘艘、全羅右道伏兵船、全數虜去、故弓箭・銃筒, 亦皆輪去, 而徒爲積置、不知試用、只兒童爲戲具而已」(「朝鮮王朝宣祖實錄」宣祖二十一年十一月丙寅)。

26) 「○往在丁亥(1587年)、湖南之變、寶城鮑作人沙火同者、被擄入倭國、向導作耗、邊警不絶、人心痛憤、朝議以爲、若刷還此人、則當使通信云」(李廷馣「行年日記」己丑春、『四留齋集』8所收)。

3、格軍の逃亡を幇助する鮑作人

「亂中日記」には格軍＝船漕ぎの逃亡に關する記述が數多くみられる。一例をあげれば、それは「亂中日記」1593（宣祖26）年2月3日の箇所につぎのような記述がある。

① 慶尙道から80名ほどの格軍逃亡の知らせが李舜臣のもとに届いた。

② その逃亡者の中には、向化人金浩乞と羅將（地方郡衙の下級役人）金水男もいた。この場合、向化人とは、倭軍に歸順したものをいうが、そのことにより、向化人金浩乞は格軍とされたものと思われ、また羅將金水男も何らかの理由で格軍に配置されたものと思われる。

③ 慶尙右水營の官吏が逃亡した格軍の捕捉に赴いたが、逃亡した格軍から賄賂をもらって任務を達成しなかった。

④ この知らせをうけた李舜臣は配下の軍官李鳳壽・鄭思立らを派遣して、逃亡した格軍70名ほどを捕らえて、何隻かの船に分置するとともに、金浩乞と金水男（この二人が格軍逃亡の首謀者と思われる）を處刑したとある（事例24）27）

また、1594（宣祖27）年5月13日の「亂中日記」によれば、

① 黔毛浦萬戶が "慶尙右水使元均の管轄下にある鮑作らが格軍を載せて逃亡したが、現地で鮑作を捕らえたところ、鮑作らは元均の駐屯する處に隠れていた。そこで司僕 ① らを送って、彼らを捕らえようとしたところ、元均が大いに怒り、司僕らを結縛した" と李舜臣に通報した。

27）「〇初三日戊子、晴、諸將進會、而寶城（金得光）未及、東上房出坐、與順天・樂安・光陽（魚泳潭）論約有時、是日、嶺南來向化金浩乞・羅將金水男等置簿格軍八十餘名、告以逃去、多受賂物不捉來、故潛遣軍官李鳳壽・鄭思立等、搜捉七十餘名分船、浩乞・金水男等、卽日行刑、自戌時、風雨大作、諸船艱難救護」（「亂中日記」癸巳2月3日）。

② そのため、李舜臣は軍官盧潤發を送って司僕らを解き放たせた（事例2
5）28) とある。

(注)
① 司僕 … 司僕は司僕寺の略称、すなわち、宮中の興馬・廐牧などの事務を掌る
官衙である。しかし、ここでは兼司僕(禁軍のひとつ)のことかと思われる。

さらに1594（宣祖27）年 8 月26日の「亂中日記」によれば、

① 興陽の鮑作人で莫同という名のものが長興の軍士30名をひそかに自
分の船に載せて逃亡させた。

② その罪により、李舜臣は鮑作人莫同を處刑して梟示した（事例26）。29)

これら（事例24）（事例25）にみられるように、鮑作人は格軍＝船漕ぎの逃
亡に積極的に關わっていたのであるが、そればかりでなく、（事例26）にみ
られるように、鮑作人は一般の兵士の逃亡にも手助けしていることである。
それでは格軍はなぜ逃亡するのか？つぎにこの問題について考えてみよう。

4、格軍逃亡の理由

a、海戰の恐怖

これについては、閑山島沖海戰の場合をあげておこう。李舜臣は1592
（宣祖25）年 7 月 8 日の閑山島沖海戰の成果を、同月15日付で報告してい
る。30) そのさい、海戰による死傷者の數も報告している。それによると、死

---

28) 「○十三日庚寅、晴、是日、因黔毛浦萬戶報、慶尙右水使所屬鮑作等格軍逃
載、現捉鮑作則隱在於元水使所駐處云、故送司僕等推捉之際、元水使大
怒、司僕等結縛云、故送盧潤發解之」(「亂中日記」甲午 5 月13日)。
29) 「○廿六日辛未、晴、朝各官浦公事題送、興陽鮑作莫同長興軍三十名潛載其
船逃出之罪、行刑梟示」(「亂中日記」甲午 8 月26日)。
30) 李舜臣「壬辰狀草」萬曆20年 7 月15日啓本、見乃梁破倭兵狀「狀 9」。

傷者全體は132名であり、その內譯は、格軍が61名、射夫が7名、その他が15名であって、格軍の死傷者が壓倒的に多いのである。これは戰鬪狀態に入っても、格軍は戰うことはなく、ただひたすらに船を漕ぎ、砲擊を避けることもできないからである。海戰は格軍を疲勞のみか、恐怖の極限以外の何ものでもないのである。

b、疫病・飢饉・寒さ

1594（宣祖27）年6月、朝鮮國王のもとに堂上官が集められ、戰局について論議のあったさい、領議政柳成龍は"水軍の間に飢えと疫病が蔓延し、多くの死者が出ている。李舜臣もこれには手のほどこしようがない"と述べている。31）また、巡撫御史徐渻も、水軍に飢饉と疫病がひろまり、死亡者が續出している樣子を報告している。32）

兵糧については、慶尙・全羅・忠淸三道の都體察使として、この方面に赴いた左議政尹斗壽が、同年9月、李舜臣に兵糧の補給を途絶えさせぬよう指示している。33）また、李舜臣自身も、屯田の租の點檢をしたり、鹿島鎭道陽の屯田を視察するなと、兵糧への配慮をめぐらしていた。34）しかし、「亂中日記」に"蛇梁萬戶（李汝恬）が來て兵糧の窮乏を告げ、挨拶して歸った"35）"のち、全羅

31）「○成龍曰、水軍多死於饑疫、李舜臣不得下手」（「朝鮮王朝宣祖實錄」宣祖27年6月乙丑）
32）「○備邊司啓曰、巡撫御史徐渻狀啓內、（中略）近來軍政解弛、水軍之厭避立役、日甚於前（中略）長在海上、飢困疾疫、死亡相繼」（「朝鮮王朝宣祖實錄」宣祖27年6月戊辰）。
33）「○廿日乙未、（中略）體察使（尹斗壽）關（公文）內、水軍捧軍粮繼餉云」（「亂中日記」甲午9月20日）。
34）「○二十四日辛酉、晴、食後出坐、監屯租改正、右水使入來、申時風雨大作、屯租改正之數百七十石入庫、流數三十石」（「亂中日記」丙申2月24日）。
「○十九日癸未、晴、發鹿島（興陽郡道陽面鹿頭）、路審見道陽（興陽郡道陽面道德里）屯田、體相多有喜色、到宿」（「亂中日記」丙申閏8月19日）。
35）「○初三日甲辰、（中略）蛇梁（李汝恬）萬戶來告絶粮、因告歸」（「亂中日記」乙未6月3日）。

右水伯(李億祺)に會って話し合う。兵糧が乏しく、それについて何らの對策もな
いことをいろいろと語った。大變心配である"36)　とあるように、兵糧は慢性的に
不足していた。

　この兵糧不足により、兵糧泥棒が横行する。「亂中日記」には　"各船か
ら頻繁に兵糧を盗んだ者の處刑を行った、"37) "早朝、樓上に出で、南平の
色吏および順天の格軍で三度も兵糧を盗んだものの處刑を決めた、"38) "夕
方、出坐して公務にあたり、光州からの軍糧を盗んだものを捉えた、"39) "順
天の七船將の張溢を軍糧を盗んだことにより捉えて處罰した"40)　などの事例
がみえている(事例27)。

　泥棒は船將の立場にあるものから、色吏(地方官衙の下級吏員)、そし
て格軍にいたるまで蔓延していた。李舜臣は處刑をもって、これを取り締
まったが、兵糧泥棒はあとをたたなかったのである。水軍の兵士にとっても
当然であるが、とくに船漕ぎという重勞働を強いられる格軍たちにとって、
兵糧不足は死活の問題であった。この兵糧不足のしわ寄せは、おそらく、
水軍の底邊に位置する格軍に押しつけられることになろう。

　兵糧不足とともに格軍を悩ましたものは寒氣であった。李舜臣は　"船頭や
格軍たちが寒さに凍えることが心配で、心が落ちつかない、"41) "未時(午後
２時)、雨はあがり晴れた。しかし、北風が強く吹き、船頭や格軍たちが寒さ
に苦しむ"42)と、船頭や格軍の苦しみを氣にかけている。空腹に寒さ、これ

---

36)「○初十日辛巳、(中略)晩見右水伯相話、多說乏粮、無所計策、極悶極悶」(「亂
　中日記」乙未７月10日)。

37)「○初三日己卯(中略)各船累次偸粮人行刑」(「亂中日記」甲午７月３日)。

38)「○十一日丙戌、晴、早出樓上、決南平色吏及順天格軍三度偸粮人行刑」(「亂中
　日記」甲午９月11日)。

39)「○十一日壬子(中略)夕出坐、囚光州軍粮偸竊人」(「亂中日記」乙未６月11日)。

40)「○十六日丁巳、晴、出坐公事、順天七船將張溢、偸軍粮見捉決罪」(「亂中日
　記」乙未６月16日)。

41)「○廿一日戊寅、四更或雨或雪、風色甚寒、慮舟人寒凍、不能定心也」(「亂中
　日記」丁酉10月21日)。

は身にこたえる。兵糧を盗めば處刑、盗まねば空腹に寒さ。ここにまた格軍が命がけで逃亡する理由があったのである。それでも、水軍は格軍がいなければ戦えない。ここに李舜臣の悩みがある。

5、李舜臣の海民起用とその意味

　これまでみたように、格軍に編成された鮑作人らは、みずから逃亡したり、他の格軍の逃亡を幇助するなど、まことにやっかいな存在でもあったのである。それにもかかわらず、鮑作人を水軍に起用したのは、それなりの理由があったと考えられる。すなわち、1592年（宣祖25）9月1日の釜山浦海戦の戦況報告の中で、戦死者ではあるが「沙工鮑作金叔連」の名のあることが注目に値する。[43]　"沙工"とは船頭であり、これは鮑作人のほか"沙工土兵水軍安元世"の名もみられる。土兵は土着の兵卒であり、これまた海邊の民である。彼らはその生活體驗から、潮流の干滿の激しい慶尙南道・全羅南道の海路や暗礁の所在を熟知しているのである。李舜臣にとっては、これら海を知った鮑作人らの海民は水軍に大いに役立つものの、ひとつ間違えば、逃亡・竊盗などの害をもたらす諸刃の劍であった。それだけに、李舜臣は鮑作人ら格軍に氣を配り、彼らの逃亡を必死になってくい止めようとしたのである。

42）「○十一月初一日戊子(中略)未時雨則霽、而北風大吹、舟人寒苦」(「亂中日記」丁酉11月1日)。
43）李舜臣,「壬辰狀草」萬曆20年9月17日啓本、釜山破倭兵狀「狀11」。

おわりに

これまで 「亂中日記」をつうじて、盜賊・竊盜を行う下層民、左水營で働く職人、格軍＝船漕ぎに編成された降倭、同じく鮑作人などの海邊の民の實態をみてきた。

盜賊・竊盜は言うまでもなく「惡」にほかならない。また逃亡する格軍は、水軍の立場からみれば、罪にあたる。しかし彼らは、壬辰倭亂による生活難や恐怖から逃れ、自分自信の生命と生活を守ろうとしたのである。これが戰爭における民衆の生き様なのである。

しかし、民衆すべてが・竊盜・盜賊・逃亡などの行爲に及んだわけではない。全羅左水營の船大工をはじめとする職人集團は、その業務をつうじて水軍を支えてきた。また鮑作人らの海邊の民は逃亡などにより、格軍への徵發に逆らうものの、その勞力と海を熟知する生活體驗は李舜臣の水軍を支える役割を果たしたのである。鮑作人らの海邊の民なくして、水軍は成り立たないのである。反發するが協力もする。この二面性をもつ鮑作人をどのように編成するか、ここに李舜臣の力量があった。

さらに降倭に目を轉ずれば、彼らもまた民衆である。秀吉は東アジア世界に君臨する野望を抱き、壬辰倭亂をひき起こしたが、降倭たちはその野望とは關係ないのである。先に島津勢の兵卒與右衛門の境遇について述べたが、兵卒勞役型の降倭の境遇はそのようなものである。長期にわたる戰いと、果てしなく續く城普請の勞役から逃れ、朝鮮側に厚遇を期待したものの、彼らの多くは格軍に編成され、船漕ぎを強いられることとなり、皮肉にも、その勞力は朝鮮水軍に寄與することとなったのである。

これまでの戰爭の歷史書には、必ず英雄・偉人などについての叙述がある。壬辰倭亂の歷史書もその例外ではない。朝鮮側の人物としては、官

人の柳成龍、武人の李舜臣や權慄、義兵將の郭再祐・高敬命、義僧兵の
松雲大師など、日本側では豊臣秀吉・加藤清正・小西行長などがほとんど
の歴史書に登場する。しかし、戦争に巻き込まれた名もない人々、戦闘を
陰から支えた人々についての言及は乏しい。民衆にとって戦争とは何で
あったのか、彼らは必ずしも國家への忠誠を第一とするわけではない。ま
ず自分の生命と生活を優先する。それが民衆にとっての戦争なのである。
そこで彼らはどのような生き方をとったのか、「亂中日記」はその民衆の生き
ざまを描いている。ここに「亂中日記」の世界がある。今回のお話しはこの
視點についての試みである。

히데요시(秀吉)의 조선침략에 대한 학설사와 연구과제

기타지마 만지(北島万次)[*]

Ⅰ. 江戸時代의 조선 인식 및 「朝鮮征伐」 사관

1. 江戸時代 전기, 17세기

1) 호리 세이이(堀正意)의 「朝鮮征伐記」

에도시대 전기에 히데요시의 조선침략에 관한 저서를 정리한 것으로 호리 세이이(堀正意)의 「朝鮮征伐記」가 있다. 堀正意는 주자학자 후지와라 세이카(藤原惺窩)의 제자였다. 세이카는 정유재란 때 포로로 일본에 연행된 조선 주자학자 姜沆과 학문상 교류가 있었다. 그 때문에 호리 세이이는 후지와라 세이카의 영향을 받은 인물이다.

호리 세이이의 저서 「조선정벌기」라는 표현은 당시 일본에서 히데요시의 조선침략을 '朝鮮征伐'이라고 불렀던 것에서 기인한다. 그런데 그 내용

* 前 日本共立女子大學

은 ①히데요시의 조선·류큐·필리핀에 대한 入貢 요구 ②조선침략에 있어
서 전쟁 국면의 추이 ③日明 강화교섭이 파탄에 이른 전말 등을 기록·문
서 등의 사례를 사용하여 서술했다는 점에 의미가 있다. 그리고 히데요시
가 동아시아 정복에 눈을 돌린 이유는 1590년 조선 국왕 앞으로 보낸 서
한에서 히데요시가 "자신의 이름을 삼국(天竺·唐·本朝＝日本)에 빛내고
싶다"고 기술한 공명심에서 비롯된 것이며, 사랑하는 아들 츠루마츠(鶴松)
의 갑작스런 죽음을 직접적인 계기로 명 정복을 결의했다고 한다.

2) 하야시 라잔(林羅山)의 「本朝通鑑」

하야시 라잔도 역시 후지와라 세이카의 제자이다. 라잔은 「本朝通鑑」
을 저술하고, 호리 세이이의 경우와 마찬가지로 히데요시의 征明 결의의
직접적인 원인을 츠루마츠의 갑작스런 죽음에 있다고 하였다. 이와 함께
히데요시의 부장 사이의 征明 계획에 대해서 의문이 있던 점을 지적하
고, 히데요시의 해외정복 계획을 비판하고 있다.

3) 야마가 소코(山鹿素行)의 「武家事紀」

하야시 라잔은 나중에 에도바쿠후의 儒官이 된 린가(林家)의 시조가
되었으며, 히데요시 비판은 당연한 일이었지만 히데요시의 조선침략을
높이 평가하는 학자도 나왔다. 「武家事紀」를 저술한 야마가 소코는 "조
선은 일본의 속국이고, 히데요시가 조선에서 武威를 빛낸 것은 神功皇后
(Jinguu kougou) 때부터의 일이다"라고 하며 神功皇后의 「三韓征伐」 전
설과 히데요시의 「朝鮮征伐」을 오버랩 시킨 노골적인 조선멸시관을 주
장하였다. 이것이 에도시대 학자 사이에 있어서 조선멸시관의 원류이다.

4) 시마즈가(島津家) 편찬 「征韓錄」

시마즈가의 「征韓錄」은 조선침략에 참전했던 다이묘 가문의 대표적

인 저술이다. 이 책은 시마즈 가문과 관계있는 기록과 문서를 소재로 했다는 점에서 문헌적인 가치는 있지만, 그 편찬 의도가 "우리 선조는 조선 정벌을 수행하고 武威를 빛냈다"는 조선침략에서 시마즈 가문의 공명성을 과시한 것이었다.

5) 카이바라 엣켄(貝原益軒), 柳成龍의 「懲毖錄」 서문

17세기 후반에 이르러 柳成龍의 「懲毖錄」이 일본에 소개되었다. 貝原益軒의 소개 서문에서 "히데요시가 조선을 친 것은 5가지 용병법(義兵·応兵·貪兵·驕兵·忿兵) 중 貪兵이며 驕兵과 忿兵도 겸한 것으로서 君子가 이용하는 義兵·応兵은 아니다"라고 비판하고 있다.

＊ 이상 17세기에 있어서 히데요시의 조선침략에 대한 인식을 열거하였는데, 히데요시를 높게 평가한 것은 山鹿素行 뿐이었다. 그런데 江戸時代 후기에 이르면 그 인식이 크게 변화하는 것이다

2. 江戸時代 중기, 18세기

1) 아라이 하쿠세키(新井白石)의 「朝鮮聘使後議」

조선통신사 접대를 간소화시킨 것으로 알려진 아라이 하쿠세키(新井白石)는 "조선은 『再造之恩』(히데요시 사망 후 일본이 조선에서 철병하고, 국교를 맺어 조선을 재생시킨 은혜)을 결코 잊어서는 안 되며, 또한 오래도록 교린관계를 맺을 수 있는 나라는 아니"라고 하며 노골적인 조선멸시관을 드러냈다.

2) 나카이 치쿠잔(中井竹山), 「草茅危言」

유학자 나카이 치쿠잔은 "조선은 神功皇后의 신라원정 이후 일본의 속국으로서 조공하고 있었는데, 히데요시가 조선에 이유 없이 병사를 일

으켰기 때문에 이후 조선은 일본에 조공하지 않고 그에 대신하여 통신사를 파견하게 되었다. 이 때문에 조선은 일본의 속국이라고 할 수는 없지만 국가의 재정을 기울여서까지 대접할 나라는 아니다"라고 하며 야마가 소코 및 아라이 하쿠세키와 동일한 인식을 가지고 있었다.

3) 모토오리 노리나가(本居宣長), 「馭戎慨言」

국학자 모토오리 노리나가는 皇國日本 중심의 입장에 서서 「馭戎慨言」을 저술하였다. 그 속에서 히데요시의 조선침략에 대해서도 서술하고 "히데요시가 『偉業』 중도에 사망한 것은 유감"이라고 하고, 더욱이 "히데요시는 皇國日本의 광명을 조선·중국에까지 빛냈다"고 칭송하고 있다.

4) 하야시 시헤이(林子平), 「三國通覽圖說」, 「海國兵談」

18세기 후반, 구미열강이 동아시아 각국으로 몰려 왔다. 여기서 海防問題가 발생한다. 海防과 文武의 필요성을 이야기하는 하야시 시헤이는 조선 문제에 관해서도 언급하고 神功皇后의 '삼한정벌'과 히데요시의 '조선정벌'을 '神武' '一統' 이래의 '武德'으로 평가하였다.

5) 혼다 도시아키라(本多利明), 「經世秘策」

혼다 도시아키라는 하야시 시헤이의 뒤를 이어 海防 문제를 논하였다. 거기서 혼다 도시아키라는 에조치(蝦夷)·사할린(樺太)·캄차카의 영유·통치를 주장하고, 히데요시의 조선침략에 대해서는 중국까지를 시야에 넣고 히데요시의 조선침략을 평가하였다.

6) 야마자키 히사나가(山崎尙長), 「兩國壬辰實記」

야마자키 히사나가는 쓰시마번의 釜山鎭 代官이었다. 「兩國壬辰實記」는 조선침략의 발단에서부터 에도바쿠후 성립기에 있어서 양국의 우호관계

성취까지의 과정을 「朝鮮征伐記」「朝鮮太平記」(일본 측의 기록), 柳成龍著 「懲毖錄」(조선 측의 기록)을 이용하여 객관적으로 서술한 책이며, 「兩國壬辰實記」 성립 배경에는 쓰시마번의 儒臣 朝岡一學(新井白石과 조선통신사 접대를 둘러싸고 논쟁했던 쓰시마번의 儒臣 雨森芳洲의 제자)의 히데요시의 조선침략사에 관한 박학다식함이 있다.

3. 江戶時代 후기, 19세기

1) 라이 산요(賴山陽), 「日本外史」

라이 산요는 "히데요시가 전국을 통일하기는 했지만, 여러 다이묘들 사이에 공명을 바라는 마음과 전투할 힘이 남아 있었고, 그것을 밖으로 돌려서 다이묘 권력을 꺾은 것이 조선출병이다"라고 도요토미 정권의 본질에서부터 그 원인에 대하여 비판적으로 서술하고 있다. 그러나 이 무렵 조선을 침략의 대상으로 여기는 입장에서 히데요시의 침략을 '朝鮮征伐'로 높이 평가하는 학자가 대세를 차지하게 되었다.

2) 사토 노부히로(佐藤信淵), 「混同秘策」

사토 노부히로는 "萬國은 황국 일본이 根本이다"라는 초국가주의적인 사고를 가지고 중국·조선 등 주변 각국을 정복대상으로 하는 논지를 전개하였다.

3) 아이자와 세이시사이(會澤正志齋), 「退食間話」 「新論」

水戶學의 아이자와 세이시사이 「退食間話」 중에서 "神功皇后가 三韓을 정벌하고 부터 조선이 복종하였고, … 히데요시는 조선을 치고 해외에 武威를 떨쳤다"며 히데요시의 조선침략을 평가하였다. 그리고 에도 바쿠후가 異國船打拂令(외국배가 접근해 오면 전부 격퇴하라)을 계기로 저술한「新論」에서는 조선침략 때 수군이 패배했던 교훈을 중시하였다. 이것은 水戶學에 있어서 히데요시의 조선침략에 대한 관심사가 개국 전야의 국방 및 군사적 요청에서 유래하기 때문이다.

4) 요시다 쇼인(吉田松陰), 1855(安政 2)년 4월 24일, 兄梅太郎宛書翰(『吉田松陰全集 第7卷』)

이미 페리가 내항하여 일본이 개국한 이 시기에, 요시다 쇼인은 일본 국내에서 전쟁의 무의미를 역설함과 동시에 러시아와의 교역에서 손해를 본 부분을 조선·만주를 손에 넣음으로써 보충하는 것이 마땅하다고 제안하였다. 이와 관련하여 역사를 돌아보고 히데요시의 동아시아 정복 계획의 좌절을 유감으로 여겼다.

4. 가와구치 쵸쥬(川口長孺)의 『征韓偉略』

「征韓偉略」의 내용은 ①무로마치(室町) 시대의 조일관계 ②노부나가(信長)가 지배할 당시에 히데요시는 이미 명·조선정복의 의지가 있었던 점 ③히데요시가 쓰시마의 소오씨(宗氏)에게 조선복속 교섭을 命한 경위 ④제1차 조선침략의 전말 ⑤일명강화교섭과 그 파탄 ⑥제2차 침략의 전말을 기술하고 있다. 그 특징은 ①「朝鮮征伐記」·「西征日記」·「宗氏家記」·「征韓錄」·「懲毖錄」·「明史」·「兩朝平攘錄」 등의 기록류를 기본사례로 하고 적절히 사례비판을 가한 실증적인 밀도가 높다는 점 ②전체적인 논조는 히데요시의 「征韓偉績」을 칭송한 책이라는 점에 있다. 그러나 히데요시의 조선침략에 관한 기본적인 줄거리를 정리한 책이며, 근대에서 히데요시의 조선침략사 연구에 대한 영향이 크고, 근대의 역사학은 가와구치 쵸쥬가 기술했던 줄거리에 토대를 두고, 여기에 새로운 시각을 추가한『征韓偉略』을 적극적 혹은 비판적으로 섭취한 것이다.

Ⅱ. 근대역사학에서 「朝鮮征伐」 사관과 「文祿慶長の役」 연구

1. 「朝鮮征伐」 사관과 국위선양

1) 木下眞弘著 『豊太閤征外新史』(1893년 간행)

이 저서에서 木下眞弘은 1592년 조선침략의 발단에서 다음해 1월 평양전투 직전까지를 사례를 이용하여 서술하였다.

2) 松本愛重編 『豊太閤征韓秘録』(1894년 간행)

松本愛重의 이 작업은 사례집으로 堀正意의 「朝鮮征伐記」, 松浦鎭信의 家臣 吉野甚五左衛門의 「吉野日記」, 立花宗茂의 家臣 天野源右衛門의 「南大門合戰記」, 花園妙心寺의 승려 天荊의 「西征日記」를 소개한 것이다. 여기서 지적해 두고 싶은 것은 그 편찬 의도이다. 즉 ①지금까지 일본은 원정 병사를 출병시킨 것이 3회이다. 그것은 神功皇后의 삼한정벌, 齊明天皇 시기의 百濟救援, 히데요시의 조선침략이다. ②히데요시의 조선침략은 조선을 정벌하는 것이 목적이 아니라 조선에게 길을 빌려서 중국을 침공하고, 나아가 유럽도 정복하여 해외에 武威를 빛내려던 것이라고 히데요시의 위업을 평가하였다. ③그리고 때는 마침 청일전쟁이 일어난 직후였고, 히데요시의 위업을 소개하고 그것을 청일전쟁의 戰意 앙양에 기여하려 한다는 것이었다.

2. 官學 아카데미즘과 「朝鮮征伐」 사관

1) 東京帝國大學史學會編 『弘安文祿征戰偉績』(1905년 간행)

이 책은 13세기의 몽골침략과 히데요시의 조선침략에 관한 논문집이

다. 편찬 의 의도는 러일전쟁의 戰意 앙양을 목적으로 하는 것이었다. 앞
의 松本愛重의 작업은 개인작업이었지만 이것은 대학 역사학회의 작업
이다. 史學會 회장 시게노 야스쯔구(重野安繹)의 머리말에 의하면 몽골
침략과 히데요시의 조선침략의 위업을 칭송하고, 이 논문집을 러일전쟁
에서 싸우는 군대에 위문품으로 보내며, 아울러서 역사교육의 소재로서
도 기여하게 한다는 것이었다.

이 의도에 적합한 것일까? 예를 들면 鈴木圓二의 논문 「蔚山籠城狀
況」에서는 울산 농성에 관한 가토 기요마사(加藤淸正)와 아사노 요시나
가(淺野幸長)의 문서를 소개한 후 식량부족에 괴로워하면서 농성전에서
승리했던 사실을 예로 들면서, "오늘날(1905년 당시) 일본군은 러시아군
과 싸워 연전연승하고 있다. 기요마사 시대와 비교하면 오늘날의 일본군
은 무기의 진보, 작전계획의 치밀함이 있지만 그 무용은 기요마사의 용
맹함에 뒤지지 않는다"고 서술하였다.

또한 芝葛盛의 논문 「文祿役に於ける占領地收稅の一斑」에서는 함
경남도에서 나베시마 나오시게(鍋島直茂)가 조선 농민이 조세징수를 위
하여 작성한 「朝鮮國租稅牒」을 소개하고, "『朝鮮國租稅牒』의 작성은 나
베시마 등 일본군의 恩威가 철저하고, 백성들이 잘 복종한 것을 말해준
다"고 하였다.

아울러서 八代國治의 논문 「文祿役に於ける俘虜の待遇」에서는 가
토 기요마사가 잡은 조선왕자의 대우에 대하여 기술하고 있다. 그 후 일
명강화교섭 때 기요마사는 히데요시의 명령에 따라 왕자를 서울로 보냈
는데, 그때 왕자는 기요마사 및 나오시게로부터 후한 대접을 받은 것을
감사하게 여겼다. 이에 대하여 八代는 "가토 기요마사도 나베시마 나오
시게도 인자한 인물이며, 그것은 일본 국민의 천성이다. 러일전쟁에서
포로에게도 이러한 동정을 베풀 것"이라고 하였다.

이처럼 각 논문의 결론부분에서 戰意 앙양에 기여하는 서술이 있지

만, 각 논문을 자세히 읽어보면 새로운 특징을 볼 수 있다. 그것은 사례의 취급방법과 논점 제시이다. 사례의 취급방법에 대하여 서술하자면, 앞에서 예로 든 가와구치 쵸쥬의 「征韓偉略」의 사례는 거의가 기록류이다. 이 기록류에는 쓰시마 도주 소오 요시토시(宗義智)를 따라서 종군했던 天荊의 「西征日記」, 자신의 체험을 기초로 정리한 조선 영의정 柳成龍의 「懲毖錄」 등 리얼타임(실시간)으로 작성된 사례도 있다면, 「朝鮮征伐記」「宗氏家記」「征韓錄」「明史」「兩朝平攘錄」 등 나중에 편찬된 사례도 많이 포함하고 있다.

이에 비하여 『弘安文祿征戰偉績』의 각론에서는, 예를 들어 田中義成 「豊太閤が外征の大目的を示したる文書」에서는 1592년(天正 20) 5월 18일 히데요시가 關白 도요토미 히데쯔구(豊臣秀次)에게 보낸 대륙정복 구상 25개조의 覺覺書(前田尊經閣文庫所藏文書)를 이용하고 있다. 또한 岡田正之의 「文祿役に於ける我戰鬪力」은 「毛利家文書」「鍋島家文書」 등을 이용하여 일본군의 조선침입 경위 등을 설명하고 있다. 이들 고문서는 일기와 마찬가지로 리얼타임(실시간)의 사례이며 사례로서의 가치가 높다. 바로 이 점에서 지금까지의 연구보다는 진보된 측면이 보인다.

다음으로 논점 제시에 대하여 언급하자면, 그 첫 번째는 히데요시의 대륙출병의 의도·목적에 관해서이다. 히데요시는 일본·조선·중국의 3국뿐만 아니라 天竺·南蠻까지 정복하려는 의도가 있었고(田中義成 前揭論文·三上參次 「文祿役に於ける講和條件」), 여기에서 히데요시의 대륙출병의 목적을 구체적으로 파악할 수 있는 시각이 나온다. 그리고 히데요시의 대륙정복 의도가 문서상에 나타난 시기는 1586년(天正 14)이라는 설이 나왔다(岡田正之 전게 논문). 이것은 1960년대에 岩澤愿彦이 「伊予小松一柳文書」를 이용하여 히데요시의 대륙정복 의도가 문서상에 나타났던 시기는 1585년(天正 13)이라는 설을 주장할 때까지 정설이 되었다.

두 번째는 히데요시의 군사정책과 일본군의 행동에 관한 문제이다.

히데요시는 쓰시마의 소오씨를 매개로 하여 조선이 복속될지 여부를 기다리고 있었는데, 이윽고 조선의 태도 여하를 불문하고 조선으로 출병한 경위를 지적하였다(岡田正之前揭論文). 여기에서 豊臣政權·宗氏, 그리고 조선의 3자 관계를 풀어가는 실마리가 제시되었다.

또한 침략 당초에 일본군이 조선 농민에게 집으로 돌아가서 농경에 힘쓸 것을 명령한 목적은 조세와 병량 징수(三浦周行「豊太閤の軍律」·芝葛盛 전게 논문)에 있었다고 한다. 이것은 조선 측에 의병을 봉기시키는 계기가 되었고, 마침내 전쟁 국면 전체와 관련된 문제로 발전해 갔다.

세 번째, 연행된 조선인 포로 문제이다. 조선 陶工의 일본 연행이 일본 도예공업의 발달을 초래하였다고 하지만(平井鏗二郎「文祿役の我が工芸に及ぼせる影響」), 그것은 침략에 의한 문화의 약탈·전파였다. 이 포로에 대한 연구는 나중에 內藤雋輔가 규명하였다.

네 번째, 침략에서 禪僧에 관계된 문제이다. 小早川隆景에 종군한 安國寺 惠瓊은 통역자 육성을 위하여 조선인에게 일본의 언어와 풍습을 강요하고 조선·명의 서적을 강탈하였다. 더욱이 히데요시의 막부 아래 西笑承兌·玄圃靈三·惟杏永哲 등 京都 五山의 高僧이 비서 겸 참모로 수행했던 점을 지적하였다(辻善之助「安國寺惠瓊の書簡の一節」). 따라서 조선침략에는 武家 뿐만 아니라 禪宗의 禪僧도 일정한 역할을 담당했다는 문제가 나온다.

다섯 번째, 무기·선박 등 군사기술에 관한 문제이다(岡田正之 전게 논문). 이 논점에 관해서는 나중에 有馬成甫의 『朝鮮役水軍史』와 일본참모본부의 『日本戰史 朝鮮役』 등에서 군사적 관심으로 계승되어 간다.

여섯 번째, 도요토미 정권의 외교문서에 관한 문제이다. 히데요시가 필리핀·高山國에게 복속을 강요했던 문서가 있다는 사실은 도요토미 정권의 대외관계를 일본·조선·명의 3국뿐만 아니라 동아시아 전역을 포착하는 관점으로서 제시하였다(村上直次郎「豊臣秀吉フィリッピン諸島

幷に台湾の入貢を促す). 이런 시각은 나중에 池內宏이 더욱 깊이 있는 논점을 전개해 나가게 되었다.

일곱 번째, 조선침략에 참전했던 여러 다이묘의 戰功 과시에 관한 문제이다. 시마즈 가문이 세운 「高野山朝鮮陣の供養碑」는 전사한 시마즈 가문의 가신 및 조선·명의 병사를 공양하려는 목적으로 세운 것이지만, 이 비석에서 시마즈 가문의 전라도 남원과 경상도 사천에서 세운 전공을 과시하고 있다(黑板勝美「高野山朝鮮陣の供養碑」). 나중에 시마즈 가문은 「征韓錄」을 편찬했고 다른 여러 다이묘 가문도 동일한 의도로 戰功記를 편찬하는데, 여기에서 여러 다이묘 가문에게 있어서 조선침략이란 어떤 의미를 가지는 것인가 하는 논점이 제시되었다.

2) 辻善之助 『海外交通史話』(1917년 간행) 田中義成 『豊臣時代史』 (1925년 간행)

辻·田中 2명은 이 저서에서 히데요시의 해외파병의 원인을 다음과 같이 주장하였다. 즉 히데요시는 명과의 勘合貿易 활동을 희망하였고, 조선에게 그 알선을 요구하였는데 조선이 이것을 거부했기 때문에 조선을 「征伐」하였다. 이것이 역사학에서 「朝鮮征伐」의 논리를 주장한 것이었다. 이윽고 이 학설은 池內宏·田保橋潔·中村榮孝 등이 비판하게 되었다.

3) 補論, 「朝鮮征伐」과 「文祿慶長の役」의 호칭에 대해서

石原道博 『文祿慶長の役』(1963년 간행)은 「朝鮮征伐」에서 「文祿慶長の役」까지 호칭의 변화에 대하여 다음과 같이 기술하고 있다.

"1904~05년의 러일전쟁을 거쳐 1910년의 한일합방이 실현되자 … 지금까지 적으로 보았던 조선인이 일본의 동포가 되었기 때문에 … 조선 정벌이라는 표현을 버리고 文祿慶長의 役이 되었다"(p.21)고 한다. 이런 사고방식은 다름 아닌 창씨개명의 강요를 비롯한 이른바 '內鮮一体'와

궤를 같이 하는 것이지만, 이 이후 '文禄慶長の役'이라는 호칭이 정착하게 되었다.

3. 池内宏『文禄慶長の役正編 第1』(1914년 간행)『文禄慶長の役別編 第1』(1936년 간행)

1) 池内宏의 연구 구상은

①조선침략 전체의 통론을「正編」, ②침략 개시 후 일본군의 상세한 행동을「別編」, ③사실에 대해서 논증을 요하는 사항을「付編」으로 하여 히데요시의 조선침략사를 通史로 파악하려고 하였다. 이 작업의 특징은 미완성으로 끝나기는 했지만 히데요시의 전체적인 조선침략 상황을 파악할 수 있다는 점에 있다.

2)『文禄慶長の役正編 第1』의 요점은 다음과 같다.

첫째, 일본 전국을 통일하는 과정에서 히데요시의 의식 속에서 동아시아 정복의 스케줄이 어떻게 구체화되었을까 하는 문제이다. 이에 대하여 이케우치는 다음과 같이 정리하였다. ① 1585년 일본 전국을 평정한 후, 명을 정복할 생각이 있다는 것을 히데요시는 예수회 선교사에게 이야기했다. ② 큐슈의 시마즈씨 토벌을 앞둔 1586년, 히데요시는 安國寺의 에케이(惠瓊)와 구로다 요시다카(黑田孝高)에게 시마즈씨를 복속시킨 후 명을 정복할 계획이 있다고 하였다. ③ 큐슈 정복과 하카다(博多) 부흥으로 히데요시는 동아시아 각국을 복속시키는 구상을 세우고 있다. ④ 1589년, 다테 마사무네(伊達政宗)가 아시나 요시히로(蘆名義廣)의 領地인 아이즈(會津)를 빼앗은 일에 대하여, 이를 비난했던 히데요시는 일본 국내뿐만 아니라 명까지 히데요시의 승인에 따라 領地를 주는 견해를 비치고, 일본 통일의 연장선상에서 명 정복을 계획하였다. ⑤ 1590년, 조선국왕 앞으로 보낸 서한에 명 정복의 의도를 나타내었고, 조선이 앞장설 것을 명령했다.

두 번째, 히데요시의 해외출병 동기와 목적에 대해서이다. 그 동기에 대해서 이케우치는 지금까지 ① 사랑하는 아들 쯔루마쯔의 갑작스런 죽음으로 인한 기분전환을 외국정벌에서 구하고 국내통일의 여세를 해외로 전가하려던 것이라는 설(堀正意·林羅山), ② 쓸데없는 병사를 동원했던 貪兵·驕兵說(貝原益軒), ③ 조선을 매개로 명에게 勘合貿易 부활을 요구했고, 조선의 거절로 조선정벌에 이르렀다는 설(辻善之助·田中義成)을 비판하였다. 이에 대하여 이케우치는 히데요시의 동기에 대해서 佳名을 삼국(唐·南蛮·天竺)에 드날리고 후세에 남기려는 공명심에 있다고 주장하였다.

그리고 이케우치는 히데요시의 당면한 목적은 명 정복이며, 조선국왕의 江戶 방문과 복속은 그 첫걸음이었고, 히데요시에게 '朝鮮征伐'의 의지는 없었다고 '朝鮮征伐'설을 부정하였다.

세 번째, 쓰시마 소오씨(宗氏)를 통한 대조선 복속 교섭과 조선출병 수행에 이르는 사정이다. 여기서 히데요시와 조선 사이에 끼어 고민하는 쓰시마의 실정을 서술하고 있다.

이상 서술한 내용에 대해서 이케우치는 일본·조선 쌍방의 사례뿐만 아니라 스페인·포르투갈 등 南蛮 사례도 이용하여 깊이 있는 논증을 하였다.

3)『文祿慶長の役別編 第1』의 요점은 다음과 같다.

첫째는 조선으로 건너온 일본군이 서울을 점령할 때까지의 과정에 대한 것이다.

① 1592년 4월 14일, 고니시 유키나가(小西行長)·소오 요시토시(宗義智)의 제1군이 부산에 상륙하여 부산진과 동래성을 함락시키고, 5월 3일에 동대문을 거쳐 서울로 난입할 때까지의 과정, ②고니시보다 늦은

4월 17일 김해에 상륙한 가토 기요마사·나베시마 나오시게 등이 5월 3일 남대문을 통해서 서울로 난입할 때까지의 과정, ③이어서 구로다 나가마사(黑田長政) 일행이 서울로 난입할 때까지의 과정 등을 그 루트를 밟아가며 명백하게 밝혔다. 이렇게 해서 서울을 점령한 후 일본의 여러 다이묘들은 분담해서 조선 팔도의 지배를 담당했다고 한다.

두 번째는 고니시 유키나가·구로다 나가마사가 평안도 및 황해도를 지배했던 실상이다. 즉 1592년 5월 중순에 평안도 지배를 맡은 고니시 유키나가·소오 요시토시, 황해도 지배를 맡은 구로다 나가마사, 함경도 지배를 맡은 가토 기요마사·나베시마 나오시게 등은 임진강 전투 후 개성을 점령하고 황해도 寶山驛에서 기요마사 등은 함경도로, 고니시·구로다 등은 평안도로 향했다. 그리고 6월 중순에 조선 국왕은 의주로 피난 갔고, 고니시·구로다 등은 평양을 점령하였다. 이에 따라 구로다 나가마사는 황해도로 돌아갔지만 고니시의 평안도 지배는 쉽게 진전되지 않았다. 그것은 평양 주변의 조선 吏民이 의병을 일으킨 것, 게다가 명의 遼東 副總兵 祖承訓의 평양 습격(이것은 고니시부대가 격퇴하였다)이 있었기 때문이다. 또한 명군의 신속한 조선 구원에 대하여 조선에 주둔 중이던 일본군은 그 대책에 쫓기게 되었다고 한다.

한편, 구로다 나가마사는 황해도에서 엄격한 군정을 강행했지만 의병의 반격을 받아 그 지배는 진척되지 않았다고 한다.

세 번째는 가토 기요마사·나베시마 나오시게의 함경도 지배의 실태이다. 황해도 보산역에서 함경도로 향한 기요마사 등은 6월 중순 함경도 안변에 도착하였다. 그 후 기요마사 등이 취한 행동은 다음의 내용이다.

① 7월 후반에 기요마사는 함경도 會寧에서 조선 왕자 두 명을 붙잡았다. 이것은 조선 왕실에 반감을 품은 반란민이 왕자 일행을 잡아서 기요마사에게 인도한 것이라는 점. ② 기요마사는 두만강을 넘어 오란카이를 침입하였다. 기요마사의 '오란카이정벌'에 대해서는 그가 오란카이에

서 명으로 들어가는 길을 찾으려고 했다는 설이 있지만, 이케우치는 기요마사가 오란카이의 여진에게 어느 정도 武威를 보여주려던 것이라고 주장하였다. ③ 나베시마 나오시게가 함경도 지배를 목적으로 '朝鮮國租稅牒'를 작성한 것에 대하여 앞에서 예로 든 芝葛盛는 "나베시마 등 일본군의 恩威가 철저하고, 백성이 잘 복종했다는 것을 말해주고 있다"고 하였다. 이에 대하여 이케우치는 인정 풍속이 다른 조선 농민을 일본의 軍政에 따르게 하는 것은 불가능하다며 그 한계를 지적하고, 함경도에서 조선 의병의 반격과 일본군의 농성, 아울러서 함경도에서의 철수에 대해서 서술하였다.

이상 이케우치 히로시의 작업은 일본·조선 양쪽의 사례를 이용하여 언제, 누가, 어디에서, 무엇을 했는지 상세하게 서술한 것이다. 이 연구의 특징은 실증주의에 철저했다는 점에 있으며, 그 방법과 사례의 취급은 후학에게 커다란 영향을 주었다. 이 영향을 받은 것으로 中村榮孝의 작업이 있다.

4. 中村榮孝,「慕夏堂金忠善に關する史料に就いて」 (『靑丘學叢』 12, 1933년 5월)

주지하는 바와 같이 일본군 장병이 조선 측에 투항한 것을 降倭로 부르고 있다. 降倭로 유명한 인물이 경상북도 友鹿洞의 金忠善이다. 18세기 말, 金忠善의 자손들이 金忠善의 연보와 기록을 「慕夏堂文集」으로 정리하여 金忠善을 顯彰했는데, 이에 따르면 金忠善은 沙也可(Sayka)로 되어 있고, 「沙也可」의 일본 이름은 특정할 수 없다.

1592년 4월, 沙也可는 가토 기요마사의 선봉장으로 조선침략에 종군했는데, 조선의 東土禮意의 풍속을 보고 中華文物이 번성한 것을 흠모하여 부하를 이끌고 조선에 투항했으며 임진왜란에서 공을 세웠다. 이로 인하여 조선국왕으로부터 관직과 김해 김씨라는 성을 받았으며, 히데요시의 조선침략 종결 후에도 조선을 섬기고 慕夏堂이라는 호를 받았다. 그 후 자손도 번성했던 것이다.

그런데 1910년 한일합방 무렵, 幣原坦·內藤湖南·靑柳綱太郞 등 제국주의 어용학자들이 우리 황국 일본에서 그러한 배신자가 있을 리 없다. 「慕夏堂文集」은 지어낸 것이며 金忠善은 매국노라고 단정해 버렸다.

이에 대하여 1933년 당시 조선총독부 「朝鮮史」 편수관이었던 中村榮孝는 그의 작업과정에서 1597년 11월에 慶尙右兵使 金應瑞 휘하에서 일본군과 싸운 「沙也可」를 「朝鮮王朝實錄」 속에서 찾아내고 「沙也可」의 존재를 증명했던 것이다(「朝鮮王朝宣祖實錄」 宣祖 30년 11월 기유). 降倭의 존재를 역사에서 말살한다는, 역사가에게 있어서는 안 될 幣原坦의 행동에 대하여 확고한 실증으로 반론을 가했던 中村榮孝의 연구자세와 용기는 높이 평가할 수 있는 것이다.

5. 參謀本部編 『日本戰史 朝鮮役』(1923년 간행)

이 戰史 편찬의 의도는 "文祿慶長의 役은 神功皇后 이래의 外征이며, 국가의 위업을 해외에서 크게 떨친 것"이라고 평가하고, 그러한 군사적 관심에서 정리한 것이다.

이 戰史의 특징은 ① 전쟁의 실태를 일본·조선·명의 사례에 입각하여 정확하게 복원한 것, ② 전쟁 경과(군비계획·군사절충·각 전투의 내용)의 구체적인 서술 ③ 병제·병기·축성·병량·병참·위생·운수·통신·선박·군기·민정 등에 대해서 일본·조선·명 3국의 실태를 조사한 것 ④ 관계문서를 연대별로 정리했다는 점이다.

Ⅲ. 전후 및 현대 역사학에서 조선침략 연구와 문제의식

1. 鈴木良一, 『豊臣秀吉』(1954년 간행)

예전에 東京大學에서 이케우치 히로시에게 배운 鈴木良一은 지금까지의 학설사를 회고하고, "『文祿慶長의 役』에 대한 연구는 있지만『침략과 저항의 역사』연구는 없다"고 하며 학설사를 비판하였다. 그리고 히데요시의 조선침략에 대한 조선 백성의 투쟁을 평가하고 이케우치 학설의 비판적인 섭취를 시도했던 것이다.

그 논점은 다음과 같다.

① 유럽 상업자본에 대항하여, 동아시아세계에서 勘合貿易과 왜구의 무역을 상회하는 무역을 희망했던 일본 상업자본의 요구가 있었던 점.
② 농민봉기 이래 농민의 힘을 따돌리고, 영토 확장을 희망하는 여러 다이묘들의 요구가 있었던 점.
③ 이 ①②가 히데요시의 휘하로 통일되고, 히데요시는 전제군주적인 성격을 띠게 되었다. 그리고 도요토미 정권은 유럽 상업자본에 의한 식민지화의 위기에 대하여 민족적인 대처를 하고, 명의 책봉체재에 대하여 독립을 선언하였다. 그 기초에는 일본 민중의 에너지가 있었다. 도요토미 정권은 이 에너지를 흡수하고 권력의 집중·강화를 꾀하여 일본 전국을 통일하게 되었다. 그 연장이 조선침략이다. 이것은 민중의 에너지를 기초로 한 민족의 힘을 계급지배의 문제로 바꾼 것으로서 민족적인 의의를 가진 것은 아니라고 한다.

이 鈴木의 작업이 지금까지 '히데요시의 朝鮮征伐' '文祿慶長의 役'이라고 부르던 것을 '히데요시의 조선침략'으로 규정지은 최초의 작업이다.

2. 中村榮孝, 『日鮮關係史の硏究(上)(中)(下)』(1969년 간행)

일찍이 조선총독부에서 『朝鮮史』 편수에 관여하고 있던 中村榮孝는 그때 수집했던 일본·조선·명 관계 사례를 많이 이용하여 13세기에서 18세기에 이르는 일본·조선의 대외관계사를 정리하였다. 그 中卷이 히데요시의 조선침략에 관한 것이다.

히데요시의 조선침략에 대해서 中村은 明帝國의 출현, 명의 책봉체제와 그 아래에 있는 일본·조선의 관계와 책봉체제의 전개 실태를 서술하고, 그 후에 전개되는 동아시아 통상권의 변모와 왜구에 대하여 언급하고, 히데요시의 조선침략을 '일본의 체제변혁 전쟁'으로 규정하였다.

더욱이 中村은 명·조선의 외교문서인 「事大文軌」, 이순신의 「亂中日記」「壬辰狀草」, 柳成龍의 「懲毖錄」 등 조선 측 사례에 대해서 면밀한 고증과 해설을 행하고 있다.

3. 內藤雋輔, 『文祿·慶長の役における被擄人の硏究』
   (1976년 간행)

히데요시의 조선침략에 관한 지금까지의 연구는 정치·외교·군사에 관한 것이 주류였다. 그래서 內藤은 조선침략이 일본·조선 양국의 민중 生活을 파괴했던 역사적 사실을 체계적으로 규명하는 일에 문제의식을 설정하였다. 內藤의 작업은 크게 두 부분으로 구성되어 있다.

첫 번째는 일본에 연행되었던 조선 被虜人의 실태연구이다. 조선 피로인 중에는 주자학자·도공·농민 등이 있으며, 그들 각자가 어떠한 삶을 살았는지, 그 점을 극명하게 추구했던 것이다.

두 번째는 豊後 臼杵의 다이묘 太田一吉에게 医僧으로 종군했던 安養寺의 승려 慶念의 「朝鮮日々記」의 소개와 승려 慶念의 戰爭觀에 대한 서술이다. 「朝鮮日々記」는 지금까지 알려지지 않았던 조선침략이 일본·조선 양국 민중에게 준 비참한 실태(예를 들면 蔚山 농성전에서 마치 지옥 같은 모습)를 사실적으로 말해주고 있다. 이러한 內藤의 작업은 히데요시의 조선침략 연구에 새로운 관점을 제시한 것이다.

4. 岩澤愿彦, 「秀吉の唐入りに關する文書」(『日本歷史』 163. 1962년 1월)

히데요시가 關白이 된 1585년(天正 13), 히데요시는 가신 히도츠야나기 스에야스(一柳末安) 앞으로 편지를 보내 "히데요시로서는 일본뿐만 아니라 중국까지 정복할 예정이다"라고 썼다. 岩澤은 이 서신을 토대로 히데요시의 대륙정복 의도가 문서상에 보이는 것은 關白 취임 직후인 1585년이라고 한다. 이 점에 관해서는 1586년(天正 14)이라는 것이 정설이었다(岡田正之 전게 논문). 히데요시가 대륙정복의 의도를 품었던 것이 關白에 취임한 직후라면 도요토미 정권은 성립 당시부터 대륙정복을 노리고 있었다는 말이 된다. 이것은 도요토미 정권의 성격에 관한 문제도 된다. 더군다나 이 서신은 히데요시의 가신들 사이에 영지확장을 바라는 움직임과, 이에 수반하여 가신들 사이에 일어나려고 하는 대립을 회피하기 위해서도 대륙정복의 의도를 공표했다는 것이다. 이 岩澤의 작업에서 히데요시는 왜 대륙정복을 노렸던 것일까 하는 원인론이 새롭게 문제가 되었다.

5. 佐々木潤之介, 「幕藩制國家の成立」(北島正元編, 『體系日本史叢書 2 - 政治史 Ⅱ』 수록. 1965년 간행)

岩澤의 문제제기를 받아들여서 佐々木는 히데요시의 전국 통일과정에 있어서 도요토미 정권 내부의 部將 사이의 대립에 주목하였다. 즉 ① 이전부터 자신의 영지를 가지고 있던 도쿠가와 이에야스(德川家康)·다테 마사무네(伊達政宗)·우에스기 카게카츠(上杉景勝) 일파 ② 도요토미 정권의 관료적 입장이었던 이시다 미츠나리(石田三成)·고니시 유키나가(小西行長) 일파 ③ 히데요시에게 총애를 받았던 다이묘로서 가토 기요마사·나베시마 나오시게 일파, 이들의 대립이 있었던 점. 더욱이 히데요시와 결탁했던 특권상인들의 동아시아 무역 진출·제패 요구가 히데요시의 대외정책 속으로 침투했다고 한다.

6. 山口啓二, 「日本の鎖國」(『岩波講座 - 世界歷史 16』 1970년 간행)

왜 히데요시는 대륙정복을 노렸던 것일까 하는 원인론에 대하여 山口는 동아시아 국제관계의 변동에서 설명하였다. 즉 ① 16세기에 들어서면서 일본의 은 산출·조선의 면포 생산·명의 생사산업이 활발해졌고, 그 교환을 원하는 무역관계의 전개와 요구가 왜구의 밀무역과 그곳에서 접촉한 포르투갈의 유럽 상업자본에 의하여 촉진되었다. 이에 따라 동아시아의 여러 나라를 휘하에 두고 각각의 국왕을 책봉하여 조공무역만을 허락하는 국제관계는 크게 후퇴했으며, 동아시아에 군림했던 명의 국제적 지위는 저하되었다. ② 도요토미 정권은 극히 짧은 기간에 국가권력을 장악했는데, 그 수단은 제한 없는 전쟁체제였고, 그것이 해외 제패에 박차를 가했다. 그리고 권력과 결탁한 무역상인도 있어서 명 정복 구상을 내비쳤다는 것이다.

Ⅳ. 히데요시의 조선침략 연구의 과제

이상으로 히데요시의 조선침략에 관하여 일본에 있어서 학설사의 흐름을 개관하였다. 이와 같은 학설사를 토대로 앞으로 히데요시의 조선침

략 연구에서 어떠한 관점을 생각할 수 있는지, 그 점을 지적해 두고자
한다.

첫째는 히데요시의 조선침략에 관한 원인론이다. 이 문제에 관해서는
아직까지 정설이 없다. 동아시아 국제관계의 변동도 시야에 넣고 검토할
필요가 있겠다.

둘째는 軍事萬端에 관한 문제이다. 군수물자로서의 무기·장비·兵糧·
연료, 아울러서 선박과 운송. 군사행동으로서는 각 전투의 경과, 축성, 군
사조직의 작성 등. 또한 의료의 실태 등. 이것들을 일본·조선·명 3국의
사례에 관하여 깊이 있게 연구할 필요가 있는 것이다. 개개의 군사적인
상태는 각 사회와 국가의 특질을 반영한 것이기도 하기 때문이다.

세 번째로 군정과 민중지배의 문제이다. 조선에서는 일본군이 조선
농민을 생업에 종사시키고 군량을 수탈하였다. 이에 대하여 조선 민중이
저항했지만 일본군은 학살을 감행하였고 게다가 코까지 잘라 갔다. 일본
에서도 檢地의 강행으로 연공 수탈이 엄격해지고 농민은 도망갔다. 이들
의 실례를 더욱 검증할 필요가 있을 것이다.

네 번째로 전쟁과 민중의 문제가 있다.

1) 의병

일본군의 군정에 대하여 조선 각지에서 의병이 봉기하였다. 의병연구
는 한국에서 상당히 진전되어 있지만, 일본군의 움직임과 아울러서 다시
한 번 그 경위를 정리할 필요가 있을 것이다. 함경북도의 경우에 관해서
제언하자면, 鄭文孚의 「農圃集」을 일본 측 사례인 「九鬼文書」 등과 함
께 검토하면 기요마사의 함경도 지배와 의병전투의 전개에 대해서 보다
풍부한 사실을 확인할 수 있을 것이다.

2) 조선군을 지탱했던 민중에 대하여.

임진왜란에서 싸운 名將은 의병장 郭再祐, 都元帥 權慄, 水軍統制使 李舜臣 등이 유명한데, 이들을 지탱했던 민중이 있었다. 李舜臣의「亂中日記」을 보면 그 휘하에 船大工·石工·弓匠·箭匠·冶匠 등 많은 職人이 있었고, 그들은 수군의 군수물자 제조와 보수에 관여하고 있었던 것이다.

또한 軍船의 노를 젓는 格軍(水夫)에 대하여 언급하자면, 1595년 3월의 시점에서 조선 수군 전체의 射手(弓手·砲手)는 1,228명, 梢水軍(船頭·格軍)은 5,881명이며(萬曆 23년 3월 4일 朝鮮國王回咨「事大文軌」12), 梢水軍(船頭·格軍)의 인원수가 射手의 4.5배에 상당하였다. 즉 수군의 구성원 중에는 射手를 상회하는 다수의 格軍이 그 비율을 차지하고 있었으며, 이것은 格軍 인원수의 다소가 해전 승패의 열쇠를 쥐고 있었음을 말해주는 것이다.

그러면 이들 格軍은 어떠한 계층·신분의 사람들로 구성되었을까? 格軍은 鮑作人·노비·土兵 그리고 降倭로 구성되었다. 이 경우에 鮑作人을 주목하고 싶다. 鮑作이라는 것은 원래 바다에서 전복을 잡는 자를 말하지만,「亂中日記」계사 3월의 메모에는「鮑作」이라고 기록한 부분에 말소 도장이 있으며, 그 오른쪽에「沿海人」이라는 注記가 있다. 이 사실에서 연해를 생업의 터전으로 삼는 해안가 거주민이었다고 할 수 있다. 鮑作人은 원래부터 육지 사람들에게 멸시당하고 조선정부로부터는 무법자적인 존재로 취급당했던 것이다. 그런 鮑作人이 조선 수군의 格軍으로 편성되었던 것이다. 이 경우 鮑作人은 단순한 格軍이 아니며, 1592년(宣祖 25) 9월 1일의 부산포해전의 전황보고에는 全羅左水營 선박의 사상자에 '沙工 鮑作 金叔連'의 이름이 있고(李舜臣「壬辰狀草」11), 鮑作人 중에는 沙工(船頭)을 담당하는 사람도 있었던 것이다. 格軍으로 징발되었던 鮑作人은 전투의 공포와 굶주림과 추위 때문에 도망을 시도하거나 일반 병사의 도망을 방조하는 등 성가신 존재였지만, 李舜臣은 조선 남

해안의 수로를 잘 알고 있는 鮑作人을 기용하지 않고서는 해전에서 승리
할 수가 없었던 것이다.

이상의 사례는 조선 민중이 임진왜란과 관련이 있음을 보여주는 하나
의 사례인데, 다양한 계층의 조선 민중들이 왜란과 어떻게 관계를 맺고
있었는지 검증할 필요가 있을 것이다.

3) 被擄人과 降倭에 관하여

被擄人에 관하여는 앞에서 예로 든 內藤雋輔의 작업이 있다. 그에 따
르면 기록을 남길 능력을 가졌던 주자학자의 경우에는 명백히 밝힐 수
있지만 陶工과 농민에 관해서는 사례적으로 한계가 있다. 이와 같은 상
황 아래서 포로로 잡힌 陶工과 농민의 실태를 어떻게 규명할 것인가는
앞으로의 과제이다.

降倭(조선 측에 투항한 일본 장병)의 사례로서 1598년 都元帥 權慄이
降倭 要汝文(与右衛門)을 조사한 供述書가 있기 때문에 그 요점을 소개
해 두겠다(「朝鮮王朝宣祖實錄」 선조 31년 5월 기축)

① 要汝文(与右衛門)의 나이는 30세이고 弓矢와 放砲의 기량을 가진
　　島津씨의 병졸이었다.
② 부모는 타계하였고, 형제는 모두 왜란에 연루되었으며, 要汝文(与
　　右衛門)은 천애고아의 몸이 되어 있었다.
③ 要汝文(与右衛門)은 혹독한 泗川의 축성공사에 동원되었는데, 그때
　　조선 측이 降倭를 후하게 대우한다는 말을 듣고 투항했다고 한다.

혹심한 축성공사를 피하여 降倭가 된 사례는 그 밖에도 볼 수 있다.
1696년 1월, 加德島의 시마즈부대에서 병졸 5명이 李舜臣 밑으로 투항
했는데, 그 이유는 島津 忠恒의 성격이 나빴기 때문이라고 한다(「亂中日

記」丙申 정월 8일). 이때 시마즈씨는 加德島에서 새롭게 倭城을 축조하
고 있었던 것이다.

이렇게 개별적으로 도주하여 투항한 자들은 조선 수군에서 格軍 등의
노역에 이용하였다. 이것은 일본 민중이 왜란에 동원되었던 말로의 하나
이기도 하다.

이에 비하여 金忠善=沙也可처럼 부하를 인솔하고 적극적으로 집단 투
항했던 자는 반란이며, 조선 측에 적극적으로 협력하여 전공을 올리고, 집
단부락을 만들어서 정주했으며, 처자를 거느리고 경지를 보유하여 그곳을
생활의 근거지로 삼았다. 降倭에는 이처럼 두 가지 유형이 있다. 이러한
관점에서 항왜의 실태를 규명하는 작업도 다음 과제의 하나일 것이다.

이처럼 히데요시의 조선침략은 일본·조선 쌍방의 민중에게 어떠한
것이었을까? 민중은 전란 속에서 어떻게 대처했던 것일까? 이와 같은 관
점에서 히데요시의 조선침략을 검토할 필요가 있을 것이다.

다섯 번째로 문화전파의 문제가 있다. 히데요시가 조선을 침략한 결
과 조선의 도자기 제조기술·인쇄기술이 일본에 전해졌다. 게다가 조선과
명의 서적이 대량으로 일본에 들어왔다. 예전에 일본 文部省은 교과서
검정에서 히데요시가 조선을 공격했지만 그 결과 문화도 전했다는 점을
균형을 맞춰서 교과서를 집필하라고 지도했지만, 문화의 전파라는 것이
반드시 무력에 호소해야 얻을 수 있는 것은 아니다. 이런 관점에서 문화
의 전파에 대하여 검토할 필요가 있을 것이다.

여섯 번째로 역사인식의 문제이다. 이것은 첫 번째에서 여섯 번째까
지(다시 몇 가지 관점을 추가해야 된다고 생각하지만)의 관점을 연구한
다음에 결론적으로 정리해야 할 문제라고 생각한다.

秀吉の朝鮮侵略についての學說史と研究課題

北島万次*

I. 江戸時代の朝鮮認識および「朝鮮征伐」 史觀

1. ʼ江戸時代前期ʼ 17世紀

1) 堀正意(Hori Seii)「朝鮮征伐記」

江戸時代前期において、秀吉の朝鮮侵略に關する著書をまとめたものとして、堀正意の「朝鮮征伐記」がある。堀正意は朱子學者藤原惺窩(Fujiwara Seika)の門弟であった。その惺窩は丁酉倭亂の時、捕虜として日本に連行された朝鮮朱子學者姜沆と學問上の交流があった。それ故、堀正意は惺窩の影響下にあった人物である。

正意の著書の「朝鮮征伐記」という表現は、当時の日本において、秀吉の朝鮮侵略を「朝鮮征伐」と呼称ていたことによるものであった。ところで、その内容は、① 秀吉の朝鮮・琉球・フィリピンへの入貢要求、② 朝鮮侵略に

* 日本 共立女大

おける戰局の推移、③ 日明講和交渉の破綻に至る顛末。これらを記録・文
書などの史料を驅使して叙述したところに意味があった。そして秀吉が東ア
ジア征服に目を向けた理由は、1590年、朝鮮國王宛の書翰で秀吉が「自
分の名を三國(天竺・唐・本朝＝日本に輝かせたい」と述べた功名心によるも
のであり、愛兒鶴松(Tsurumstsu)の急逝を直接的契機に明征服を決意
したという。

2) 林羅山(Hayashi Razan)「本朝通鑑」

林羅山もまた藤原惺窩の門弟であった。羅山は「本朝通鑑」を著わし、
堀正意の場合と同様、秀吉の征明決意の直接的原因を鶴松の急逝にあると
した。それとともに、秀吉の部將間に征明計畫について、疑問のあったこと
を指摘し、秀吉の海外征服計畫を批判している。

3) 山鹿素行(Yamaga Sokou)「武家事紀」

林羅山は、のち、江戸幕府の儒官となる林(Rin)家の始祖となってお
り、秀吉批判は当然のことであったが、秀吉の朝鮮侵略を高く評價する學
者も出てきた。「武家事紀」を著わした山鹿素行は、"朝鮮は日本の屬國で
あり、秀吉は武威を朝鮮に輝かせたことは神功皇后(Jinguukougou)以來
である" と神功皇后の'三韓征伐' 伝説と秀吉の'朝鮮征伐'をオーバラップ
させた露骨な朝鮮蔑視觀を唱えた。これが江戸時代の學者の間における朝
鮮蔑視觀の源流である。

4) 島津家編纂「征韓錄」

島津家の「征韓錄」は朝鮮侵略に參戦した大名家の代表的なものであ
る。これは島津家關係の記録・文書を素材としたところに文獻的な価値はある
が、その編纂の意図は "我が祖先は朝鮮征伐に從い、武威を顯した"と、朝

鮮侵略における島津家の功名誇示したものであった。

5) 貝原益軒(Kaibara Etsuken)，柳成龍「懲毖錄」の序文。

17世紀後半に至って、柳成龍の「懲毖錄」が日本に紹介された。貝原益軒その紹介の序文で、「秀吉が朝鮮を伐ったのは五つの兵の用い方(義兵・応兵・貪兵・驕兵・忿兵)のうち貪兵で驕兵と忿兵をも兼ねたものであり、君子の用いる義兵・応兵ではない」と批判している。

＊以上、17世紀における秀吉の朝鮮侵略についての認識を列擧したが、秀吉を高く評価したのは山鹿素行のみであった。ところが、江戸時代後期に至ると、その認識が大きく変わるのである。

2. 江戸時代中期, 18世紀

1) 新井白石(Arai Hakuseki)「朝鮮聘使後議」

朝鮮通信使の待遇を簡素化したことで知られる新井白石は、朝鮮は『再造の恩』(秀吉死去のあと、日本が朝鮮から撤兵し、國交を結んで朝鮮を再生させた恩)を長く忘れてはいけないとし、また永く隣交を結ぶべき國ではないと、露骨な朝鮮蔑視觀を示した。

2) 中井竹山(Nakai Chikuzan)，「草茅危言」(souboukigen)

儒學者中井竹山は、"朝鮮は神功皇后の新羅遠征以來、日本の屬國として朝貢していたが、秀吉が朝鮮に故なき兵端を起したため、以後、朝鮮は日本に朝貢しなくなり、それにかわって通信使派遣するようになった。それ故、朝鮮は日本の屬國とは言えないが、國家の財政を傾けてまで応接する國ではない"と、山鹿素行および新井白石と同じような認識を持っていた。

3) 本居宣長(Motoori Norinaga),「馭戎慨言」(karaosame nouretamigoto)

國學者本居宣長は、皇國日本中心の立場に立って「馭戎慨言」を著わした。その中で秀吉の朝鮮侵略についても述べ、"秀吉が『偉業』なかばで死去したことを殘念"とし、さらに "秀吉は皇國日本の光を朝鮮・中國まて輝かした" と讃えている。

4) 林子平(Hayashi Shihei),「三國通覽圖說」。「海國兵談」。

18世紀後半、歐米列强が東アジアの國々に迫ってきた。ここで海防問題が起きる。海防と文武の必要を說く林子平は朝鮮問題についても言及し、神功皇后の '三韓征伐' と秀吉の '朝鮮征伐' を '神武' '一統' 以來の '武德' と評價した。

5) 本多利明(Honda Toshiakira),「經世秘策」。

本多利明は林子平についで海防問題を論じた。そこで本多利明は、蝦夷・樺太・カムチャツカの領有・經略を主張し、秀吉の朝鮮侵略については、中國までを視野に入れ秀吉の朝鮮侵略を評價したのである。

6) 山崎尙長(Yamazaki Hisanaga),「兩國壬辰實記」。

山崎尙長は對馬藩の釜山鎭代官であった。「兩國壬辰實記」は朝鮮侵略の發端から江戸幕府成立期における兩國の和好成就までの過程を「朝鮮征伐記」「朝鮮太平記」(日本側の記録)、柳成龍著「懲毖錄」(朝鮮側の記録)を用い客觀的に叙述したものであり、この 「兩國壬辰實記」 成立の背景には、對馬藩の儒臣朝岡一學(新井白石と朝鮮通信使待遇をめぐって論爭した對馬藩の儒臣雨森芳洲の門弟)の秀吉の朝鮮侵略史についての博識があった。

3. 江戸時代後期, 19世紀

1) 賴山陽(Rai Sanyou),「日本外史」。

　賴山陽は、"秀吉は全國統一したものの、諸大名の間に功名を好む心と戰鬪する力が殘っており、それを外に轉じて大名權力をそいだのが朝鮮出兵である"と、豊臣政權の本質からその原因について、批判的な叙述をしている。しかし、この頃、朝鮮を侵略の對象とする立場から、秀吉の侵略を'朝鮮征伐'として高く評價する學者が大勢を占めるようになってきた。

2) 佐藤信淵(Satou Nobuhiro),「混同秘策」。

　佐藤信淵は"万國は皇國日本を以て根本とする"と、超國家主義的な考えを持ち、中國・朝鮮など近隣諸國を征服の對象とする論旨を展開した。

3) 會澤正志齋(A Aizawa Seishisai),「退食間話」。「新論」。

　水戸學の會澤正志齋は、「退食間話」の中で"神功皇后が三韓を征伐してから、朝鮮は服從し、(中略)秀吉は朝鮮を伐って、威を海外に奮った"と、秀吉の朝鮮侵略を評價する。そして、江戸幕府が異國船打拂令(外國船が接近したらことごとく打拂え)を契機として著わした「新論」では、朝鮮侵略において水軍が利を失ったことの敎訓を重視する。これは、水戸學における秀吉の朝鮮侵略への關心事が開國前夜の國防および軍事的要請に由來するものである。

4) 吉田松陰(Yoshida Shouin), 1855年(安政2)年4月24日, 兄梅太郎宛書翰(『吉田松陰全集』第7卷)

　すでにペリーが來航し、日本は開國していたこの時期、吉田松陰は、日本國内における爭いの無意味を力說するとともに、ロシアとの交易で損失

した分を朝鮮・滿州を手にいれることによって補うべしと提案した。それとの關連で、歷史を振り返り、秀吉の東アジア征服計畫の頓座を無念とする。

4、川口長孺(Kawaguchi Choujyu)『征韓偉略』。

　「征韓偉略」の內容は、① 室町時代の日朝關係、② 信長配下の時、秀吉はすでに明・朝鮮征服の意志があったこと、③ 秀吉が對馬の宗氏に朝鮮服屬交涉を命じた経緯、④ 第一次朝鮮侵略の顚末、⑤ 日明講和交涉とその破綻、⑥ 第二次侵略の顚末を述べたものである。その特徵は、① 「朝鮮征伐記」・「西征日記」・「宗氏家記」・「征韓錄」・「懲毖錄」・「明史」・「兩朝平攘錄」などの記錄類を基本史料として、適宜、史料批判を加えた實証的密度の高いものであること。② 全體の論調は秀吉の「征韓偉績」を讚えたものである点にある。しかし、秀吉の朝鮮侵略に關する基本的な筋書きをまとめたものであり、近代における秀吉の朝鮮侵略史研究にへの影響は大きく、近代の歷史學は、川口長孺の叙述した筋書きをふまえ、それにあらたな視点を加え『征韓偉略』を積極的あるいは批判的に攝取したのである。

Ⅱ. 近代歷史學における「朝鮮征伐」史觀と「文錄慶長の役」研究

1、「朝鮮征伐」史觀と國威の昂揚

1) 木下眞弘著『豊太閤征外新史』(1893年刊)

　この著書で、木下眞弘は1592年の朝鮮侵略の發端から、翌年1月の平壤の戰いの直前までを、史料を驅使して叙述した。

2)　松本愛重編『豊太閤征韓秘録』(1894年刊)

松本愛重のこの仕事は史料集であり、堀正意の「朝鮮征伐記」、松浦鎮信の家臣吉野甚五左衛門の「吉野日記」、立花宗茂の家臣天野源右衛門の「南大門合戦記」、花園妙心寺の僧天荊の「西征日記」を紹介したものである。ここで指摘しておきたいことは、その編集の意図である。すなわち、①これまで日本は遠征の兵を出したことは、3回ある。それは神功皇后の三韓征伐、齊明天皇の時の百濟救援、秀吉の征韓の役である。②　秀吉の征韓の役は、朝鮮を征伐することが目的でなく、道を朝鮮に借りて中國を攻めとり、ついて、ヨーロッパも征服して、武威を海外に輝かそうとしたものであると、秀吉の偉業を評価する。③　そして、時あたかも日清戦争勃發の直後であり、秀吉の偉業を紹介して、それを日清戦争の戦意昂揚に寄与しよう、というものであった。

2、官學アカデミズムと「朝鮮征伐」史観

1)　東京帝國大學史學會編『弘安文禄征戰偉績』(1905年刊)

これは13世紀のモンゴル襲來と秀吉の朝鮮侵略に關する論文集である。その編修の意図は日露戦争の戦意昂揚を目的としたものであった。さきの松本愛重の仕事は個人の仕事であったが、これは大學の歴史學會の仕事である。史學會會長重野安繹(Shigeno Yasutsugu)の緒言によれば、モンゴル襲來と秀吉の朝鮮侵略の偉業を讃え、この論文集を日露戦争で戦う軍隊への慰問品とし、さらに歴史教育の素材としても寄与させる、というものであった。

この意図に即してか、例えば鈴木圓二の論文「蔚山籠城状況」では、蔚山籠城に關する加藤清正(Katou Kiyomasa)と淺野幸長(Asano Yoshinaga)の文書を紹介したあと、兵糧不足に悩ませわれながら、籠城戦に勝利したことをあげ、そして"今日(1905年当時)、日本軍はロシア軍と戦い、

連戰連勝している。清正の時代と比べれば、今日の日本軍は、武器の進歩、作戰計畫の緻密さをみるが、その武勇は清正の武勇に見劣りすることはない"と述べている。

また、芝葛盛の論文「文祿役に於ける占領地收稅の一斑」では、咸鏡南道において鍋島直茂(Nabeshima Naoshige)が朝鮮農民が租稅徵收のために作成した「朝鮮國租稅牒」を紹介し、"『朝鮮國租稅牒』の作成は、鍋島ら日本軍の恩威が徹底し、民がよく服屬したことを物語っている"という。

さらに、八代國治の論文「文祿役に於ける俘虜の待遇」では、加藤清正が捕らえた朝鮮王子の待遇について述べている。その後の日明講和交涉のさい、清正は秀吉の命令によって、王子をソウルに還したが、そのさい、王子は清正および鍋島直茂から厚い待遇を受けたことを感謝した。これにつき、八代は "加藤清正も鍋島直茂も博愛仁慈な人物であり、それは日本國民の天性でるある。日露戰爭における俘虜にも、このような哀隣を加えるべし"という。

このように、各論文の結論的部分で戰意昂揚に寄与する叙述があるが、各論を細かく讀んでみると、あらたな特徵が見えてくる。それは、史料の扱い方と論点提示である。

史料の扱い方について述べるならば、先にあげた川口長孺「征韓偉略」の史料はほとんど記錄類である。この記錄類には、對馬の島主宗義智(Sou Yoshitoshi)に從って從軍した天莉の「西征日記」、自分の体験をもとづいてまとめた朝鮮領議政柳成龍の「懲毖錄」などのリアルタイムの史料もあれば、「朝鮮征伐記」「宗氏家記」「征韓錄」「明史」「兩朝平攘錄」など、後から編纂された史料も多く含まれている。

これに對し、『弘安文祿征戰偉績』の各論では、例えば、田中義成「豊太閤が外征の大目的を示したる文書」では、1592(天正20)年5月18日、秀吉が關白豊臣秀次に宛てた大陸征服構想25ヵ條の覺書(前田尊経閣文

庫所藏文書)を用いている。また、岡田正之「文祿役に於ける我戰鬪力」は「毛利家文書」「鍋島家文書」などを用いて、日本軍の朝鮮侵入のいきさつなど説明している。これら古文書は日記と同じくリアルタイムの史料であり、史料の価値が高いのである。ここにこれまでの研究よりは進んだ側面が見られる。

　つぎに論点提示について述べるならば、その第一は、秀吉の大陸出兵の意図・目的に關してである。秀吉は日本・朝鮮・中國の三國のみならず、天竺・南蛮まで征服する意図があり(田中義成前掲論文・三上參次「文祿役に於ける講和條件」)、ここから秀吉の大陸出兵の目的を具体的にとらえる視点が出てきた。そして、秀吉の大陸征服の意図が文書のうえに現れた時期は1586(天正14)年であるという説が出てきた(岡田正之前掲論文)。これは、1960年代に岩澤愿彦が「伊予小松一柳文書」を用いて、秀吉の大陸征服の意図が文書のうえに現れた時期は1585(天正13)年であるという説をとなえるまでの定説となっていた。

　第二は、秀吉の軍事政策・日本軍の行動に關する問題についてである。秀吉は對馬の宗氏を介して朝鮮が服屬するか否かを待たうとしたが、やがて、朝鮮の態度如何にかかわらず、朝鮮に兵を發したという経緯を指摘する(岡田正之前掲論文)。ここから、豊臣政權・宗氏、そして朝鮮の三者の關係を解いていく糸口が提示された。

　また、侵略の当初、日本軍が朝鮮農民に對し、家に還って農耕に勵めと命令した目的は租税・兵糧徵收(三浦周行「豊太閤の軍律」・芝葛盛前掲論文)にあったという。これは朝鮮側に義兵決起させるきっかけとなり、やがて戰局全体にかかわる問題にも發展してゆく。

　第三は、連行された朝鮮人捕虜の問題である。朝鮮陶工の日本連行が日本陶工業の發達をもたらしたというが(平井鏗二郎「文祿役の我が工芸に及ぼせる影響」)、それは侵略による文化の掠奪・伝播であった。この捕虜に

ついての研究は、のちに内藤雋輔が究明することとなる。

　第四は、侵略における禪僧のかかわりの問題である。小早川隆景に従軍した安國寺惠瓊は、通事育成のため朝鮮人に日本の言語・風習を強要し、朝鮮・明の書籍を收奪した。さらに秀吉幕下に西笑承兌・玄圃靈三・惟杏永哲ら京都五山高僧が秘書兼參謀として隨行したことを指摘する（辻善之助「安國寺惠瓊の書簡の一節」）。ここに、朝鮮侵略には武家のみならず、禪宗の僧侶も一定の役割を担って加わった問題が出てくる。

　第五は、武器・船舶など軍事技術に關することがらである（岡田正之前掲論文）。この論点に關しては、後に、有馬成甫の『朝鮮役水軍史』や日本參謀本部の『日本戰史 朝鮮役』などにおいて、軍事的關心から継承されてゆく。

　第六に、豊臣政權の外交文書に關する問題である。秀吉がフィリピン・高山國に服屬を強要した文書があることは、豊臣政權の對外關係を日本・朝鮮・明、三國間のみならず、東アジア全域を捉える視点として提示した（村上直次郎「豊臣秀吉フィリッピン諸島幷に台湾の入貢を促す」）。この視点は、のち池内宏がさらに論点を深めてゆくこととなる。

　第七は、朝鮮侵略に參戰した諸大名の戰功誇示にかかわる問題である。島津家が建てた「高野山朝鮮陣の供養碑」は戰死した島津家家臣および朝鮮・明の兵士を供養を目的としたものであるが、そこでは、島津家の全羅道南原と慶尚道泗川の戰捷を誇示している（黒板勝美「高野山朝鮮陣の供養碑」）。のち島津家は「征韓錄」を編纂し、他の諸大名家も同様の意図で戰功記を編纂するが、ここから、諸大名家にとって、朝鮮侵略とはどのような意味を持つものであるかの論点が提示される。

2) 辻善之助『海外交通史話』(1917年刊)。田中義成『豊臣時代史』(1925年刊)。

　辻・田中の二人は、この著書において、秀吉の海外派兵の原因をつぎ

のようにとなえる。すなわち、秀吉は明との勘合貿易復活を望み、朝鮮にその斡旋を求めたが、朝鮮がこれを拒否したため、朝鮮を「征伐」したと。これが歴史學の上で'朝鮮征伐'の論理を主張したものであった。やがて、この學說は池內宏・田保橋潔・中村榮孝らの批判するところとなる。

3) 補論,「朝鮮征伐」と「文祿慶長の役」の呼稱について。

石原道博『文祿慶長の役』(1963年刊)は'朝鮮征伐'から'文祿慶長の役'への呼称の変化について、つぎのようのに述べている。

"1904〜05年の日露戦争を経て、1910年の日韓合併が實現されると(中略)、これまで敵視していた朝鮮人が日本の同胞ということになったのであるから、(中略)朝鮮征伐という表現もやめて、文祿慶長の役ということになった"(P21)と。この考え方は創氏改名の強要をはじめとする、いわゆる'内鮮一体'と軌を一にするものにほかならないが、これ以降、「文祿慶長の役」の呼称が定着するようになった。

3、池內宏『文祿慶長の役　正編第一』(1914年刊)。
『文祿慶長の役　別編第一』(1936年刊)。

1) 池內宏の研究構想は。

① 朝鮮侵略全体の通論を「正編」、② 侵略開始後の日本軍の詳細な行動を「別編」、③ 史實について論証を要する事項を「付編」として、秀吉の朝鮮侵略史を通史として把握しようとするものであった。この仕事の特徴は未完成に終ったものの、秀吉の朝鮮侵略の全体像をとらえる視点にあった。

2)『文祿慶長の役　正編第一』の要点はつぎのようである。

第一は、日本全國を統一する過程で、秀吉の意識の中で東アジア征服

のスケジュールがどのように具体化されたか、という問題である。それについて、池内はつぎのように整理する。① 1585年、日本全國平定後、明征服の考えのあることを、秀吉はイエズス會宣教師に述べている。② 九州の島津氏討伐を目前にした1586年、秀吉は安國寺惠瓊(Ankokuji Ekei)・黑田孝高(Kuroda Yoshitaka)らに、島津氏を服屬させたあと、明征服計畵があるという。③ 九州征服と博多の復興により、秀吉は東アジア諸國を服屬させる構想を立てている。④ 1589年、伊達政宗(Date Masamune)が蘆名義廣(Ashina Yoshihiro)の領地である會津を奪ったことについて、これを咎めた秀吉は、日本國內ばかりでなく、明まで秀吉の承認によって領地を与える考えを示し、日本統一の延長線上に明征服を計畵していた。⑤ 1590年、朝鮮國王宛の書翰に、明征服の意図を示し、朝鮮はこの先導にあたることを命令した。

　第二は、秀吉の海外出兵の動機と目的についてである。その動機について、池内はこれまで、① 愛兒鶴松の急逝による憂さ晴らしを外征に求め、國內統一の余勢を海外に轉嫁しようとしたものとする說(堀正意・林羅山)、② 無用の兵を動かした貪兵・驕兵說(貝原益軒)、③ 朝鮮を介して明に勘合貿易復活を要求し、朝鮮の拒絶にあって、朝鮮征伐に及んだとする說(辻善之助・田中義成)を批判する。これに對し池内は、秀吉の動機について、佳名を三國(唐・南蛮・天竺)に顯して、後世に殘そうとする功名心にあると主張する。

　そして池内は、秀吉の当面の目的は明征服であり、朝鮮國王の參洛・服屬はその第一歩であり、秀吉に「朝鮮征伐」の意志はないと、「朝鮮征伐」說を否定したのである。

　第三は、對馬宗氏をつうじた對朝鮮服屬交渉と朝鮮出兵遂行に至る事情である。ここに秀吉と朝鮮の板挾みにあって苦惱する對馬の實情を述べている。

　以上の内容の叙述について、池内は日本・朝鮮双方の史料のみならず、スペイン・ポルトガルの南蛮史料をも驅使して、論証を深めている。

3)『文祿慶長の役　別編第一』の要点はつぎのようである。

　第一は、朝鮮に渡海した日本軍がソウルを占領するまでの過程についてである。

　① 1592年4月14日、小西行長（Konishi Yukinaga）・宗義智の第一軍が釜山に上陸し、釜山鎭と東萊城を陷し、5月3日、東大門からソウルに亂入するまでの過程、② 小西より遅れて、4月17日、金海に上陸した加藤清正・鍋島直茂らが、5月3日、南大門からソウルに亂入するまでの過程、③ つづいて黑田長政（Kuroda Nagamasa）らがソウルに亂入するまでの過程などを、そのルートをふまえて明らかにした。かくして、ソウル占領後、日本の諸大名は分担して、朝鮮八道の支配にあたったという。

　第二は、小西行長・黑田長政の平安道および黃海道の支配の實態である。すなわち、1592年5月半ば、平安道支配にあたる小西行長・宗義智、黃海道支配にあたる黑田長政、咸鏡道支配にあたる加藤清正・鍋島直茂らは、臨津江の戰いのあと、開城を占領し、黃海道宝山驛から、清正らは咸鏡道へ、小西・黑田らは平安道へ向かった。そして6月半ば、朝鮮國王は義州へ逃れ、小西・黑田らは平壤を占領した。これにより黑田長政は黃海道へ戻ったが、小西の平安道支配は容易に進まなかった。それは平壤周辺の朝鮮吏民が義兵決起したこと、そのうえ、明遼東の副總兵祖承訓の平壤襲撃（これは小西勢によって擊退された）があったことによる。なお、明軍のいち早い朝鮮救援について、朝鮮在陣の日本軍はその對策を迫られることとなる、という。

　一方、黑田長政は黃海道において嚴しい軍政を強行したが、義兵の反擊を受け、その支配は進まなかった、という。

　第三は、加藤清正・鍋島直茂の咸鏡道支配の實態である。黃海道宝山驛から咸鏡道へ向かった清正らは、6月半ば、咸鏡道安辺に到った。その後、清正らのとった行動はつぎのことがらである。

① 7月後半、清正は咸鏡道會寧で二人の朝鮮王子を捕らえた。これは
朝鮮國家に反感を懷く叛民が王子一行を捕らえ、清正に引き渡したこ
とによるものであること。

② 清正は豆滿江を越えてオランカイに侵入した。この「オランカイ征伐」こつ
いては、清正がオランカイから明へ入る道を探ろうとしたという說があ
るが、池内は清正が武威のほどをオランカイの女眞に示そうとするものと
主張する。

③ 鍋島直茂が咸鏡道支配のために「朝鮮國租稅牒」を作成したことについ
て、先にあげた芝葛盛は「鍋島ら日本軍の恩威が徹底し、民がよく服
屬したことを物語っている」という。これに對し池内は人情風俗の異なる
朝鮮農民を日本の軍政に從わせることは不可能であると、その限界を
指摘し、咸鏡道における朝鮮義兵の反擊と日本軍の籠城、さらに咸鏡
道からの撤退について叙述する。

以上、池内宏の仕事は、日本・朝鮮双方の史料を用い、いつ、誰が、
どこで、何をしたか詳細に叙述したものである。この研究の特徵は實証主
義に徹底したことにあり、その方法と史料の扱いは後學に大きな影響を與え
た。その影響を受けたものとして、中村榮孝のひとつの仕事がある。

4、中村學孝「慕夏堂金忠善に觀する史料に就いて」
(『靑丘學叢』12, 1933年5月)。

周知のように、日本軍の將兵が朝鮮側に投降したものは降倭と呼ばれ
ている。降倭として有名なものに、慶尙北道友鹿洞の金忠善の場合があ
る。18世紀末、金忠善の子孫たちが金忠善の年譜とその記錄を「慕夏堂文

集」としてまとめ、金忠善を顯彰したが、それによると、金忠善は沙也可（Ｓayka)とあり、「沙也可」の日本名は特定できない。

1592年4月、沙也可は加藤清正の先鋒將として朝鮮侵略に從軍したが、朝鮮の東土礼義の俗を見、中華文物の盛んなるを慕い、その配下を率いて朝鮮側に投降し、壬辰倭亂に功勞を立てた。このため、朝鮮國王から官職を受け、金海金氏の姓を賜り、秀吉の朝鮮侵略終結後も朝鮮に仕え、慕夏堂の号を受けた。その後、子孫は繁榮したのである。

ところが1910年の日韓併合のころ、幣原坦・内藤湖南・青柳綱太郎らの帝國主義の御用學者が、我が皇國日本にあってそのような裏切者がいるはずはない、「慕夏堂文集」は僞作であり、金忠善は賣國奴である、と決めつけた。

これに對し、1933年当時、朝鮮總督府「朝鮮史」編修官であった中村榮孝は、その仕事の過程で、1597年11月に慶尚右兵使金応瑞のもとで日本軍と戦う「沙也可」を「朝鮮王朝實錄」の中から見つけ、「沙也可」の存在を証明したのである（「朝鮮王朝宣祖實錄」宣祖30年11月己酉)。降倭の存在を歴史から抹殺するという、幣原坦らの歴史家にあるまじき行爲に對し、ゆるぎなき實証をもって反論を加えた中村榮孝の研究姿勢と勇氣は高く評價されるものである。

5、参謀本部編『日本戰史　朝鮮役』(1923年刊)。

この戰史編纂の意図は"文祿慶長の役は神功皇后以來の外征であり、大いに國威を海外に輝かしたもの"と評價し、その軍事的關心からまとめたものである。

この戰史の特徴は、① 戰爭の實態を日本・朝鮮・明の史料に卽し正確に

復元したこと、②　戰爭の経緯(軍備計畫·軍事折衝·個々の戰いの內容)の
具体的叙述、③　兵制·兵器·築城·兵糧·兵站·衛生·運輸·通信·船舶·軍紀·
民政などについて、日本·朝鮮·明三國の實態を調査したこと、④　關係文書
を年代的にまとめたことにある。

Ⅲ. 戰後および現代歷史學における朝鮮侵略 研究とその問題意識

1、鈴木良一『豊臣秀吉』(1954年刊)。

　かつて東京大學で池內宏から學んだ鈴木良一は、これまでの學說史を
ふりかえり、"『文祿慶長の役』　研究はあるものの、『侵略と抵抗の歷史』
研究はない"　と、學說史を批判した。そして、秀吉の朝鮮侵略に對する朝
鮮人民の闘いを評價し、池內學說の批判的攝取を試みたのであった。
　その論点はつぎのようであった。
① 　ヨーロッパ商業資本に對抗し、東アジア世界における勘合貿易や倭
　　寇の貿易をうわまわる貿易を望んだ日本の商業資本の要求があった
　　こと。
② 　土一揆以來の農民の力をはぐらかし、領土擴張を望んだ諸大名の要
　　求があったこと。
③ 　この①②が秀吉のもとに統一され、秀吉は專制君主的な性格を帯び
　　るようになった。そして豊臣政權はヨーロッパ商業資本による植民地
　　化の危機に對し、民族的な對處をし、明の册封体制に對して獨立を
　　宣言した。その基礎には日本民衆のエネルギーがあり。豊臣政權
　　はこのエネルギーを吸收し、權力の集中·强化をはかって、日本全

國統一するようになった。その延長が朝鮮侵略である。これは民衆
のエネルギーを基礎にした民族の力を階級支配の問題にすりかえた
ものであって、民族的意義をもつものでない、という。

この鈴木の仕事が、これまで「秀吉の朝鮮征伐」「文祿慶長の役」と呼ん
でいたものを「秀吉の朝鮮侵略」と規定づけた最初の仕事である。

2、中村學孝『日鮮觀係史の研究(上)(中)(下)』(1969年刊)。

かつて朝鮮總督府において『朝鮮史』編修に關わっていた中村榮孝は、
その時に蒐集した日本・朝鮮・明關係史料の多くの驅使し、13世紀から18世
紀にわたる日本・朝鮮の對外關係史をまとめた。その中卷が秀吉の朝鮮侵略
に關するものである。

秀吉の朝鮮侵略について中村は、明帝國の出現、明の册封体制とその
もとでの日本・朝鮮の關係とその展開の實態を述べ、その後に展開する東ア
ジア通商圈の変貌と倭寇にふれ、秀吉の朝鮮侵略を「日本の体制変革戰争」
と規定した。

さらに中村は、明・朝鮮の外交文書である「事大文軌」、李舜臣の「亂中
日記」「壬辰狀草」、柳成龍の「懲毖録」など、朝鮮側史料について、綿密
な考証と解説を行っている。

3、內藤雋輔『文祿・慶長の役における被擄人の研究』
(1976年刊)。

秀吉の朝鮮侵略に關するこれまでの研究は、政治・外交・軍事に關する
ものが主流であった。そこで內藤は、朝鮮侵略が日本・朝鮮兩國の民衆

生活を破壊した史實の体系的究明にすることに問題意識を設定した。この内藤の仕事は大きく二つの部分によって構成されている。

　第一は、日本に連行された朝鮮被擄人の實態研究である。この朝鮮被擄人には、朱子學者・陶工・農民などがあり、それぞれ彼らがどのような生き方をたどったのか、それを克明に追究したのである。

　第二は、豊後臼杵の大名太田一吉に医僧として従軍した安養寺の僧慶念の「朝鮮日々記」の紹介と僧慶念の戦争觀についての叙述である。この「朝鮮日々記」　は、これまで知られていなかったこの朝鮮侵略が日本・朝鮮兩國民衆に与えた悲慘な實態（例えば蔚山の籠城における地獄さながらの様子）をリアルに物語っているものである。

　この内藤の仕事は、秀吉の朝鮮侵略研究にあらたな視点を示したものである。

４、岩澤愿彦「秀吉の唐入りに關する文書」
（『日本歴史』163。1962年１月）。

　秀吉が關白となった1585（天正13）年、秀吉は家臣一柳末安（Hitotsuyanagi　Sueyasu）に宛て、"秀吉としては、日本のみならず中國まで征服するつもりでいる"と述べている。岩澤はこの書狀をもとに、秀吉が大陸征服の意図が文書のうえに見られるのは、關白就任直後の1585年であるという。この点につき、それは1586（天正14）年であるというのが定說であった（岡田正之前掲論文）。秀吉が大陸征服の意図を抱いたのは關白就任直後ということになると、豊臣政權は成立の当初から大陸征服を狙っていたということになる。これは豊臣政權の性格に關わる問題ともなる。

　さらにこの書狀は、秀吉の家臣の間に領地擴張を望む動きと、それにともなって、家臣の間に起こるであろう對立を回避するためにも、大陸征服の

意図を公表した、というのである。この岩澤の仕事から、なぜ秀吉は大陸
征服を狙ったのか、という原因論があらたに問題とされるようになった。

5、佐々木潤之介「幕藩制國家の成立」(北島正元編『體系日本史叢書2　政治史Ⅱ』所收。1965年刊)。

　岩澤の問題提起を受けて、佐々木は、秀吉の全國統一過程における豊
臣政權內部の部將間の對立に注目した。すなわち、①從來から自分の領地
をもっていた德川家康(Tokugawa　Ieyasu)・伊達政宗・上杉景勝(Uesug
i　Kagekatsu)ら、②豊臣政權の官僚的立場にあった石田三成(Ishida
Mitsunari)・小西行長ら、③秀吉にとり立てられた大名である加藤清正・
鍋島直茂ら、これらの對立があったこと。さらに、秀吉と結びついた特權商
人らの東アジア貿易への進出・制覇の要求が秀吉の對外政策の中に浸透し
たという。

6、山口啓二「日本の鎖國」(『岩波講座　世界歷史16』1970年刊)。

　なぜ秀吉は大陸征服を狙ったのかという原因論について、山口は東アジ
ア國際關係の變動から說明する。すなわち、①16世紀に入ってから、日本
の銀產出・朝鮮の綿布生產・明の生糸生產が高まり、その交換を求める貿
易關係の展開と要求が倭寇の密貿易と、そこで接觸したポルトガルのヨー
ロッパ商業資本によって促進された。これにより、東アジアの國々をその傘
下におき、それぞれの國王を册封し、朝貢貿易のみを許すという國際關係
は大きく後退し、東アジアに君臨した明の明の國際的地位は低下した。②豊
臣政權はきわめて短い期間に國家權力を握ったが、その手段は際限のない

戦争体制であり、それが海外制覇に驅られる。そして、權力と結びついて
貿易商人もあり、明征服構想をうち出した、という。

Ⅳ、秀吉の朝鮮侵略研究の課題

　以上、秀吉の朝鮮侵略について、日本における學說史の流れを概観し
た。この學說史をふまえて、今後の秀吉の朝鮮侵略研究において、どのよ
うな視点が考えられるのか、それを指摘しておこう。

　第一は、秀吉の朝鮮侵略についての原因論である。これについては、
未だ定說がない。東アジア國際關係の変動をも視野に入れて檢討する必要
があろう。

　第二は、軍事万端に關わる問題である。軍需物資としての武器・装備・
兵糧・燃料、さらに船舶と運輸。軍事行動としては、それぞれの戦いの経
緯、築城、軍事組織と作戦など。また医療の實態など。これらを日本・朝
鮮・明、三國の事例について、その研究を深める必要があろう。個々の軍
事のあり方は、それぞれの社會・國家の特質の反映でもあるからである。

　第三に、軍政と民衆支配の問題である。朝鮮においては、日本軍が朝
鮮農民を生業に就かせ、兵糧收奪を行った。これに對し、朝鮮民衆は抵抗
するが、日本軍は虐殺を行い、さらに鼻切りを強行する。日本において
も、檢地の強行により年貢收奪が嚴しくなり、農民は逃亡した。これらの實
例をさらに檢証する必要があろう。

　第四に、戦争と民衆の問題がある。

1) 義兵。

日本軍の軍政に對して、朝鮮各地で義兵が決起した。この義兵研究は

韓國において、かなり進んでいるが、日本軍の動きとあわせて、今一度、
その経緯を整理する必要があろう。咸鏡北道の場合について提言すれば、
鄭文孚の「農圃集」を日本側史料の「九鬼文書」などとつき合わせれば、
清正の咸鏡道支配と義兵闘爭の展開について、より豊かな史實が確定で
きよう。

2) 朝鮮軍を支えた民衆について。

　壬辰倭亂で戰った名將としては、義兵將郭再祐、都元帥權慄、水軍統
制使李舜臣が有名であるが、それを支えた民衆がいた。李舜臣の「亂中日
記」をみると、その配下に船大工・石工・弓匠・箭匠・冶匠など多くの職人が
あり、彼らは水軍の軍需物資の製造・補修に携わっていたのである。

　また、軍船を漕ぐ格軍（水夫）について述べれば、1595年3月の時点に
おいて、朝鮮水軍全体の射手（弓手・砲手）は1,228名、梢水軍（船頭・格
軍）は5,881名であり（万暦23年3月4日　朝鮮國王回咨　「事大文軌」1
2）、梢水軍（船頭・格軍）の人數が射手の人數の4.5　倍に相當している。
すなわち、水軍の構成員には、射手をうわまわる多くの格軍が、その割合を
占めているのであり、このことは、格軍の員數の多さが海戰成否の鍵を
握っているということである。

　それでは、この格軍はどのような階層・身分の人々によって構成されて
いるのだろうか。それは鮑作人・奴婢・土兵、それに降倭である。この場
合、鮑作人に注目したい。この鮑作とは、本來、海中で鮑を漁るものをい
うのであるが、「亂中日記」癸巳3月のメモには「鮑作」と記した箇所に抹
消の印があり、その右に「沿海の人」と注記がある。このことから、沿海を
生業の場とする海民であるといえよう。この鮑作人は、もともと陸地の人々
からは蔑視され、朝鮮國家からはアウトロー的存在とみなされていたのであ
る。その鮑作人が朝鮮水軍の格軍に編成されていたのである。その場

合、鮑作人は單なる格軍でなく、1592（宣祖25）年９月１日の釜山浦海戰
の戰況報告には、全羅左水營の船の死傷者に 「沙工鮑作金叔連」の名が
あり（李舜臣 「壬辰狀草」11）、鮑作人には沙工（船頭）の役を果すものもい
たのである。格軍に徵發された鮑作人は戰鬪の恐怖と飢えと寒さのため、
逃亡を試みたり、一般兵士の逃亡を幇助するなど、厄介な存在であった
が、李舜臣とすれば、朝鮮南海域の水路に熟知した鮑作人を起用しなくて
は、海戰に勝利することはできなかったのである。

　以上の事例は、朝鮮民衆の壬辰倭亂との關わりを示す一例であるが、
朝鮮民衆のさまざまな階層の人々が倭亂にどのように關わったのかを檢証
する必要があろう。

3) 被擄人と降倭について。

　被擄人については、さきにあげた內藤雋輔の仕事がある。それによる
と、記録を殘す術をもつ朱子學者の場合は明らかになるものの、陶工と農
民については、史料的に限界がある。そのような狀況のもとで、被擄人の
陶工と農民の實態をどのように究明するかは、今後の課題である。

　降倭（朝鮮側に投降した日本の將兵）の事例として、1598年、都元帥權
慄が降倭要汝文（与右衛門）を取調べた供述書があるので、その要点を紹
介しておこう（「朝鮮王朝宣祖實錄」宣祖31年５月己丑）。

① 要汝文（与右衛門）は年齢三十才であり、弓矢と放砲の技量を持つ島
　津氏の兵卒であった。
② 兩親は他界し、兄弟はすべて倭亂の卷添えとなり、要汝文（与右衛門）
　は天涯孤獨の身となっていた。
③ 要汝文（与右衛門）は嚴しい泗川の城普請に動員されたが、そのような
　時、朝鮮側が降倭を厚遇すると聞き投降した、という。

　城普請の嚴しさから逃れ降倭となった事例は他にもみられる。1696年1月、加德島島津の陣より兵卒5名が李舜臣のもとへ投降したが、その理由は島津忠恒の性格の惡さであるという（「亂中日記」丙申正月8日）。この時、島津氏は加德島にあらたに倭城を築いていたのである。

　これら個々ばらばらに逃亡して投降したものは、朝鮮水軍の格軍などの勞役に利用された。これは日本の民衆が倭亂に動員されたひとつの末路でもある。

　これに對し、金忠善＝沙也可のように、配下を率いて積極的に集團投降したものは叛亂であり、朝鮮側に積極的に協力して戰功をあげ、集落を作って定住し、妻子をかかえ、耕地を保有して、そこを生活の本據とした。降倭にはこの二つのタイプがある。このような視点から降倭の實態を究明することも今後の課題のひとつであろう。

　このように、秀吉の朝鮮侵略とは、日本・朝鮮双方の民衆にとって何であったのか、民衆はその中でどのような對處をとったのか、この視点から秀吉の朝鮮侵略を檢討する必要があろう。

　第五に、文化伝播の問題がある。秀吉の朝鮮侵略の結果、朝鮮の製陶業技術・印刷技術は日本に伝わった。さらに朝鮮・明の書籍が大量に日本にもたらされた。かつて日本の文部省は教科書検定において、秀吉は朝鮮を攻めたが、その結果、文化も伝わったことをバランスをとって教科書に書けと指導したが、文化の伝播は必ずしも干戈に訴えなければ獲得できぬものではない。この視点から文化の伝播について檢討する必要があろう。

　第六に、歷史認識の問題である。これは第一から第六まで（さらにいくつかの視点が加わると思われるが）の視点の研究を進めたうえで、結論的にまとめるべきことがらであると考える。

주제발표

東아시아 國際關係에서 본 壬辰倭亂
-전쟁 이후 조선을 둘러싼 明·淸·日 관계를 중심으로-

韓 明 基*

머리말

1368년 明이 건국된 이후 상당 기간 동안 동아시아 세계질서는 '朝貢－册封 체제'에 입각하여 전개되었다. '夷狄王朝'인 元을 몰아내고 漢族王朝를 부활시킨 明은 전통적 中華思想에 기반을 두고 주변 諸國에 朝貢할 것을 종용했다. 그것은 자국 내부의 봉건적 신분관계인 君臣의 分을 대외적으로 확대시켜 명 중심의 새로운 역내 질서를 형성하려는 시도였다. 그와 관련하여 명은 주변 제국의 주권자 명의로 파견된 조공 사절단의 무역만을 정상적인 무역으로 인정하고 그 밖의 외국상선의 來航과 密貿易을 금지하는 한편, 중국인의 해외도항과 해상무역도 금지하는 海禁政策을 시행했다. 명은 또한 주변 諸國이 자국에 반항하는 자세를 보일 경우, 朝貢을 거부하는 것을 보복 수단으로 사용하기도 했다.[1]

* 명지대학교 사학과
1) 佐久間重男, 「明·淸からみた東アジアの華夷秩序」 『思想』 796, 岩波書店,

조선은 명이 주도하고 있던 '조공-책봉 체제'에 순응했다. 일본 또한 足利義滿이 1401년 명의 책봉을 통해 勘合을 받은 이후－다소의 우여곡절이 없지는 않았지만－1547년까지 모두 19차례의 遣明船을 파견하는 등 명 중심의 국제질서 속의 일원으로 자리 잡고 있었다.

명은 자국의 안보를 가장 크게 위협하고 있던 몽골을 견제하기 위해서도 '조공－책봉 체제'를 활용하려 시도했다. 명은 몽골의 오이라트도 조공관계 속으로 끌어들이려 했지만, 무역 규모가 적은 것에 불만을 품은 오이라트의 에센은 1449년 명을 침공하기도 했다. 명은 또한 동북 지역의 女眞을 초무하고 그들을 몽골을 견제하는데 활용하려는 목적에서 여진족 의 首長들에게 벼슬을 주어 衛所制度 속으로 끌어안고, 勅書를 주어 조공을 하도록 조처했다.[2]

이렇게 명을 중심으로 구축되어 있었던 동아시아의 '조공-책봉 체제' 속에서 조선은 명에 대해 가장 忠順한 藩國으로 자임하고 있었다.[3] 나아가 조선은 명 중심의 '조공-책봉 체제' 속의 '우등생'이라는 것을 주변 제국에 대한 우월의식의 근거로써 제시하기도 했다. 한 예로 黃廷彧(1532～1607)은 '조선이 중국의 諸侯國 가운데 으뜸이며 중국도 함부로 무시하지 못하는 나라'라며 '일본도 조선을 본받으면 중국이 內附를 허용할 것'이라고 강조한 바 있었다.[4] 조선의 이 같은 우월의식은 몽골과 여진에 대해서도 마찬가지였다. 전통적인 華夷觀을 토대로 그들을 오랑캐로 여기면서 각각 '胡元', '奴賊' 등으로 지칭하면서 조선보다 한 단계 낮은 국가로 下視하고 있었다.[5]

1996, 33쪽.
2) 岸本美緒,「東アジア·東南アジア傳統社會の形成」『岩波講座 世界歷史』13, 1993.
3) 당시 일본과 暹羅, 占城, 眞臘 등은 명에 조공하려면 반드시 勘合을 소지해야 했지만 조선과 琉球는 국왕의 表文만 지참하면 가능했다(佐久間重男, 위의 글, 1996).
4) 黃廷彧,『芝川集』권3「擬與日本關白書」. "弊邦以中國外諸侯之首 萬邦朝會之列 無有居弊邦之先者 以禮義之所自出也 故不敢卑夷之 冠帶之賜先及焉 貴國一從禮義 悉效弊邦之爲 則天朝亦必許款塞內附之誠矣"

그렇다면 임진왜란은 명을 중심으로 구축되었던 동아시아의 국제질서, 나아가 명 중심의 '조공-책봉 체제' 속의 충순한 번국을 자임했던 조선의 대외관계에 어떤 영향을 미쳤을까? 결과적으로는 실패했지만 '假道入明'을 표방했던 도요토미 히데요시(豊臣秀吉)의 조선 침략은 동아시아 정세 전반에 전방위적으로 파장을 몰고 올 수밖에 없었다. 한 때 자신들의 朝貢國이었던 일본의 도전에 의해 藩國 조선은 물론 自國의 안위까지 위협받는 상황에서 명은 조선에 군대를 보내 참전했다. '조선을 돕는다'는 명목으로 대규모 명군의 조선 참전이 이루어지면서 朝明, 朝日, 明日, 明金 관계 등 동아시아 국제관계 전체가 연쇄적으로 변화의 소용돌이 속으로 빠져들 수밖에 없었다. 이에 필자는 임진왜란을 통해 야기된 동아시아 국제관계 변화의 추이를 - 조선을 중심에 놓고 - 개관해 보고자 한다.[6]

1. 임진왜란과 朝日關係

조선왕조는 일본의 무고한 침략 때문에 혹심한 피해를 입었다. 그것은 인적, 물적, 그리고 정신적 차원에서 조선왕조의 기반을 흔들리게 할 정도로 광범위한 것이었다.[7] 따라서 임진왜란 이후 조선이 일본에 대해

---

5) 한명기, 『정묘·병자호란과 동아시아』, 푸른역사, 2009, 365~375쪽.
6) 필자는 본고의 주제와 유사한 제목으로 「임진왜란과 동아시아 질서」『임진왜란과 한일관계』所收, 景仁文化社, 2005란 글을 이미 발표한 바 있다. 본고는 기존의 논문과 일부 비슷한 내용을 담고 있지만, 논문의 전체 구성, 사용한 자료, 그리고 논지는 다른 것임을 밝혀 둔다.
7) 임진왜란으로 말미암은 조선의 피해 양상에 대한 최근의 구체적인 분석으로는 閔德基, 「임진왜란 중의 납치된 조선인 문제」, 2005 ; 문숙자, 「임진왜란으로 인한 생활상의 변화」, 2005 ; 전경목, 「임진왜란으로 말미암은 문화재 피해 상황」, 2005(모두 『임진왜란과 한일관계』, 한일관계사연구논집 5 所收, 景仁文化社)가 대표적이다.

적개심을 품고 일본인들을 증오했던 것은 당연한 것이었다. 왜란 당시, 서울을 점령했던 일본군이 宣陵과 靖陵을 파헤쳤던 것은 일본인들의 야만성과 무도함을 상징하는 것이자 조선이 반드시 되갚아야 할 행위로 치부되었다. 이제 일본은 '조선의 生靈을 함부로 죽이고 陵寢을 파헤친, 영원토록 복수해야 할 怨讐'가 되었고, 조선 사람들은 그 일본에 복수하기 위해 臥薪嘗膽 할 것이 강조되고 있었다.[8]

하지만 임진왜란 이후 對馬島를 중심으로 일본 측이 국교와 무역 재개를 거듭 요청하는 와중에 조선은 고민에 빠질 수밖에 없었다. 일본의 무고한 침략 때문에 생긴 원한이나 민족적 감정을 생각하면 일본과의 국교 재개는 있을 수 없는 일이었다. 하지만 조선은 임진왜란을 통해―일본에 대한 적개심을 갖게 되었던 한편에서―일본이 군사적으로 매우 강하다는 사실도 절감하게 되었다. 임진왜란 발발 직후 육전에서 일본군에게 일방적으로 밀리던 상황을 목도했던 柳成龍은 일본군이 우세한 원인을 객관적으로 분석했다. 류성룡은 '일본군은 독살스럽고 사나운데다 생명을 가볍게 여기고 돌격전에 능하며 鐵丸과 槍劍 또한 모두 예리하여 조선군이 능히 대적할 수 없다'고 했다. 그는 또한 일본군은 간첩 활동에 능통하여 우리의 동정을 먼저 알고 있는데 비해 아군은 오합지졸을 많이 모으기만 할 뿐 정탐에 떨어지므로 번번이 패전한다고 지적한 바 있다.[9] 일본 군사력의 우위에 대해 인정하고 있는 것이다.

막강한 일본의 군사력을 인정해야 한다는 주장은 이후에도 이어진다. 일본군이 조선에 머무르고 있던 7년 동안 朝明聯合軍이 이렇다 할 승리

---

8) 『宣祖實錄』권212, 선조 40년 6월 辛亥. "史臣曰 惟彼倭奴 燒夷我原陵 魚肉我生靈 乃九世必報之讐 我國君臣 所當臥薪嘗膽 未嘗食息忘此讐 …"
9) 柳成龍,『西厓集』권5「陳時務箚」壬辰十一月. "且賊慓悍輕生 善於突鬪 鐵丸槍劍 皆爲利器 我軍不能當 而四方主兵之人 不能因勢利導 每聚烏合之卒 以多爲貴 約日徐趨 而瞭望不審 斥候不遠 賊之間諜甚多 耳目四布 我之動靜 彼皆先知 故我軍每戰每敗"

를 거두지 못한 채, 끝내는 바다를 건너 돌아가도록 내버려두었다고 비
판했던 李山海(1539~1609)는 일본을 가리켜 '천하로서도 당해내기 어
려운 존재'라고 평가했다.10)

일본에 대해 극도의 적개심을 품었으되, '무력이 강한' 그들의 再侵을
우려 할 수밖에 없는 현실에서 쉽사리 교류를 끊을 수도 재개할 수도 없
는 상황, 바로 거기에 조선의 고민이 존재했다. 조선은 결국 임진왜란 이
후 일본에 대한 적개심을 가진 한편에서 일본의 재침 위협을 늘 염두에
두고, 그것을 방어할 수 있는 대책을 마련하는 데 골몰할 수밖에 없었다.
이 같은 배경에서 임진왜란 이후 조선의 대일정책의 요체는 일본 사정을
정밀하게 살피면서 倭館에 恒居하는 일본인들을 다독거려 사달이 일어
나는 것을 막는 것, 조선 사정이 일본으로 유출되는 것을 방지하는 것,
일본의 재침에 대비하여 영남 諸屯의 방어 태세와 水軍을 정비하는 것
등으로 집약되었다.11)

조선은 이 같은 상황에서 - 명군 철수 이후 單弱해진 국세를 고려하
여 - 명의 위세를 빌려 일본측의 협박을 차단하려는 정책을 쓰게 되었다.
그러나 일본측이 협박을 일삼는 한편에서, 犯陵賊을 송환하는 등 성의를
표시하자 조선은 결국 羈縻 차원에서 일본과의 국교를 재개하고 通信使
를 파견하기로 하는 등 기존의 관계를 회복하기로 결정했다.12) 이에 따
라 1607년(선조 40) 回答兼刷還使의 명목으로 呂祐吉, 慶暹, 丁好寬 등
으로 구성된 사절단을 파견했다. 통신사의 파견이 시작된 것이다.

조선이 원한과 적개심을 억누르고 일본과의 '우호'를 택한 것은 대륙

---

10) 李山海, 『鵝溪遺稿』 권5 「陳弊箚」. "然以臣計之 則方張之北賊 恐不如已退之
    倭寇也 何者 倭奴之兇鋒 天下之所難當也 安有八年屯據 動天下之兵 而猶不
    得一番得利 終使揚揚渡海者乎 臣嘗中夜不寐 憂慮萬端"
11) 浦 廉一, 「明末淸初の滿鮮關係上に於ける日本の地位 (一)」 『史林』 제19권
    제2호, 1934, 260~261쪽.
12) 孫承喆, 『朝鮮時代韓日關係史研究』, 지성의 샘, 1994, 119~145쪽.

정세의 변동과 밀접한 관련이 있었다. 임진왜란이 일어날 무렵부터 만주
에서 崛起했던 누르하치(奴兒哈赤)가 이끄는 建州女眞의 세력이 더욱 커
지면서 조선의 관심은 서북방을 향해 집중될 수밖에 없었기 때문이다.
1610년(光海君 2), 大北派의 영수 鄭仁弘이 누르하치와의 通好를 반대하
는 箚子를 올렸을 때, 광해군은 일본과의 和議가 불가피했었던 사례를
들어 반박했다. 광해군은, '함께 하늘을 이고 살 수 없는 원수'인 일본이
지만 조선의 역량을 고려하면 통신사를 보내 교통하는 것은 불가피했다
고 지적했던 것이다.[13]

조선은 통신사를 보내면서 '被擄人 刷還'을 명분으로 내걸었지만, 임
진왜란 이후 1643년까지 조선으로 송환된 피로인은 6천여 명에 불과했
다. 그 와중에 일본의 德川幕府는 江戶時代를 통해서 來日했던 조선 통
신사를 '宗主國에 대한 조공사절'로, 조선 국왕의 선물을 貢物로서 선전
하면서 막부의 국제적 지위를 높이는 재료로 이용했다. 그리고 그 와중
에 일본에서는 조선을 '朝貢國'으로 치부하는 인식이 높아져 갔다.[14]

조선이 임진왜란으로 말미암아 품게 된 일본에 대한 적개심을 접어야
만 했던 상황은 이후에도 이어졌다. 건주여진의 세력이 더욱 커지고 그
와 맞물려 명의 쇠퇴가 현저해지고 있던 상황에서 조선은 1627년과
1636년 두 차례의 胡亂을 겪게 되었다. 조선이 두 차례의 호란을 통해
淸에게 굴복하면서 조선의 대일인식과 정책은 또 달라질 수밖에 없었다.
가중되는 후금의 압박에 대처하기 위해 대일 적개심은 상당 부분 유보될
수밖에 없었다. 1624년 李适의 亂, 1627년의 정묘호란을 겪으면서 조선
에서는 鳥銃 등 일본제 무기를 도입하고 降倭를 적극 활용하며, 나아가
倭館을 통해 일본으로부터 군사적 원조를 이끌어내야 한다는 주장이 대

---

13) 鄭仁弘, 『來庵先生集』 권7, 「辭職箚」. "答箚子曰 予雖昏病 豈不知大義乎 試以
已往之事言之 倭奴掘拔先陵 是不共戴天之深讐 而相勢量力 不得已遣使通信
至今賊徒恒留邊鎭 多至千餘 而秀吉非犯順之賊乎 此豈樂爲 勢有不得已也"
14) ロナルド・トビ, 『「鎖國」という外交』, 東京, 小學館, 2008, 50~51쪽.

두되었다.[15] 병자호란 직후에는 趙絅 등 일부 신료들을 중심으로 일본을 '友邦'으로 삼아 誠信을 굳게 하면서 그들을 활용하여 청을 견제해야 한다는 '以倭制淸論'까지 대두되었다.[16] 요컨대 後金의 굴기로 대표되는 임진왜란 이후 북방 정세의 격변을 통해 조선의 대일외교는 유화적인 기조로 흘러갔던 것이다.[17]

2. 임진왜란과 朝明關係

鮮初부터 조선과 명의 관계는 각별했다. 조선은 명의 가장 충순한 藩國으로 자임했고, 명 또한 그것을 인정했다. 한 예로 세종은 이른바 至誠事大論을 내세워 명에 대한 事大에 정성을 다하는 것을 어느 국가 大事보다 우선하는 절대적 과업으로 삼았고[18], 그 같은 배경 속에서 15세기 이후 양국 관계에는 이렇다 할 갈등 요소가 존재하지 않았다. 세종대 이후 '조선은 가장 공손하게 명을 섬기고, 명 또한 다른 藩邦과는 비교가

---

15) 한명기, 앞의 책, 2009, 263~272쪽.
16) 한명기, 앞의 책, 2009, 352~357쪽.
17) 여진족의 후금이 굴기하고 정묘, 병자호란을 겪게 되면서 임진왜란을 일으킨 일본에 대한 적개심이 상대적으로 유보되고, 약화되었던 것은 사실이지만 적개심 자체가 사라진 것은 아니었다. 호란의 상처가 어느 정도 치유되고 對淸關係가 안정의 궤도로 접어들게 되자 대일 적개심은 다시 표면으로 부상했던 것으로 보인다. 한 예로 金鎭圭(1658~1716)는 '兩陵을 파헤친 일본은 여전히 만세불공의 원수'이자 '南夷'라고 지칭하며 경계의식을 확실히 드러낸 바 있다. (金鎭圭, 『竹泉集』권7「畫講時奏辭」. "朝家之於倭人 雖隱忍通好 而宣靖兩陵之讎 萬世不可忘也 念我國家 於北狄則大義如彼 在南夷則深讎如此 且今邊疆姑無釁隙 而變詐難信 禍亂無常 若幸其目前之無事 不思日後之遠圖 則非但義理晦塞 前頭禍變 亦且難料 豈不大可懼哉")
18) 安貞姬,「朝鮮初期의 事大論」『歷史敎育』64, 1997 ; 한명기,「세종 시대 대명 관계와 사절의 왕래」『세종문화사대계』3, 세종대왕기념사업회, 2001 등 참조.

안 될 정도로 조선을 후하게 예우하고 있다'는[19] 嚴從簡의 지적은 당시 조선과 명 관계의 우호적인 양상을 확연히 보여주는 사례였다.

16세기에 들어서도 상황은 달라지지 않았다. 명에 대한 숭앙의식은 더 심화되었다. 그것은 16세기 중반 이후 조선 學童들의 주요한 修身書로 자리 잡은 『童蒙先習』의 내용에서도 확연히 드러난다. 千字文을 막 뗀 士大夫家의 자제들이 배웠던 『동몽선습』은 수신서이자 동시에 역사서였다. 그런데 흥미로운 것은 『동몽선습』에서 언급한 중국사의 맨 마지막 내용이 '위대한 명나라가 中天에 떠오르니 聖子神孫이 계승하여 천만 년을 이어갈 것'이라는 믿음과 기원을 담고 있다는 점이다.[20] 몽골족 '오랑캐' 元의 穢德을 무너뜨리고 등장한 명의 '위대함'과 '영원함'에 대한 믿음이 사대부들의 幼年시절부터 강조되고 있는 것이다.

16세기 이래 명에 대한 慕華意識이 이렇게 커져가고 있던 상황에서 임진왜란 시기 명군이 조선에 참전했던 것은 ─ 15세기 이래 '책봉-조공 체제의 전형'으로 불릴 정도로 각별했던 ─ 명과 조선의 기존 관계가 질적으로 변화하는 계기가 되었다. 우선 명이 조선에 군대를 보내 참전라고, 1593년 1월 평양전투에서 승리했던 것은 당시 위기에 몰린 조선 지배층에 의해 '망해가던 나라를 다시 세워준 은혜(再造之恩)'로서 인식되었다. 華夷論에 입각한 세계관을 가지고 있던 조선 지배층은 ─ 명군이 남긴 民弊 등 수많은 부작용에도 불구하고 ─ 명군의 참전을 결코 잊어서는 안 되는 차원의 '절대적인 은혜'로 추앙했다. 나아가 '조선이 左衽이 되는 것

---

19) (明) 嚴從簡 『殊域周咨錄』(1993, 北京, 中華書局) 권1 「朝鮮」 "(永樂)十七年 芳遠老 請以子祹嗣 時國家遷都北京 比南京距朝鮮爲益近 以後仁宗昭皇帝洪 熙間 宣宗章皇帝宣德間 每歲凡萬壽聖節正旦皇太子千秋節 皆遣使奉表朝賀 貢方物 其他慶慰謝恩等使率無常期 或前者未還而後者已至 雖國王不世見 然 事天朝最恭謹 天朝亦厚禮之 異于他番 每朝廷大事 必遣頒詔于其國"
20) 朴世茂, 『童蒙先習』 「總論」. "胡元滅宋 混一區宇 綿歷百年 夷狄之盛 未有若 此者也 天厭穢德 大明中天 聖繼神承 於千萬年"

을 막아준 명 황제의 망극한 은혜는 하늘을 감동시킬 정도였던 宣祖의 至誠事大에서 비롯된 것'으로서 인식되기도 했다.[21]

실제로 임진왜란 이후 선조, 광해군, 인조 등은 '전쟁을 끝낼 수 있었던 動力'으로서 '再造之恩'의 실체를 바라보는 시각과 인식에서 미묘한 차이를 드러냈다. 선조는 왜란 이후 論功行賞을 시행하면서 李舜臣 등 宣武功臣들을 제치고, 명에 請援使로 파견되었던 扈從功臣 鄭崑壽를 전란 극복의 元勳으로 지목했다. 선조는 왜란 발생 직후 전란을 극복하는 과정에서 이렇다 할 역할을 하지 못하고 西北 지역으로 파천하는데 급급한 모습을 보인 바 있다. 그 때문에 국왕으로서의 권위가 심각하게 실추되었던 데다 파천 도중 자신에게 적대적인 태도를 보였던 민들의 반감을 목도하기도 했었다. 그와는 대조적으로 이순신이나 郭再祐 등 일선의 무장들은 잇따른 승전을 통해 '영웅'으로 떠오르고 있었다. 자연히 선조의 위기의식은 높아질 수밖에 없었다. 선조가 왜란 극복의 가장 중요한 원동력으로 명군의 참전과 활약을 거론했던 것, 정곤수를 원훈으로 지명했던 것 등은 이순신 등 '영웅'으로 떠오른 무장들의 활약과 공로를 상대적으로 왜소화시키는 효과를 노린 것이었다. 나아가 그렇게 함으로써 왜란 초반 義州로 파천했던 것 말고는 이렇다 할 활약이 없었고 또 그 때문에 심하게 실추되었던 자신의 권위를 제고하기 위한 의도와 깊이 연관되어 있었다.[22]

'재조지은'을 숭앙하는 조선 지배층의 태도는 임진왜란 이후 명의 내

---

21) 鄭琢, 『藥圃先生文集』 권3 「安東府摹刊御筆屛風後跋」, "萬曆壬辰夏四月 倭賊大擧入寇 京師潰而平壤失守 上幸義州 天子命將討之 明年 復三京 賊退據南徼 上還京師 丁酉秋 賊再入 天子又命將討之 明年戊戌 賊乃去 … 國運中否 島夷構亂 魚肉生靈 蕩覆宗社 自我東方 有國無之 天威一動 海嶠重新 三韓免左衽 九疇復箕範 寔聖天子再造罔極之恩 而我主上事大至誠通天貫日之致噫 此四字足以畫天地之大恩 …"

22) 한명기, 『임진왜란과 한중관계』, 역사비평사, 1999 ; 한명기, 「'再造之恩'과 조선 후기 정치사」 『大東文化硏究』 59, 성균관대 대동문화연구원, 2007, 195~201쪽.

부 정세와 맞물려 조선에 커다란 부담을 안겨 주었다. 명은 1593년 11월,
神宗이 조선에 보낸 宣諭文에서 처음으로 '재조지은'이란 용어를 사용했
던[23] 이래 시간이 흐를수록 '조선에 대한 施惠者'로서의 자부심을 노골
적으로 드러냈다. 조선에 대해 '보답'을 바라는 분위기는 명 內政의 난맥
상과 누르하치의 군사적 위협이 커지는 것과 맞물려 증폭되었다. 임진왜
란이 끝날 무렵 財政 위기 때문에 명에서 불거지기 시작한 礦稅와 商稅
의 폐단은 민중들로부터 광범한 저항에 직면하게 되었다.[24] 그런데 흥미
로운 것은 광세와 상세의 폐단이 임진왜란 이후 조선에도 변형된 형태로
전가되었다는 점이다. 선조 말년부터 광해군대에 걸쳐 명이 압록강 부근
에서-조선의 혁파 요구에도 불구하고-中江開市를 존속시키라고 강요
하고, 조선에 파견되었던 명의 宦官 출신 勅使들이 수만 냥의 銀貨를 요
구하여 착복했던 사례들은[25] 그 두드러진 실례라고 할 수 있다.

명은 이후에도 자신들이 '조선에 대한 원조(東援)'를 베풀었음을 강조
하고, 조선을 본격적으로 후금과의 전쟁 속으로 끌어들여 이용하려 했다.
그것은 전형적인 以夷制夷 정책의 일환으로서 명은 예의 재조지은을 내
세워 조선의 參戰을 통한 '報恩'을 정당화하려 했다.[26] 급기야 1618년
누르하치가 명에 선전포고하고 撫順을 攻取하자 명은 조선에 원정군 파
견을 강요했다. 그 명분은 예의 '재조지은'이었거니와, 명의 요구를 받아
들이는 여부를 놓고 조선에서는 격렬한 논란이 빚어졌다.

명의 요구를 받아들이는데 소극적이었던 光海君은 명의 압박과 대다

---

23) 『宣祖實錄』 권44 宣祖 26년 11월 己未.
24) 吳金成, 「明末·淸初의 社會變化」 「明·淸代의 國家權力과 紳士」 『講座 中國
    史 Ⅳ』, 1989.
25) 한명기, 위의 책, 1999, 198~223쪽.
26) 『明熹宗實錄』 권13 天啓 원년 8월 庚午. "時 經略熊廷弼疏言 三方建置須聯
    合朝鮮 宜得一智略臣前往該國 督發江上之師 就令權駐義州 招募逃附 則我兵
    與麗兵 聲勢相倚 與登萊音息時通 斯于援助有濟 … 其糧餉則發銀平賣于朝鮮
    東山一帶 諒該國懼賊併呑之禍 感我拒倭之恩 必不忍推託"

수 신료들의 채근에 떠밀려 누르하치를 공격하는데 동참하는 병력을 파견했다. 하지만 姜弘立이 이끄는 조선군은 명군 지휘관 劉綎 휘하에 배속되었다가 深河 전투에서 후금군에게 참패했고 강홍립은 남은 병력을 이끌고 투항했다. 심하 전투 패전 이후 명은 조선에서 다시 한 번 더 병력을 징발하려 시도했으나 광해군은 명의 요구를 거부하면서 후금에 대해서도 羈縻策을 통해 다독이려고 시도했다.[27] 이 같은 와중에 1623년 조선에서 西人 정파를 중심으로 '광해군의 亂政'과 '재조지은 배신'을 응징한다는 명분으로 仁祖反正이 일어나면서 정권이 교체되었다. 임진왜란 시기 명군의 참전과 맞물려 형성된 '재조지은'이 이제 조선 내부에서 정권 교체의 명분으로까지 이용되었다. 나아가 '명이 베푼 재조지은에 보답해야 한다'는 조선 집권층의 강박 관념은 임진왜란 이후 가시화 되고 있던 明淸交替라는 역내 환경의 격변 과정에서 조선이 외교적으로 운신할 수 있는 폭을 스스로 좁히는 결과를 초래했다.

인조반정이 발생할 무렵, 후금의 공세 때문에 위기에 처했던 명은 보다 절박하게 조선을 끌어들여 후금을 견제하려고 시도했다. '재조지은에 보답할 것'을 요구하는 强度도 따라서 높아졌다. 1623년 인조가 反正을 통해 등극했다는 사실을 알리고 명의 冊封을 요청하기 위해 北京에 갔던 조선 사신들에게 명의 兵部 관원들은 '조선이 재조지은을 망각하고 명을 돕지 않는다'고 힐문한 바 있다.[28] 그 같은 분위기에서 명 조정은 인조의 등극을 조건부로 승인했다. 즉 명은 인조반정을 통한 조선의 왕위 교체를 '찬탈'이라고 비판하면서도 조선을 끌어들여 후금을 견제하려는 현실

---

27) 한명기, 위의 책, 1999, 265~280쪽.
28) 李民宬, 『敬亭集』續集 권3「朝天錄 下」. "十五日庚子 譯官世宏 膺及後曾等
   進于兵部 … 尙書侍郎即起椅坐出立前楹 反覆諭之曰 你國素稱禮義 與天朝爲
   一家 壬辰之變 天朝發十萬兵馬 費百萬錢糧 驅逐倭奴 再造藩邦矣 近聞你國
   不助兵 又遏糶 何意也 助兵八萬 縱不得如數 減半調發 與毛帥合勢可矣 而八
   箇兵亦不助 待天朝何其薄也"

적인 목적에서 인조를 책봉하기에 이르렀던 것이다.[29]

8세기 이후 한반도가 중화제국과 북방세력 사이에 끼여 있어 있는 구조 속에서 침략이나 징벌적 전쟁에 시달린 경우, 한반도인들의 중화주의적 대외인식과 행동 패턴이 중요한 변수로 작용했다. 실제 중화주의적 세계관은 통일신라 이래 한반도가 중화제국과의 교류를 증진하고 평화를 유지하는데 중요한 자산이었지만, 중화주의에 대한 중독은 중화제국 바깥의 세력에 대한 他者化 현상을 초래했다. 즉 중국 중심의 華夷觀念에 따라 북방민족이나 일본처럼 중화질서 바깥에 존재한 세력들에 대한 도덕적 차별과 무관심이 확산되었고, 그렇게 타자화 된 세계의 역동성에 대해 상대적으로 둔감하게 되는 결과를 초래했다.[30] 요컨대 임진왜란을 통해 확실하게 굳어진 재조지은에 대한 숭앙과 그와 맞물린 慕華 관념은 중화주의에 중독되는 결과를 초래하고, 漢族政權 이외의 타자를 객관적으로 인식하는데 심각한 장애물이 되었다고 할 수 있겠다.

3. 임진왜란과 朝淸關係

임진왜란의 발생은 명의 여진에 대한 견제력을 분명히 약화시켰다. 임진왜란이 일어나기 직전까지 사실상 여진을 통제했던 주역은 寧遠伯 李成梁이었다. 그런데 그 이성량의 아들들인 李如松, 李如栢 등이 명군을 이끌고 조선에 참전했던 지휘관이었다는 사실은 의미심장하다. 나아가 대규모 병력을 동원하여 조선에 참전함으로써 상대적으로 요동 지역에 대한 방어 태세가 소홀해지는 부작용을 남긴 것도 사실이었다. 한 예로 1600년 명의 兵部尙書 田樂이, 임진왜란 당시 조선에 참전했던 병력

29) 한명기, 위의 책, 1999, 338~352쪽.
30) 이삼성, 『동아시아의 전쟁과 평화 1』, 한길사, 2009, 13~14쪽.

들을 遼鎭에서 대거 징발함으로써 요동의 방어 태세가 약화되고, 그 때
문에 북경 근처의 안위까지 걱정할 처지가 되었다고 지적했던 것은[31] 빈
말이 아니었다.

임진왜란 무렵 누르하치가 이끄는 建州女眞의 세력은 날로 커지고 있
었다. 실제 조선은 임진왜란을 통해 누르하치 건주여진의 위력을 절감하
게 되었다. 16세기 후반 建州女眞이 崛起하기 전까지만 해도 조선은 女
眞을 '오랑캐'로서 下視하고 그들을 그다지 강한 상대로 생각하지 않았
다.[32] 하지만 임진왜란을 맞아 의주까지 파천하는 등 위기에 처하게 되
자 상황은 달라졌다. 1592년 누르하치의 건주여진은 조선에 원병을 보내
겠다고 제의했다. 조선은 당시 후환을 우려하여 '왜적이 이미 거의 평정
되었다'는 명분을 내걸어 그들의 요청을 완곡히 거절했지만 그들이 장차
또 하나의 적이 될 수도 있다는 가능성을 인지하게 되었다.[33]

조선은 이후 누르하치 집단에 대한 경각심을 높이는 한편, 일본과의
전쟁 와중에도 그들을 회유하기 위해 부심했다. 함경도 지역의 여진인들
에게 물자를 증여했던 것, 採蔘을 위해 월경해 오는 여진인들을 살상하
지 않으려 했던 것, 1595년 南部主簿 申忠一을 興京老城에 보내 그들을
정탐하려고 시도했던 것, 누르하치 집단과의 사이에서 불거질 수 있는
현안들을 명을 통해 해결하려 시도했던 것 등이 그 예이다. 나아가 이

31) 『明神宗實錄』 권348 萬曆 28년 6월 戊申. "兵部尙書田樂題 遼鎭左護神京 曩
　　稱屹然雄鎭 頃以東征調發 行伍空虛 加之醜虜憑陵 傷殘更甚 小酋糾衆挾款於
　　西 那奴謀殺猛酋於東 議撫議剿 二三其說 肘腋之地 甚可寒心"
32) 한명기, 「병자호란 직후 대청인식의 변화 조짐」 『정묘·병자호란과 동아시아』,
　　所收, 2009, 365～375쪽.
33) 柳成龍, 『芹曝集』 「進時務箚」 壬辰 9월. "且竊聞建州衛㺚子 亦有請救之言
　　可謂寒心 … 惟使邊將語之曰 我國與爾 世爲隣土 今聞倭奴作亂 欲爲來救 其
　　意甚美 朝廷若聞 所當嘉獎賞給 但倭患 今已向平 不至於勞爾輩遠來云云 至
　　於請止 中朝亦不必大爲自絶之語 待如世響 當以微辭嚴拒 而密告以貽害非輕
　　之憂 勿使彰著於其耳 以增一敵"

같은 신중한 회유책은 광해군대에도 계속 이어졌다.[34]

조선은 1619년 비록 명의 강요에 밀려 후금을 치기 위한 원정에 동참
했지만, 광해군을 중심으로 후금에 대한 신중한 정책은 지속되었다. '후금
과 대대로 지은 원수가 없고 釁端도 맺지 않았으니 講和해서 우호적으로
지내는 것이 무방하다'는 것이 광해군과 그 측근들의 기본 입장이었다.[35]

하지만 조선을 중심으로 복합적으로 얽혀 있던 임진왜란의 여파는 이
후 양국 관계에 소용돌이를 몰고 왔다. 먼저 주목되는 것은 바로 '재조지
은'이었다. 1623년 인조반정이 성공하고, 곧이어 '재조지은 보답'을 강조
하는 조야의 분위기가 다시 고조되면서 후금과의 관계는 긴장 국면으로
치달을 수밖에 없었다. 인조반정을 주도했던 서인들은 광해군이 後金에
대해 羈縻策을 취하면서 현상을 유지하려 했던 것을 '광해군 폐위의 명
분'이자 자신들의 '立國의 근본'으로 내세웠다.[36] 임진왜란 당시 명군의
참전을 통해 굳어진 '재조지은'이 조선과 후금 관계의 발목을 잡는 굴레
가 되었던 것이다.

조선이 인조반정 이후 '재조지은'을 내세워 親明의 분위기가 고조되
고, 그 연장선에서 椵島에 머물던 명 장수 毛文龍에 대한 接濟와 지원을
강화하게 되면서 후금의 불만은 결정적으로 높아졌다. 1627년 후금은 丁
卯胡亂을 일으켰거니와 조선 침략의 주요 목표는 모문룡을 제거하는데
있었다. 나아가 그들은 조선이 '재조지은'을 명분으로 친명의 입장을 고
수하는 것에 대해서도 문제를 제기했다. 정묘호란 당시 후금군 사령관
阿敏은, 자신들이 丁卯胡亂을 일으키게 된 명분의 하나로 조선이 명을

34) 한명기, 앞의 책, 1999, 225~244쪽.
35)『光海君日記』권147 광해군 11년 12월 甲戌. "王出御仁政殿 引見贊劃使李時
發 … 時發曰 臣近來伏見前後聖敎 極爲允當 且倭寇之於我國 有不共一天之
讎 而尙有羈縻之計 況與奴賊 旣無世讐 又未結釁 雖講好 未爲不可 但天朝將
官壓境 上差官絡繹 事機漏洩 難處之端一起 則後日之事可慮"
36)『仁祖實錄』권34, 인조 15년 1월 癸亥. "侍講院說書兪棨上疏曰 … 殿下於癸
亥反正之初 歷數光海之罪 與虜相通 實居其一 此乃今日立國之本也".

도와 자신들을 공격하는데 동참했던 것(-사르후 戰 참전)을 제시했다. 조
선 조정이, 조선의 사르후戰 참전은 '재조지은' 때문에 부득이한 것이었다
고 응수하자 아민은 그것을 반박했다. 아민은 선조 말년 海西女眞의 울라
(烏拉) 부족이 조선의 변방을 공격했을 때, 누르하치가 울라의 國主 부잔
타이(布占泰)를 움직여 조선에 대한 공격을 중지시키는 '은혜'를 베풀었다
고 상기시켰다. 그러면서 '명의 은혜〔再造之恩〕'에는 보답하려 하면서
왜 자신들의 '은혜'에는 보답하려 하지 않느냐고 역공을 취했다.[37]

　병자호란 당시에도 비슷한 사례가 있었다. 1637년(인조 15) 1월, 청군
은 南漢山城을 포위하고 명과의 관계를 끊고 항복하라고 종용했다. 조선
은 청 진영에 보낸 국서에서 예의 '재조지은'을 거론하면서 "임진왜란으
로 위기에 처했을 때 명의 神宗이 天下의 국력과 병력을 동원하여 조선
을 도와주었기 때문에 배신할 수 없다"고 강조했다.[38] 그러자 청은 다시
보낸 국서에서 '명은 천하 가운데 단지 하나의 국가일 뿐'이라고 반박하
여 '명이 곧 천하'라고 여기는 조선의 세계관에 제동을 걸었다.[39] 그것은
당시 '명 중심의 동아시아 질서'를 부정하고 '帝國'을 지향하고자 했던
청이 '명 중심의 질서'를 여전히 고수하려 했던 조선을 명으로부터 떼어
내려는 의도에서 비롯된 것이었다.

　임진왜란이 조청관계에 남긴 여파는 또 있었다. 임진왜란 당시 조선
육군은 일본군에게 연전연패했지만 水軍은 그렇지 않았다. 李舜臣의 활
약이 상징하듯이 조선 수군의 분전은 이후에도 오랜 동안 기억에 남았
다. 우선 왜란에 참전했던 명군 지휘관들이 이순신과 조선 수군의 탁월

37) 『淸太宗實錄』 권2 天聰 1년 3월 辛巳.
38) 張存武·葉泉宏 編, 『淸入關前與朝鮮往來國書彙編 1619~1643』 崇德 2년 1월
　　13일(2001, 臺北 國史館).
39) 『淸太宗實錄』 권33 崇德 2년 1월 丁巳. "勅諭朝鮮國王李倧曰 … 又云 壬辰
　　之難 旦夕且亡 明國神宗皇帝動天下之兵 拯救生民于水火之中 夫天下大矣 天
　　下之國多矣 救爾難者 止明朝一國耳 天下諸國言兵 豈盡至耶 明與李國誕妄過
　　大爲言 何以終不已耶"

한 활약상을 여러 차례 찬양한 바 있다. 1628년 조선에 왔던 明使 姜日廣은 '조선 사람들은 배를 조종하는 빠르기가 風雨와 같은데 만약 그들이 딴마음을 품어 建州 오랑캐에게 이용된다면 명의 山東과 강남지방까지 위험해 질 것'이라고 우려한 바 있다.[40] 이 같은 인식은 18세기에도 이어졌던 것으로 보인다. 黃景源(1709~1787)은 이순신이 제해권을 장악하여 일본군이 서해로 진입하는 것을 차단했기 때문에 그들이 兩湖 지방을 거쳐 중국으로 진입할 수 없었다고 분석했다. 즉 일본군이 만약 登萊로 들이닥치면 山東의 濟南을 기습할 수 있고, 旅順에 이르면 遼陽이나 寧遠까지 공격할 수 있었는데, 결과적으로 이순신이 그 같은 사태를 막아냈다고 평가했다.[41] 洪大容(1731~1783) 또한 이순신의 활약을 통해 조선의 안전이 보장되었음은 물론, 일본군이 서해로 진입하지 못함으로써 中原의 안전까지 지켜낼 수 있었다고 인식하고 있었다.[42]

후금은 17세기 초 조선 수군의 전력을 특히 높이 평가하고, 조선으로부터 수군과 병선을 빌려 명을 공격하고자 여러 차례 시도했다. 1633년 무렵, 山海關 외곽의 遼東, 遼西 지역을 이미 모두 장악하고 있던 후금군은 철옹성 산해관을 우회할 수 있는 방안을 강구하기 위해 고심하고 있었다. 그들은 자연히 조선 수군의 존재를 주목하게 되었고, 조선에서 수군과 병선을 빌려 명을 공격하려고 시도했다. 이 같은 후금의 기도는 명에게는 대단히 큰 위협으로 다가올 수밖에 없는 사안이었고, 자연히 명

---

40) 한명기, 「정유재란 시기 명 수군의 참전과 조명연합작전」『軍史』38, 국방부 전사편찬위원회, 1999, 48~53쪽.

41) 黃景源, 『江漢集』권6「與李相公」. "方倭奴初反之時 樓船非特犯釜山屠東萊府而已也 固將由閑山之口 入兩湖 舳艫相連 一走登萊 襲山東濟南之城 一走旅順 搗遼陽寧遠之鎭也 賴統制三路之船橫截大海 使倭奴西之不敢入登萊 北之不敢逾旅順 豈非舜臣之功邪"

42) 洪大容, 『湛軒書外集』권1 杭傳尺牘「與秋고書」. "此李舜臣也 舜臣以統制使摠三道舟師 六年禦倭 前後破十餘萬兵 盖倭之不能揚帆靑齊直擣中原 以舜臣之要其路也"

은 명대로 조선이 후금 측에 수군과 병선을 빌려주는 것을 막으려 전전 긍긍하게 되었다.[43] 결국 명의 강력한 견제와 조선의 거부에 밀려 후금 의 '借船' 시도는 무산되었지만, 명청교체기 조선 수군을 놓고 명과 후금 이 날카로운 신경전을 벌였던 것은 임진왜란이 남긴 여파의 흥미로운 한 사례가 아닐 수 없다.

4. 임진왜란과 中日關係

명은 임진왜란 당시 중화질서에 '도전'했던 일본군에게 확실한 군사 적 우위를 점하지 못했다. 그것은 趙士楨이 일본을 '東夷 가운데 으뜸이 며 물산이 풍부하고 전투에 익숙하다'고 평가한 데서도 드러난다.[44] 명 은 결국 1593년 벽제전투 패전 이후 일본과의 강화협상에 본격적으로 나서게 되었다. 평양전투 이후 보급과 신병 충원이 제대로 이루어지지 않는데다 기아와 질병에 시달렸던 것, 전쟁 장기화에 따른 戰費 증가와 재정 압박 때문에 명은 沈惟敬을 내세운 和平工作에 돌입하게 되었다.[45]

주지하듯이 명과 일본이 강화를 꾀하는 과정에서 상대방에게 제시한 조건은 현격한 차이가 있었다. 명은 일본군이 완전히 철수하면 關伯 도 요토미 히데요시를 日本國王으로 封해 주겠다는 조건을 제시했거니와 그것은 결국 일본을 명 중심의 책봉체제 속으로 끌어들이려는 의도를 가 진 것이었다.[46] 하지만 명에 도전하려 했던 히데요시의 일본을 다시 중

43) 한명기 앞의 책, 1999, 403~406쪽 ; 앞의 책, 2009, 127~131쪽.
44) (明)趙士楨, 『東事剩言』(奎중 5414). "客曰 日本爲國 甲於東夷 守不設險 自衛 以兵 物産之饒 刀劍之利 民俗輕生 習於戰鬪 …"
45) 한명기 앞의 책, 1999, 45~48쪽.
46) 小野和子, 「明·日和平交涉をめぐる政爭」『山根敎授退休記念明代史論叢』, 1985.

화질서, '책봉-조공 체제' 속으로 끌어들여 묶어 두려는 명의 시도는 여의치 않았다. 우선 책봉에 수반되는 무역을 허용하는 문제를 놓고 명 조정의 신료들은 격렬한 논쟁을 벌였다. 1523년 '寧波의 亂'을 기억하고 있는 명 신료들은, 일본과 강화할 경우 그들에게 다시 무역을 허용하게 되는 것을 꺼려했다. 그들은 이 때문에 "宋應昌이 倭奴에게 朝貢과 무역을 모두 허락하려 하면서도 조정에는 마치 조공만을 허락하는 것처럼 기만적으로 보고하고 있다"고 비판했다.[47] 송응창의 후임자였던 顧養謙도 "寧波에 開市하여 일본의 욕구를 들어주자"고 강조했다가 반대파로부터 극렬한 비판을 받았다.[48]

　　결국 封貢 논의는 결말을 맺지 못했고, 강화는 실패했다. 이런 상황에서 袁宏道 같은 이는 명이 별다른 전과도 거두지 못하고 비용만 허비했다고 임진왜란 참전의 성과를 혹평했다.[49] 명은 결국 임진왜란 참전을 통해 대국의 위신이 실추되었거니와 그 같은 상황에서 기인한 對日 불쾌감은 전란 이후 일본에 대한 무시 정책으로 이어졌던 것으로 보인다. 즉 도요토미 히데요시 이후 등장한 德川幕府는 1600년 명나라 장수 矛國科를 송환한 이후 조선, 琉球 등을 통해, 혹은 南京商人 등을 통해 명과의 국교 정상화와 감합무역 재개를 타진했다.[50] 하지만 모국과가 돌아왔을 때 명이 보인 반응은 결코 우호적이지 않았다. 명 조정은 우선 모국과가 일본을 다녀온 것을 문제 삼았고 그가 과연 일본이 보낸 인물이 맞는지 眞僞 여부부터 따졌다. 명 조정은 덕천막부가 모국과에게 들려 보낸 서한에서 和平, 通商 등을 거론한 것에 대해 '모의가 참으로 교활하다'며

---

47) 『明神宗實錄』 권273 萬曆 22년 5월 甲申.
48) 『明神宗實錄』 권274 萬曆 22년 6월 庚申.
49) 袁宏道,「送劉都諫左遷邀東苑馬寺簿」. "倭奴逼朝鮮 虛費百億萬 竭盡中國膏 不聞躓隻箭". (石原道博,「萬曆東征論」『朝鮮學報』21·22 合輯, 1961, 224쪽에서 재인용).
50) 紙屋敦之,『大君外交と東アジア』, 東京, 吉川弘文館, 1997, 216~217쪽.

부정적인 입장을 보였다. 이어 조선 經理 萬世德에게 倭書의 진위를 가리도록 하고, 명의 연해 지역 各省에 연락하여 상고배들이 바다로 나가는 것을 엄금하라고 지시했다. 나아가 조선에 대해서도 釜山 등지를 일본이 다시 엿보지 못하도록 신칙하자고 강조했다.[51]

이후 '일본이 계속 사자를 보내 和親을 요구한다'는 조선의 보고를 접하자 명 조정에서는 조선으로 하여금 일본의 요구를 거부토록 하되, 동시에 명 연해 지역의 海防을 강화해야 한다는 주장이 제기되었다. 1602년 兵科給事中 孫善繼는 天津에서 福建, 廣東에 이르는 연해 지역의 방어 태세가 형편없는 상황임을 지적하고 병력과 함선을 갖추고 병기를 정비하여 만일의 사태에 대비하자고 촉구했다. 이어 조선에 대해서도 '누적된 쇠망의 기운을 떨치고 自强하도록 촉구하자고 강조했다.[52] 임진왜란 이후 명이 일본과의 교섭을 거부하면서도 동시에 일본의 군사적 위력에 대해서는 상당히 우려하고 있었던 것을 암시하는 대목이다.

임진왜란 이후 명일의 접촉은 이루어지지 않았지만 시간이 흐르고 明淸交替의 조짐이 가시화되면서 새로운 전기를 맞게 된다. 일본이 후금의 동향에 대해 관심을 갖게 된 계기는 임진왜란 당시인 1592년 8월, 함경도 회령까지 북상했던 가또 키요마사(加藤淸正)가 압록강을 건너 여진족 부락을 공격했던 것에서 비롯되었다. 가또가 여진을 공격했던 원인으로는 '일본군의 武威 과시', '또 다른 征明路의 탐색' 등이 제기되기도 했지만 궁극에는 일본이 16세기 후반 만주 동쪽에서 여진족에 의해 시작된

---

51) 『明神宗實錄』 권354 萬曆 28년 12월 甲戌
52) 『明神宗實錄』 권370 萬曆 30년 3월 癸酉. "至今 沿海地方 天津以至閩廣 綿亘萬有餘里 彼何處不可犯 我何一之可恃所 應先事戒備 以外警門庭 內護堂奧 兵部覆議 在朝鮮 惟當計講款之可不可 而不當計中國之許不許 在中國 惟當問防海之備不備 不當問朝鮮之款不款 請移文沿海各省直撫鎭司道等官 時時訓練兵船 修繕險隘 整頓器械 興復屯餉及隣近防汛地 無事則會哨分防 有事則合艇協剿 仍倣各邊甄別之法 每遇兩汛完日 聽撫按分別擧刺以憑黜陟 及行經略衙門 轉行朝鮮國王 鼓舞將吏 誓守封疆 毋得自諉積衰 徒長戎心"

명청교체의 흐름에 대해 비교적 정확한 인식을 갖게 되는 출발점이었다. 나아가 일본은 임진왜란 이후 명에 대한 貢路를 확보하려고 시도했는데, 그 주요 루트인 遼東路가 여진족(−후금, 청)에 의해 단절되는 상황에 위기의식을 느꼈고, 그 같은 위기의식이 1627년 정묘호란 당시 뿐 아니라 1636년 병자호란 이후에도 조선에 '원병 파견'을 제의하는 형태로 나타나게 되었다.[53]

실제 임진왜란을 계기로 후금과 일본은 서로의 존재를 의식하게 되었던 것으로 보인다. 그리고 양자가 서로를 의식하는 과정에는 조선과 명이 개재되어 상당히 미묘하고 복잡한 양상이 빚어졌다. 한 예로 申忠一의 보고에서 드러나듯이 임진왜란 이후 조선은 일본의 존재를 이용하여 후금을 견제하려는 움직임을 보이고 있었다. 1595년 명나라 장수를 따라 건주여진의 수도에 들어갔던 신충일이 女眞人 馬臣에게 降倭의 존재와 鳥銃 성능의 우수성을 과장하여 선전하고 있는 것에서[54] 조선, 명, 후금, 일본이 서로 얽혀 복잡하게 전개될 왜란 이후의 동아시아 정세의 향방을 엿볼 수 있다.

이후 후금의 강력한 도전 앞에서 수세에 몰렸던 명은 − 왜란 직후 일본의 국교 정상화 요청을 무시했던 것과는 달리 − 점차 후금을 견제하기 위한 '카드'로서 일본의 존재에 주목하게 된다. 우선 명은 1633년 후금의 위협에 시달리고 있던 조선에 대해 일본에 請援할 것을 종용한 바 있다.[55] 나아가 1638년 무렵부터는 명이 청을 견제하기 위해 일본에 군사 원조를 요청했다는 풍문이 조선에서 돌고 있었다.

청 또한 일본의 존재를 더욱 주목하게 되었다. 그것은 병자호란 직후 인조에게 항복을 받으면서 조선에 대해 '일본과의 교역을 계속하고 일본

---

53) 紙屋敦之, 「幕藩制國家の成立と東アジア」 『歷史學硏究』 573, 東京, 靑木書店, 1987, 83~87쪽.
54) 『宣祖實錄』 권71 선조 29년 1월 丁酉.
55) 『淸太宗實錄』 권14 天聰 7년 6월 戊寅.

使者를 청으로 데려오라'고 했던 것에서 확연히 드러난다. 청은 또한 조
선에 대해 일본 관련 정보(-倭情)를 수시로 보고하라고 요구하기도 했
다.56) 조선은 '왜정을 보고하고 일본 사신을 데려오라'는 청의 요구에 고
민하는 한편, '일본의 정세가 우려된다〔倭情可慮〕'는 명분을 내세워
병자호란 이후 청이 엄격히 금지하고 있던 군비를 증강하고 방어 태세를
강화하는 것을 모색하기도 했다.57) 또 趙絅 등 일부 신료들을 중심으로
일본과의 우호관계를 확고히 하고, 궁극에는 일본을 이용하여 청을 견제
하자는 以倭制淸論이 모색되기도 했다.58)

급기야 청의 入關 이후인 1645년과 1646년 南明의 隆武 정권과 鄭芝
龍은 幕府에 원병을 요청했다.59) 남명 또한 결국 위기에 처하자 일본에
게 손을 내밀었던 것이다. 두 차례의 호란을 치르면서 조선이 '만세불공
의 원수'에게 우호적인 태도를 취할 수밖에 없었던 것, 明淸交替가 현실
로 나타나면서 남명정권 또한 일본에 請援했던 것은 의미심장한 사태의
전개였다. 기존 명 중심의 동아시아 질서 속에서 각각 '中華'와 '小中華'
를 자임했던 명과 조선의 위상과 '오랑캐 국가'로 치부되었던 청과 일본
의 위상이 뒤바뀌는 대변혁이 이루어지고 있었던 것이다.

맺음말

임진왜란은 1368년 명 건국 이후 형성된 동아시아의 국제질서를 크
게 흔들어놓았다. 도요토미 히데요시의 망상에서 비롯된 조선 침략과 명

56) 이 문제에 대해서는 中村榮孝,「淸太宗南漢山詔諭見日本關係條件」『朝鮮學
報』47, 1968 참조.
57) 한명기, 앞의 책, 2009, 344~351쪽.
58) 각주 16 참조.
59) 石原道博,『明末淸初日本乞師の硏究』, 東京, 富山房, 1945, 31~32쪽.

에 대한 도전은 조선, 명, 여진, 일본으로 구성된 기존의 국제관계에 연쇄적인 파장을 몰고 왔다. 그 가운데 무엇보다 주목되는 것은 일본과 여진의 군사적 浮上이었다. 동시에 兩國의 부상과 맞물려 '조공 - 책봉 체제'에 기반 한 '中華秩序의 주재자'로서 명의 위상은 훼손되었고, 전란으로 가장 큰 피해를 입은 조선의 향후 국제적 입지는 매우 고단한 지경으로 내몰렸다.

　명은 임진왜란에 참전하여 막대한 전비를 소모했다. 그것은 이후 재정 압박과 그에서 비롯된 增稅 조처, 나아가 농민반란이 일어나는데 한 원인이 되었다. 명이 일본과의 전쟁에 집중하는 와중에 만주에서 굴기하고 있던 누르하치에 대한 견제력은 약화되었다. 임진왜란을 통해 안팎으로 손해를 본 명에게 그나마 유일한 위안은 '재조지은'을 통해 조선에 대한 장악력이 강화되었다는 것을 들 수 있다.

　임진왜란 이전 명 중심의 중화질서를 기준으로 보면 조선보다 '열등생'이자 '夷狄'으로 치부되었던 일본과 여진의 위상은 왜란 이후 달라졌다. 일본은 군사강국으로 부상한 가운데, 왜란 이후 명과 조선이 여진의 위협에 대처하는 데 골몰하는 와중에 - 명과 조선의 보복 위협에서 벗어나 - 내부의 안정을 다지는데 몰두할 수 있었다. 德川幕府는 집권 초기에는 명이 주도하는 '중화질서'의 권위를 빌리려 했으나 이내 명의 무반응과 쇠퇴에 편승하여 이른바 '武威'를 바탕으로 이른바 日本型華夷秩序를 구축하려고 시도할 수 있었다. 建州女眞은 임진왜란 시기 명이 '한눈을 파는' 사이에 성취한 주변 제부족에 대한 공략을 바탕으로 전란 이후 명에게 도전할 수 있는 역량을 확보할 수 있었다.

　조선은 임진왜란을 통해 복합적인 피해를 입었다. 일본군에 의한 직접적인 인적, 물적 피해는 물론 명군이 자행하는 민폐도 감내해야 했다. 나아가 宣祖 등 집권층이 '재조지은'을 전란 극복의 절대적인 원동력으로 강조하는 와중에 尊明意識은 심화되었고, 궁극에는 명이 추구하는 以

夷制夷 정책의 수단으로 전락하는 것을 피하기 어려웠다. '재조지은에 대한 보답'이 강조되고 존명의식이 내면화되면서 왜란 이후 明淸交替가 진행되는 와중에서 조선이 외교적으로 운신할 수 있는 폭은 좁아져갔다. 왜란 시기 後金의 강성함을 인지하고, 광해군대까지 그들을 羈縻하기 위한 노력을 기울였지만, 존명의식이 내면화 되는 와중에 仁祖反正이 일어나고 두 차례에 걸친 호란을 겪게 되었다. 나아가 명과 후금(淸)의 압력에 대처하는 데 전념해야 하는 처지에서 임진왜란을 통해 형성된 일본에 대한 적개심과 경계의식은 필연적으로 약화될 수밖에 없었다. 조선은 결국 일본과 通交를 재개하고, 通信使를 파견하며, 倭館을 다시 허용했다. 이후 대륙 정세의 격변 속에서 조선은 '내키지 않는' 가운데 일본과의 우호를 모색해야만 했던 것이다.

동아시아의 '전략 요충'인 조선에게 임진왜란과 병자호란은 결코 별개의 사건이 아니었다. 조선의 입장에서 볼 때, 양자는 연쇄적인 인과관계 속에서 서로 밀접하게 연결되어 있었다. 임진왜란을 통해 일본과 후금이라는 두 '夷狄' 국가가 떠오르고 '중화질서의 주재자'인 명의 위상이 실추하는 와중에 조선은 '재조지은'의 굴레 속으로 빨려들었다. 그리고 그 굴레 속에서 헤매다가 끝내는 병자호란이라는 또 다른 전란을 만났던 것이다. 요컨대 조선은 임진왜란 이후 진행되고 있던 明淸交替라는 격변이 매듭지어 될 때까지 明淸日 삼국으로부터 밀려오는 외압에 맞서기 위해 안팎으로 악전고투를 벌여야만 했건 것이다.

〈토론문〉

동아시아 국제관계에서 본 임진왜란
-전쟁 이후 조선을 둘러싼 明·淸·日 관계를 중심으로-

민 덕 기*

1. 본 발표의 의의

(1) 발표자의 왕성한 연구활동 주목

토론자가 가지고 있는 저서만도

『임진왜란과 한중관계』, 역사비평사, 1999.

『탁월한 외교정책을 펼친 군주 광해군』, 역사비평사, 2000.

『정묘·병자호란과 동아시아』, 푸른역사, 2009.

(2) 〈임진왜란과 朝日관계〉에서의 평가

a) "조선이 두 차례의 호란을 통해 淸에게 굴복하면서 조선의 대일인
   식과 정책은 또 달라질 수밖에 없었다. 대일 적개심은 상당 부분
   수그러들었고, 일본을 '友邦'으로 인식하는 가운데 일본에 請援하
   여 청을 견제해야 한다는 '以倭制淸論'까지 대두되었다."

* 청주대학교

b) 임진왜란 이후의 朝日관계의 평화 지속의 배경에, 조선이 후금·淸
에 대한 견제로서 對日관계를 중시했다는 논리로 매우 수긍됨. 한
편, 에도막부의 경우엔 조선을 침략한 豊臣정권을 멸망시킨 입장
에 서 있었다는 점이 작용한 듯.

(3) 〈임진왜란과 朝明관계〉에서의 평가

a) "'명이 베푼 재조지은에 보답해야 한다'는 조선 집권층의 강박 관
념은 임진왜란 이후 가시화 되고 있던 明淸交替라는 역내 환경의
격변 과정에서 조선이 외교적으로 운신할 수 있는 폭을 스스로 좁
히는 결과를 초래했다."
b) '재조지은'은 도덕적 제약으로 작용되어 對日 강화과정에도 작용
한 듯.

(4) 〈임진왜란과 朝淸관계〉에서의 평가

a) "조선 수군의 전력을 높이 평가하는 입장은 명이나 후금도 마찬가
지였다. 특히 후금은 1633년 이후 조선 수군을 명 수군보다 강하다
고 평가하고, 조선에서 수군과 병선을 빌려 명을 공격하려고 시도
했다." 1633년 이후 淸朝가 조선의 수군과 병선을 빌려 명을 공격
하려 하였다는 사실 규명.
b) 조선 수군에 대한 명·청의 평가에 대한 究明, 새로운 사실의 발굴
로 느껴짐. 火器로만이 여진 騎兵을 제압할 수 있다는 왜란기 조선
의 인식이 조총부대 확충에 나섰고, 淸朝는 나선정벌에 조선의 조
총부대를 주목하여 동원한 사실과도 연관될 듯.

(5) 〈임진왜란과 中日관계〉에서의 평가

a) "명은 결국 왜란 참전을 통해 대국의 위신이 실추되었거니와 그

같은 상황에서 기인한 對日 불쾌감은 전란 이후 일본에 대한 무시
정책으로 이어졌던 것으로 보인다."

b) 17세기초 明의 對日정책을 파악하는 데 중요한 시각 제공

(6) 〈맺음말〉에서의 평가

a) "왜란 이후 명과 조선이 여진의 위협에 대처하는 데 골몰하는 와중
에 - 명과 조선의 보복 위협에서 벗어나 - 내부의 안정을 다지는데
몰두할 수 있었다. 德川幕府는 집권 초기에는 명이 주도하는 '중화
질서'의 권위를 빌리려 했으나 이내 명의 무반응과 쇠퇴에 편승하
여 이른바 '武威'를 바탕으로 日本型華夷秩序를 구축하려고 시도
할 수 있었다."

b) 후금·청의 대두가 없었다면 어떤 형태로든 朝明 연합의 對日 응징
이 따랐을 것이라는 당연론이 기존의 일본학자들에게선 별로 제기
되지 않았던 논리로 주목.

2. 발표내용에 대한 토론자의 공감적 보충

(1) 조선의 일본관의 변화; 일본은 武力에 관한 한 당해낼 수 없다는 인식

a) 이산해를 통한 설명, 註 8)

b) 중국측의 왜란 인식 ; 明史 卷 320 朝鮮列傳 第 208, "倭가 朝鮮을
어지럽힌 지 7년 동안 잃은 군사가 수십만이나 되고, 소모한 군량이 수
백만이나 되었는데도 中國과 朝鮮이 이길 가망이 없는 지경에까지 이르
렀었는데, 關白이 죽고서야 禍亂이 비로소 종식되었다."(自倭亂朝鮮七

載, 喪師數十萬, 糜餉數百萬, 中朝與屬國迄無勝算, 至關白死而禍始息..)

(2) '以倭制淸論'은 임진왜란기 이미 시작되었다

a) "임진왜란 이후 조선은 일본의 존재를 이용하여 후금을 견제하려
　　는 움직임"을 보이고 있다. "신충일이 女眞人 馬臣에게 降倭의 존
　　재와 鳥銃 성능의 우수성을 과장하여 선전하고 있는 것"을 통해서
　　도 알 수 있다.

b) 발표자가 09년 9월 12일 한일관계사학회 월례회 발표(「임진왜란은
　　對日 총력전이었나?－'南倭北胡'란 측면에서－」)에서 신충일과 마
　　신의 대화를 다음처럼 정리해 보았다.

마신 ; 당신네 나라 연해 지방에 降倭를 머물러 두었다고 하는데 사실
인가?

충일 ; 사실이다.

마신 ; 그 숫자가 얼마나 되느냐?

충일 ; 약 오륙천명이다.

마신 ; 무엇 때문에 沿江 지방에 머물게 하느냐?

충일 ; 倭奴가 德義를 사모하여 항복해 오므로 우리나라가 이들에게
모두 衣食을 주어 안정시켰다. 그들이 이 은혜에 감복하여 邊上에 머물
면서 나라를 위해 外侵을 방어하므로('禦侮') 우리나라가 그 정성을 가상
히 여기어 연강의 여러 고을에 나누어 배치하였다.

마신 ; 왜인들의 체격이 장대하다고 하는데 과연 그러한가?

충일 ; 형체가 몹시 작아서 풀숲 사이를 잠행할 수 있고, 총을 쏘면
반드시 명중시킨다.

마신 ; 아무리 작은 물건이라도 잘 맞히는가?

충일 ; 왜인의 총은 능히 나는 새도 맞힐 수 있기 때문에 鳥銃이라

부르고 있는 것이다.

　마신 ; (쇠로 만든 투구를 내어 보이면서 말하길) 이 투구도 뚫을 수 있는가?

　충일 ; 조총의 탄환은 능히 薄鐵로 씌운 이중으로 된 참나무 방패도 뚫는데 이 투구 정도야 어찌 이를 필요가 있겠는가?

　마신 ; 어찌 그럴 수 있단 말인가!

　(이에 좌우에 서서 듣던 胡人들도 서로 돌아보면서 놀라운 기색을 지었다)

3. 발표내용에 대한 토론자의 의견

(1) 勘合의 지급 유무가 갖는 의미

a) "동아시아의 '조공 – 책봉 체제' 속에서 조선은 명에 대해 가장 忠順한 藩國으로 자임하고 있었다." 고 하며, 註 1)에서는 "당시 일본과 暹羅, 占城, 眞臘 등은 명에 조공하려면 반드시 勘合을 소지해야 했지만 조선과 琉球는 국왕의 表文만 지참하면 가능했다." 로 설명.

b) 그러나 註 1)은 "조선은~가장 충순한 번국으로 자임"에 대한 설명으론 미흡한 듯. 明은 조선과 유구에게 감합 지참을 제외시킨 이유에 대해, 『皇明外夷朝貢考』卷下에 있는 明에의 朝貢 상황을 기록한 「外國四夷符勅勘合沿革事例」에서, 조선과 琉球로부터는 禮에 근거한 사절이 왕래하고 있고 중국과 상호 文意가 통하므로 감합부를 이용하지 않아도 信義를 가질 수 있기 때문("凡各國四夷來貢者, 惟朝鮮素號秉禮, 與琉球國入賀謝恩, 使者往來, 一以文移相通, 不待符勅勘合爲信.")이라 기록.

(2) '재조지은' ; 광해군·인조의 차이 有無, 對淸정책에의 작용 여하

a) '재조지은'이란 對明 부채 의식이 明淸교체 상황에의 대응을 소극화 시켰다, 라는 논리에 수긍,

b) 다만, 발표자는 貴著인 『광해군』 277쪽에서, 反正한 仁祖가 애초 외쳤던 '親明排金'에서 '배금'을 실현하지 못하고 광해군 노선을 계승했다고 설명→그렇다면 '재조지은'은 淸朝에 대한 '親淸 주저 용 멘트'로서의 대외적 트릭 정도일 수는 없을까? '재조지은' 등의 明朝에 대한 송시열的 崇敬은 夷狄 淸朝에 굴종해야 하는 17세기 후반 이후의 현상에 대한 대내적 자위용은 아니었는지?

c) 조선의 후금·淸朝에의 소극책의 배경엔 明朝의 조선 世祖 때의 건주여진과의 '私通금지'가 일종의 족쇄로 작용하고 있지는 않았는지?

(3) 누루하치와 임진왜란기 함경도 지역

a) 조선은 "일본과의 전쟁 와중에도 누르하치를 회유하기 위해 부심했다" 고 하고, 그 實例의 하나로 "함경도 지역의 여진인들에게 물자를 증여했던 것"을 들고 있다.

b) 과연 임진왜란기 함경도 지역의 여진인에의 물자를 통한 회유가 누루하치와 관계 있을까? 당시 함경도 여진인=藩胡에겐 아직 누루하치의 영향력은 미미하지 않았는지? 실록에 그 근거 있는지 궁금.

(4) 明淸교체에 대한 일본의 대응

a) "일본은 왜란 이후 명에 대한 貢路를 확보하려고 시도했는데, 그 주요 루트인 遼東路가 여진족(-후금-청)에 의해 단절되는 상황에 위기의식을 느꼈고, 그 같은 위기의식이 1627년 정묘호란 당시뿐 아니라 1636년 병자호란 이후에도 조선에 '원병 파견'을 제의

하는 형태로 나타나게 되었다"

b) 일본이 요동을 貢路로 확보하려 했고, 그래서 호란을 당한 조선에
   援兵파견을 제의했다는 논리는 ①쇼군 德川家光가 요동을 조선
   땅으로 알고 있었다→요동에 대한 無知. ②막부의 貢路와 관련한
   대마도를 통한 조선에의 요청은 1609년에 종식. ③1629년 조선에
   上京한 玄方이 막부의 "借路平遼, 通貢大明" '平遼通貢'의 뜻을
   전달했지만, 그가 체류기간 내내 대마도 宗氏의 이익을 위해 활동
   했음을 보아; 선언적 修飾 이상의 의미 없을 듯. ④임진왜란이 일
   본의 '假道進貢' 명분에 대한 朝明의 거부였음을 에도막부가 의식
   하지 않을 리가 없다는 측면 등등에서, 적극 평가의 대상이 될 수
   없다.

(5) 明朝의 對日 입장의 변화

a) 明朝가 후금·淸朝에 대한 견제 '카드'로서 일본을 주목했다는 측면.

b) 또 하나의 변수로서, 1609년에 있었던 일본의 琉球 침략과 복속이
   책봉국 明朝에 미친 영향의 유무가 궁금. 明은 일본에 복속된 유구
   를 통제하여 2年1貢에서 10年1貢으로 통제하고 책봉을 불허하는
   움직임 견지. 1633년에 가서야 책봉과 2년1공이 회복.

(6)

'以倭制淸論'과 다른 '以淸制倭論'은 근대 일본의 입김이 거세어지면
서 부각되는 듯. 그러나 혹 근세에도 後者와 같은 논리가 없었는지의 여
부가 궁금.

동아시아 국제관계로 본 임진왜란

호리 신(堀新)[*]

머리말

임진·정유왜란(1592~93, 1597~98)은 16세기 동아시아 세계의 최대 사건이었다고 말해도 좋을 것이다. 임진·정유왜란은 명·조선·일본의 외교 관계뿐만이 아니라, 각각의 국내 정세에도 큰 영향을 남겼다는 것은 주지의 사실이다. 본 발표에서는 주로 일본 측의 사례에 의거해 근년 일본사 연구의 성과를 통해서 임진·정유왜란이 일본 국내의 어떠한 역사적 경위를 배경으로 발생했는지, 그리고 이후 일본 사회와 동아시아 세계에 어떠한 영향을 끼쳤는지 생각해 보고 싶다. 그러면서 당시 사람들의 의식에 주의하여 가능한 한 충실히 반영하고자 한다. 따라서 종래에 황당무계하다고 하여 별로 염두에 두지 않았던 사례나 에피소드를 활용하고 싶다. 또한, 임진·정유왜란은 히데요시(秀吉)의 천하통일 사업의 연장선상에 위치하는 것이기 때문에 히데요시의 천하통일 과정도 개관해 보겠다. 그 때문에 본 발표의 내용은 직접적으로 임진·정유왜란에 관한

[*] 共立女子大學

내용만이 아니라, 그 전제가 되는 史實의 검토도 포함하고 있다는 것을
미리 언급해 두겠다.

1. 戰國動亂과 오다 노부나가의 천하통일

1467년(應仁元)의 應仁·文明의 난 이후, 일본 전국은 1세기 이상에
걸친 戰國時代가 되었다. 戰國時代는 '하극상의 시대'라고 불린 실력주
의의 시대였다. 1562년(永祿5)에 포교를 위해 來日한 예수회 선교사 루
이스 프로이스는 1585년(天正13)에 저술한 『日歐文化比較』에서 다음과
같이 적고 있다.[1]

> 우리의 사이에서 반역은 많은 비난을 받는다. 일본에서는 매우 흔히
> 있었던 일이므로 거의 비난을 받지 않는다.

프로이스는 "일본에서 謀叛은 비난받지 않는다."라고 말하고 있지만,
실제는 그렇지 않다. 예를 들면, 1565년(永祿8)에 무로마치(室町) 막부 제
13대 將軍 아시카가 요시테루(足利義輝)가 암살되었을 때 배반자였던 미
요시 요시츠구(三好義繼)·마츠나가 히사미치(松永久通)는 "정말로 제멋
대로의 행동으로 前代未聞의 일이다. 참으로 터무니없는 짓을 한 것이
다."(誠恣之仕立, 前代未聞, 無是非次第, 限沙汰ニ候)라고 비판하고 있었
다.[2] 戰國時代는 결코 무질서하고 실력만 있으면 뭐든지 할 수 있었던
시대는 아니었던 것이다. 하극상을 성공시키려면 그것을 정당화하는 논
리(그것이 표면적인 것이었다 하더라도)가 필요했다. 그 논리가 수용 되

---

1) ルイス·フロイス著 / 岡田章雄譯注, 『ヨーロッパ文化と日本文化』(岩波文庫、
   1991年)
2) 「上杉文書」400(『新潟縣史』 史料編·中世 1)

지 않으면, 아케치 미치히데(明智光秀)와 같이 일단 획득한 천하를 호령하는 사람으로서의 지위(=天下人)를 눈 깜짝할 사이에 잃는 것이다.

오다 노부나가(織田信長)이든 토요토미 히데요시(豊臣秀吉)이든 그들의 천하통일 추진은 하극상을 중첩해 쌓아 올려간 것이기도 했다. 그 때문에 주군을 실력으로 압도하는 것만으로는 불충분하였고, 그들의 하극상을 정당화 하는 논리가 필요했다. 오다 노부나가의 경우, "노부나가 한 사람만이 아니라, 天下를 위해"(信長非爲一人, 倂爲天下)라고 하여, 누차에 걸쳐 스스로의 군사 행동을 정당화하고 있었다.3) '天下'란 한 개인의 사적인 것은 아니라, 공적인 것과 존재를 의미하며 쿄토(京都)를 가리키고 있기 때문에 일본 전국, 나아가서는 전 세계를 가리키는 말이기도 하다. 이 말을 이용하여 "자신 한사람을 위한 것이 아니라, 세상을 위하고 사람을 위해서이다."라고 주장한 것은 표면적인 것에 지나지 않지만, 단순하게 실력만 있으면 뭐든지 할 수 있다는 의미는 아니다. 그러나 정당화의 논리도 실력을 수반하지 않으면 단순한 말놀이에 지나지 않으며 실력, 특히 '武威'(=武力)가 큰 의미를 갖게 되었다. 이 점은 '禮'에 최대의 가치를 두어, '武'보다 '文'을 중시한 明이나 조선과는 크게 다른 일본 무사 계급의 독자적인 가치관이었다.4)

오다 노부나가는 1568년(永祿11)에 상경한 후, 副將軍이나 管領이라고 하는 무로마치 막부(室町幕府) 고관으로의 취임을 사퇴하고, 그 대신에 이즈미노쿠니(和泉國)의 사카이(堺)를 직할지로 삼기를 원했다고 전해지고 있다.5) 사카이는 일찍이 日明貿易의 출발·도착항구이며, 그 당시 남만무역의 중심지이기도 했기 때문에 일본에서는 첫 번째, 두 번째를 겨루는 부유한 도시였다. 노부나가는 직접적으로 철포 생산과 화약 수입

---

3) 「氷上町所藏文書」 『愛知縣史』 資料編11·織豊1, 1053号文書.
4) 拙著, 『日本中世の歷史7　天下統一から鎖國へ』, 吉川弘文館、2009年11月 刊行豫定.
5) 鈴木良一, 『織田信長』, 岩波新書, 1967年.

을 위해 사카이의 영유를 원했던 것이지만, 사카이 상인을 통해서 아시아와 유럽의 정보를 얻고 있었다고 생각된다.[6]

오다 노부나가가 1575년(天正3)의 나가시노(長篠) 전투에서 철포부대를 활용해 다케다 카츠요리(武田勝賴) 군을 무찌른 것은 유명한 사실이다. 그리고 1582년(天正10) 마침내 타케다씨(武田氏)를 멸망시켰다. 그 당시 "일본 제일의 군대"(天下一之軍士)라고 인식되고 있던[7] 타케다씨를 멸망시켰다는 것은 모든 사람들에게 노부나가의 천하통일을 확신시키는 사건이었다. 여기서 하나의 에피소드를 소개해보겠다.[8]

法隆寺의 승려 仙學 房榮甚은 타케다씨 멸망의 뉴스를 듣고, 약 10년 전의 꿈 이야기(夢譚)을 생각해 내고 興福寺의 승려 多聞院 英俊에게 그것을 이야기 했다. 그것은 다음과 같은 내용이었다. 10년 전쯤에 미카와노쿠니(三河國) 明眼寺의 승려 可心이 정월 2일 밤에 꿈을 꾸었다. 꿈속에서 쇼토쿠 태자(聖德太子)가 "천하를 다스리는 인물은 세 명이 있다. 그 중의 아사쿠라 요시카게(朝倉義景)에게는 재능이 없고, 다케다 신겐(武田信玄)에게는 자비의 마음이 없다. 남는 것은 오다 노부나가 밖에 없다. 내가 미나모토노 요리토모(源賴朝)에게 보낸 큰 칼(太刀)이 아츠타 신궁(熱田神宮)에 있다. 그것을 노부나가에 보내라."고 可心에게 말했다. 可心은 아츠타 신궁을 방문해 중치을 노부나가가 있는 곳에 지참하고 사정을 설명했다. 노부나가는 "나도 확실히 그 꿈을 꾸었다. 매우 큰 경사이다."라고 매우 기분이 좋아져 明眼寺 재흥을 약속했다.

이것은 말 그대로 꿈같은 이야기이지만, 비슷한 꿈 이야기가 『平家物語』에도 있다. 쇼토쿠 태자가 可心에게 명한 '큰 칼'은 군사권의 상징인 節刀(賊徒 정벌에 나가는 將軍에게 천황이 하사는 것), 그리고 요리토모

---

6) 拙稿,「織田政權と堺」『比較都市史研究』6-2, 1987年.
7)『蓮成院記錄』天正10年3月5日條『增補續史料大成 多聞院日記』5, 臨川書店.
8) 拙稿,「平家物語と織田信長」『文學』3-4, 2002年 :「織豊期の王權論をめぐって」『歷史評論』649, 2004年.

는 將軍직을 상징한다고 생각된다. 즉, 可心이 본 꿈은 노부나가가 "朝家의 수호(御まもり)"=將軍으로서 천하를 통일한다는 것을 예언한 것이다. 『平家物語』등의 군기소설에서는 역적은 반드시 멸망하고 將軍이 그것을 정벌하는 존재로서 그려지고 있다. 그러나 이러한 將軍 史觀은 어디까지나 군기소설에서 말해지는 허구이다. 물론, 노부나가가 將軍에 임관하지도 않았으며, 전술한 바와 같이 노부나가는 그것을 거절하고 있다. 또 『平家物語』에서는 요리토모가 將軍에 임관해 역적 타이라씨(平氏)를 멸망시켰다고 하고 있지만, 실제의 將軍 임관이 이루어진 것은 타이라씨를 명망한 후의 일이다. 즉, 『平家物語』는 천황과 천하를 호령하는 사람(天下人)의 관계를 사실 그대로 그리고 있는 것이 아니라, 가장 바람직한 관계로서 묘사하고 있다. 그것은 다시 말하면, 천황이 '武家의 棟梁'을 將軍에게 임명하고, 將軍은 '천황과 조정의 수호(御守り)'로서 역적을 멸망시켜 천하를 평정하는 것이 公武 관계 본연의 자세라고 주장하고 있는 것이다. 다만 이것은 조정 측이 원하던 바에 지나지 않는다.[9]

『平家物語』는 그 후, 폭넓은 계층의 사람들에게 수용되어 可心·榮甚·英俊은 거기에 나타난 '平家物語 史觀'이라고도 볼 수 있는 역사관에 의거해 현실의 역사를 해석하려고 했던 것이다. 다만, 천황으로부터의 권한 委讓이나 征夷大將軍 임관이 아니라, 무로마치 막부 멸망과 타케다씨 멸망이라고 하는 노부나가의 실적과 실력에 의해 천하를 호령하는 사람으로서 인지했던 것이다. 즉, 將軍 사관은 허구라고 해도 武家가 '천황·조정의 수호'로서의 입장을 유지해 왔던 것은 사실이었던 것이다. 그리고 조정은 '武家 정권의 수호'이기도 했다. 多聞院 英俊의 일기에는 이 꿈 이야기의 바로 전에 "조정이 노부나가의 敵國이었던 타케다씨의 수호신들을 모두 없애버렸다."(內裏ヨリ信長ノ敵國ノ神達ヲ悉被流了)라고 되어 있다.[10] 이와 같이, 公武 서로 모두가 '수호'로서 존재하고 있었던

---

9) 兵藤裕己, 『平家物語』, ちくま新書, 1998年.

것이다. 노부나가나 히데요시는 천황을 넘어선 실력을 가지고 있었기 때문에 황위 찬탈을 의도하여 천황·조정과 대립하고 있었다는 것이 자주 주장되고 있다.[11] 그러나 이러한 공무대립 사관은 실태에 입각한 것이 아니며, 노부나가나 히데요시도 천황이라고 하는 존재를 말살하려고 생각했던 것은 아니라고 보아야만 한다.[12]

그리고 公武 모두 상호 간의 '수호'라고 하는 것은 중세~근세를 통해서 일관된 공무결합 왕권의 논리이다. 공무결합 왕권이란, 公武가 양자의 상대를 배제하고 권력의 일원화를 꾀하는 일 없이, 상호 간에 필요 불가결의 존재로서 상호 보완적으로 왕권을 구성하고 있다는 견해이다 (물론 公武는 권력·권위 모두 대등한 관계는 아니며, 왕권에서의 주도권이 武家에 있다는 것은 말할 필요도 없다).[13] '平家物語 史觀'은 많은 사람에게 읽혀 구전되고 있어 당시의 사람들의 역사의식과 동시대 인식에 큰 영향을 끼치고 있었다. 노부나가 자신도 예외는 아닐 것이다. 노부나가·히데요시라고 하는 天下人이 공무결합의 왕권 구조에 의거한 국가를 구상한 배경에는 이러한 '平家物語 史觀'이 있었던 것이다.

그런데, 오다 노부나가가 만년에 대륙 침략의 구상을 가지고 있었던 것은 알려져 있지만, 그 진위를 둘러싸고 논의는 나뉘어 있다. 일본 측의 기록에서는 1625년(寬永2) 성립된 오제 호안(小瀬甫庵)의 『太閤記』 권2가 최초일 것이다.[14] 그것은 1581년(天正9) 歲暮御禮 때에 히데요시가 노부나가 부자에게 보낸 헌상물이 아즈치성(安土城)의 산 밑에서 산 위까지 엄청나게 늘어서 있었는데, 그 모습을 천수각에서 보고 있던 노부

---

10) 『多聞院日記』 天正10年3月23日條(『增補續史料大成』、臨川書店)
11) 安良城盛昭, 『天皇·天皇制·百姓·沖繩』, 吉川弘文館, 1989年.
12) 高木昭作氏は、「天皇を廢止することは、彼ら(豊臣秀吉·德川家康、堀註)にとって思いもよらぬことであったに違いない」 と述べているが(『將軍權力と天皇』青木書店、2003年、p52)、これは織田信長にも該当するであろう.
13) 拙稿, 「織豊期王權論再論」(大津透編, 『王權を考える』, 山川出版社, 2006年)
14) 小瀬甫庵著/桑田忠親校訂, 『太閤記(上)』, 岩波文庫, 1943年.

나가가 "저 大物(히데요시)은 중국(明)·인도를 정복하라고 명령하더라도 거절하는 일은 없을 氣性이다."(あの大氣者には支竺を對治せよと被仰付たり共、いなみはすまじき氣象なり)라고 말했다고 한다. 그러나 이 것은 40년 이상이나 뒤에 정리된 이야기일 뿐만 아니라, 히데요시는 다음 해의 모리(毛利) 공격 준비를 위해 서서히 하리마노쿠니(播磨國) 히메지(姬路)에 귀국하도록 노부나가로부터 명을 받고 있기 때문에 사실이라고는 보기 어렵다.

그러나 1582년(天正10) 11월 5일 자로 루이스 프로이스가 예수회 總長 앞으로 제출한 보고서에는 다음과 같은 기록이 있다.[15] 장문이지만 중요한 사례이므로, 일부 생략하면서 살펴보도록 하겠다.

> 그(오다 노부나가)는 싸움에서 점점 더 좋은 성과를 거두고 있었기 때문에 무력에 의해 아직도 정복되고 있지 않았던 반도우(坂東, 關東) 지방의 멀리 떨어져 있는 나라들이 단지 그의 명성과 부·권력을 전해들은 것만으로도 使者를 보내 그의 지배하에 들어갔다. 그는 이 일체를 만물 창조주의 강대한 손으로부터 내려 받은 깊은 은혜라고 겸손해하기는커녕, 결국에는 오만하게 되어 자신 힘을 자랑한 나머지 스스로 일본 전 국토의 절대자로 칭하였고, 또 일본의 노인들이 諸國의 어떠한 國主(영주)나 世子에게서도 일찍이 본 적이 없으며, 책에도 없다고 말할 정도로 깊은 존경을 50여국으로부터 받아들이고 있음에도 부족하게 느껴, 마침내 갑자기 나브코드노조르와 같은 오만한 모습을 나타내, 죽어야만 하는 인간이 아니라, 마치 불멸의 사람, 즉 신이라도 된 것과 같이 여러 사람으로부터 숭상 받기를 원했다. … 일본에서는 보통, 신의 殿堂에 神體라고 칭하는 돌이 있다. 神體는 수호자인 신의 마음 및 본체를 의미하지만, 아즈찌성(安土城)의 사원에는 존재하지 않았다. 노부나가가 이전에 말했던 것은 그 자신이 틀림없이 그 神體로서 살아있는 神佛이며, 자신 이외에는 세계의 지배자도 만물의 창조자도 없다는 것이었는데, 그의 가신들이 노부나가 이외에 달리 숭배해야할 자는 없다고 명언한 바와 같이 현세에서 숭배 받는 것을

---

15) 「1582年11月5日付、口之津發信、ルイス・フロイスのイエズス會總長宛日本年報追信」(松田毅一監譯, 『十六·七世紀イエズス會日本報告集』 Ⅲ-6, 同朋舍, 1991年)

원하고 있었다. … 우리들의 主인 데우스는 사람들이 이렇게 모여드는 것을 보고 얻은 만족이 길게 계속되는 것을 허락하지 않았다. 즉, 한 아즈치산(安土山)의 축제로부터 19일이 지났을 때, 후술하는 바와 같이 그의 身體는 재가 되어 땅으로 돌아갔고, 그 영혼은 지옥에 묻혔던 것이다. … 노부나가는 지난번의 싸움(타케다씨 공격)이 극히 순조롭게 끝난 것을 보고, 4·5년 전부터 시작된 모리씨(毛利)와의 싸움도 빨리 종결시킬 것을 원하여 이것을 정복시키기 위해 이미 하시바도노(羽柴殿, 豊臣秀吉)를 파견하고 있었다. … 하시바도노는 2만 5,000의 군사가 있었을 뿐이었기 때문에 노부나가에게 서장을 보내 원군을 요구했는데, 거기서 3만의 군사를 얻으면 즉시 모리씨의 領國을 점령하여, 그의 목을 노부나가가 있는 곳에 헌상할 것이므로 노부나가 자신은 오지 않아도 된다고 전하고 있었다. 그런데 노부나가는 실제로 수도(교토)에 온 것처럼 스스로 출진하기로 마음먹고, 그곳에서 사카이(堺)까지 갈 것을 결정하여 모리씨에 대한 정복을 끝내고, 일본 66國 전부의 절대 영주가 된다면, 중국에 건너가 무력으로 이것을 빼앗기 위해서 一大 艦隊의 준비, 그리고 그의 아들들에게 諸國을 나누어 주겠다는 마음을 결정하고 있었다.

이 루이스 프로이스의 증언은 일본 내의 동시대 사례에서는 뒷받침되지 않는다. 그리고 전반 부분의 노부나가의 신격화에 대한 의문이 강하게 들며, 그러한 이유도 있기 대문에 후반 부분에 기술된 노부나가의 대륙침공 구상에 대해서도 의문시 되는 점이 많다.16) 또, 히데요시가 노부나가 본인의 출진을 원하지 않았다고 하는 점에 대해서는 히데요시가 이전부터 노부나가 자신의 출진을 선전하여 모리씨와의 싸움을 유리하게 진행하려 하고 있었다는 것이 확인되고 있기 때문에17) 이 점은 확실히 프로이스의 증언에 오류가 있다. 또, 아무리 당시 최강이라는 타케다씨를 멸망시켰다고는 하지만, 아직 西國에서는 모리씨나 초소카베씨(長宗我部氏), 시마즈씨(島津氏) 등도 남아 있어 대륙침공을 구상하기에는 너무 빠르다고 생각된다. 다만, 이 점에 대해서는 '本能寺의 變' 전날에 노

---

16) 曾根原理,「德川王權論と神格化問題」『歷史評論』629, 2002年.
17)「黑田家文書」123 『黑田家文書』1, 福岡市博物館.

부나가 자신이 모리씨 공격에 대해서 "그다지 시간은 걸리지 않는다."고
예측하고 있다.[18] 또, 노부나가를 北條氏政은 「信長公」[19], 시마즈 요시히
사(島津義久)는 '우에사마'(上樣)라고 부르고 있어,[20] 이미 가신과 마찬
가지였다고 말할 수 있다. 이러한 점들로부터 객관적인 情勢는 차치하고
라도 노부나가 자신의 의식적인 측면에서는 이미 서일본이나 關東도 거
의 정복하고 있었다는 인식이었다. 노부나가가 대륙침공을 의식하기 시
작하고 있었다고 해도, 큰 모순은 없을 것이다.

또, 만년의 노부나가는 새로운 정복지를 가신들에게 나누어 주었을
뿐만 아니라, 예를 들면 시코쿠(四國) 지방을 3남 노부타카(信孝)에게 주
려고 하는 등,[21] 아들들과 오다 일족을 우대하고 있었던 것은 사실이
며,[22] 이 점도 프로이스의 증언은 정확하다. 그리고 프로이스가 아무 근
거도 없이 대륙침공 계획을 꾸며낼 필요성은 없으며, 히데요시가 대륙침
공의 구상을 처음으로 공표한(이른바 카라이리[唐入리] 선언) 것이 1585
년(天正13) 9월 3일이며,[23] 프로이스의 증언은 이것보다 약 3년이나 빠
른 것이다. 따라서 이 프로이스의 증언이 세부적인 면에서 잘못이 있다
하더라도 만년의 노부나가에게 대륙침공 계획이 있었다는 것은 대략적
으로 사실이라고 봐도 좋을 것으로 생각된다. 다만, 그 구체적인 계획으
로서 "중국에 건너가서"라는 기술만 보이고 있어 조선이나 명과 그 어떠
한 교섭을 행할 것인지에 대해서는 알 수 없다. 그러나 노부나가의 계획
에서 아들들에게 제국을 분급해주고, 자신은 그 위에 설 생각이었다는
점에 주목하고 싶다. 이것은 후에 말하는 히데요시인 三國國割 구상에도

---

18) 「日々記(晴豊公記)」天正10年6月1日條(內閣文庫所藏)
19) 「三島神社文書」『戰國遺文 後北條氏編』2329号, 東京堂出版.
20) 「島津家文書」1429 『大日本古文書 島津家文書』, 東京大學出版會.
21) 「寺尾菊子氏所藏文書」(奧野高廣編, 『增訂織田信長文書の研究』下, 吉川弘
    文館, 1988年, 1052号文書)
22) 桐野作人, 『眞說本能寺』, 學研M文庫, 2001年.
23) 岩澤愿彦, 「秀吉の唐入りに關する文書」『日本歷史』163, 1962年.

공통되기 때문이다.

　그렇다면, 노부나가는 왜 이와 같이 무모하고 일방적인 대륙침공을 구상하고 있던 것일까. 그 배경에는 전국 사회를 무력으로 천하통일했다고 하는 '武威'의 의식이 관련되고 있다고 생각되지만, 그것을 뒷받침하는 사례도 부정하는 사례도 존재하지 않는다. 이 점은 히데요시의 임진·정유왜란을 거론할 때에 아울러 검토하도록 하겠다.

2. 토요토미 히데요시 摠無事令의 논리

　토요토미 히데요시의 출신이 무사가 아니라 백성이었다는 것은 당시부터 유명했다. 예를 들면, 시마즈씨의 가신 우와이 가쿠켄(上井覺兼)은 그의 일기에 "히데요시는 실로 집안이 비천한 인물이라는 것이 世間의 평판이다."(羽柴事ハ, 寔々無由來仁と世上沙汰候)라고 적고 있다.24)

　이렇게 출신이 천함에서 오는 콤플렉스로부터 히데요시는 자기의 由緒를 치장하는 것에 열심이었다. 그것은 1584년(天正12)의 고마키·나가쿠테(小牧·長久手) 전투 이후에 현저해졌다. 고마키·나가쿠테(小牧·長久手) 전투는 히데요시의 主家인 오다 노부오(織田信雄)를 지지하고 있던 토쿠가와 이에야스(德川家康)와의 싸움인데, 종래는 이 싸움에서 히데요시가 졌다고 여겨지고 있다. 그러나 강화 조건으로부터 본다면, 히데요시군의 승리라고 생각되지만, 主家인 노부오(信雄)와 그를 받들고 있는 이에야스를 압도할 수 없었기 때문에, 실력 이외의 요소로서 천황과 조정을 이용하기 시작한 것이다. 구체적으로는 율령 관위의 서열 기능을 이용하여 관위로서 노부오의 상위에 서서 그것에 의해 오다(織田)家로부

---

24) 『上井覺兼日記』 天正14年正月23日條(『大日本古記錄』, 岩波書店)

터의 하극상을 정당화하려고 했던 것이다.[25]

　그 시도는 히데요시가 關白에 임관한 1585년(天正13)에는 더 한층 집
중되고 있다. 히데요시의 어용학자인 오무라 유코(大村由己)가 동년 8월
에 저술한 『關白任官記』(任官之事)[26]에는 히데요시의 조부는 萩中納言
이라고 하여 어떤 인물의 중상모략에 의해 먼 곳으로 流刑에 처해졌고,
히데요시의 어머니 오오만도코로(大政所)가 이윽고 상경해 천황의 측근
에서 2·3년 시중을 들다가 지방으로 내려와 얼마 되지 않아 히데요시를
낳았다고 기록하고 있다. 확실히 명언하고 있지는 않지만, 히데요시가
천황의 서자라는 것을 느낄 수 있는 필적이다. 동년에는 오오기마치(正
親町) 천황의 황태자와 하치죠노미야 토시히토신노우(八條宮 智仁親王)
를 조카로 삼은 것 외에 교토의 御所에서 茶會와 노우(能)를 개최하였는
데, 이후에도 자주 개최하고 있다. 또한 다음 해인 1586년(天正14)에는
오오기마치 천황과 和歌를 교환한 것 이외에 동년에 즉위 한 고요제이
(後陽成) 천황이 있는 곳에 양녀 사키코(前子)를 후궁으로 입궁시키고 있
다. 천황가와 인척관계를 거듭하여 연결해 천황과의 친밀한 교제를 인상
지우고 있는 것이다.[27] 천황가와 정략결혼을 한 사람은 고대의 소가노
우마코(蘇我馬子)·후지와라노 미치나가(藤原道長), 무사에서도 다이라노
키요모리(平淸盛)나 도쿠가와 히데타다(德川秀忠) 등 그 예는 적지 않지
만, 이 정도로 천황과의 친밀함을 어필한 것은 히데요시뿐일 것이다.

　그리고 천황과의 친밀함은 1585년(天正13) 10월 2일에 시마즈 요시
히사(島津義久) 앞으로 큐슈(九州) 停戰令을 발령했을 때에도 다른 형태
로 나타나고 있다. 그 속에서 히데요시는 "천황의 명령에 의해 지시한다.

---

25) 拙著, 『日本中世の歷史7　天下統一から鎖國へ』(吉川弘文館, 2009年11月刊
　　行予定)
26) 「任官之事」『續群書類從』20下·合戰部, 續群書類從完成會.
27) 拙稿,「信長·秀吉の國家構想と天皇」(池享編,『日本の時代史13 天下統一と
　　朝鮮侵略』, 吉川弘文館, 2003年.

칸토우(關東)·오슈(奧州) 지방까지 전쟁도 없이 조용한데, 아직도 큐슈 (九州)에서는 전쟁상태에 있는데, 이것은 무례한 것이다[=좋지 않은 것 이다]. 國郡의 경계 논쟁에 관해 서로 주장하는 바를 듣고 그에 따라 裁 定을 내릴 터이니, 먼저 전쟁을 멈추라고 하는 것이 천황의 생각이다." (就勅定染筆候, 仍關東不殘奧州果迄被任倫[綸]命, 天下靜謐處, 九州事 于今鉾楯儀, 不可然候條, 國郡境目相論互存分之儀被聞召屆, 追而可被 仰出候, 先敵味方共雙方可相止弓箭旨, 叡慮候 …)라고 말하고 있다.[28] 關東에서 奧州까지 히데요시가 정복한 것도, 시마즈씨에게 정전을 요구 하는 것도, 모두 히데요시 스스로의 의사에 의거한 것으로 이것은 천황 의 意思가 아니다. 그러나 히데요시는 천황의 이름을 빌려 이것을 정당 화 하고 있는 것이다. 그것을 간파한 시마즈씨 측은 시마즈(島津)家는 가 마쿠라(鎌倉) 시대 이래의 명문이라는 자긍심에 의해 신분이 천한 히데 요시로부터의 정전 명령을 거절했다. 그리고 1587년(天正15) 4월에 시마 즈씨 공격이 시작되어 5월 8일에 시마즈씨는 항복했다. 다음 9일에 시마 즈 요시히사 앞으로 보낸 서장에서도 "일본 전국 60여州를 재차 지배하 도록 천황이 지시했기 때문에 히데요시가 남김없이 지배한다. … 금후에 는 천황의 명령을 지켜 忠功에 힘쓰는 것이 중요하다."(日本六十余州之 儀, 改可進止之旨, 被仰出之條, 不殘申付候, … 自今以後, 相守叡慮, 可 抽忠功事專一候也)라고 말하고 있다.[29] 천황으로부터 일본 전국의 지배 를 명받을 수 있었던 것이 히데요시의 천하통일과 전국 지배에 대한 정 당성의 근거이며(물론 그런 명령은 존재하지 않지만), 그 히데요시의 명 령은 즉, 천황의 명령이므로 거기에 따를 것을 강요하고 있는 것이다.

그러나 히데요시가 항상 천황이나 關白의 지위를 이용했던 것은 아니 다. 1585년(天正13) 10월의 큐슈 停戰令으로부터 약간 뒤늦어서 히데요시

---

28) 「島津家文書」 344(『大日本古文書 島津家文書』, 東京大學出版會)
29) 「島津家文書」 345(『大日本古文書 島津家文書』, 東京大學出版會)

는 1586년(天正14) 5월에 關東·東北 지방에도 停戰令을 발령하였고, 동년 11월에는 惣無事令을 발령하지만,[30] 이러한 명령 속에서는 천황이나 關白의 지위를 일부러 강조하고 있지 않았다. 물론 1589년(天正17) 7월 22일에 야쿠인 젠소(施藥院 全宗)가 "히데요시는 천황에게 일본 전국의 지배를 명받아 關白 직위에 임명되었기 때문에 종래와는 달리 히데요시의 승인을 얻지 않은 전쟁은 허락하지 않는다."(以天氣, 一天下之儀被仰付, 被任關白職之上者, 相替前々, 不被經京儀候者, 可爲御越度候)[31]라고 말하고 있듯이, 교섭 과정에서 천황이나 關白의 지위를 과시한 적은 있었다. 그러나 큐슈 평정 뒤인 1588년(天正16) 4월 6일에 히데요시의 측근인 토미타 토모노부(富田知信)가 "中國 평정도 가까워지고 있기 때문에 關東·東北 지방에 惣無事令이 발령되었다."(唐國迄も平均眼前候, 此上關東·奧兩國惣無事之儀, 被仰出候)고 말하고[32] 있듯이, 대륙침공을 내다보고 惣無事令이 발령되고 있었던 것이다. 또, 1589년(天正17) 11월 11일에 토미타 토모노부·아사노 나가요시(淺野長吉=淺野長政)는 "일본의 천하통일은 말할 것도 없고, 중국 평정도 히데요시를 따르는 자들을 위한 것이다."(日本儀者不及申, 唐國迄も被得上意候者共之爲候)라고 말하고 있어[33] 대륙침공이 천하통일의 연장선상에 있다는 것을 보여주고 있다.

무엇보다도 히데요시가 처음으로 대륙침공 구상을 공표한 것은 1585년(天正13) 9월 3일이다. 關白 임관 직후부터 존재하고 있는데, 당초에는 천하통일의 달성이 주된 목적이었으며, 막연한 추상적인 내용이었다.[34] 1586년(天正14) 3월에는 예수회 선교사 가스파르 코에료(Gaspar Coelho) 등에게도 대륙침공 구상을 전하였고,[35] 동년 4월 10일에는 모리 테루모

---

30) 藤木久志, 『豊臣平和令と戰國社會』, 東京大學出版會, 1985年.
31) 「伊達家文書」428(『大日本古文書 伊達家文書』, 東京大學出版會)
32) 「遠藤白川文書」117(『福島縣史』7·資料編2古代中世資料)
33) 「伊達家文書」440(『大日本古文書 伊達家文書』, 東京大學出版會)
34) 北島万次, 『豊臣政權の對外認識と朝鮮侵略』, 校倉書房, 1990年.

토(毛利輝元)에게 큐슈 공격 준비의 일환으로서 ‘高麗御渡海事’(히데요시가 한반도에 渡海하는 것),36) 동년 6월 16일에는 소 요시시게(宗義調)에게 “조선국에 가능한 한의 군세를 파견한다.”(高麗國へ被遣御人數成次第),37) 또 동년 8월 5일에 안코쿠지(安國寺) 에케이(惠瓊) 등에게 “히데요시는 중국까지도 침공하려고 생각하고 있다.”(唐國まて成とも可被仰付と被思召)고 말하고는 있지만,38) 모두 큐슈 공격 준비를 지시하면서 부언과 같은 형태로 대륙침공 구상을 언급한 것이다. 그것이 구체성을 띠게 되는 것은 1587년(天正15) 5월의 큐슈 평정이었다. 1588년(天正16) 8월 12일, 히데요시의 명령에 의해 시마즈 요시히사가 류큐 국왕에게 복속·입공을 요구하는 가운데, “이미 조선국은 히데요시에게 복속하였고, 중국과 남만국도 가까운 시일 안에 복속될 것이다.”(旣從高麗者, 御朱印拜領, … 唐土·南蠻兩州者, 晉使舟涉之巷說半候)라고 말하고 있다.39) 조선국이 히데요시에 복속했다는 것은 잘못된 것이지만, 이 점에 대해서는 후술하겠다. 이 단계에서는 천하통일을 위한 치장 도구가 아니라, 현실적으로 여러 나라를 복속시키겠다는 것을 목적으로 하고 있다. 그리고 복속 요구에 따르지 않으면, “즉시 兵船을 준비하겠다.”(直被催武船)고 위협하고

35) 「1586年10月17日付, 下關發信, ルイス·フロイスのインド管區長アレシャンドゥロ·ヴァリニャーノ宛書簡」(松田毅一監譯『十六·七世紀イエズス會日本報告集』Ⅲ-7, 同朋舍, 1994年). このなかで秀吉は2隻の大型帆船の調達を依賴したほか, 「もしこれ(大陸侵攻, 堀註)が成功し, シナ人が彼に恭順の意を表するようになれば, それ以上のことは望まず, 領土を占領したり土地を取り上げたりはせず, 唯彼の帝國に服從させるだけである」と述べているが, これに續いて「日本の半分又は過半數をキリシタンにするつもりである」という部分も含めて, 實際の秀吉の發言とフロイスの誇大報告との線引きは難しい.
36) 「毛利家文書」949(『大日本古文書 毛利家文書』, 東京大學出版會)
37) 武田勝藏, 「伯爵宗家所藏豊公文書と朝鮮陣」(『史學』4-3, 1925年)
38) 「毛利家文書」950(『大日本古文書 毛利家文書』, 東京大學出版會)
39) 「島津家文書」1440(『大日本古文書 島津家文書』, 東京大學出版會)

있다. 약간 뒤의 일이지만, 1595년(文祿4) 1월 16일에 히데요시는 조선에 주둔한 여러 장수들 앞으로 "조선은 큐슈와 마찬가지라고 생각하고 있다."(朝鮮之儀九州同前ニ思召候)고 말하고 있다.[40] 지리적으로 가깝기도 하여 큐슈 평정에 따른 대륙침공 구상이 현실화되었던 것이다.

關東·東北 지방에서 최대의 강적은 오다와라(小田原)城의 호조씨(北條氏)이다. 히데요시는 1590년(天正18)에 호조씨를 멸망시키고 천하통일을 달성하였다. 그 전년인 1589년(天正17) 11월 24일에 히데요시는 호조우지나오(北條氏直)에게 5개 항의 선전포고장을 보내고 있다.[41] 그 안에서 히데요시는 호조씨가 히데요시의 領土裁定에 거역한 것을 질책하고 있는 한편, 히데요시의 천하통일은 '相叶天命', 즉 천명이라고 하고 있다. 또, "(關白·太政大臣으로 임관하여 진국지배를 행한다."(成塩梅則關之臣, 關万機政)고 했다든지, "이 세상에서 천황의 명령에 따르지 않는 무리들은 급속하게 멸망한다."(所詮普天下逆勅命輩, 早不可不加誅伐)고 하는 속담을 인용하는 등, 천황이나 關白의 지위에 대한 언급도 하고 있다. 그러나 히데요시의 자기 정당화 논리의 중심은 '天命'이었다.[42]

또한, 戰國時代에 일본 전국에서 전개된 제 대명들 간의 전쟁의 원인은 국경 분쟁을 원인으로 하는 것으로 히데요시는 停戰令과 摠無事令에 의해 대명 사이의 전쟁을 '私戰'으로 금지하고, 히데요시가 '公儀'(공적인 존재나 기관)로서 領土裁定을 실시하는 것으로 평화를 가져오려고 했다.[43] 그러나 히데요시의 입장은 공평한 제3자가 아니었으며, 한쪽의 당사자로서 한쪽에 현저하게 불리한 裁定을 내렸기 때문에 실제는 압도적인 군사력을 배경으로 한 위협과 도발과 마찬가지였다.[44] 즉, 전쟁을 행

---

40) 「吉川家文書」 770(『大日本古文書 吉川家文書』, 東京大學出版會)
41) 「諸家單一文書」 1088(早稻田大學図書館編 『早稻田大學所藏荻野硏究室收集文書』 下, 吉川弘文館)
42) 北島万次, 『豊臣政權의 對外認識과 朝鮮侵略』, 校倉書房, 1990年.
43) 藤木久志, 『豊臣平和令과 戰國社會』, 東京大學出版會, 1985年.

하기 위한 평화령이었던 것이다.

그럼, 여기까지의 히데요시의 자기 정당화 논리를 정리해보겠다. 모두 압도적인 군사력을 배경으로 하고 있지만, 이 점은 정리의 대상으로부터 제외하겠다. 우선 시마즈씨에 대해서는 천황이나 關白의 지위를 과시하고 있다. 시마즈씨가 攝關家인 近衛家로서의 관계가 가깝기 때문에 이것을 이용하려고 한 것일 것이다. 關東·東北 지방의 諸大名에 대해서는 천황이나 關白의 지위에 대해서 거의 언급하고 있지 않다. 오히려 큐슈 평정 후에는 대륙침공 구상을 말하면서 복속을 요구하고 있다. 이 점은 류큐(琉球) 국왕에 대해서도 마찬가지이다. 그러나 천하통일의 최종단계인 호조씨 공격에 즈음하여 '天命'의 논리가 만들어졌다.

이와 같이 히데요시가 천하통일의 과정에서 사용한 자기 정당화의 논리는 상대에 따라 강조하는 내용에 차이가 났다. 이것은 당연한 일이지만, 천하통일의 총 마무리라고 할 수 있는 호조씨를 공격한 단계에서 나타난 '天命'의 논리가 이 후에 동아시아 제국 등에 보낸 복속을 요구하는 문서에서도 강조되어 갔다. 대륙침공이 천하통일의 연장선상에 위치하고 있었던 것임을 재차 확인할 수 있다. 현대를 살아가고 있는 나의 감각으로는, 국내전쟁과 대외전쟁과의 사이에 커다란 차가 있는 것은 명백하다. 그러나 당시 사람들의 인식에는 그 차이가 느껴지지 않았을 것이다.[45)]

3. 토요토미 히데요시와 '天命'·日輪神話

키타지마 만지(北島万次)씨의 연구에 의하면, 히데요시의 天下統一과 異域統一이 天命이라는 자기 정당화의 논리는 1590년(天正18) 2월 28일

---

44) 藤田達生, 『日本近世國家成立史の硏究』, 校倉書房, 2001年.
45) 倉地克直, 『近世日本人は朝鮮をどうみていたか』, 角川書店, 2001年.

자 류큐국왕 앞, 11월부로 조선국왕 앞, 1591년(天正19) 9월 15일자 필리핀 제도 장관 앞, 1592년(天正20) 7월 21일자 필리핀 제도 장관 앞, 1593년(文祿2) 6월 28일자 大明·日本 和平條件, 동년 11월 5일자 高山國 앞으로 보낸 6통의 외교문서 속에서 언급되어지고 있다.[46] 이것은 토요토미 정권의 외교문서 11통의 약 반수에 해당된다. '天命' 이외의 정당화 논리를 사용한 외교문서도 거의 반수이지만, '天命'의 논리를 주장한 6통의 외교문서에 대해도 '天命' 이외의 논리가 동시에 사용되고 있다. 그 논리도 아울러 검토하기 위해서 전술한 1590년(天正18) 11월부로 조선국왕 앞으로 보낸 외교문서를 살펴보겠다. 하지만 그 전에 츠시마(對馬) 소씨(宗氏)를 통한 히데요시와 조선국과의 교섭을[47] 개략해 두고 싶다.

전술한 바와 같이 1586년(天正14) 6월 16일에 히데요시는 소 요시시게(宗義調)에게 "조선국에 가능한 한의 군세를 파견한다."(高麗國ヘ被遣御人數成次第)라고 말해 그에 대한 협력을 요구했다. 1587년(天正15)의 큐슈 공격 때에 소씨는 야나가와 시게노부(柳川調信) 등을 사자로 보냈다. 히데요시는 시마즈 요시히사가 항복하기 직전의 5월 4일자로 소 요시시게(宗義調) 앞으로 보낸 주인장에서 "큐슈 평정을 명령하여 빨리 그것을 달성했기 때문에 조선국에 軍勢를 파병한다."(九州儀悉平均被仰付, 早被御隙明候間, 至高麗國御人數可被差渡候)고 말하고 있었다.[48] 그러나 야나가와 시게노부 등의 설득에 의해 우선 사자를 파견하여 戰火를 서로 겪는 일 없이 복속을 요구하기로 했다. 히데요시의 의도는 동년 5월 29일자의 기타노만도코로(北政所) 앞으로 보낸 서신에서 "조선국으로부터 천황에게 出任하도록 빠른 선박(早船)으로 사자를 보내게 했다. 만약 조선국이 出任하지 않는다면, 내년에 출진한다. 히데요시의 일생 안

---

46) 北島万次, 『豊臣政權の對外認識と朝鮮侵略』, 校倉書房, 1990年.
47) 北島万次, 『豊臣秀吉の朝鮮侵略』, 吉川弘文館, 1995年.
48) 武田勝藏, 「伯爵宗家所藏豊公文書と朝鮮陣」『史學』4-3, 1925年.

에 중국까지도 손에 넣도록 하겠다."(こうらいのほうまで, にほんの
大りゑしゆし可申よし, はやふねをしたて申つかわせ候, しゆし不
申候はゞ, らいねんせいばい可申よし申つかはせ候, からこくまで
てにいれ, 我等一ごのうちに申つく可候)[49]고 말하고 있는 바와 같이
복속 요구에 따르지 않으면 대륙으로 침공할 생각이었다. 동년 6월 7일,
소 요시시게(宗義調)는 치쿠젠노쿠니(筑前國) 하코자키(筥崎)에서 히데요
시를 알현했다. 6월 15일자 소 요시시게・요시토시(義智) 부자 앞으로 보
낸 서신에서 히데요시는 요시시게의 변명에 의해 조선국 침공을 단념했
기 때문에 대신에 조선국왕을 參洛시키도록 명하고 있다.

소씨 측은 이 히데요시의 요구가 실현 불가능한 것을 잘 이해하고 있
었다. 때문에 조선국으로부터의 공물이나 인질의 제출에 의해 히데요시
의 요구를 벗어나려고 했다. 소씨는 9월에 가신 타치바나 야스히로(橘康
廣)를 일본국왕사로 위장해 조선국에 보냈다. 소씨 측은 일본의 천하통
일과 신왕의 출현을 언급하였고, 그것을 경축하는 사자의 파견을 요구했
다. 그러나 조선 측은 국왕을 폐하고, 신왕을 세운 일본은 篡弑의 나라이
며, 化外의 나라라고 판단하여 바닷길에 어둡다(水路迷昧)는 것을 이유
로 사절 파견을 거절했다. 귀국한 타치바나 야스히로의 보고를 들은 히
데요시는 격노하였고, 야스히로를 죽인 뒤에 그 일족을 멸했다.

1588년(天正16) 12월에 소 요시시게가 사망한 후, 다음 해인 1589년
(天正17) 3월 28일자로 요시시게 앞으로 보낸 서신에서 히데요시는 "코
니시 유키나가(小西行長)・카토 키요마사(加藤淸正) 두 사람에게 치쿠센
노쿠니(筑紫國)의 군세를 추가하여 출진시켜야 하지만, 요시토시(義智)가
朝鮮國으로 건너가 당해 여름 중에 조선국왕을 설득하여 上洛시켜라. 군
세를 파병해서는 국왕과의 교섭이 잘 이루어지지 않을 터이니, 지금 파
병을 약간 연기한다."(小西攝津守・加藤主計頭兩人江, 筑紫御人數共被差

---

49) 「妙滿寺文書」(東京大學史料編纂所架藏影寫本)

副, 爲御先勢被差遣候處ニ, 其方高麗江渡海仕, 當夏中に國王令同心, 可罷上候, 御人數被遣候而者, 迷惑仕由候條, 今少可相延旨被遣候)50)고 말해 재차 조선 국왕의 참낙을 요구하고, 그 기한을 당해의 여름까지로 정해 그것이 실현되지 않으면 출진하겠다고 위협하고 있다.

　이상에서의 조선국과의 교섭에서 명확해지는 것은 시마즈씨에게 천황이나 關白의 지위를 과시해 복속을 강요한 것과는 큰 차이가 있다는 점이다. 히데요시는 조선국에 대해서 오로지 출진을 위협 수단으로 이용하고 있을 뿐이다. 조선국왕을 일본천황에게 出仕시킨다고 하는 점에서는 천황을 이용하고 있는 듯이 보인다. 그러나 이것은 조선국왕의 參洛을 강제하는 수단이 아니다. 어디까지나 參洛의 형식이기 때문에 천황의 지위를 이용하고 있다고는 말할 수 없다. 원래 諸外國에 대해서 천황이나 關白이라고 하는 지위에 의미가 있을 리도 없다. 다만, 여기까지의 교섭은 히데요시의 외교문서에 의한 것이 아니라, 소씨를 통한 사전 교섭적인 것이므로, 히데요시의 자기 정당화 논리가 나타나기 어려운 것인지도 모르겠다.

　소씨 측은 6월에 하카타(博多) 聖福寺의 승려 케이테츠 겐소(景轍玄蘇)를 正使, 소 요시토시(宗義智)를 副使로 삼아 거기에 소케(宗家) 가신인 야나가와 시게노부(柳川調信)와 하카타 상인인 시마이 소시츠(島井宗室) 등을 참가시켜 조선국으로 도해했다. 소 요시토시(宗義智) 일행은 조선국왕을 알현하고 통신사 파견을 요청하였으며, 水路迷昧라면 요시토시(義智) 스스로가 일본으로 안내하겠다고 주장하고 있다. 거기서 조선국 측은 몇 년 전에 왜구의 길잡이를 한 沙乙背同을 붙잡아 조선에 연행해 오면, 일본으로의 통신사 파견을 검토해보겠다고 회답했다. 그에 따라 소씨 측은 곧바로 야나가와 시게노부에게 沙乙背同을 붙잡아오도록 했기에 9월에 조선국 측은 히데요시의 천하통일을 경축하는 통신사 파견

---

50) 武田勝藏,「伯爵宗家所藏豊公文書と朝鮮陣」『史學』4-3, 1925年.

을 결정했던 것이다.

正使 황윤길, 副使 김성일의 통신사 일행은 다음 해인 1590년(天正 18, 선조23) 3월에 서울을 출발해, 7월 21일에 上洛했다. 히데요시는 3월 1일에 호조씨 공격 때문에 출진하여 부재였기 때문에 통신사 일행은 大德寺에서 히데요시의 귀경을 기다렸다. 히데요시는 9월 1일에 쿄토에 개선하고 들어왔는데, 11월 7일에 聚樂第에서 통신사를 접견하여 국서를 받았다. 그 내용은 히데요시를 '일본국왕'이라고 불러 일본 60여주의 통일을 경축하는 것이었다. 그러나 히데요시는 이것을 복속문에 로 믿어버리고 있었기 때문에 알현시의 태도가 극히 傍若無人이었다. 자주 지적되고 있는 바와 같이 히데요시는 조선국과 츠시마의 관 . 오해하고 있었다. 오오무라 유코(大村由己)의 『九州御動座記』[51]에 의하면, 히데요시는 "츠시마(對馬) 소시(宗氏)에 복속되어 있다."(對馬の屋形ニしたかハれ候)고 인식하고 있었다.[52]

그런데 사실은 그 반대로 조선국 측에서 본다면, 생산력이 낮은 츠시마에 도움의 손길을 뻗쳐, 그 생활이 가능하도록 처리하고 있었다. 구체적으로는 조선국왕으로부터 츠시마에 歲賜米와 大豆가 하사되었고, 또 츠시마로부터의 세견선에 교역을 허락하여 이익을 확보시켜 주고 있던 것이다. 츠시마 소씨를 통한 토요토미 정권과 조선국과의 외교 교섭은 그 전제 부분에 어긋나는 점이 있어 교섭이 정리되어지는 것을 어렵게 하고 있었다.

그럼, 1590년(天正18, 선조23) 11월부로 조선국왕 앞으로 보낸 외교문서[53]를 살펴보겠다. 히데요시는 '日本國關白秀吉'라고 칭하였는데, 이

---

51) 清水紘一, 『織豊政權とキリシタン』, 岩田書院, 2001年 에、內閣文庫所藏本が全文翻刻されている.

52) これは琉球が島津氏に從屬しているとみた秀吉の認識と共通する. 池內宏『文祿慶長の役』正編1、吉川弘文館、1987年、初出1914年)、北島万次,『豊臣秀吉の朝鮮侵略』, 吉川弘文館, 1995年.

속에서 히데요시가 주장하고 있는 점은 이하의 4점으로 정리할 수 있다. 그것은 ①일본에서 천하통일의 실적을 과시한 것, ②탄생에 관련된 日輪의 奇瑞를 언급한 것, ③일본의 풍속을 넓히기 위해 征明을 구상했다는 것, ④조선국에 대해서는 일본의 첨병(원문: 先驅け)으로서 명에 入朝할 것을 요구하고 있다.

그중에서도 특히 중요한 것은 ②로서 그 내용을 보다 상세히 보도록 하겠다. 히데요시가 어머니의 태내에 있었을 때, 어머니가 日輪(태양)이 태내에 들어오는 꿈을 꾸었다. 점쟁이는 "日光이 미치는 곳에서 비춰지지 않는 곳은 없다. 이 아이(히데요시)는 성장해서 반드시 인덕을 넓히고, 일본 전국에 위대한 명성을 떨치리라는 것은 의심할 여지가 없다."라고 말했다고 한다. 이 奇瑞에 의하면, 히데요시에게 적대하는 사람은 자연히 멸망하고, 싸워서 질일이 없으며, 공격해서 정복되지 않을 것이 없다는 것이다. 일본 국내는 잘 다스려져서 백성을 撫育하고 孤獨者를 憐憫한다. 그 때문에 백성은 풍요롭고 재산은 충분하며, 年貢은 먼 옛날의 1만 배가 되었다고 주장하고 있는 것이다.

②의 후반 부분에는 히데요시의 성공 모습을 강조하는 내용이기 때문에 보다 더 중요한 것은 전반 부분의 어머니와 日輪에 관한 奇瑞이다. 이것을 日輪神話라고 부른다. 일찍이 日輪神話는 히데요시가 천황의 서자라고 하는 주장과 마찬가지로 히데요시의 미천한 출신을 미봉하기 위한 픽션이며, 검토할만한 가치가 없다고 여겨지고 있었다. 그러나 키타지마 만지(北島万次)씨의 연구에 의하면, [54]이러한 탄생에 관한 奇瑞는 동아시아의 넓은 지역에 걸쳐서 전승되고 있다. 그리고 이러한 奇瑞는 한민족의 경우를 포함해, 주변 제민족이 중국에 수립한 정복왕조 시조의 탄생에는 반드시 이러한 奇瑞가 있다. 이 奇瑞에는 몇 개의 패턴이 있지

---

53) 「江雲隨筆」
54) 北島万次, 『豊臣政權の對外認識と朝鮮侵略』, 校倉書房, 1990年.

만, 日輪神話와 같은 모습으로 모친의 잉태와 日光에 관한 내용의 것은 한민족의 왕조로는 송(960~1279년)의 태조 조광윤, 명(1368~1644년)의 태조 洪武帝(주원장)가 있으며, 주변 민족에는 북위(386~534년)의 道武皇帝(拓跋珪), 요(916~1125년)의 태조 耶律阿保機, 원(1271~1368년)의 태조 칭기즈칸(테무친)의 경우가 있다. 이러한 키타지마(北島)씨의 지적에 의해, 이 奇瑞의 의미가 처음으로 밝혀졌던 것이다. 즉, 대륙침공에 의해 중국에 신왕조를 수립한다고 하는 의사표시였던 것이다. 日輪神話는 조선국왕 앞으로 보낸 이 국서에서 처음으로 주장되어져 이후는 1591년(天正19) 9월 15일자 필리핀 제도 장관, 1593년(文祿2) 6월 28일자 大明日本和平條件, 동년 11월 5일자 高山國, 동년(월일 불명) 필리핀 제도 장관 앞으로 보낸 4통의 외교문서에서도 반복되어 주장되고 있다. 외교문서로 히데요시의 자기 정당화 논리를 정리하면, 일본의 천하통일에 대해서는 '天命'을 근거로 하고 있으며, 대륙침공에 대해서는 탄생의 길조에 의한 日輪神話를 근거로 하고 있는 것이다.

히데요시의 외교문서는 쿄토 오대산의 승려들이 작성했다. 그들은 무로마치(室町) 막부 이래, 외교문서의 작성에 임하고 있었기 때문에 정복왕조의 시조의 탄생에 관한 奇瑞에 대해서는 당연히 알고 있었을 것이다. 적어도 명의 태조 홍무제에 대해서는 알고 있었을 것이다. 그리고 이 지식을 히데요시에 바쳤을 것이라고 생각된다.55) 다만 유감스럽지만, 조선 통신사들은 귀국 후의 복명에서 이것에 대해 언급하고 있지 않다. 정사 황윤길은 대륙침공의 가능성이 높다고 복명하였고, 부사 김성일은 그 가능성을 부정하고 있다. 이 의견의 차이는 조선국 관리가 동인파와 서인파로 나뉜 파벌 당쟁에 의한 것이었다.

또한 조선국왕 앞으로 보낸 국서 ④에서 히데요시가 조선국왕에 대해서 征明先導를 주장하고 있지만, 소씨는 이것을 假道入明으로 살짝 바

---

55) 同前

꾸어 조선국과 교섭했다. 한편, 히데요시의 대륙침공 구상의 정보를 입수한 명은 조선국에 일본 정세의 보고를 요구했다. 조선국은 히데요시의 대륙침공에 가담하지 않겠다는 것을 설명하였고, 明 황제는 요동의 정병 파견과 은 2만 냥을 조선국에 보낼 것을 약속했다. 그 한편, 明은 연안 방비를 굳히고 있었다.[56] 이러한 정세 속에서 임진왜란을 맞이하게 되는 것이다.

4. 토요토미 히데요시의 三國國割 구상

1592년(天正20, 선조25) 3월 13일, 히데요시는 약 16만의 군세를 9군으로 편성하여 대륙침공을 명했다. 동년 4월 13일(일본력 12일), 코니시 유키나가(小西行長)·소 요시토모(宗義智)의 제1군이 부산포에 상륙했다.[57] 다음 14일 아침 일찍, 일본군은 부산진을 포위했다. 임진왜란의 시작이다. 카토 키요마사(加藤淸正)의 제2군은 4월 18일에 부산포에 상륙했고, 경상도를 북상해 경주로 진군했다. 이때의 일로 생각되는데, 沙也可라고 하는 武將이 3,000명의 군사를 인솔하고 경상병사 朴晉에게 투항했다. 이 1군이 카토에게 모반이었지만, 이러한 문제를 끌어안으면서도 진군했다. 쿠로다 나가마사(黑田長政)의 제3군, 모리 요시나리(毛利吉成)의 제4군 등도 차례차례로 상륙해왔다. 갑작스런 공격에 허를 찔린 조선국에서는 수도를 평양으로 옮김과 동시에 明에 구원을 부탁하게 되었다. 4월 30일의 아침 일찍 조선국왕군이수도 한성을 탈출하였고, 코니시(小西)·소(宗)씨의 제1군과 카토(加藤)의 제2군은 5월 3일에 한성에 입성했다.

---

56) 北島万次, 『豊臣秀吉の朝鮮侵略』, 吉川弘文館, 1995年.

57) 以下、壬辰·丁酉倭亂の経緯については、特に斷らない限り、北島万次, 『豊臣秀吉の朝鮮侵略』(吉川弘文館、1995年)による。

카토는 곧바로 히젠노쿠니(肥前國) 나고야(名護屋)城의 히데요시에 이것을 보고하였는데, 카토의 서신은 5월 16일에 나고야에 도착했다. 히데요시는 곧바로 카토에게 답장을 보내, 조선국왕의 탐색, 일본군의 점령에 대한 기본적 자세, 병량의 점검, 도로의 정비 등을 명령했다. 諸大名에게는 한성의 성 밖에 진을 치게 하고 성내에는 히데요시의 거실을 만들도록 명하고 있어 히데요시는 곧 바로 도해할 생각이었다.

그리고 5월 18일, 히데요시는 關白 토요토미 히데츠구(豊臣秀次) 앞으로 전 25조의 각서를 보냈다.[58] 이것은 에도시대의 大名 마에다 츠나노리(前田綱紀)에 의해 "토요토미 히데요시의 三國國割 계획은 매우 성급한 생각이었다."(豊太閤三國處置太早計)고 평가되고 있듯이 실현될 가능성이 극히 낮았다. 그 때문에 지금까지의 연구에서는 거의 진지하게 검토되어 오지 않았다. 그러나 실현될 가능성이 낮았다는 것이 명백한 사실이었다고 하더라도, 히데요시가 자기선전을 위해서 될 성싶지도 않은 허풍을 떠는 것이 아니라, 히데요시 자신은 소박하게 실현될 수 있다는 생각으로 있었던 것이기 때문에[59] 그의 국가 구상이나 동아시아 구상을 생각하기 위한 소재로서는 중요한 것이라고 생각된다.

그 중에서 히데요시 스스로가 도해하여 대륙을 침공하고, 히데츠구(秀次)에게 '大唐의 關白職'을 내릴 생각이었다는 것, 그 때문에 히데츠구에게 다음 해 정월~2월에 출진할 것을 명하고 있다. 그 때 군세의 인원수나 장비, 진군 경로, 병량준비 등 실로 세세한 부분에까지 지시를 내리고 있었다. 그리고 히데요시의 국가 구상과 동아시아 지배 구상에 대해 25개조의 각 곳에 걸쳐 말하고 있는 것을 정리해보면, 다음과 같다.[60]

---

58) 「前田育德會尊経閣文庫所藏」
59) 三鬼淸一郎「關白外交体制の特質をめぐって」(田中健夫編,『日本前近代の國家と對外關係』吉川弘文館、1987年)
60) 拙稿,「Ⅰ織豊政權」(藤田覺編,『史料を讀み解く』3・近世の政治と外交(山川出版社、2008年)

明 정복 후에 히데요시는 고요제이(後陽成) 천황과 히데츠구를 북경에 이동시켜 각각 명국의 천황과 關白으로 한다. 히데츠구에게는 북경 주변의 100국을 내려주고, 천황에게는 북경 주변 10국, 公家衆 속에는 10배 이상의 영지를 받는 사람도 나온다고 한다. 고요제이 천황의 북경 이동은 행차의 형식으로 하며, 그것은 2년 후를 예정했다. 일본의 국가체제로서 천황에는 儲君(皇太子) 나가히토신노우(良仁親王)나 皇弟인 하치조노미야 토시히토신노우(智仁親王), 일본의 關白에는 토요토 히데야스(豊臣秀保)나 우키타 히데이에(宇喜多秀家)의 한 쪽을 앉힌다. 조선에는 토요토미 히데카츠(豊臣秀勝)나 우키타 히데이에(宇喜多秀家)를 두고, 큐슈에는 하시바 히데토시(羽柴秀俊, 후에 고바야카와 히데아키[小早川秀秋])를 둔다. 이들과는 별도로 쿄토 御所와 聚樂亭에 留守居를 두고, 미야베 케이준(宮部繼潤)을 조선 留守居로 삼는다. 조선의 지배 체제에 대해서는 명확하지 않지만, 조선국왕에 대한 탐색을 명령하고 있는 것으로부터 생각해본다면, 그를 국왕으로 삼을 계획이 있었을 것이다. 그렇다면 하시바 히데카츠(豊臣秀勝)나 우키타 히데이에(宇喜多秀家)는 '조선의 關白'으로서 예정되어 있었던 것일까. 쿄토 御所와 聚樂亭 및 조선의 留守居는 국가 지배에 관련된 것이 아니라, 천황가·토요토미家에 관련되는 존재일 것이다. 그리고 큐슈에 두어질 예정의 하시바 히데토시(羽柴秀俊)는 아마도 나고야(名護屋)城의 留守居일 것이다.

　이러한 국가 체제에 공통되는 것은 천황(국왕)과 關白이 세트가 되고 있다는 점이다. 그리고 이것은 國王=公家, 關白=武家이기도 하기 때문에 공무결합 왕권의 구조이기도 하다. 히데요시는 당시의 일본 내의 지배 체제나 왕권 구조를 그대로 명과 조선에 들여올 생각이었던 것이다. 천황가나 公家衆의 존재는 부정되는 일 없이, 明에까지 확대시켜 가지고 들어간다는 구상이었다.[61] 히데요시에게 국가라는 것은 '국왕과 關白의 세트'

---

61) 拙稿, 「織豊期王權論再論」(大津透 編, 『王權を考える』, 山川出版社, 2006年)

를 제외하고는 생각할 수 없었던 것이다. 그리고 히데요시는 일본과의 무역항인 寧波에 거주하면서, 나아가 인도 침공도 구상하고 있었다.

이 구상 속에서 히데요시 자신의 지위나 관직은 명시되어 있지 않다. 삼국의 국가 체제를 구상하는 히데요시에게 그 어떤 공적인 지위 등은 원래 필요 없었다고 말할 수 있겠다. 각국의 국왕과 關白을 임명하고, 각각 지행을 내려 동아시아 세계를 실질적으로 지배하여 각국의 지배 체제를 스스로의 혼자의 생각으로 결정한다. 그 근거는 지위와 신분이 아니라, 武威에 뒷받침된 히데요시의 카리스마성에 있다. 그러한 히데요시의 존재를 어떻게 규정할 수 있을까 어려운 문제이지만, 동아시아의 전통적인 책봉체제에 적용시키면, '중화 황제'에 주목하고 있었던 것은 아닐까. 明 황제가 중화 황제로서 군림하고, 주변 제국은 明에 조공 하며, 明 황제가 제국의 국왕을 임명한다. 이 明 황제의 위치에 三國國割 구상에서 히데요시의 자리매김이 가능한 것은 아닌가. 다만, 이것은 실제로 존재하는 지위나 칭호가 아니라, 어디까지나 개념상의 것이므로 따옴표를 붙여 '중화 황제'라고 부르고 싶다.62)

일본을 포함한 주변 제민족이 중국에 정복왕조를 수립하는 '화이변태'(중화와 미개인의 역전 현상)에 대해서 언급해 보겠다. 한민족이 형성한 화이사상은 중국 역대의 왕조뿐만이 아니라, 주변 제국·제민족도 규제하는 동아시아 세계에서 국제질서의 근간이었다.63) 그러나 주변 제국이 각각의 국가를 형성하는 과정에서 국내 지배를 관철하고 더 한층 영역 확대를 구상하는 가운데, 중국과 대등하게 자기를 평가하면서도 한정된 지역의 小世界 속에서 스스로를 '중화'라고 하는 경향이 태어났다.64) 히데요시의 삼국국할 구상도 이러한 동아시아 세계의 전체적인 경향과

---

62) 拙稿,「織豊期王權論」『人民の歷史學』145, 2000年.
63) 西嶋定生,『古代東アジア世界と日本』, 岩波書店, 2000年.
64) 酒寄雅志,「華夷思想の諸相」(荒野泰典他 編,『アジアのなかの日本史』V·自意識と相互理解, 東京大學出版會, 1993年)

관계없는 것은 아니다. 그리고 1644년(寬永21, 仁祖22)에 명은 청에 멸망당해 화이변태가 현실화 되었다.

　그러나 중국과 대등하지 않았고, 당초부터 이것을 침공·정복 하려고 하는 점은 다른 주변 제국과는 역시 차이가 난다. 이러한 차이를 가져온 배경이 戰國社會를 통일한 '武威'(무력)일 것이다. 히데요시는 1592년(天正20) 6월 3일에 일본을 '활과 화살이 엄격한 나라'(弓箭きひしき國. 그만큼 武가 중시되는 나라)로서 자랑하는 한편, '大明은 長袖의 나라'(大明之長袖國)라고 하여 明을 일단 낮게 보고 있다.[65] '文'을 중시하고 '武'를 일단 낮게 보는 다른 동아시아 제국의 인식과는 크게 차이가 난다고 하지 않을 수 없다. 원래 '중화'의 근거는 '禮'에 있다는 것이 동아시아 세계의 화이사상이기 때문에 '武', '武威'를 근거로 스스로를 '중화'라고 하는 히데요시의 국가 구상·동아시아 세계 구상은 특이한 것이다. 누차 지적되고 있는 바와 같이 이것은 비뚤어진, 굴절된 의식임에는 틀림없다.[66] 그러나 이것은 1세기에 걸친 戰國 쟁란과 천하통일 과정에서 초래된 것이었다.

결말을 대신하여

　전장의 최전선에서는 히데요시의 三國國割 구상과는 완전히 정반대의 움직임을 보이고 있었다.[67] 한성 함락의 직후인 5월 14일, 코니시 유키나가(小西行長)나 소 요시토시(宗義智) 등을 중심으로 조선국에 화해를 권고하고 있었던 것이다. 이것은 조선 측의 거절에 의해 성립되지 않

---

65) 「毛利家文書」904 『大日本古文書 毛利家文書』, 東京大學出版會.
66) 朝尾直弘, 『朝尾直弘著作集8 近世とはなにか』, 岩波書店, 2004年.
67) 北島万次, 『豊臣秀吉の朝鮮侵略』, 吉川弘文館, 1995年.

왔다. 그리고 일본 국내에서는 토쿠가와 이에야스(德川家康)와 마에다
토시이에(前田利家)의 諫止에 의해 히데요시의 조선 도해가 다음 해 3월
로 연기되었다. 결국, 히데요시의 도해는 이루어지지 않았다. 일본군은
조선 수군을 인솔한 이순신의 활약에 의해 보급로가 끊어졌고, 각지에서
의병이 궐기했으며, 8월부터는 본격적으로 明의 원군도 출동해 전황은
크게 전환되었다. 9월에는 50일간의 정전협정이 맺어졌다. 그리고 1593
년(文祿2, 宣祖26) 4월초에는 조선 측이 한성 철수와 조선의 두 왕자 송
환을 조건으로 화해를 권고해왔다. 6월말에는 코니시 유키나가의 가신
나이토 조안(內藤如安)을 히데요시의 강화 사절로 위장해, 明에 파견하
려고 하였다. 더욱이 히데요시가 항복을 신청한 '關白降表'가 위작되어
1594년(文祿3, 宣祖27) 12월 중엽, 나이토 조안이 明 황제를 알현하고 있
다. 조선으로부터 일본군의 철수와 히데요시 책봉 등의 강화 조건을 明
황제는 허락했다. 그리고 1596년(慶長元, 宣祖29) 9월 1일, 히데요시는
오사카(大坂)城에서 明 사절을 알현했다. 다음 2일 사이쇼 죠타이(西笑承
兌)가 明 황제의 誥命을 읽어 내려갔고, 日明 강화교섭은 파탄되었다. 거
기에서 히데요시가 요구한 화해 조건은 무시되고 있었고, 히데요시는 격
노했다. 무엇보다도 히데요시가 원하고 있던 조건은 코니시(小西) 등에
의해 묵살되어져 明 측에는 전해지지 않았기에 明 황제의 誥命에 반영되
어 있을 리도 없었다. 속설에는 히데요시가 "너를 봉해 日本國王으로 삼
는다."(爾を封じて日本國王と爲す)라고 하는 표현에 격노했다고 여겨
지고 있지만, 그것은 잘못된 것이다.[68]

　강화 교섭이 파탄되어 대륙침공이 재개되었고(정유왜란), 1598년(慶
長3, 宣祖31) 8월 히데요시의 죽음까지 전황은 계속되었다. 이 전쟁은

---

68) 山室恭子, 『黃金太閤』, 中公新書, 1992年。なお秀吉の「日本國王册封」の経
　　緯については、米谷均「豊臣秀吉の『日本國王』册封をめぐる認識の格差」
　　(本書所收)を參照。

'카라이리'(唐入り)라고 한 바와 같이 明 정복을 목표로 한 것이지만, 실제의 전쟁터는 조선(한반도)이었다. 전황의 정체와 장기화는 대명이나 병사들에게 전쟁을 기피하게 만들었고(발표원문: 厭戰氣分), 국내외의 피폐와 토요토미 정권에 대한 반감을 낳아, 히데요시의 죽음과 함께 토요토미 정권은 사실상 붕괴하였다.

이후, 도쿠가와 이에야스(德川家康)는 1600년(慶長5)의 세키가하라(關が原) 전투, 1614년(慶長19)~1615년(慶長20)의 오사카(大坂) 겨울의 전투(冬の陣)·여름의 전투(夏の陣)를 거쳐, 토쿠가와씨(德川氏)의 권력을 확립했다. 에도막부(江戸幕府)는 '武威'를 강조하는 한편으로, 여러 나라에 대해 '武威'를 봉인하였다.[69] 유럽 제국에 대해서는 그리스도교 금교 정책과의 관련으로 포르투갈과 단교하여 결과적으로 네덜란드와만 통교를 유지하였다. 아시아제국에 대해서 조선국과는 강화로서 정리하는 것에 성공했지만, 마침내 중국과는 정식적 국교를 맺을 수 없었다. 시행착오의 결과, 1635년(寬永12)에 야나가와잇켄(柳川一件)이 3대 將軍 이에미츠(家光)의 親裁에 의해 해결되어 다음 해인 1636년(寬永13)에 조선통신사가 일본을 방문하였다. 1641년(寬永18)에 네덜란드 상관을 나가사키(長崎)의 데지마(出島)로 옮겨 '鎖國'이 완성되는 것이다.[70]

번역: 신동규(申東珪, 한림대)

---

69) 小宮木代良, 「明淸交替期幕府外交の社會的前提」(中村質 編, 『鎖國と國際關係』, 吉川弘文館, 1997年)

70) 荒野泰典, 『近世日本と東アジア』, 東京大學出版會, 1988年 ; 山本博文, 『鎖國と海禁の時代』, 校倉書房, 1995年 ; ロナルド·トビ, 『全集日本の歴史9「鎖國」という外交』, 小學館, 2008年.

동아시아 국제관계로 본 임진왜란

신 동 규*

　　호리 신(堀新) 선생님의 「동아시아 국제관계로 본 임진왜란」이라는 제목의 발표를 정말 재미있고, 흥미롭게 들었습니다. 특히, 공무결합 왕권, 즉 공가와 무가가 필요 불가결의 존재로서 상호보완적인 관계에 있었다고 하는 '平家物語 史觀', 그리고 그 연장선상에서 히데요시의 조선 침략 때에 대륙침략 구상과 동아시아 제국 침략 후의 지배체제 속에서 天皇과 關白, 그리고 가신들의 이용(권력의 재배치?)에 대한 내용은 '공무결합 왕권'으로서 12세기 이후 '武家社會'로 전환된 일본의 정치적 특색, 특히 쇼쿠호(織豊) 시대라는 통일시대로의 전환기의 성격을 잘 보여준 매우 유익하고 뜻 깊은 발표였다고 생각합니다. 특히, 히데요시의 대륙침략 구상으로서 계획된 내용을 검토해 지배체제로서 천황(국왕)과 關白이 세트가 되어 공무결합 왕권의 구조로서 히데요시가 당시의 일본 내의 지배 체제나 왕권 구조를 그대로 명과 조선에 들여갈 생각이었다는 발표는 이전에도 일본의 지배논리를 적용한 구도로서 언급되었기도 하지만, 본 발표를 들으면서 다시 한 번 그러한 학설에 대한 검토의 중요성

---

* 한림대학교

을 다시 한 번 느꼈습니다.

그리고, 그간 임진왜란에 대한 연구에서 노부나가와 히데요시의 전국 통일에 대한 구상과 조선침략 및 대륙침략에 대한 구상이 일본 측에서는 다각적인 측면에서 연구가 되어 왔지만, 한국에서는 일부의 연구에서만 언급되어 왔기 때문에 일본 연구에 대한 폭 넓은 수용과 비판, 그리고 보다 면밀한 검토가 이루어지길 바라면서 본 발표를 들었습니다. 그만큼 호리 신 선생님의 발표는 저에게도 또한 많은 한국의 관련 연구자들에게도 공부가 되리라 생각되고 나아가서는 반성의 기회가 되리라 생각합니다.

다만, 몇 가지 점에서 확인해보고 싶은 점이 있고, 또 몇 가지 점에서는 추가적인 설명을 부탁드리고 싶습니다.

첫째, 질문은 아닙니다만, 내용적인 면에 앞서 선생님의 발표문에는 각주 등의 서지사항이 전혀 붙어있지 않아 아쉬운 점이 많았다는 점입니다. 발표를 통해 많은 공부가 되었습니다만, 이러한 서지사항이 있어야만 발표 논지의 근거와 타당성이 더욱더 보강되었을 것이라는 아쉬움과 또한, 토론자에게도 또 여기 계신 관련 연구자 선생님들에게도 많은 도움을 주었으리라는 배려에 대한 아쉬움이 남는다는 점을 말씀드리고 싶습니다.

둘째, 내용과 관련된 사항입니다만, 선생님은 法隆寺의 승려 仙學 房榮甚의 꿈 이야기를 사례로 들어 노부나가 권력의 상징으로서 '큰 칼'을 설명하시면서, "군사권의 상징인 節刀(賊徒 정벌에 나가는 장군에게 천황이 하사하는 것), 그리고 요리토모는 장군직을 상징한다고 생각된다."고 하셨습니다. 그렇지만, 당시 쇼군직은 미나모토 가문만이 승계할 수 있는 것으로 오다 노부나가는 원래 받을 수 있는 신분이 아니었다는 점을 어떻게 이해해야 하는지, 이점과 관련해 도쿠가와 이에야스가 족보를 위조해 쇼군직을 받고 있다는 점을 또 어떻게 이해해야하는지 본 발표와 관련성은 떨어집니다만, 설명을 부탁드립니다.

셋째, 선생님은 오다 노부나가의 대륙 침공 구상을 말씀하시면서, 2가지의 사례를 인용하셨습니다. 하나는 오제 호안(小瀬甫庵)의 『太閤記』이고, 다른 하나는 루이스 프로이스의 기록입니다. 그런데, 『太閤記』의 기록에 보이는 "저 大物(히데요시)은 중국(明)·인도를 정복하라고 명령하더라도 거절하는 일은 없을 氣性이다."라는 내용은 당시 노부나가를 비롯한 중세 일본인들이 가지고 있던 이른바 '삼국세계관', 즉 세계가 天竺(=인도)·震旦(=중국)·本朝(=일본)로 구성되어 있다는 세계관으로부터의 발현이 아닌가라는 점입니다. 물론, 사실적인 측면에서도 오류가 있다는 점은 지적하셨지만, 오다가 히데요시에 대해서 말한 "중국(明)·인도를 정복하라고 명령하더라도" 라고 한 말은 진짜 중국과 인도를 정복하라고 하겠다는 것이 아니라, 단순히 일본보다는 더 넓은 세계로의 지향성을 의미하는 것이 아닐까 하는 점입니다. 그것은 『信長公記』에 의하면, 노부나가 스스로가 '삼국세계관'을 가지고 있었다는 것이 밝혀지고 있기 때문입니다.[1]

또한, 프로이스의 기록, 즉 "모리씨에 대한 정복을 끝내고, 일본 66國 전부의 절대 영주가 된다면, 중국에 건너가 무력으로 이것을 빼앗기 위해서 一大 艦隊의 준비, 그리고 그의 아들들에게 諸國을 나누어 주겠다는 마음을 결정하고 있었다."는 부분을 근거로 선생님은 "노부나가가 대륙침공을 의식하기 시작하고 있었다고 해도, 큰 모순은 없을 것이다.",

---

1) 奧野高廣校注, 『信長公記』, 角川文庫, 1996, 315쪽. "(오다 노부나가[織田信長]가) '어느 나라사람인가'라고 묻자, '너무 먼 곳이다.'라고 답하였다. 또, '唐人인가, 그렇지 않으면 天竺人인가.'라고 묻자, '단지 수행하는 사람이다.'라고 답하였다. '인간이 태어나는 곳은 3나라 이외에는 의심스럽다. 그러면 귀신인가.'…" (客僧の生國は何くぞと, 御尋ねあり. 無邊と答ふ. 亦, 唐人か天竺人かと, 御意候. 唯, 修行の者と申す. 人間の生所三國の外には不審なり. さては, 術物にてあるか).

또 "프로이스의 증언이 세부적인 면에서 잘못이 있다하더라도 만년의 노부나가에게 대륙침공 계획이 있었다는 것은 대략적으로 사실이라고 봐도 좋을 것으로 생각된다."고 주장하고 계십니다.

그러나 ,선생님이 말씀하셨듯이 노부나가의 대륙침공에 대한 명확한 사례는 없으며, 더욱이 이러한 노부나가의 인식은 앞에서 말씀드린 '삼국세계관'으로서의 인식, 즉 일본을 통일한 후 '삼국세계관' 속의 세계를 향한 더욱 큰 자신의 포부를 표명한 야망이었던 것이지, 과연 중국을 정복하겠다는 것을 史實의 역사로서, 객관의 역사로서 인정할 수 있을지 의문이 듭니다. 또한, '계획'이라는 것은 생각하고 있던 내용이 어느 구체성을 띠고 실질적으로 실현성이 존재하는 것이 계획이지, 단순한 생각만으로 계획이라고는 할 수 없다고 생각합니다. 그 생각을 어떻게 실현시키려고 했는가라는 계획을 구성하는 단계가 있어야 하는데, 선생님의 발표문에 보이는 노부나가의 '대륙침공 계획'이라는 것은 실체도 없고, 다만, 일본인이 아닌 프로이스의 추측으로 노부나가의 계획을 언급하고 계신데, 이것을 역사적 史實로 받아들여야 하는 것인지 저로서도 의문입니다. 루이스 프로이스의 기록이 잘못되었다는 것은 아니지만, 그 자신의 편의에 따라 기록을 남기고 있다는 것 또한 유의하지 않으면 안 된다고 생각합니다.

한 가지 더 말씀드리자면, 노부나가가 서일본을 정복한 후에, 나아가서는 일본을 정복한 후에 중국(대륙) 침공을 의식하고 있었다고 했는데, 왜 이런 발상이 노부나가를 비롯해 히데요시에게 나오는지를 이해하지 못하겠습니다. 즉, 일본 국내 정복 후에 대륙정복이라는 공식은 과연 어디서 나오는 것인지? 노부나가가 천명한 그 밖의 사례가 있는지? 노부나가에 대해서는 너무 과도한 추측이 아닌지 선생님의 견해를 듣고 싶습니다.

넷째, 노부나가의 계획에서는 아들들에게 제국을 분급해주고, 자신은 그 위에 설 생각이 있었다는 것, 그리고 대륙침공계획이 있었다는 점 등 이러한 점들은 히데요시 역시 추진하려 했었다는 점에서 밀접한 관계에 있는데 이 두 사람 사이에 이와 같은 구상의 측면에서 상호연관성은 없는지 알고 싶습니다.

다섯째, 선생님께서는 "戰國時代에 일본 전국에서 전개된 제 대명들간의 전쟁의 원인은 국경 분쟁을 원인으로 하는 것으로 히데요시는 停戰令과 惣無事令에 의해 대명 사이의 전쟁을 '私戰'으로 금지하고, 히데요시가 '公儀'(공적인 존재나 기관)로서 領土裁定을 실시하는 것으로 평화를 가져오려고 했다."고 보고 있습니다. 이러한 견해는 이미 일본의 저명한 학자인 후지키 히사시(藤木久志) 선생에 의해서 이른바 '풍신평화령'으로 제기된 문제로 알고 있습니다.

선생님은 히데요시의 '停戰令'과 '惣無事令'에서 평화적인 논리를 주장하고 있습니다만(물론 후반부에서 히데요시의 왜곡성을 언급하고 계십니다만), 결국, 평화성의 논리라는 것은 일본 국내에 한정된 것이며, 이러한 평화성이 결국은 히데요시의 조선침략으로 이어진 것은 아닌지 궁금합니다. 히데요시의 이른바 '천하통일'과 그에 수반하는 모든 정책의 도달점이 조선침략이라는 것으로 현실화 되었는데, 이것을 과연 평화를 유지하려고 한 정책이었다고 평화성의 논리를 강조할 수 있는지 의문이 든다는 것입니다. 선생님께서 "대륙침공을 내다보고 惣無事令이 발령되고 있었던 것이다.", 또 "즉, 전쟁을 행하기 위한 평화령이었던 것이다."라고 결론을 내리고 계시는데, 이것이 국내에 한정된 결론인지, 국내·국제를 통합한 견해인지, 또 풍신의 이러한 정책들에서 진정한 평화성의 논리가 있는지 국제관계사적인 입장에서 질문을 드리고 싶습니다.

다시 말씀드리면, '천하통일'을 위한 기본적인 정책으로 일본에서 평가하고 있는(물론 선생님도 그렇게 평가하고 계십니다만) 히데요시의 停戰令과 惣無事令이 임진·정유왜란과 대륙침공을 전제하고 있었다는 것을 의미하는 것인데, 이렇게 본다면, 停戰令과 惣無事令이 결국은 평화성의 논리보다는 침략성을 전제하고 있다는 의미가 더 강한 것이 아닐까

라는 것입니다. 즉, 최근 일본에서 히데요시의 평화성의 논리에 의한 '천
하통일'로 평가하고 있는 연구경향에 모순이 있는 것은 아닐까 라고 생
각되는 부분이기도 합니다. 선생님의 의견을 듣고 싶습니다. 선생님께서
히데요시의 자기 정당화를 말씀하시면서 "모두 압도적인 군사력을 배경
으로 하고 있지만, 이 점은 정리의 대상으로부터 제외하겠다."고 하셨지
만, 역시 히데요시 정권 자체가 무력과 호전성에 가장 큰 주안점이 있었
다는 것은 지워버리기 힘듭니다.

　　여섯째, 황윤길과 김성일의 통신사 일행에 대해서 "히데요시는 이것
을 복속 사절로 믿어 버리고 있었기 때문에 알현시의 태도가 극히 방약
무인이었고, 자주 지적되고 있는 바와 같이 히데요시는 조선국과 대마도
의 관계를 오해하고 있었다."고 하시며, 오무라 유코(大村由己)의 『九州
御動座記』를 예로 들어 히데요시는 "츠시마(對馬) 소시(宗氏)에 복속되
어 있다."고 인식하고 있었다는 것을 말씀하셨습니다. 그러나 과연 히데
요시가 츠시마의 소씨가 조선을 복속하고 있다고 오해했을까 의문이 듭
니다. 당시 일본의 국내를 통일할 정도의 권위와 재력, 그리고 전술·전략
에 뛰어난 히데요시가 이러한 사소한 해외정보에 오류가 있었다고는 생
각할 수 없습니다. 그 어떤 다른 측면이 있었기에 해외의 통신 사절에
대해 방약무인이었던 것은 아닌지? 아니면, 이미 대륙정복의 야망에 들
떠 있어 조선을 멸시하고 있었던 것인지 궁금합니다. 선생님도 히데요시
의 주변에 외교문서를 작성하면서 오대산의 승려들이 존재하고 있었다
는 것을 본 발표에서 확언하고 있으며, 또 그들이 주변 동아시아 제국의
시조탄생에까지 당연히 알고 있었다고 언급하고 계신데, 겨우 일개 츠시
마의 소씨(宗氏)가 "조선을 복속하고 있었다."고 히데요시가 그렇게 파악
하고 있었다고 보는 것에는 커다란 문제가 있다고 생각합니다.

　　일곱째, "조선의 지배 체제에 대해서는 명확하지 않지만, 조선국왕에
대한 탐색을 명령하고 있는 것으로부터 생각해본다면, 그를(즉, 선조를) 국

왕으로 삼을 계획이 있었을 것이다."라고 말씀하고 계십니다. 이것과 관련된 사례가 있는지, 또한 "각국의 국왕과 關白을 임명하고, 각각 지행을 내려 동아시아 세계를 실질적으로 지배하여 각국의 지배 체제를 스스로의 혼자의 생각으로 결정한다."고 주장하고 계시는데, 관백의 임명에 대해서는 사례에도 나와 있습니다만, 각국의 국왕을 임명한다는 것은 어느 사례에 있는 것인지 궁금합니다. 만약, 그렇다면 이는 앞에서 말씀드린 이른바 天竺(＝인도)·震旦(＝중국)·本朝(＝일본)라는 삼국세계관의 붕괴라고 보아도 좋은 것인지, 인도 공격 구상과 아울러 설명을 부탁드립니다.

여덟째, 저는 히데요시의 호언장담으로 생각하고 있습니다만, 실체 없는 인도침공의 언사를 과연 아시아 지배체제의 구상으로 포함시킬 수 있는 것인지, 그렇다면 인도 지배는 과연 누구에게 일임할 것인지 왜 언급이 없었는가에 대해서도 의문입니다. 더욱이 히데요시의 동아시아 지배 구상과 관련하여 선생님께서 언급하신 "다만, 이것은 실제로 존재하는 지위나 칭호가 아니라, 어디까지나 개념상의 것이므로 따옴표를 붙여 '중화 황제'라고 부르고 싶다."라는 문장에서 '중화 황제'는 히데요시를 의미하는 것인데, 그렇다면 선생님이 말씀하신 일본사회의 특징으로서 '공무결합 왕권'의 존재는 어떻게 설명이 될까 궁금합니다. 이에 대해서 추가적인 설명을 부탁드리겠습니다.

아홉째, 화이변태를 설명하시면서, "그러나 (일본은) 중국과 대등하지 않았고, 당초부터 이것을 침공·정복하려고 하는 점은 다른 주변 제국과는 역시 차이가 난다."고 하였습니다만, 실제적 1644년 '화이변태'의 주인공인 淸 역시 중국을 침략하여 정복하고 있습니다. 이것은 일본만의 특색이 아니라고 생각됩니다만, 약간의 모순이 있는 것은 아니지요?

이상, 선생님의 발표로 흥미진진하게 공부가 된 저로서는 부족하기에 두서없고 길기만한 의문점을 말씀드려 대단히 송구스럽습니다만, 선생님께 간단한 답변을 부탁드려 보겠습니다. 감사합니다.

〈일본어원문〉

東アジア国際関係に見る壬辰倭乱

堀 新(HORI Shin)[*]

はじめに

　壬辰・丁酉倭亂(1592〜93、1597〜98)は、16世紀の東アジア世界における最大の事件だったと言って良いであろう。壬辰・丁酉倭亂は、明・朝鮮・日本の外交關係だけでなく、それぞれの國内情勢にも大きな影響を殘したことは周知の事實である。本報告は主に日本側の史料にもとづき、近年の日本史研究の成果に學びながら、壬辰・丁酉倭亂が日本國内のどのような歴史的経緯を背景にして起こったのか、そしてその後の日本社會や東アジア世界にどのような影響をあたえていったのかを考えてみたい。

　そのさい、当時の人々の意識をなるべく忠實に取り出すことに心がけたい。そのため、從來は荒唐無稽としてあまり顧みられなかった史料やエピソードを活用したい。また、壬辰・丁酉倭亂は秀吉の天下統一事業の延長線上に位置するものであるから、秀吉の天下統一過程をも概觀する。その

＊ 共立女子大学

ため本報告の内容は、直接的に壬辰・丁酉倭亂に關わる内容ばかりではな
く、その前提となる史實の檢討を含むことをお斷りしておきたい。

1．戰國動亂と織田信長の天下統一

　　1467年（応仁元）の応仁・文明の亂以降、日本全國は1世紀以上におよ
ぶ戰國時代となった。戰國時代は「下剋上の時代」と呼ばれ、實力主義の
時代とされている。1562年（永祿5）に布教のために來日したイエズス會宣
教師ルイス・フロイスは、1585年（天正13）に著した 『日歐文化比較』 に、
次のように記している1）。

　　われわれの間で叛逆は大いに非難される。日本ではごくありふれたこと
なので、ほとんど非難を受けることはない。

　　フロイスは 「日本では、謀叛は非難されない」 と述べているが、實際
はそうではない。例えば1565年（永祿8）に室町幕府第13代將軍・足利義輝
が暗殺されたさい、謀叛人である三好義継・松永久通は 「誠恋之仕立、
前代未聞、無是非次第、限沙汰ニ候」（本当に勝手な振舞で、前代未聞
のことである。全くとんでもないことをやったものだ）と批判されている2）。
戰國時代は決して無秩序な、實力さえあれば何でも出來る時代だったわけ
ではない。下剋上を成功させるには、それ正当化する論理（それが表向き
のものであったにせよ）が必要であった。その論理が受容されなければ、
明智光秀のようにいったん獲得した天下人としての地位を、あっという間に
失うのである。

　1）　ルイス・フロイス著／岡田章雄譯注,『ヨーロッパ文化と日本文化』(岩波文
　　　庫、1991年)
　2）「上杉文書」400(『新潟縣史』史料編・中世１)

　織田信長にせよ豊臣秀吉にせよ、彼らが天下統一を進めることは下剋
上を積み重ねていくことでもあった。そのためには主君を實力で壓倒するだ
けでは不十分であり、彼らの下剋上を正當化する論理が必要であった。
織田信長の場合、「信長非爲一人、併爲天下」(信長一人のためではな
く、天下のため)と、しばしば自らの軍事行動を正當化していた[3]。「天下」
とは一個人の私的なものではなく、公的なものや存在を意味し、京都を指
す場合から日本全國、さらには全世界をも示す言葉である。この言葉を利
用して 「自分一人のためではなく世のため人のためである」 と主張するの
は建前に過ぎないが、單純に實力さえあれば何でも出來た譯ではないので
ある。しかし、正當化の論理も實力を伴わなければただの言葉遊びに過ぎ
ず、實力なかんずく「武威」(武力)が大きな意味を持つようになっていった。
この点は、「礼」に最大の価値を置き、「武」よりも「文」を重視した明や朝鮮と
は大きく異なる、日本武士階級獨自の価値觀であった[4]。

　織田信長は1568年(永祿11)に上洛した後、副將軍や管領といった室町
幕府の高官への就任を辭退し、代わりに和泉國堺を直轄地とすることを望ん
だと言われている[5]。堺はかつて日明貿易の發着港であり、その当時は南
蛮貿易の中心地でもあったので、日本では1、2を爭う富裕な都市であっ
た。信長は、直接的には鐵炮生產と火藥輸入のために堺の領有を望んだ
のであるが、堺商人を通じてアジアやヨーロッパの情報を得ていたと思わ
れる[6]。

　織田信長が1575年(天正3)の長篠の戦いで、鐵砲隊を活用して武田勝
賴軍を打ち破ったのは有名である。そして1582年(天正10)、ついに武田

　3)「氷上町所藏文書」(『愛知縣史』資料編11・織豊１、1053号文書)
　4) 拙著,『日本中世の歴史7　天下統一から鎖國へ』(吉川弘文館、2009年11月刊
　　　行予定)
　5) 鈴木良一,『織田信長』(岩波新書、1967年)
　6) 拙稿,「織田政權と堺」(『比較都市史研究』6　2、1987年)

氏を滅ぼした。その当時 「天下一之軍士」(日本一の軍隊)と認識されてい
た[7]武田氏を滅亡させたことは、すべての人々に信長の天下統一を確信さ
せる出來事だった。ここで一つのエピソードを紹介しよう[8]。

　法隆寺の僧侶・仙學房榮甚は武田氏滅亡のニュースを聞き、10年程前
に聞いた夢譚を思い出し、興福寺の僧侶・多聞院英俊にそれを話した。それ
は次のような內容であった。10年程前に、三河國明眼寺の僧侶・可心が、
正月2日の夜に夢を見た。夢の中で聖德太子が、「天下を治める人物は三
人いる。そのうちの朝倉義景には才能がなく、武田信玄には慈悲の心がな
い。殘るは織田信長しかいない。私が源賴朝に遺わした太刀が熱田神宮に
ある。それを信長に遺わすように」 と可心に言った。可心は熱田神宮を訪
れ、例の太刀を信長の許に持參し、事情を說明した。信長は 「自分も確か
にその夢を見た。たいへん大慶である」 と上機嫌で、明眼寺再興を約束し
た。

　これは文字通りの夢物語だが、似た夢譚が『平家物語』にもある。聖
德太子が可心に命じた「太刀」は軍事權の象徵である節刀(賊徒征討に向
かう將軍へ天皇から下賜されるもの)、そして賴朝は將軍職を象徵すると思
われる。つまり、可心の見た夢は、信長が 「朝家の御まもり」＝將軍として
天下統一することの予言なのである。『平家物語』 等の軍記物語では、朝
敵は必ず滅ぼされ、將軍がそれを征伐する存在として描かれる。しかし、こ
のような將軍史觀はあくまでも軍記物語で語られる虛構である。もちろん信
長が將軍に任官することはなかったし、前述したように、信長はそれを斷っ
ている。また『平家物語』 では賴朝が將軍に任官して朝敵平氏を滅ぼした
としているが、實際の將軍任官は平氏を滅ぼした後である。つまり、『平家
物語』は天皇と天下人の關係を、事實をありのままに描いているのではな

---

7)『蓮成院記錄』天正10年3月5日條『增補續史料大成 多聞院日記』5、臨川書店)
8) 拙稿、「平家物語と織田信長」(『文學』3 4、2002年)、同「織豊期の王權論を
　めぐって」(『歷史評論』649、2004年)

く、あるべき關係として描いている。それはすなわち、天皇が「武家の棟梁」
を將軍に任命し、將軍は「天皇・朝廷の御守り」として朝敵を滅ぼして天下を
平定するのが、公武關係の本來のあり方であると主張しているのである。
ただしこれは、朝廷側の願望に過ぎない9)。

　『平家物語』はその後、幅廣い階層の人々に受容され、可心・榮甚・英
俊はそこに示された「平家物語史觀」とでもいうべき歴史觀にもとづいて、
現實の歴史を解釋しようとしたのである。ただし、天皇からの權限委讓や征
夷大將軍任官ではなく、室町幕府滅亡・武田氏滅亡といった信長の實績と
實力によって、天下人として認知したのである。ただし、將軍史觀は虚構と
しても、武家が「天皇・朝廷の御守り」としての立場を維持してきたことは事
實である。そして朝廷は、「武家政權の御守り」　でもあった。多聞院英俊
の日記には、この夢譚の直前には、「内裏ヨリ信長ノ敵國ノ神達ヲ悉被流
了」(朝廷が信長の敵國である武田氏の守り神たちを悉く流したでしまった)
とある10)。このように、公武ともにお互いの「御守り」として存在していたの
である。信長や秀吉は天皇を超える實力を持っていたことから、皇位篡奪を
意圖して天皇・朝廷と對立していたとしばしば主張されている11)。しかし、こ
のような公武對立史觀は實態に即しておらず、信長も秀吉も天皇という存在
を抹殺することなど考えていなかったとすべきであろう12)。

　そして、公武ともにお互いの「御守り」というのが、中世～近世を通じて
一貫した公武結合王權の論理である。公武結合王權とは、公武がお互い
に相手を排除して權力の一元化を図ることなく、お互いに必要不可欠の存

　9) 兵藤裕己,『平家物語』(ちくま新書、1998年)
10)『多聞院日記』天正10年3月23日條(『増補續史料大成』、臨川書店)
11) 安良城盛昭,『天皇・天皇制・百姓・沖縄』(吉川弘文館、1989年)
12) 高木昭作氏は、「天皇を廢止することは、彼ら(豊臣秀吉・徳川家康、堀註)にとっ
　　て思いもよらぬことであったに違いない」と述べているが(『將軍權力と天皇』、
　　青木書店、2003年、p52)、これは織田信長にも該当するであろう。

在として相互補完的に王權を構成しているという見解である。もちろん公武は權力・權威ともに對等な關係ではなく、王權における主導權が武家にあることは言うまでもない13)。「平家物語史觀」は多くの人に讀み繼がれ、語り繼がれており、当時の人々の歷史意識や同時代認識に大きな影響をあたえていた。信長自身もその例外ではなかろう。信長・秀吉といった天下人が、公武結合の王權構造にもとづく國家を構想した背景には、このような「平家物語史觀」があったのである。

　ところで、織田信長が晩年に大陸侵略の構想を持っていたことは知られているが、その眞僞をめぐって議論は分かれている。日本側の記録では、1625年(寬永2)成立の小瀬甫庵『太閤記』卷2が最初のものであろう14)。それは1581年(天正9)の歲暮御礼時のこととして、秀吉から信長父子への獻上物が安土城の山下から山上までおびただしく並び、その様子を天守閣から見た信長が「あの大氣者には支竺を對治せよと被仰付たり共、いなみはすまじき氣象なり」(あの大物(秀吉)は中國(明)・インドを征服せよと申し付けられても、斷ることはなさそうな氣性である)と言ったという。しかし、これは40年以上も後にまとめられた物語の中の話であるうえ、秀吉は翌年の毛利攻め準備のために早々に播磨國姬路へ歸國するように信長から命じられており、事實とは見なしがたい。

　しかし、1582年(天正10)11月5日付でルイス・フロイスがイエズス會總長宛に提出した報告書15)には、次のように記されている。長文であるが重要な史料なので、一部を省略しつつ揭げたい。

　彼(織田信長)は戰さにおいてますます良い成果を收めていったので、

---

13) 拙稿、「織豊期王權論再論」(大津透編『王權を考える』, 山川出版社、2006年)
14) 小瀬甫庵著/桑田忠親校訂, 『太閤記(上)』(岩波文庫、1943年)
15) 「1582年11月5日付、口之津發信、ルイス・フロイスのイエズス會總長宛日本年報追信」(松田毅一監譯『十六・七世紀イエズス會日本報告集』 Ⅲ－6、同朋舍、1991年)

武力によって未だ征服していない坂東（關東）地方の遠隔の國々が、彼の名聲や富、權力をただ伝え聞いただけで使者を立て彼の支配下に入った。彼はこのいっさいを、万物の創造主の強大なる御手より授かった深い恩惠であると認めて謙遜するどころか、いよいよ傲慢となって己れの力を誇るあまり、自ら日本全土の絶對者と称することにも、また日本の老人たちが諸國のいかなる國主（大名）や世子にもかつて見たことがなく、書物にも無いと言うほど甚深なる尊敬を50余ヵ國から集めていることにも飽き足らなくなり、ついには突如としてナブコドノゾールのような驕慢振りを現し、死すべき人間としてではなく、あたかも不滅のもの、すなわち神でもあるかのように諸人から崇められることを望んだ。… 日本では普通、神の殿堂に神体と称する石がある。神体は守護者である神の心および本体を意味するが、かの安土山の寺院には存在しなかった。信長がかつて述べたところでは、彼自身が正しくその神体にして生きた神仏であり、己れ以外に世界の支配者も万物の創造者もないとのことであったが、彼の家臣たちは信長よりほかに崇拝すべきものはないと明言するように、現世において崇められることを望みにしていた。… 我らの主なるデウスは人々のこのような参集を眺めて得た滿足が長く續くことを許し給わなかった。すなわち、右の参詣を行なった安土山の祝祭から19日を経た時、後に述べる通り彼の身体は灰塵となって地に歸し、その靈魂は地獄に葬られたのである。… 信長は先般の戦さ（武田氏攻め）がきわめて順調に終わったのを見て、4、5年前から始まった毛利氏との戦さをも早く終結させることを望み、これを征服させるためすでに羽柴殿（豊臣秀吉）を派遣していた。… 羽柴殿は2万5000の兵を擁しているのみであったので、信長に書狀を認めて援軍を求めたが、さらに3万の兵を得れば卽座に毛利氏の領國を占領し、その首を彼の許に獻上するであろうから、信長自身は來ぬようにと伝えた。ところが信長は、現に都へ來たように自ら出陣することに決め、同所から堺まで行くこととし、毛利氏を征服し終

えて日本の全66ヵ國の絶對領主となったならば、中國に渡って武力でこれを奪うため一大艦隊を準備させること、および彼の息子たちに諸國を分け与えることに意を決していた。

　このルイス・フロイスの証言は、日本國内の同時代史料では裏づけられない。そして前半部分の信長の神格化に對する疑問が強く、そのせいもあって後半部分の信長の大陸侵攻構想についても疑問とされることが多い16)。また、秀吉が信長本人の出陣を望んでいなかったという点については、秀吉が早くから信長自身の出陣を宣伝して、毛利氏との戰いを有利に進めようとしていることが確認できるから17)、この点は確かにフロイスの証言に誤りがある。また、いくら当時最強と言われた武田氏を滅ぼしたとしても、まだ西國には毛利氏や長宗我部氏、島津氏なども殘っており、大陸侵攻を構想するには早すぎるとも考えられる。ただしこの点については、本能寺の変前日に信長自身が毛利氏攻めの「手たてさうさあるましき事」(大して時間はかからない)と予測している18)。また信長を北條氏政は「信長公」19)、島津義久は「上樣」と呼んでおり20)、既に家臣同樣であったと言える。これらの事柄からすれば、客觀的な情勢は別としても、信長自身の意識においては既に西日本や關東もほぼ征服しつつあるという認識だったのである。信長が大陸侵攻を意識し始めていたとしても、大きな矛盾はないであろう。

　また、晩年の信長は新たな征服地を家臣たちに分かち与えるだけでなく、例えば四國地方を三男信孝に与えようとするなど21)、息子たちや織田一族を優遇しつつあったことは事實であり22)、この点もフロイスの証言は正

16) 曾根原理、「德川王權論と神格化問題」(『歷史評論』629、2002年)
17) 「黑田家文書」123(『黑田家文書』1、福岡市博物館)
18) 「日々記(晴豊公記)」天正10年6月1日條(內閣文庫所藏)
19) 「三島神社文書」(『戰國遺文 後北條氏編』2329号、東京堂出版)
20) 「島津家文書」1429(『大日本古文書 島津家文書』、東京大學出版會)
21) 「寺尾菊夫氏所藏文書」(奧野高廣編、『增訂織田信長文書の研究』下、吉川弘文館、1988年、1052号文書)

しい。そして、フロイスが何の根據もなく大陸侵攻計畫をでっち上げる必要性はなく、秀吉が大陸侵攻の構想を初めて公表する(いわゆる「唐入り」宣言)のが1585年(天正13)9月3日であり[23]、フロイスの証言はこれよりも約3年も早いのである。従って、このフロイスの証言の細部には誤りがあったとしても、晩年の信長には大陸侵攻構想があったことを、おおよそ事實と見なして良いように思われる。ただし、その具体的な内容は「中國(明)に渡って」とあるだけで、朝鮮や明とどのような交渉を経るつもりだったのかはわからない。しかし、信長の構想では息子達に諸國を分けあたえ、自らはその上位に立つつもりであったことに注目したい。このことは、後に述べる秀吉の三國國割構想にも共通するからである。

　では信長は、なぜこのように無謀で一方的な大陸侵攻を構想していたのであろうか。その背景には、戰國社會を武力で天下統一したという「武威」の意識が關わっていると思われるが、それを裏づける史料も否定する史料も存在しない。この点は、秀吉の壬辰・丁酉倭亂を取り上げる時に、併せて檢討したい。

2. 豊臣秀吉の惣無事令の論理

　豊臣秀吉の出自が武士ではなく百姓であったことは、当時から有名であった。例えば島津氏の家臣上井覺兼は、その日記に"羽柴事ハ、寔々無由來仁と世上沙汰候"(秀吉は實に家柄の卑しい人物であると世間の評判である)と記している[24]。

---

22) 桐野作人, 『眞説本能寺』(學研Ｍ文庫、2001年)
23) 岩澤愿彦, 「秀吉の唐入りに關する文書」(『日本歴史』163、1962年)
24) 『上井覺兼日記』天正14年正月23日條(『大日本古記録』, 岩波書店)

　このような出自の卑しさから來るコンプレックスから、秀吉は自己の由緒を飾り立てることに熱心であった。それは1584年（天正12）の小牧長久手の戰い以降に顯著となる。小牧長久手の戰いとは、秀吉の主家である織田信雄を擔いだ德川家康と戰い、從來はこれに敗れたとされている。しかし講和條件からすると秀吉軍の勝利と思われるが、主家である信雄とそれを擔ぐ家康を壓倒できなかったために、實力以外の要素として天皇・朝廷の利用が始まるのである。具體的には、律令官位の序列機能を利用し、官位のうえで信雄の上位に立ち、それによって織田家からの下剋上を正当化しようとしたのである[25]。

　その試みは、秀吉が關白に任官する1585年（天正13）にはいっそう集中している。秀吉の御用學者である大村由己が同年8月に著した『關白任官記（任官之事）』[26]には、秀吉の祖父は萩中納言といい、ある人物の讒言によって遠流に處せられ、秀吉の母大政所がやがて上洛して天皇に2、3年側近く仕え、下國して程なく秀吉を產んだと記されている。明言はしていないものの、秀吉は天皇の御落胤であることを匂わせた書き振りである。同年には正親町天皇の皇子・八條宮智仁親王を猶子としたほか、京都御所で茶會や能を開催し、その後も度々催している。また翌1586年（天正14）には、正親町天皇と和歌を交換したほか、同年に卽位した後陽成天皇の許へ、養女前子を女御として入內させている。天皇家と緣戚關係を重ねて結び、天皇との親密な交際を印象づけているのである[27]。天皇家と政略結婚をした者は古代の蘇我馬子・藤原道長、武士でも平清盛や德川秀忠など、その例は少なくないが、これほど天皇との親密さをアピールしたのは秀

25) 拙著、『日本中世の歷史7 天下統一から鎖國へ』（吉川弘文館、2009年11月刊行予定）
26) 「任官之事」（『續群書類從』20下・合戰部、續群書類從完成會）
27) 拙稿、「信長・秀吉の國家構想と天皇」（池享編、『日本の時代史13 天下統一と朝鮮侵略』、吉川弘文館、2003年）

吉だけであろう。

　そして天皇との親密さは、1585年（天正13）10月2日に島津義久宛に九州停戦令を發令したさいにも、別の形で示されている。このなかで秀吉は、"就　勅定染筆候、仍關東不殘奧州果迄被任倫（綸）命、天下靜謐處、九州事于今鉾楯儀、不可然候條、國郡境目相論互存分之儀被聞召届、追而可被　仰出候、先敵味方共双方可相止弓箭旨、叡慮候…"（天皇の命令によって申し渡す。關東・奧州地方まで戦争もなく靜謐であるのに、いまだに九州では戦争状態にあるのはけしからん。國郡境目争論に關する互いの言い分を聞き、追って裁定を下すので、まず戦争を止めよというのが天皇のお考えである…）と述べている[28]。關東から奧州まで秀吉が征服したことも、島津氏に停戦を求めるのも、いずれも秀吉自らの意思にもとづくもので、これは天皇の意思ではない。しかし、秀吉は天皇の名前を借りて、これを正当化しているのである。そのことを見破った島津氏側は、島津家は鎌倉時代以來の名門であるという誇りにかけて、身分の卑しい秀吉からの停戦命令を拒絶したのである。そして1587年（天正15）4月に島津氏攻めが始まり、5月8日に島津氏は降伏した。翌9日に島津義久に宛てた書状も"日本六十余州之儀、改可進止之旨、被仰出之條、不殘申付候、…自今以後、相守叡慮、可抽忠功事專一候也、"（日本全國60余州を改めて支配するよう天皇が仰せ出されたので、秀吉が殘らず支配する。今後は天皇の命令を守り、忠功に勵むことが大事である）と述べている[29]。天皇から日本全國の支配を命じられたことが秀吉の天下統一・全國支配の正当性の根據であり（もちろんそんな命令は存在しないのだが）、その秀吉の命令はすなわち天皇の命令であるので、それに従うことを強要しているのである。

---

28)「島津家文書」344（『大日本古文書　島津家文書』東京大學出版會）
29)「島津家文書」345（『大日本古文書　島津家文書』東京大學出版會）

しかし、秀吉が常に天皇や關白の地位を利用していたわけではない。1585年(天正13)10月の九州停戰令からやや遅れて、秀吉は1586年(天正14)5月に關東・東北地方にも停戰令を發令し、同年11月には惣無事令を發令する[30]が、これらの命令のなかでは天皇や關白の地位をことさらに強調してはいない。もちろん1589年(天正17)7月22日に施藥院全宗が「以天氣、一天下之儀被仰付、被任關白職之上者、相替前々、不被経京儀候者、可爲御越度候」(秀吉は天皇に日本全國の支配を命じられて關白職に任官したので、從來とは異なり、秀吉の承認を得ない戰争は許されない)と述べている[31]ように、交渉の過程で天皇や關白の地位を誇示することはあった。しかし、九州平定の後は1588年(天正16)4月6日に秀吉の側近である富田知信が「唐國迄も平均眼前候、此上關東・奧兩國惣無事之儀、被仰出候」(中國平定も間近であるので、關東・東北地方に惣無事令が發令された)と言っている[32]ように、大陸侵攻への展望の上に立って惣無事令が發令されていたのである。また1589年(天正17)11月11日に富田知信・淺野長吉(長政)は「日本儀者不及申、唐國迄も被得上意候者共之爲候」(日本の天下統一は言うに及ばず、中國平定も秀吉に從う者たちのためである)と述べており[33]、大陸侵攻が天下統一の延長線上にあることを示している。

秀吉が初めて大陸侵攻構想を公表したのは1585年(天正13)9月3日である。關白任官の直後から存在しているが、当初は天下統一達成のための梃子とすることに主眼があり、漠然とした抽象的な內容だった[34]。1586年(天正14)3月にはイェズス會宣教師ガスパール・クェリョらにも大陸侵攻構

30) 藤木久志,『豊臣平和令と戰國社會』(東京大學出版會、1985年)
31) 「伊達家文書」428(『大日本古文書 伊達家文書』,東京大學出版會)
32) 「遠藤白川文書」117(『福島縣史』7・資料編2古代中世資料)
33) 「伊達家文書」440(『大日本古文書 伊達家文書』,東京大學出版會)
34) 北島万次,『豊臣政權の對外認識と朝鮮侵略』(校倉書房、1990年)

想を伝え[35]）、同年4月10日には毛利輝元に九州攻め準備の一環として「高麗御渡海事」（秀吉は朝鮮半島へ渡海する）[36]）、同年6月16日には宗義調に「高麗國へ被遣御人數成次第」（朝鮮國へできる限りの軍勢を派兵する）[37]）、さらには同年8月5日に安國寺恵瓊らに「唐國まで成とも可被仰付と被思召」（秀吉は中國までも侵攻しようと考えている）[38]）と述べてはいるが、いずれも九州攻め準備を指示したついでのような形で大陸侵攻構想に言及したものである。それが具体性を帯びてくるのは、1587年（天正15）5月の九州平定であった。1588年（天正16）8月12日、秀吉の命令によって島津義久は琉球國王に服屬・入貢を要求するなかで、"既從高麗者、御朱印拜領、…唐土・南蛮兩州者、音使舟渉之巷說半候"（既に朝鮮國は秀吉に服屬し、中國と南蛮國も近々服屬しそうである）と述べている[39]）。朝鮮國が秀吉に服屬したというのは誤りであるが、この点については後述する。この段階では天下統一のための飾り道具ではなく、現實に諸外國を服屬させることを目的としている。そして服屬要求に従わなければ、「直被催武船」（すぐに兵船を準備する）と威嚇している。少し後になるが、1595年（文禄4）1月16日に秀吉は朝鮮在陣諸將宛に「朝鮮之儀九州同前ニ思召候」（朝鮮は九州と同

---

35)「1586年10月17日付、下關發信、ルイス・フロイスのインド管區長アレシャンドゥロ・ヴァリニャーノ宛書簡」（松田毅一監譯『十六・七世紀イエズス會日本報告集』Ⅲ－7、同朋舍、1994年）。このなかで秀吉は2隻の大型帆船の調達を依賴したほか、「もしこれ（大陸侵攻、堀註）が成功し、シナ人が彼に恭順の意を表するようになれば、それ以上のことは望まず、領土を占領したり土地を取り上げたりはせず、唯彼の帝國に服從させるだけである」と述べているが、これに續いて「日本の半分數又は過半數をキリシタンにするつもりである」という部分も含めて、實際の秀吉の發言とフロイスの誇大報告との線引きは難しい。
36)「毛利家文書」949（『大日本古文書 毛利家文書』東京大學出版會）
37) 武田勝藏、「伯爵宗家所藏豊公文書と朝鮮陣」（『史學』43、1925年）
38)「毛利家文書」950（『大日本古文書 毛利家文書』、東京大學出版會）
39)「島津家文書」1440（『大日本古文書 島津家文書』、東京大學出版會）

じだと考えている)と述べている40)。地理的な近さもあって、九州平定に
よって、大陸侵攻構想が現實化したのである。

　關東・東北地方における最大の强敵は小田原城の北條氏である。秀吉
は1590年(天正18)に北條氏を滅ぼし、天下統一を達成する。その前年15
89年(天正17)11月24日に、秀吉は北條氏直に5ヶ條の宣戰布告狀を送っ
ている41)。そのなかで秀吉は、北條氏が秀吉の領土裁定に背いたことを
責めるいっぽうで、秀吉の天下統一は「相叶天命」もの、すなわち天命であ
るとしている。また、"成塩梅則闕之臣、關万機政"(關白・太政大臣に任官
して全國支配をおこなう)であるとか、"所詮普天下逆勅命輩、早不可不加
誅伐"(この世で天皇の命令に從わない者は、速やかに滅ぼされる)という
諺を引用するなど、天皇や關白の地位に言及もしている。しかし、秀吉の
自己正当化論理の中心は、「天命」である42)。

　なお、戰國時代に日本全國で展開された諸大名間の戰爭の原因は國
境紛爭を原因とするものであり、秀吉は停戰令や惣無事令によって大名間
の戰爭を「私戰」として禁止し、秀吉が「公儀」(公的な存在や機關)として
領土裁定を行うことで、平和をもたらそうとした43)。しかし、秀吉の立場は
公平な第三者ではなく、一方の当事者として他方に著しく不利な裁定を下し
たので、實際は壓倒的な軍事力を背景とした威嚇や挑發に等しかった44)。
つまり、戰爭を行うための平和令だったのである。

　では、ここまでの秀吉の自己正当化論理を整理しておこう。いずれも壓
倒的な軍事力を背景にしているが、この点は整理の對象から除くこととす
る。まず島津氏に對しては、天皇や關白の地位を誇示している。島津氏が

---

40) 「吉川家文書」770(『大日本古文書 吉川家文書』, 東京大學出版會)
41) 「諸家單一文書」1088(早稲田大學図書館編、『早稲田大學所藏荻野研究室收集
　　文書』下、吉川弘文館)
42) 北島万次、『豊臣政權の對外認識と朝鮮侵略』(校倉書房、1990年)
43) 藤木久志、『豊臣平和令と戰國社會』(東京大學出版會、1985年)
44) 藤田達生、『日本近世國家成立史の研究』、校倉書房、2001年)

摂關家である近衛家との關係が近いので、これを利用しようとしたのであろ
う。關東・東北地方の諸大名に對しては、天皇や關白の地位にほとんど言
及していない。むしろ九州平定後は、大陸侵攻構想を述べながら服屬を要
求している。この点は琉球國王に對しても同じである。しかし、天下統一の
最終段階である北條氏攻めに際して、「天命」の論理が生み出された。

　このように、秀吉が天下統一の過程で使用した自己正當化の論理は、
相手によって強調する内容が異なっていた。このことは当然のことではある
が、天下統一の總仕上げである北條氏攻めの段階で現れた「天命」の論
理が、この後に東アジア諸國などに宛てて服屬を要求する文書においても
強調されていく。大陸侵攻が天下統一の延長線上に位置していたことが、
改めて確認できよう。現代に生きる我々の感覺には、國内戰爭と對外戰爭
のあいだには大きな差があることは明白である。しかし、当時の人々の認
識にはその差が見あたらないようである[45]。

3．豊臣秀吉と「天命」・日輪神話

　北島万次氏の研究によれば、秀吉の天下統一・異域統一は天命である
という自己正當化の論理は、1590年（天正18）2月28日付琉球國王宛、同
年11月付朝鮮國王宛、1591年（天正19）9月15日付フィリピン諸島長官
宛、1592年（天正20）7月21日付フィリピン諸島長官宛、1593年（文祿2）6
月28日付大明日本和平條件、同年11月5日付高山國宛、以上6通の外交
文書のなかで述べられている[46]。これは豊臣政權の外交文書11通の約半
數である。「天命」以外の正當化論理を使用した外交文書も約半數あるが、

45) 倉地克直,『近世日本人は朝鮮をどうみていたか』(角川書店、2001年)
46) 北島万次,『豊臣政權の對外認識と朝鮮侵略』(校倉書房、1990年)

「天命」の論理を主張した6通の外交文書においても、「天命」 以外の論理
が同時に使用されている。その論理も併せて檢討するため、前述した1590
年（天正18）11月付朝鮮國王宛外交文書を取り上げよう。だがその前に、
對馬宗氏を通じた秀吉と朝鮮國との交涉[47]を概略しておきたい。

　前述したように、1586年（天正14）6月16日に秀吉は宗義調に「高麗國へ
被遣御人數成次第」（朝鮮國へできる限りの軍勢を派兵する）と述べ、それ
への協力を要求した。1587年（天正15）の九州攻めのさい、宗氏は柳川調
信らを使者として送った。秀吉は島津義久が降伏する直前の5月4日付宗義
調宛朱印狀で「九州儀悉平均被仰付、早被御隙明候間、至高麗國御人數
可被差渡候」（九州平定を命令して早くもそれを達成したので、朝鮮國に軍
勢を派兵する）と述べている[48]。しかし柳川調信らの說得により、まず使者
を派遣して戰火を交えることなく服屬を求めることとした。秀吉の意圖は、同
年5月29日付北政所宛消息で 「こうらいのほうまで、にほんの大りゑしゆし
可申よし、はやふねをしたて申つかわせ候、しゆし不申候はゞ、らいねん
せいばい可申よし申つかはせ候、からこくまでてにいれ、我等一ごのうちに
申つく可候」（朝鮮國から天皇へ出仕するように、早船で使者を送らせた。
もしも朝鮮國が出仕しなければ、來年出陣する。秀吉の一生の間に、中國
までも手に入れるようにする）[49]と述べているように、服屬要求に從わなけ
れば大陸へ侵攻するつもりであった。同年6月7日、宗義調は筑前國筥崎
で秀吉に謁見した。6月15日付宗義調・義智父子宛書狀で、秀吉は義調の
弁明によって朝鮮國侵攻を思いとどまったので、代わりに朝鮮國王を參洛さ
せるよう命じている。

　宗氏側は、この秀吉の要求が實現不可能であることをよく理解してい
た。そこで朝鮮國からの貢物や人質の提出によって、秀吉の要求を切り拔

47）北島万次、『豊臣秀吉の朝鮮侵略』（吉川弘文館、1995年）
48）武田勝藏、「伯爵宗家所藏豊公文書と朝鮮陣」（『史學』４ ３、1925年）
49）「妙滿寺文書」（東京大學史料編纂所架藏影寫本）

けようとしたのである。宗氏は9月に家臣橘康廣を日本國王使に僞裝して朝
鮮國へ送った。宗氏側は日本の天下統一と新王の出現を述べ、それを慶
賀する使者の派遣を求めた。しかし朝鮮側は、國王を廢して新王を立てた
日本は簒弑の國であり、化外の國であると判斷し、水路迷昧を理由に使節
派遣を斷ったのである。歸國した橘康廣の報告を聞いて秀吉は激怒し、康
廣を殺したうえでその一族を滅ぼした。

　1588年(天正16)12月に宗義調が死去した後、翌1589年(天正17)3月2
8日付宗義智宛書狀で、秀吉は「小西攝津守・加藤主計頭兩人江、筑紫御
人數共被差副、爲御先勢被差遣候處ニ、其方高麗江渡海仕、当夏中に
國王令同心、可罷上候、御人數被遣候而者、迷惑仕由候條、今少可相
延旨被遣候」(小西行長・加藤清正兩人に筑紫國の軍勢を加えて出陣させる
べきであるが、義智が朝鮮國へ渡って当夏中に朝鮮國王を說得して上洛
せよ。軍勢を派兵しては國王との交渉がうまくいかないであろうから、今少し
派兵を延期する)[50]と述べ、改めて朝鮮國王の參洛を要求してその期限を
当夏中とし、それが實現しなければ出陣すると威嚇している。

　ここまでの朝鮮國との交渉に明らかなように、島津氏に對して天皇や關
白の地位を誇示して服屬を強要したのとは大きく異なっている。秀吉は朝鮮
國に對しては、ひたすら出陣を威嚇手段とするばかりである。朝鮮國王を
日本天皇へ出仕させるという点では、天皇を利用しているようにも見える。し
かし、これは朝鮮國王の參洛を強制する手段ではなく、あくまでも參洛の形
式であるから、天皇の地位を利用しているとは言えない。そもそも諸外國に
對して、天皇や關白という地位に意味があるはずもない。ただし、ここまで
の交渉は秀吉の外交文書によるものではなく、宗氏を通じた下交渉的なも
のなので、秀吉の自己正当化論理が表れにくいのかも知れない。

　宗氏側は、6月に博多聖福寺の僧侶・景轍玄蘇を正使、宗義智を副使と

---

50) 武田勝藏,「伯爵宗家所藏豊公文書と朝鮮陣」(『史學』４３、1925年)

し、これに宗家家臣の柳川調信や博多商人の島井宗室らを加えて朝鮮國へ渡った。宗義智一行は朝鮮國王に拝謁して通信使派遣を要請し、水路迷昧ならば義智みずから日本へ案内すると主張している。そこで朝鮮國側は、數年前に倭寇の手引きをした沙乙背同を捕らえて朝鮮へ連行すれば、日本への通信使派遣を檢討すると回答した。そこで宗氏側はすぐさま柳川調信に沙乙背同の捕縛に向かわせたので、9月に朝鮮國側は秀吉の天下統一を慶賀する通信使派遣を決定したのである。

　　正使黃允吉・副使金誠一の通信使一行は翌1590年（天正18、宣祖23）3月にソウルを出發し、7月21日に上洛した。秀吉は3月1日に北條氏攻めのために出陣して不在だったので、通信使一行は大德寺で秀吉の歸京を待った。秀吉は9月1日に京都へ凱旋し、11月7日に聚樂第で通信使と引見し、國書を受け取った。その內容は、秀吉を「日本國王」と呼び、日本60余州の統一を慶賀するものであった。しかし、秀吉はこれを服屬使節と思い込んでいたから、謁見時の態度はきわめて傍若無人であった。しばしば指摘されるように、秀吉は朝鮮國と對馬の關係を誤解していた。大村由己『九州御動座記』[51])によれば、秀吉は朝鮮國を「對馬の屋形ニしたカハれ候」（對馬宗氏に從屬している）と認識していた[52]。ところが事實はその逆で、朝鮮國側からすれば生產力の低い對馬に救いの手を差し伸べて、その生活が成り立つよう取り計らっているのである。具體的には、朝鮮國王から對馬へ歲賜米と大豆が下賜され、さらには對馬からの歲遣船に交易を許し、利益を確保していたのである。對馬宗氏を通じた豊臣政權と朝鮮國との外交交涉は、その前提部分に食い違いがあり、交涉がまとまることを難し

---

51)　清水紘一、『織豊政權とキリシタン』(岩田書院、2001年)に、內閣文庫所藏本が全文翻刻されている。

52)　これは琉球が島津氏に從屬しているとみた秀吉の認識と共通する。池内宏『文祿慶長の役』正編1、吉川弘文館、1987年、初出1914年)、北島万次、『豊臣秀吉の朝鮮侵略』(吉川弘文館、1995年)

くしていた。

　では、1590年（天正18、宣祖23）11月付朝鮮國王宛外交文書[53]を取り上げよう。秀吉は　「日本國關白秀吉」と名乗り、このなかで秀吉が主張している点は、以下4点にまとめられる。それは、①日本における天下統一の實績を誇示し、②生誕に關する日輪の奇瑞を述べ、③日本の風俗を廣めるために征明を構想し、④朝鮮國には日本の先驅けとして明に入朝することを求めている、である。

　この中でも特に重要なのは②である。そこで②の内容をより詳しく見てみよう。秀吉が母の胎内にある時に、母が日輪（太陽）が胎内に入る夢を見た。占い師は「日光の及ぶ所で照らさない所はない。この子（秀吉）は成長して必ず仁德を廣め、日本全國に威名を轟かせることは疑いない」と言ったという。この奇瑞により、秀吉に敵對する者は自然と滅び、戰って負けることはなく、攻擊して攻め取れないことはない。日本國中はよく治まり、百姓を撫育し、孤獨者を憐憫する。そのため民は豊かに財産は足り、貢租は遠い昔の1万倍となったと主張しているのである。

　②の後半部分は秀吉の成功ぶりを強調する内容であるから、より重要なのは、前半部分の母と日輪に關する奇瑞である。これを日輪神話と呼ぶ。かつて日輪神話は、秀吉が天皇の御落胤であるという主張と同様に、秀吉の低い出自を糊塗するための作り話であり、檢討に値しないとされていた。しかし北島万次氏の研究[54]によれば、このような生誕に關する奇瑞は東アジアの廣い地域に渡って伝承されている。そして、このような奇瑞は漢民族の場合も含めて、周辺諸民族が中國に樹立した征服王朝の始祖の生誕には必ずこのような奇瑞がある。この奇瑞にはいくつかのパターンがあるが、日輪神話と同様に母親の懷胎と日光に關する内容のものは、漢民族

53)「江雲隨筆」
54) 北島万次,『豊臣政權の對外認識と朝鮮侵略』(校倉書房、1990年)

の王朝では宋(960〜1279年)の太祖趙匡胤、明(1368〜1644年)の太祖洪武帝(朱元璋)があり、周辺民族では北魏(386〜534年)の道武皇帝(拓跋珪)、遼(916〜1125年)の太祖耶律阿保機、元(1271〜1368年)の太祖成吉思汗(テムジン)の場合がある。この北島氏の指摘によって、この奇瑞の意味が初めて明らかになったのである。すなわち、大陸侵攻によって中國に新王朝を樹立するという意思表示だったのである。日輪神話はこの朝鮮國王宛國書で初めて主張され、この後は1591年(天正19)9月15日付フィリピン諸島長官宛、1593年(文祿2)6月28日付大明日本和平條件、同年11月5日付高山國宛、同年(月日不明)フィリピン諸島長官宛、以上4通の外交文書でも繰り返し主張されるのである。外交文書における秀吉の自己正当化論理を整理すれば、日本の天下統一については「天命」を根據とし、大陸侵攻については生誕の奇瑞による日輪神話を根據としているのである。

　秀吉の外交文書は、京都五山の僧侶たちが作成していた。彼らは室町幕府以來、外交文書の作成にあたっていたので、征服王朝の始祖の生誕に關する奇瑞について、当然知っていたであろう。少なくとも、明の太祖洪武帝については知っていたはずである。そして、この知識を秀吉に授けたと思われる[55]。ただ殘念ながら、朝鮮通信使たちは歸國後の復命で、このことに言及していない。正使黃允吉は大陸侵攻の可能性が高いと復命し、副使金誠一はその可能性を否定している。この意見の相違は、朝鮮國官人の東人派・西人派の派閥党爭によるものであった。

　なお朝鮮國王宛國書④で、秀吉が朝鮮國王に對して征明先導を主張しているが、宗氏はこれを仮途入明にすり替えて朝鮮國と交渉した。いっぽう、秀吉の大陸侵攻構想の情報を入手した明は、朝鮮國に日本情勢の報告を求めた。朝鮮國は秀吉の大陸侵攻に荷担しないことを説明し、明皇帝

---

55) 同前

は遼東の精兵派遣と銀2万兩を朝鮮國へ送ることを約束した。その一方で、明は沿岸防備を固めていた[56]。このような情勢の中、壬辰倭亂を迎えることになるのである。

4.　豊臣秀吉の三國國割構想

　1592年（天正20、宣祖25）3月13日、秀吉は約16万の軍勢を9軍に編成して、大陸侵攻を命じた。同年4月13日（日本暦12日）、小西行長・宗義智の第1軍が釜山浦に上陸した。翌14日早朝、日本軍は釜山鎮を包囲した[57]。壬辰倭亂の始まりである。加藤清正の第2軍は、4月18日に釜山浦へ上陸した。加藤清正の第2軍は慶尚道を北上して慶州へ進軍した。この時のことと思われるが、沙也可という武將が3000人の兵を率いて慶尚兵使臣朴晋に降った。これは加藤にとって謀叛であったが、このような問題を内側に抱えながらも進軍した。黒田長政の第3軍、毛利吉成の第4軍なども次々と上陸していった。突然の攻撃に不意をつかれた朝鮮國では、首都を平壤に移すとともに、明に救援を頼むこととなった。4月30日の早朝、朝鮮國王は首都漢城を脱出し、小西・宗の第1軍と加藤の第2軍は5月3日に漢城に入城した。

　加藤はすぐに肥前國名護屋城の秀吉にこれを報告し、加藤の書狀は5月16日に名護屋へ到着した。秀吉はすぐに加藤へ返書を送り、朝鮮國王の探索、日本軍の占領のあり方、兵粮の点検、道路整備などを命令した。諸大名には漢城の城外に陣を構えさせ、城内には秀吉の御座所を作るよう

56）北島万次,『豊臣秀吉の朝鮮侵略』(吉川弘文館、1995年)
57）以下、壬辰・丁酉倭亂の経緯については、特に斷らない限り、北島万次,『豊臣秀吉の朝鮮侵略』(吉川弘文館、1995年)による。

命じており、秀吉はすぐさま渡海するつもりだった。

そして5月18日、秀吉は關白豊臣秀次宛に全25ヶ條の覺書58)を出した。これは江戸時代の大名前田綱紀によって「豊太閤三國處置太早計」(豊臣秀吉の三國國割計畫は、はなはだ早計だった)と評價されているように、實現する可能性のきわめて低いものであった。そのため、これまでの研究ではほとんどまともに檢討されてこなかった。しかし、實現する可能性の低いことは明白な事實であったとしても、秀吉が自己宣伝のために大風呂敷を廣げているのではなく、秀吉自身は素朴に實現できるつもりでいたのであるから59)、彼の國家構想や東アジア構想を考える素材としては重要であろう。

このなかで秀吉は自ら渡海して大陸侵攻し、秀次に「大唐の關白職」をあたえるつもりであること、そのため秀次に翌年正月～2月に出陣することを命じている。そのさいの軍勢の人數や裝備、進軍經路、兵粮準備など、實に細々とした指示をあたえている。そして秀吉の國家構想・東アジア支配構想について、25ヶ條のあちこちで述べていることをまとめると、以下のようになる60)。明征服後、秀吉は後陽成天皇と秀次を北京へ移し、それぞれ明國の天皇と關白とする。秀次には北京周辺の100ヶ國をあたえ、天皇には北京周辺10ヶ國、公家衆のなかには10倍以上の所領をあたえられる者も出てくるという。後陽成の北京への移動は行幸の形式とし、それは2年後を予定した。日本の國家体制は、天皇には儲君(皇太子)の良仁親王か皇弟の智仁親王、日本の關白には豊臣秀保か宇喜多秀家のどちらかをすえる。朝鮮には豊臣秀勝か宇喜多秀家をおき、九州には羽柴秀俊(後の小早川秀

---

58) 「前田育德會尊経閣文庫所藏」

59) 三鬼清一郎「關白外交体制の特質をめぐって」(田中健夫編、『日本前近代の國家と對外關係』吉川弘文館、1987年)

60) 拙稿、「Ⅰ織豊政權」(藤田覺編『史料を讀み解く』3・近世の政治と外交(山川出版社、2008年)

秋)をおく。これらとは別に、京都御所と聚樂亭に留守居を置き、宮部継潤を朝鮮留守居とする。朝鮮の支配体制については明かではないが、朝鮮國王の探索を命令していることからすれば、これを國王とするつもりだったのであろう。そうすると羽柴秀勝か宇喜多秀家は、「朝鮮の關白」を予定されていたのであろうか。京都御所・聚樂亭や朝鮮の留守居は國家支配に關わるものではなく、天皇家・豊臣家に關わる存在であろう。そして九州に置かれる予定の羽柴秀俊も、恐らくは名護屋城の留守居であろう。

　このような國家體制に共通するのは、天皇(國王)と關白がセットとなっていることである。そしてこれは、國王＝公家、關白＝武家でもあるから、公武結合王權の構造でもある。秀吉は当時の日本國内の支配體制や王權構造を、そのまま明と朝鮮にも持ち込むつもりだったのである。天皇家や公家衆の存在は否定されることなく、明にまで擴大されて持ち込まれる構想だった61)。秀吉にとって國家とは、「國王と關白のセット」抜きには考えられなかったのである。そして秀吉は日本との貿易港である寧波に居住し、さらにはインド侵攻をも構想していた。

　この構想のなかで、秀吉自身の地位や官職は明示されていない。三國の國家體制を構想する秀吉に、何か公的な地位などそもそも必要なかったといえよう。各國の國王と關白を任命し、それぞれに知行をあたえ、東アジア世界を實質的に支配し、各國の支配體制を自らの一存で決定する。その根據は地位や身分ではなく、武威に裏づけられた秀吉のカリスマ性にある。そのような秀吉の存在をどのように規定するかは難しいが、東アジアの傳統的な册封體制にあてはめれば、〈中華皇帝〉に目されるのではないか。明皇帝が中華皇帝として君臨し、周辺諸國は明に朝貢し、明皇帝が諸國の國王を任命する。この明皇帝の位置に、三國國割構想における秀吉が位置づけられるのではないか。ただし、これは實際に存在する地位や称

---

61) 拙稿、「織豊期王權論再論」(大津透編、『王權を考える』, 山川出版社、2006年)

号ではなく、あくまでも概念上のものなので、カッコ付きで〈中華皇帝〉と呼びたい62)。

　日本を含む周辺諸民族が中國に征服王朝を樹立する「華夷変態」(中華と夷狄の逆轉現象)について述べておこう。漢民族の形成した華夷思想は、中國歴代の王朝だけでなく、周辺諸國・諸民族をも規制する東アジア世界における國際秩序の根幹であった63)。しかし、周辺諸國がそれぞれの國家を形成する過程において國内支配を貫徹し、さらに領域擴大を構想する中で、中國と對等に自己を位置づけながらも限定した地域という小世界のなかで自らを「中華」とする傾向がうまれた64)。秀吉の三國國割構想も、このような東アジア世界の全体的な傾向と無縁ではない。そして1644年(寛永21、仁祖22)に明は淸に滅ぼされ、華夷変態が現實のものとなる。

　しかし、中國と對等ではなく、当初からこれを侵攻・征服しようとする点は、他の周辺諸國とはやはり異なっている。このような違いをもたらした背景が、戰國社會を統一した「武威」(武力)であろう。秀吉は1592年(天正20)6月3日に、日本を「弓箭きひしき國」として誇る一方で、「大明之長袖國」として明を一段低く見ている65)。「文」 を重視し、「武」を一段低く見る他の東アジア諸國の認識とは大きく異なっていると言わざるを得ない。そもそも「中華」である根據は 「礼」にあるというのが東アジア世界の華夷思想であるから、「武」「武威」を根據に自らを 「中華」 とする秀吉の國家構想・東アジア世界構想は異様である。しばしば指摘されるように、これは歪んだ、屈折した意識であることは間違いない66)。しかしこれは、1世紀に及ぶ戰國爭亂と天下統一過程からもたらされたものであった。

62) 拙稿、「織豊期王權論」(『人民の歴史學』145、2000年)
63) 西嶋定生,『古代東アジア世界と日本』(岩波書店、2000年)
64) 酒寄雅志、「華夷思想の諸相」(荒野泰典他編、『アジアのなかの日本史』Ⅴ・自意識と相互理解、東京大學出版會、1993年)
65) 「毛利家文書」904(『大日本古文書 毛利家文書』、東京大學出版會)
66) 朝尾直弘,『朝尾直弘著作集8 近世とはなにか』(岩波書店、2004年)

むすびにかえて

戦場の最前線では、秀吉の三國國割構想とは全く正反對の動きを見せていた[67]。漢城陥落の直後の5月14日、小西行長や宗義智らを中心にして、朝鮮國に和議を勧告していたのである。これは朝鮮側の拒絶によって成立しなかった。そして日本國内では、徳川家康と前田利家の諫止によって、秀吉の朝鮮渡海が翌年3月に延期された。結局、秀吉が渡海することはなかった。日本軍は、朝鮮水軍を率いた李舜臣の活躍によって補給路を断たれ、各地に義兵が決起し、8月からは本格的に明からの救援軍も出動して戦況は大きく轉換した。9月には50日間の停戦協定が結ばれる。そして1593年（文禄2、宣祖26）4月初めには、朝鮮國側が漢城撤退と朝鮮2王子返還を條件とした和議を勧告した。6月末には小西行長の家臣内藤如安を秀吉の講和使節に偽装して、明へ派遣しようとする。さらに、秀吉が降伏を申し入れる「關白降表」が偽作され、1594年（文禄3、宣祖27）12月なかば、内藤如安が明皇帝に謁見した。日本軍の朝鮮からの撤退と秀吉の冊封などの講和條件を、明皇帝は許した。そして1596年（慶長元、宣祖29）9月1日、秀吉は大坂城で明使節を謁見した。翌2日、西笑承兌が明皇帝の誥命を讀み上げ、日明和議交渉は破綻した。そこでは、秀吉の要求する和議條件は無視されており、秀吉は激怒した。もっとも、秀吉の望む條件は小西らに握りつぶされて明側には伝えられておらず、明皇帝の誥命に反映されているはずもなかった。俗説では、秀吉は　"爾を封じて日本國王と爲す"　という表現に激怒したとされているが、それは誤りである[68]。

67）北島万次、『豊臣秀吉の朝鮮侵略』（吉川弘文館、1995年）
68）山室恭子、『黄金太閤』（中公新書、1992年）。なお秀吉の「日本國王册封」の経
　　緯については、米谷均「豊臣秀吉の『日本國王』册封をめぐる認識の格差」

　講和交涉が破綻して大陸侵攻は再開し（丁酉倭亂）、1598年（慶長3、宣祖31）8月の秀吉の死まで續く。この戰爭は、「唐入り」 というように明征服を目指したものであるが、實際の戰場は朝鮮半島だった。戰況の停滯と長期化は、大名や兵士たちの厭戰氣分を生み、國內外の疲弊と豊臣政權への反感を生み、秀吉の死とともに豊臣政權は事實上崩壞するのである。

　この後、德川家康は1600年（慶長5）の關ヶ原の戰い、1614年（慶長19）～1615年（慶長20）の大坂冬の陣・夏の陣を経て、德川氏の權力を確立した。江戸幕府は「武威」を強調する一方で、諸外國に對して 「武威」を封印する69）。ヨーロッパ諸國に對しては、キリスト教禁教政策との關連でポルトガルと斷交し、結果的にオランダとのみ通交を維持する。アジア諸國に對しては、朝鮮國とは講和をまとめることに成功したものの、ついに中國とは正式な國交を結ぶことはできなかった。試行錯誤の末、1635年（寛永12）に柳川一件が3代將軍家光の親裁によって解決し、翌1636年（寛永13）に朝鮮通信使が來日する。そして1641年（寛永18）にオランダ商館を長崎出島に移し、「鎖國」が完成するのである70）。

　（本書所收）を參照。

69）小宮木代良、「明清交替期幕府外交の社會的前提」（中村質編、『鎖國と國際關係』、吉川弘文館、1997年）

70）荒野泰典、『近世日本と東アジア』（東京大學出版會、1988年）、山本博文、『鎖國と海禁の時代』（校倉書房、1995年）、ロナルド・トビ『全集日本の歷史9「鎖國」という外交』（小學館、2008年）

조선군의 군선과 무기의 과학적 검토

朴 哲 晄*

1. 머리말

선조 25년(1592) 4월 14일 일본군의 부산진성 공격으로 시작된 임진 왜란은 조·명·일 삼국이 각국의 주요 무기를 이용하여 벌였던 동아시아 최초의 대규모 국제전쟁이었다. 전쟁 초기 조선은 일본의 침입에 전혀 대항하지 못한 채 방위체제가 붕괴되면서 국가적인 위기 상황을 맞았다. 초기 전투에서 조선군은 체계적인 방어전략이 구사되지 못하고, 일본군 에 비해 부대 규모 및 무기체계, 전술 등 현저한 열세로 인해 연패를 거 듭했다. 이로써 채 한 달이 안되는 상황에서 일본군은 별다른 저항없이 서울까지 진격하기에 이르렀고, 이후 평안도, 함경도 지역까지 유린하기 에 이르렀다.

그러나 이후 전열을 가다듬은 조선측의 관군과 각지에서 일어난 의 병·승군의 활약, 수군의 해상권 장악, 명의 원병에 따른 합동 반격작전은 전세를 반전시켰다. 그 과정에서 이순신이 이끄는 조선 수군의 활약은

* 전쟁기념관 교육팀장

뚜렷하다고 할 수 있다. 임진왜란 기간 중 조선 수군이 연전연승할 수
있었던 것은 우수한 무기체계, 특히 거북선과 판옥선, 그리고 대형 화포
덕분이라고 하겠다.

조선시대 군선에 대한 연구는 일찍이 최영희의 연구로부터 시작되어
비교적 많은 성과가 축적되어 있다.[1] 이후 김재근에 의해 조선시대 군선
에 대한 연구가 종합적으로 이루어지기는 하였으나, 가장 두드러지게 연
구된 것은 거북선이었다.

거북선에 가장 일찍 주목한 사람은 이마무라 도모(今村鞆)로 그의 책
에서 거북선을 극찬하고 있다.[2] 그러나 그는 거북선을 단지 소개하는 정
도였다. 거북선에 대한 본격적인 연구는 언더우드(Underwood, H.H)가
발표한 1934년의 영문 논문에서였다.[3] 이 논문은 영국『왕립아시아학회
지』(Transactions of the Royal Asiatic Society)의 한국판에 실려 서구 사회
에 거북선을 널리 알리는 계기가 되었다. 거북선에 관한 최초의 본격적
인 서술이었던 언더우드의 논문은 이후 거북선 연구의 기초와 방향을 제
시했다.

이후 조성도를 비롯한 많은 연구자에 의해 거북선에 대한 연구가 활
발히 이루어졌다.[4] 그러나 임진왜란 당시의 거북선에 대해서는 아직 구

1) 최영희,「귀선고」『사총』3, 고려대 사학회, 1958.
2) 今村鞆,『船の朝鮮 : 李朝海事法釋義』, 螺炎書屋(京城), 1930.
3) Underwood, Horace H., "Korean Boats and Ships", *Transactions of the Royal
   Asiatic Society*, Korea Branch, Vol.23, 1934(최재수 역,「임진왜란과 이순신 장군
   의 해전」『해양전략』75집, 해군대학, 1992, 106~142쪽).
4) 有馬成甫,『朝鮮役水軍史』, 海と空社(東京), 1942 ; 조성도,「귀선고」『연구보
   고』2, 해군사관학교, 1965 ; 김재근,『조선왕조 군선연구』, 일조각, 1977 ; 김재
   근,「귀선 크기와 척수의 변천」『국제해양력심포지움발표논문집』, 한국해양연구
   소, 1991 ; 김용국,「거북선의 기원과 발달-몇가지 문제점의 보완을 겸하여」『국
   방사학회보 1977년 논문집』, 국방사학회, 1971 ; 남천우,「귀선구조에 대한 재검
   토」『역사학보』71, 역사학회, 1976 ; 박혜일,「이순신 군선의 철장갑과 이조철
   갑의 현존원형과의 대비」『한국과학사학회지』1-1, 한국과학사학회, 1979 ;「이

체적 기록을 확보하지 못하여, 규모와 내부구조, 철갑선 여부, 전투력 등
과 관련하여 논란이 해소되지 않고 있다.

특히 거북선의 구조와 관련한 논쟁은 1976년 6월, 한국과학사학회 주
도의 학술토론회 이후 지속적으로 이루어졌는데, 논점의 중심은 거북선
의 내부 구조와 櫓의 형태와 위치 문제였다. 내부 구조에 대해 김재근은
2층 구조설을 주장하였고, 3층 구조설은 남천우가 제기하였다. 그리고
櫓가 언더우드가 설계한 서양식인가 아니면 한국식인가 하는 점, 노의
위치가 갑판의 아래에 위치해 있었는가, 갑판 위인 상부에 있었는가가
문제가 되었다. 1980년대에는 들어서 김재근은 「우리 배의 歷史」라는
제목의 연재를 통하여 고려 초기의 배부터 조선 후기의 군선까지 거북선
을 포함하여 조금 생소한 鎗船, 海鶻船에 이르기까지 우리나라 선박사를
정리하였다.[5]

1990년대 이후에는 이원식이 1952년 당시 거북선의 설계와 구조를
추정하며 거북선 복원을 위한 논문을 꾸준히 발표하였고,[6] 김재근은 임
진왜란 때의 조선·일본·명의 군선의 특성에 대해서 종합적으로 비교 분
석하기도 하였고,[7] 장학근은 기존 연구자들이 주장하는 거북선의 2층 구

순신 군선의 철장갑에 대한 유보적 주석」,『한국과학사학회지』4-1, 한국과학사
학회, 1982 ;「이순신 귀선(1592)의 철장갑과 경상좌수사의 鱗甲 기록」,『경희사
학』16·17합, 경희대, 1985 ; 박병주,「귀선의 건조장소에 대하여-쌍봉선소를
중심으로-」『군사』5 국방부 전사편찬위원회, 1982 ; 방상현,「조선 귀선의 접목
성 연구(검선과 판옥선 접목)」『경희사학』16·17합, 1991.

5) 김재근,「우리 배의 역사 1·20」『해양한국』121~140, 한국해사문제연구소,
   1983~85.

6) 이원식,「임란시 전함의 특성과 귀선의 구조 분석」, 해군사관학교, 해군충무공해
   전유물발굴단, 1994 ;「거북배(龜船)에 대한 소고」『대한조선학회지』35-2,
   1998 ;「이순신 창제 귀선의 설계 구조와 복원에 대한 고찰」『대한조선학회지』
   40-1, 2003 ;「1592년식 이순신 창제 귀선의 설계 복원 연구」『대한조선학회지』
   41-3, 1994 ;『1592년 이순신 창제 귀선의 주요치수 추정에 관한 연구』, 공학박
   사학위논문, 한국해양대학교대학원, 2006.

조, 한국 전통식 櫓에 대해 문헌자료의 고증을 통해 이의를 제기하였다. 즉, 장학근의 주장에 따르면 거북선은 3층 구조에 곧은 노였다는 것이다.[8] 이외에도 임진왜란 당시의 거북선 복원과 관련한 논문을 비롯하여 선박 공학적인 측면에서 거북선의 선형 저항과 조종 성능에 대한 분석, 무기체계 발전과정 속에서의 거북선의 역할을 분석한 논문 등이 있다.[9]

아울러 판옥선과 관련해서는 대체로 김재근의 연구를 토대로 정리되고 있는 실정이다.[10] 김재근은 조선 수군의 주력 전선이었던 판옥선이 일본 전선에 비해 그 성능이 월등했다는 사실을 과학적으로 분석하여 자세히 규명하였다. 최근 정진술은 기존 연구 결과만으로 판옥선을 복원하기에는 충분하지 못하다는 생각에서 『각선도본』을 토대로 판옥선의 세부 구조에 대한 복원을 시도하였다.[11]

조선의 군선의 우수성과 더불어 수군의 화력에 있어서도 일본측에 비해 조선측이 월등하였음을 밝힌 연구들이 거듭 발표되었다.[12] 일찍이 이

7) 김재근, 「임진왜란중 조·일·명 군선의 특성」『임란수군활동연구논총』, 해군군사연구실, 1993.
8) 장학근, 「군선으로서의 원형귀선 ; 귀선개조론을 中心으로」『창원사학』 2, 창원사학회, 1995 ; 「전장환경과 거북선 선형변화」『군사』 51, 국방부 군사편찬연구소, 2004.
9) 최두환, 「임란시 원형 거북선에 관한 연구」『해양연구논총』 22, 해군해양연구소, 1995 ; 박원미, 「거북선 선형의 저항 및 조종성능에 관한 연구」, 조선대학교 석사논문, 2003 ; 김철환, 「무기체계 발전과정에서 거북선의 위상」『이순신연구논총』 3, 이순신연구소, 2004 ; 이민웅, 『임진왜란 수군사』, 청아람미디어, 2004 ; 정광수, 「거북선과 학익진 대형의 진법도'에 담겨있는 승첩과 리더십의 비결」『이순신연구논총』 4, 순천향대 이순신연구소, 2005 ; 제장명, 「거북선 복원에 관한 소고」『이순신연구논총』 6, 순천향대 이순신연구소, 2006 ; 김주식, 「거북선의 철갑론에 대한 검토」『STRATEGY 21』 19, 한국해양전략연구소, 2007.
10) 김재근, 「판옥선고」『한국사론』 3, 서울대 국사학과, 1976 ; 「우리 배의 역사 9·10-판옥선」『해양한국』 129~130, 한국해사문제연구소, 1984 ; 「임진왜란중 조·일·명 군선의 특성」『임란수군활동연구논총』(해군군사연구실), 1993.
11) 정진술, 「판옥선 복원을 위한 구조탐색」『STRATEGY 21』 19, 한국해양전략연구소, 2007.

분야의 연구에 천착한 허선도의 연구를 포함하여 최근까지의 연구결과에 의하면 천자총통·지자총통 등 조선 수군이 보유한 대형 화기들은 일본 수군이 사용한 조총과 비교하여 위력적인 성능을 지녔다고 평가하였다. 임진왜란 당시 조선 수군이 운용하던 거북선과 판옥선에는 각종 대형 화포가 장착되어 있었고, 조선군은 이 화포를 활용하여 해전에서 일본군에 연승을 거두며 전력상의 절대적인 우위를 점하였다고 보았다.

이에 본고에서는 기존의 연구성과를 토대로 하여 조선군의 군선과 무기체계 특히 화약병기에서 드러난 여러 특성을 재정리하고, 이를 토대로 군선과 무기 운용의 전술적 효과를 재정리해보고자 한다.

2. 군선의 과학적 특성

1) 군선의 종류

임진왜란 군선의 종류·규모·편성 등이 가장 잘 나타나 있는 것은 『충무공전서』인데, 그 중에서도 이순신 장군이 올린 전승보고인 여러 장계에 그런 자료가 풍부하다. 여기서 군선의 종류를 보면 대형선으로는 板屋船·板屋戰船·戰船 등 명칭이 나오고, 소형선으로는 挾船·鮑作船·伺挾船·伺挾小船·伺候船 등의 이름이 보인다. 이 밖에 『난중일기』에는 探

---

12) 박준병, 「임란중 화약병기 기술의 개발」, 국민대 석사학위논문, 1983 ; 정하명, 「조선시대의 완구와 진천뢰」 『육사논문집』 40, 육군사관학교, 1991 ; 허선도, 『조선시대 화약병기사연구』, 일조각, 1994 ; 최두환, 「임진왜란 해전시의 함포운용술 연구」 『학예집』 4, 육군박물관, 1995 ; 박재광, 「임진왜란기 화약병기의 도입과 전술의 변화」 『학예지』 4, 육군박물관, 1995 ; 「임진왜란기 조일 양국의 무기체계에 관한 일고찰」 『한일관계사연구』 6, 한일관계사학회, 1996 ; 「임진왜란기 조명일 삼국의 무기체계와 교류」 『군사』 51, 군사편찬연구소, 2004.

候船·探船이라는 말이 자주 쓰이고, 실록에서는 板屋大船이라 한 대목
도 있다. 거북선에 대한 기록은 이순신의 제2차 출동 때의 전승보고인
「唐浦破倭兵狀」에는 1척의 거북선이 기록되어 있고, 다음 「見乃梁破倭
兵狀」과 「釜山破倭兵狀」에는 각각 2척의 거북선이 등장하며, 『난중일기』
에도 거북선의 건조와 관련된 대목이 있다.

   판옥전선·전선·판옥대선은 모두 판옥선을 지칭하고, 협선, 포작선,
사후소선, 사협선, 사후선 등이 차례로 나타나고 있는데, 여기서 포작선
은 이순신 장군이 제1차 출동 때에 징발해 가지고 나간 소형 어선으로서
그 후에는 자취를 감추고, 또 사협선은 사후선과 협선을 가리킨 것으로
보인다. 따라서 임진왜란 때 조선 수군이 활용한 군선은 주력함인 판옥
선, 돌격함인 거북선, 그리고 소형 보조정인 사후선 또는 협선이었다고
할 수 있다.

2) 판옥선

(1) 판옥선의 건조 동기

   판옥선은 중종·명종 연간에 실전 배치된 조선군의 주력 군선이다. 원
래 조선 초기에 해양방위에 투입되었던 군선은 猛船인데, 이 맹선은 조
운과 해전을 병행하기 위해 제작된 군선[13]으로 속력이 느려 빠른 왜선을
추격하는데 한계가 있었다. 이에 조선군은 왜선을 추격하기 위해 鼻居刀
船과 같은 소형 輕快船을 개발했다.[14] 그러나 경쾌선도 소수의 병력으로
운용하는 소형 군선이고, 탑재 무기가 약해 왜구를 상대하기에 적절치
못했다.

   이런 상황에 적극 대처하기 위해서는 대형 군선을 건조해야 한다는

---

13) 『증보문헌비고』 주사, 조선.
14) 『중종실록』 18년 6월 을축.

주장이 나왔다. 중종때 徐厚가 대표적인데, 왜구와의 전투에서 무기력한 소형 군선을 대형 군선으로 전환하자고 주장했다.[15] 이후 다양한 군선 개선론이 제기되었는데, 그 중에서도 판중추부사 宋欽의 군선 개선론은 판옥선 출현의 계기가 되었다.[16] 송흠은 "명의 군선이 사면을 판으로 옥을 만들어 승조원의 안전을 도모하고 있을 뿐만 아니라, 왜구들이 타고 온 배 중에도 옥선이 있다"[17]는 사실에 기초하여 우리도 이에 대처할 수 있는 새로운 군선을 만들어야 한다고 했다.

이렇듯 판옥선은 왜구의 침탈이라는 전장 환경의 변화에 대처하기 위해서 명과 일본이 운용하는 屋船의 장단점을 분석하여 개량한 최정에 군선이었다.[18] 판옥선은 선체가 크고 높아 적이 기어오르지 못하고, 인원과 화포를 많이 적재할 수 있었을 뿐만 아니라, 높은 곳에서 아래를 보며 화력을 구사하기 때문에 여타의 군선보다 화력이 강하고 명중률이 우수한 장점을 갖고 있는 군선이었다. 다만 속도가 느리다는 단점이 있다.

(2) 판옥선의 구조적 특징

판옥선의 구조를 과학적인 측면에서 정리해보면 먼저, 판옥선은 3층 구조로 되어 있어 전투력을 발휘하는데 유용한 구조이다. 판옥선에 대한 기초 자료는 『各船圖本』[19]에 나오는데, 우선 굵은 각재 12~15개를 가

---

15) 위의 책, 16년 5월 무오.
16) 『명종실록』 21년 3월 갑진.
17) 위와 같음
18) 당시 명의 樓船은 선체가 너무 커 櫓로써는 운행할 수 없는 단점이 있었으며, 일본의 樓閣船은 선체가 좁고 판자가 얇아 대포를 적재할 수 없는 전술상의 약점을 갖고 있었다(장학근, 1995, 앞의 논문).
19) 규장각 소장.
戰船
本板長九十尺廣十八尺四寸元高十一尺三寸下層信防牌高五尺船頭廣十五尺
船尾廣十二尺七寸上粧長一百五尺廣三十九尺七寸右統營上船尺量
本板長六十五尺元高八尺中廣十五尺船頭廣十二尺五寸船尾廣七尺五寸

쇠라고 불리는 긴 나무창으로 꿰뚫어 이어 본판을 만들고 본판 좌우에 삼판이라고 불리는 긴 판자 7쪽을 본판위에 이어 붙여 만드는데 배의 본판에서 부터 맨 위쪽 7번째 삼판까지의 높이(元高)는 11척 3촌이다. 7번째 삼판에는 마치 우마의 멍에를 메우듯 멍에(가목)가 얹어지고 그 위에 귀틀을 짜고 포판(갑판)을 깐다. 이 공간이 1층으로 본체 또는 하체라고 불린다. 이 부분은 일반적인 한선과 같은 형태와 구조라 할 수 있다. 이 하체의 멍에 위에 신방 도리를 걸고 그 위에 기둥을 세운 뒤 패란을 만든다. 아래층의 신방에서 패란 사이에 방패판을 설치하여 2층을 만드는데 그 높이가 5자라는 뜻이다. 이 부분이 2층인데, 배의 이물로부터 고물까지 배 전체에 船樓를 만들어 놓은 것으로 판옥상장이라고도 하는데 판옥선의 가장 특징적인 부분이다. 그리고 상장 위에는 兩舷과 이물에 여장을 설치하고, 상장의 패란 위에 뱃집멍에를 걸고 여기에도 포판을 깔았다[廳板]. 청판에는 두개의 돛대(이물돛대, 한판돛대)와 깃대가 설치되어 있고, 장대가 설치되어 장수가 지휘할 수 있도록 했다.

따라서 판옥선은 1층과 선실과 두 개의 갑판으로 이루어진 다층 군선인데, 전투력을 최대로 발휘해야 하는 전함으로서는 최적의 구조를 갖추었다고 할 수 있다. 기존의 조선 군선들은 선형상으로 갑판이 하나인 평선 구조이기 때문에 전투원과 비전투원인 격군이 하나의 갑판에서 활동하게 되어 있었다. 반면 판옥선은 1층 선실 외에 격군은 2층(1층 갑판)에서, 전투원은 3층(2층 갑판)에서 활동할 수 있도록 구분되어 있어 전투 효율을 높일 수 있었다. 또 선체의 크기가 크고 높이가 높아 많은 전투원과 탑재 무기를 장착하기에 유리하였던 것이다. 임란 당시의 한 기록을 보면 당시 일반 판옥선은 저판 길이가 10~11把이고, 대형 판옥선은 14

右各邑鎭戰船尺量
統營座副船駕木十六本板十五立
各邑鎭戰船駕木十五本板十二三立
飛荷直板十五立.船尾虛欄 本板十五立在水面不見

파까지 있었다고 한다.[20] 정진술은 이들 자료를 토대로 판옥선의 주요 치수를 전체길이 138자, 선체 폭 39.7자, 3층까지의 선체높이 21.2자로 추정하기도 했다.[21] 따라서 판옥선의 전투원은 상장 위 높은 위치에서 적을 내려다보며 공격이 가능하여 공격력을 높일 수 있었고, 적은 판옥 선의 선체가 높아 접근하여 登船하기에 어려운 구조였다.

판옥선이 군선으로서 전투력 발휘에 용이한 또 하나의 구조적 특징은 平底船의 선형이다. 판옥선은 바닥에 龍骨이 있고, 용골에 외판을 붙여 나가는 서양의 尖底船 선형과 달리 용골과 늑골이 없는 대신 용골의 기능을 하는 본판 이라고 부르는 구조와 늑골 대신 배의 횡강력을 유지하는 가룡목(또는 장쇠)이 있다. 이러한 선형은 판옥선에게 있어서 단점이자 곧 장점이 되었다고 할 수 있다. 속도면에서는 이물이 뾰족하지 않아 물의 저항이 크기 때문에 낮았으나, 바닥이 평평하기 때문에 흘수선은 낮아 좌우 선회능력이 뛰어나고 갑작스레 썰물이 되어도 배가 좌초되거나 전복될 위험성이 적었다. 판옥선의 이러한 특징은 조수간만의 차가 심하고 섬과 암초가 많은 우리나라의 해상 환경에서 사용되기에 적합하다고 할 수 있다. 특히 전투시 필요한 화포의 하중이나 발사시의 반동의 흡수가 가능하기 때문에 전투력 발휘에 유리하였다.

마지막으로 판옥선은 갑판 전체에 걸쳐 船樓가 설치되어 있는 특징이 있다. 선수로 부터 선미까지 배 전체에 선루가 설치되어 있는데, 선체 폭보다 훨씬 넓어 노를 선체와 선루 사이에 설치할 수 있고, 전투 시에는 노역에 종사하는 비전투원(격군)을 보호할 수 있었다. 특히 상장 위에 넓고 평평한 공간을 조성하여 대포를 설치함으로써 군선의 전투력을 증가시켰다. 그리고 선체보다 넓고 평평한 선수부 상장은 군선의 선수 쪽 화력을 강화시켜 적을 추격하면서 공격할 수 있다는 강점이 있다. 이는 판

---

20) 『비변사등록』 41책, 숙종 13년 1월 1일
21) 정진술, 앞의 논문, 2007 참조.

옥선의 전투력을 상승시키는 독창적인 구조라 할 수 있다. 물론 중국의 일부 군선에 설치되어 있기도 하고, 일본 군선에도 總矢倉이라는 구조가 있으나 모두 판옥선과는 다르다고 하겠다.[22]

3) 거북선

(1) 건조 동기

임진왜란이 발발하기 14개월 전에 전라좌수사로 부임한 이순신은 먼저 예하의 5진을 순시하며 기강을 바로잡아 사소한 민폐라도 끼친 자는 계급 여하를 막론하고 엄벌에 처하였다. 그리고 전비를 갖추어 항구에는 鐵鎖를 가설하여 적의 기습에 대비하고 전선을 새로 건조하는 등 전쟁 준비에 만전을 기하였다. 이후 수차례의 해상 훈련을 통해서 판옥선만으로는 해전에서의 승리를 보장할 수 없다는 판단을 하였다.

판옥선은 선체는 크고 견고하며, 전함으로 최적의 구조적인 특성을 지니고 있었지만 선체가 무겁고, 평저선의 단점으로 인해 노만으로 운용하기에 한계가 있었고, 속도가 상대적으로 느린 단점이 있다. 따라서 빠른 왜선의 접근을 통한 登船肉薄戰術(boarding tactics)에 적절히 대응할 수 없다는 한계가 있었다. 이 점은 선조에게 '판옥선은 속도가 느리고 선체가 무거워 왜놈들이 모방하지 않고 있다'고 한 이항복의 보고[23]에서도 잘 나타나 있다. 당시 왜선은 작고 날렵하여 근접백병전에 유리한 선형을 갖추고 있는데, 판옥선은 다층 구조의 군선이지만 2층 상갑판의 경우에 덮개가 없기 때문에 전투가 본격화되어 일본군이 빠르게 접근, 등선하여 백병전을 벌이면 일본군의 長技에 조선 수군이 희생될 수 있는 상황이 벌어질 수 있기 때문이다.

---

22) 김재근, 「앞의 논문」, 1993, 232쪽.
23) 『선조실록』 권121, 33년 1월 갑술.

따라서 이순신은 자신의 해양전략을 실행하기 위해서는 판옥선이 갖고 있는 장점을 살리고 단점을 보완하여 왜군이 장기로 이용하는 근접백병전을 무력화시킬 수 있는 새로운 군선을 개발해야 했다. 그 군선이 바로 거북선이다.

(2) 거북선의 구조적 특징

먼저 거북선은 덮개가 있어 내부 전투원이 보호될 수 있다는 점이 가장 큰 특징이다. 판옥선이 1층 갑판에 격군을 2층 상갑판에 전투원을 배치하여 전투의 효율성을 높이고자 했음에 비해 거북선은 격군과 전투원 모두를 개판 밑에 수용하여 전투원마저도 적에게 노출시키지 않도록 한 군선이다. 따라서 거북선은 군선의 많고 적음을 불문하고 적의 대형 속으로 돌진해서 전투를 벌일 수 있는 구조이다. 거북선에 덮개를 씌운 이유는 적선과의 접근전에서 승무원 전원을 개판으로 뒤덮어서 보호하고, 또 개판에 쇠꼬챙이를 박아 놓음으로써 거북선에 오르는 적을 차단하는 효과를 주었다.

또 다른 특징은 적투력 발휘에 용이한 구조와 선체의 강력한 방호력, 그리고 막강한 화력을 갖췄다는 점이다. 거북선은 적 함선 대열에 뛰어들어 돌격전을 펼침과 동시에 대포를 쏘아서 적의 전열을 무너뜨렸다. 거북선은 기본적으로 판옥선과 같은 크기이며, 외형은 전면에 용두가 있고, 거북선 좌우측에 각각 6문의 포가 설치되어 있어 적선에 포위된 상황에서도 적선에 대한 공격이 가능하였다. 특히 龍頭에 포를 설치했다는 기록이 있기 때문에 전면 화포 공격까지도 가능했던 것이다. 아울러 내부 구조는 2층(3층)으로 되어있는데, 배 밑과 갑판 위 부분으로 나눠져 있어서, 판옥선과 같이 아래층은 병사들이 휴식하는 선실과 창고이고 갑판 위, 윗층에는 선장실을 비롯하여 노군과 전투원이 활동하는 공간이다. 그리고 앞서 언급한 개판은 적의 침입을 무력화시키는 중요한 요소라 할 수 있다. 특히 판옥선과 같은 튼튼한 선체와 평저선 구조는 거북선의 전투력을 높이는데 중요한 역할을 하였다. 이러한 구조적 특성을 전투에 적극 활용하여 당파전술과 화공전술 등을 효과적으로 구사했다고 할 수 있다.

결국 거북선은 종래 조선의 군선인 판옥선에다 덮개를 씌우고 용머리를 붙인 발명보다는 혁신을 통해 이루어진 군선이라 할 수 있다. 당시 전라좌수사였던 이순신은 태종때부터 존재하였던 거북선을 개량하여 본영과 방답진, 순천부의 선소에서 3척을 제작하였다. 이후 한산도로 진영을 옮긴 후 2척을 더 건조하여 조선 수군은 총 5척의 거북선을 보유하고 있었다. 거북선이 대체로 판옥선에 지붕을 씌운 배라는 점, 거북선도 다른 많은 한국 전통 배와 마찬가지로 한국식 노를 사용한다는 점에 대해서는 여러 학자들 사이에 이견이 없으나, 거북선의 구체적인 구조에 대해서는 아직까지도 의견이 분분한 실정이다.

4) 군선의 전술적 운용

육전에서 조선군이 무기체계와 전술적 열세로 일본군에 연패를 거듭하고 있는 동안에 해상에서는 전혀 다른 양상이 벌어지게 된다. 이순신이 이끄는 조선 수군은 일본 수군에 대해 연전연승을 거두었다. 조선 수군의 연승요인으로는 거북선과 판옥선, 그리고 군선에 장착된 대형화포의 성능의 우수성을 들 수 있다.

앞서 언급했듯이 판옥선은 선체가 크고 무겁고 튼튼한 군선이었다. 선체가 커 많은 전투원과 대형 화포, 그리고 각종 군수품을 적재할 수 있었을 뿐만 아니라 선체가 높아 적이 기어오르기 어려운 반면에 조선 수군은 높은 상장에서 아래를 내려다보면서 전투를 벌일 수 있다는 강점이 있었다. 반면 일본 수군은 판옥선의 舷側이 높아 선상에 쉽게 접근하기 어려웠기 때문에 그들의 전통적인 전법이었던 등선육박전술을 사용하는데 제한이 있었다. 당시 일본의 세키부네(關船)는 선형이 가늘고 길뿐만 아니라 선체가 얇게 건조되어 매우 약한 선박이었고, 돛 역시 매우 단순하여 逆走성능이 좋이 못한 四角帆船으로서 조선군의 러그세일형雙帆의 기능에 미치지 못하였다.[24] 특히 일본의 세키부네는 선상에 대포를 장착하지 못했기 때문에 화력 면에서 열세였다.[25]

또 판옥선의 강인하고 견고한 구조의 선체는 일본 군선을 상대로 한 전술 구사가 용이하였다. 판옥선의 구조 특성상 좌우 선회능력이 뛰어나고, 대형 화포를 운용하는데에도 유리하였다. 판옥선의 평저선형은 화포 발사에 따른 반동 흡수에 유리하였고, 상장갑판의 구조는 화포의 장착과 포격에 아주 유리하였다. 당시의 화포는 사거리가 오늘날과 같이 길지 않아 상갑판에 화포를 장착함으로써 사거리와 명중률이 높아졌다.[26] 이런 점은 일본측 연구자들도 인정하고 있는 사실이다.

조선 수군의 전투력과 관련하여 반드시 언급되어야 할 것은 거북선인데, 『高麗船戰記』에 언급되어 있듯이[27] 거북선은 돌격선의 임무를 수행하기 위해서 제작된 군선이었다. 거북선이 돌격선이라는 점은 이론의 여지가 없는 사실로 여겨진다. 사천해전 때에는 거북선이 적선이 있는 곳으로 돌진했으며, 당포해전 때에는 적의 층루선 밑으로 直衝했고, 적의 철환이 빗발치던 당항포 해전 때에도 먼저 거북선이 적진으로 돌입했다.[28] 거북

---

24) 김재근, 『앞의 책』, 1994, 144쪽.
25) 왜선의 船制는 그 선체가 堅厚하고 장대하지 못하여 선상에 대포를 안치하지 못하기 때문에 우리 판옥선에 제압당하고 만다(『선조실록』권61, 28년 3월 신묘).
26) 김재근, 「앞의 논문」, 1993, 274쪽.
27) 대선 가운데 3척은 장님배(거북선)로 철로 要害하고, 石火矢, 棒火矢, 大狗俣 등을 쏘아가며 오후 6시 경까지 들락날락하면서 공격하여 망루와 갑판, 要害까지 모두 부숴놓고 말았다. … 鬼宿船(거북선)은 左馬의 대선 앞을 가로막았고 소선들을 그 뒤에 쫓게 하였다. 그들 배에서 철포를 쏘아댔으며 귀숙선과 좌마의 대선은 서로 쏘아댔으나 좌마의 배가 난사당해서 많은 사상자가 생겼다.(『高麗船戰記』)
28) 조성도 역주, 『임진장초』, 1973, 동원사, 51~57쪽.

선이 이처럼 실전에서 돌격작전을 전개했다는 기록은 거북선의 주 역할이
나 임무가 돌격이었다는 것에 대한 가장 확실한 근거라 할 수 있다.[29]

거북선이 돌격선 역할을 하기 위해서는 무엇보다도 기동성이 좋아야
한다. 전투가 시작되자마자 거북선은 한 채 천·지·현·황의 각종 화포를
쏘아대며 적 선단 속으로 뛰어들었고, 그 속에서도 종횡무진으로 활약하
였다. 전진·후진이 자유롭고 旋回와 發停이 뜻대로 되었으며, 이렇게 기
동성능에서 뛰어난 능력을 발휘할 수 있었던 이유는 저판의 구조가 평저
형이기 때문이고, 또 하나는 帆과 櫓를 동시에 사용하였기 때문이었다.
거북선의 추진력은 노와 돛을 통해 얻어진다. 전투시 거북선은 돛을 접
기 때문에 거북선의 추진력은 노를 통해서 이루어진다고 할 수 있다. 거
북선의 속도에 있어서는 조성도는 1~3차 출전때 항해한 거리와 시간을
계산한 후 가변 요소를 첨삭하여 시속 6노트로 계산했고,[30] 남천우는
10.8노트,[31] 정진술·최두환은 3노트[32], 즉 시속 약 6km로 추정했다.

거북선의 뛰어난 전투력은 외형보다 내부구조에서 나온다고 할 수 있
다. 잘 훈련된 병사라 할지라도 그들의 능력을 발휘할 수 있는 선내구조
가 마련되어 있지 않으면 전투능력을 발휘할 수 없기 때문이다. 거북선
은 판옥선을 모체로 일본군의 突入戰術과 白兵戰術로부터 피해를 최소
화하기 위해 창안된 군선이기 때문에 개판이 형성되어 있다. 따라서 거
북선은 격군과 전투원 모두가 적에게 노출되지 않은 상태에서 전투행위
가 가능한 군선이다.

다만 거북선의 내부구조와 관련하여 아직까지 논란이 계속되고 있다.

---

29) 조성도 역주, 『앞의 책』, 145쪽 ; 이분, 「行錄」 ; 이항복, 「忠愍祠記」 등에 의하
   면 거북선의 돌격행위가 이순신의 일반적 해전 전술이었음을 알 수 있다.
30) 조성도, 「위의 논문」, 22~26쪽.
31) 남천우, 『유물의 재발견』, 54~59쪽.
32) 정진술, 「한산도해전 연구」 『임란수군활동연구논총』, 해군군사연구실, 1993,
   168~170쪽 ; 최두환, 「앞의 논문」, 139쪽.

논란의 핵심은 과연 거북선의 선체 내부가 몇 개 층인가, 각층에 선실, 노와 격군, 전투원 등이 어떻게 배치되어 있었는가 등이다. 앞서 기술했듯이 거북선이 기본적으로 판옥선을 토대로 건조되었다는 점에서 판옥선과 같은 구조였을 것이고, 또 2층 구조와 같은 상황에서는 격군과 전투원이 전투행위를 원활히 수행할 수 없기 때문에 거북선의 전술적 운용에 큰 문제가 있었다는 점에서 3층 구조설이 점차 확산되고 있는 실정이다.33)

33) 거북선의 내부 구조에 대해서는 크게 세 가지로 나타난다. ① 2층 구조설은 언더우드가 처음 제기하고 그 뒤 김재근, 이원식 등이 주장하는 구조이다. 언더우드의 경우 한국식 노에 대한 지식이 부족하였기에, 1층에서 노를 젓는 격군들이 서양식 노를 젓고 2층에서 전투원들이 전투에 임하였다는 주장을 제기하였다. 김재근, 이원식 역시 처음에는 이러한 주장에 동의하였지만, 훗날 판옥선과 거북선에 사용된 노가 한국식 노였다는 사실이 드러나면서 1층에 선실, 2층에 격군과 전투원을 함께 배치한 새로운 2층 구조설을 내세우게 되었다. 이 경우 거북선의 방패에 뚫려 있는 포 구멍의 위치를 설명할 수 있지만, 격군과 전투원을 2층에 함께 배치한 것은 사실상 판옥선 이전 시대로의 퇴보라는 비난을 받게 된다. 그리고 이처럼 불편한 구조였기에 임진왜란 당시 거북선은 3~5척 정도밖에 제작되지 않았다고 김재근은 주장하였다. ② 3층 구조설은 거북선이 판옥선을 기본으로 하여 개발된 배이기에, 거북선이 판옥선보다 퇴보한 내부 구조를 가졌을 리 없다고 전제하고 상부구조가 2개 층으로 구성되어 밑층에서 격군이 노를 젓고, 상층에서 전투원이 활동한다는 것이다. 남천우가 한국식 노의 사용과 함께 처음 주장했고, 이후 최두환, 장학근 등에 의해 보완되었다. 세부 부분에서 남천우는 2층에 선실과 격군, 3층에 전투원이 배치되었다고 주장하였고, 최두환·장학근은 1층에 선실, 2층에 격군, 3층에 전투원이 배치되었다고 주장하였다. 이러한 3층 구조설은 한국식 노의 사용을 입증하고 판옥선과 거북선의 연속성을 찾으려고 했다는 점과 전투원과 격군의 활동공간이 구분되어 거북선의 전투력을 극대화할 수 있는 구조라는 점에서 가능성이 높다 하겠다. 이 논리는 미국에서 공개된 거북선 그림의 공개로 더욱 탄력을 받았다. ③ 반 3층 구조설은 2층설과 3층설을 절충한 주장으로, 2층과 3층을 구분하는 제2 갑판이란 선체 위를 완전히 덮었던 것이 아니라 전투원들이 딛고 서 있을 수 있는 발판 정도의 것이었다는 것이다. 이는 정광수의 주장으로, 1층에서 격군들이 서양식 노를 젓고, 2층과 반 3층에서 전투원들이 전투에 임하였다고 주장하였지만, 이는 거북선에서의 한국식 노의 사용을 무시하고 선실의 위치를 전혀 고려하지 않았다는 점에서 설득력이 낮다고 하겠다.

또 거북선은 판옥선과 같이 막강한 화력과 선체의 방호력을 갖추고 있기 때문에 이를 최대한 활용하여 초전에 적의 기세를 제압할 수 있었다. 거북선은 조선 재료의 견고함과 角材의 사용, 큰 치수, 개판과 쇠송곳 등으로 인하여 일본의 군선보다 강인하였으며 이를 적극적으로 활용하여 빠른 속력으로 충돌하여 적선을 부수어 버리는 돌격전을 수행하였다. 전투 개시 직후 거북선은 적선 대열에 뛰어들어 돌격하여 선제공격함으로써 적의 전열을 무너뜨렸다. 이를 위해서 거북선은 선체의 두께를 두껍게 제작되었으며, 개판을 씌우고 송곳을 꽂아 방호력을 높여 적의 침입을 막았다. 또 전후좌우에 각종 화포가 장착하여 적선에 의해 포위된 상황 하에서도 화포 공격이 가능하였다. 이러한 점에서 거북선은 적선과의 접근전에서도 유리하였던 것이다.

3. 화약병기의 과학적 특성

1) 조선군의 화기와 특징

1592년 4월 14일, 일본군은 선발대가 부산진성을 공격하여 함락시킨 후 승승장구하며 한성을 향해 북상하였다. 이에 조선군은 적절히 대응하지 못하고 연패를 거듭하였다. 이처럼 일본군이 전쟁 초기에 연전연승할 수 있었던 이유 중의 하나는 무기체계 상의 우열이라 할 수 있다. 특히 화기의 성능과 전술의 차이가 중요한 부분이다.

당시 조선군이 장비한 화기와 관련하여 『フロイス 日本史』의 기록을 살펴보면, 전쟁 초기 부산진성에는 천 개의 이상의 소형 포[34]가, 동래성에도 6문의 대포가 있음을 알 수 있다.[35] 또 『서애문집』에 의하면 중

---

34) 松田毅一·川崎桃太 역, 『フロイス 日本史 2』, 中央公論社, 1977, 221쪽.

앙의 군기시에 天字·地字·玄字·黃字銃筒과 각종 소형 포, 金墀가 개발한 勝字銃 등이 비치되어 있었다.[36] 따라서 조선의 군영에 상당수의 화기가 비치되어 있었음을 추정할 수 있으나 이들 화기는 제대로 사용될 수 없었다.[37]

현존 유물과 문헌상에서 나타난 조선군의 화기 종류는 다음과 같다. 당시 조선군은 勝字銃筒·次勝字銃筒·大勝字銃筒·中勝字銃筒·小勝字銃筒·別勝字銃筒·小銃筒·雙字銃筒 등의 소형 화기와 天字銃筒·地字銃筒·玄字銃筒·黃字銃筒·別黃字銃筒 등의 대형 화포를 가지고 있었다. 이들 화기의 제원과 성능은 <표 1>과 같다.

〈표 1〉 임진왜란 당시 조선군의 화기 제원과 성능

화기명	길이(cm)	구경(mm)	발사물(『화포식언해』)	사거리
승자총통	55~57	18~32	철환 15개, 중탄환 8, 소탄환 10(명문)	600보
차승자총통	56.8	16	철환 5개	
대승자총통	94	32	철환 3~4개(『신기비결』)	
중승자총통	71.1	15		
소승자총통	55~58.6	13~20	철환 3개	
별승자총통	73.5~76.2	15~19	철환 4개(유물 명문)	
쌍자총통	52.2~54.7	15~17	철환 2개(『신기비결』)	
천자총통	130~136	118~130	大將軍箭1발, 鳥卵彈100발	900
지자총통	89~89.5	105	將軍箭 1발, 조란탄100발	800
현자총통	79~83.8	60~75	次大箭 1발, 조란탄100발	800, 1500
황자총통	50.4	40	皮翎次中箭 1발, 조란탄 40발	1100
별황자총통	88.8~89.2	58~59	皮翎木箭 1발, 조란탄 40발	1000

35) 松田毅一·川崎桃太, 「앞의 책」, 223~224쪽

36) 軍器寺 元有天·地·玄·黃字大砲 又以次漸殺 至蜩·축小砲 又有金土犀所製勝字大中小三樣銃 又有震天雷等砲 而亂後散失殆盡(『서애문집』16, 잡저「記鳥銃製造事」)

37) 박재광, 「앞의 논문」, 1996 참조.

임진왜란 당시 조선군이 사용했던 소형 화기는 다음과 같은 특징을 지닌다.

먼저 화약과 발사물(화살 내지는 탄환)을 총구 쪽에서 장전한 다음 심지에 불을 직접 점화하여 발사하는 방식의 指火式火器라는 점이다. 이는 일본군이 사용했던 鳥銃[鐵砲]에 비해 기술적인 측면에서 성능이 한 단계 낮은 화기라 할 수 있다. 따라서 조준 사격보다는 일단의 밀집 대형을 이룬 적에게 지향사격을 하였을 것으로 판단된다. 두 번째는 형태상 구경은 작아지고 총신은 상대적으로 길어졌으며, 竹節(마디)이 많고, 기존의 화기와는 달리 隔木을 사용하지 않는 순수한 土隔型 형태의 화기라는 점이다. 특히 발사물이 화살보다는 철환(3~15개)을 주로 사용하는 최초의 화기였기 때문에 기존의 화기에 비해 효율성이 증가하였다. 세 번째는 일부 총통의 경우 조총과 같은 신식 총과 유사한 몇 가지 특징을 가지고 있다는 점이다. 소승자총통의 경우 기존의 화기를 개량하여 총신의 앞뒤에 가늠자와 가늠쇠를 부착하고, 銃架(개머리판)를 장착하였다. 따라서 소승자총통은 총가를 잡고 가늠쇠와 가늠자를 이용하여 조준 사격을 할 수 있었다. 또 쌍자총통과 같은 화기는 총통 두 개를 병렬로 붙여 놓아 한번 장전을 통해서 여섯 번까지 사격할 수 있도록 고안된 화기이기 때문에 재장전 시간의 지연에 따른 사격의 비효율성을 다소나마 보완한 화기이다. 그럼에도 불구하고 당시의 소형화기는 여전히 지화식 화기의 한계를 벗어날 수는 없었고 일본군의 조총에 비해 성능의 차이가 컸다고 할 수 있다.

그러나 조선군이 장비한 대형 화포는 달랐다. 고려말 이후 지속적으로 개량·발전해온 대형 화포는 명종때에 더욱 발달하였다. 이들 대형 화포는 규모가 더욱 대형화되어 사거리가 증가되었다. 이들 대형화포는 조선 초기의 화포에 비해 규격이 매우 커졌으며, 포신 내부의 약실이 구별되지 않고, 약실 둘레에도 죽절이 형성되어 있다. 따라서 화포의 성능이 더욱 높아져 사거리가 길어져 효용성이 높아졌다. 또 이들 대형화포는 대장군전·장군전·차대전 등과 같은 대형 화살(箭)과 다수의 조란탄도 발사할 수 있어 타격 목표에 따라 발사물을 다르게 사용할 수 있도록 함으로써 화포의 효용성을 극대화하였다.[38]

2) 화약무기의 전술적 운용

임진왜란 당시 조선군이 장비했던 화약무기의 우열은 소형과 대형으로 분명하게 난다. 당시 조선군이 장비하고 있던 소형화기는 화기의 초기단계인 지화식 화기의 수준을 벗어나지 못함으로써 사격도 불편했고, 명중률도 낮았다. 또 화기 유형이 다양하여 제작 및 운용에 있어서 많은 혼동을 초래했을 것으로 생각되며, 이러한 점은 화기를 전술적으로 운용하는데 큰 제약요소로 작용했을 것이다. 따라서 조선군의 소형 화기는 일본의 조총에 비해 열세를 보였고, 대형 화포는 우위를 점하였다고 할 수 있다.[39]

그러나 전투에서의 승패는 단순히 무기체계상의 우열 못지않게 전술적인 운용 문제도 작용하였다. 당시 조선군은 육전에서 일본군의 조총을 이용한 보병전술에 대해 정확한 인식이 없었다. 이는 유성룡이 후에 조선군 장수들이 일본군의 전술을 정확하게 인식치 못하고 있고, 이에 대응할 만한 전술(陣法)을 익히지 못하였다고 지적한 데서 잘 알 수 있다.[40] 당시 조선은 화기가 비교적 발달했음에도 불구하고 이에 상응하는 전술의 개발이 이루어지지 못하였다. 결국 조선군은 육전에서 일본군에게 연패를 거듭했다.

반면 해전에서는 이순신이 군선과 대형화포를 활용한 다양한 전술을 구사함으로써 우위를 점하였고, 연승을 거두었다. 당시 조선 수군은 대형 군선의 전후좌우에 장착된 각종 대형화포를 바탕으로 艦砲戰術을 구사하였고, 거북선을 이용한 撞破戰術, 火攻戰術을 구사했다. 이는 조선군이 지닌 무기체계의 장점을 최대한 활용하는 전술이라 할 수 있다. 이에 반해 일본군은 軍船의 크기 및 구조 차이와 화기 사용 등 전술상의 차이로 인해 특기인 등선육박전술을 펼치는 것이 불가능한 상황이었다.[41]

당시 판옥선과 거북선에 장착된 대형 화포는 일본군의 조총에 비해 사거리가 월등히 길었기 때문에 적선이 가까이 접근하기 전에 적선에 대한 공격이 가능하였다. 이와 관련하여 루이스 프로이스가 남긴 기록을 살펴보면, "남자의 넓적다리 굵기의 화살 모양의 나무에 물고기 꼬리처럼 갈라진 쇠를 박아서 집어넣는데, 부딪치는 것은 다 절단하기 때문에 아주 격렬하다"[42]는 표현으로 당시 대형화포에서 발사하는 대장군전, 장군전과 같은 대형 화살의 위력을 설명했다. 또 다른 기록인 『高麗船戰記』에도 거북선이 돌격선으로서 石火矢, 棒火矢 등을 쏘며 상당히 효과적이고 위협적인 공격을 했음을 기록하고 있다.[43] 이렇듯 대형화포에 발사되는 대형화살은 적선에 도달하여 선체를 파괴함으로써 적선의 전투력을 무력화하였고, 이는 조선 수군의 승리로 나타났던 것이다. 이외에도 조선 수군은 소형화기와 질려포통, 비격진천뢰 등도 사용하였는데, 1593년

---

41) 이민웅, 「임진왜란 해전을 통해본 朝·明·日 삼국의 전략전술 비교」 『군사』 51, 군사편찬연구소, 2004, 101~102쪽.

42) 화약솥과 화기들을 사용하며, 쇠로 만든 사석포 같은 것을 가지고 있는데, 구형 탄환을 사용하지 않고 그 대신에 거의 남자의 넓적다리 굵기의 화살 모양의 나무에 물고기 꼬리처럼 갈라진 쇠를 박아서 집어넣는데, 부딪치는 것은 다 절단하기 때문에 아주 격렬하다(松田毅一·川崎桃太, 앞의 책, 254쪽).

43) 『高麗船戰記』

4월 웅천해전에서 조선군은 완구에 비격진천뢰를 장전하여 발사한 예가 있다.44) 이들 화포는 거북선과 판옥선에 장착되어 있었기 때문에 조선군의 군선은 더욱 위력을 발휘할 수 있었다.

4. 맺음말

임진왜란이 발발하자 전쟁 이전까지만 해도 무기의 선진국이라 자처했던 조선은 일본의 조총 전술에 맥없이 무너져 육상전투에서 연패를 거듭하였다. 그렇지만 조선 수군의 연승과 의병들의 활약, 명군의 지원 등을 바탕으로 전란을 극복할 수 있다. 조선이 전란을 극복하는데 있어서 조선의 우수한 무기체계도 한 몫을 하였는데, 한민족의 대표적인 장기인 활을 비롯하여 쇠뇌, 대형화포, 화차, 비격진천뢰, 신기전, 거북선·판옥선으로 대변되는 군선 등을 꼽을 수 있다. 이 글에서는 조선군의 대표적인 군선인 판옥선과 거북선, 그리고 대형화포의 구조적 특성을 정리하고, 그 특성을 통한 군선과 무기체계의 전술적 운용의 효과를 살펴보았다.

먼저 판옥선은 전장 환경의 변화에 따라 새롭게 건조된 군선으로 속도가 느리다는 단점을 제외하면 선체가 크고 높아 적이 기어오르지 못하고, 인원과 화포를 많이 적재할 수 있었을 뿐만 아니라, 높은 곳에서 아래를 보며 화력을 구사하기 때문에 여타의 군선보다 화력이 강하고 명중률이 우수한 장점을 갖고 있는 조선군의 대표적인 군선이었다. 임진왜란 당시 판옥선이 군선으로서 활약을 한 것은 한선의 기본적인 평저선 구조를 비롯하여 판옥선만의 독특한 상장구조나 다층 구조, 선체의 규모, 대형화포의 탑재 등에서 기인한다고 하겠다.

---

44) 정진술, 「앞의 논문」, 1995, 368쪽.

아울러 거북선은 종래 조선의 군선인 판옥선에다 덮개를 씌우고 용머리를 붙인 발명보다는 혁신을 통해 이루어진 돌격선으로서 적 선단에 뛰어들어 각종 화포를 쏘아대며 좌충우돌 활약하였다. 거북선도 기본적으로 판옥선과 같은 구조를 지니고 있으나 개판이 설치되었다는 점이 다르다. 따라서 거북선은 주력군선이었던 판옥선과는 달리 돌격함으로서 전·후진이 자유롭고 旋回가 뜻대로 되었으며, 뛰어난 기동성능을 보이며 조선 수군이 연승하는데 결정적인 역할을 하였던 것이다. 이러한 거북선의 전투능력은 외형보다 내부구조에서 나온다고 할 수 있는데, 판옥선 위에 개판을 설치하여 격군과 전투원 모두가 개판 밑에 수용되어 적에게 노출되지 않기 때문에 적의 대형 속으로 침투하여 한껏 휘저어 놓을 수 있는 구조를 갖추었던 것이다.

한편 당시 판옥선과 거북선에는 천자총통·지자총통·현자총통·황자총통·별황자총통 등의 대형화포가 장착되어 있었다. 조선 수군은 대형 전함의 전후좌우에 장착된 각종 대형화포를 바탕으로 함포전술을 구사하였고, 전함을 이용한 당파전술, 화공전술을 구사했던 것이다. 특히 조선군의 화포는 일본군의 조총에 비해 사거리가 월등히 길었기 때문에 접근하지 않은 상태에서도 적을 공격할 수 있었으므로 육전과는 다르게 조선 수군이 절대적인 우위를 점할 수 있었던 것이다.

〈토론문〉

조선군의 군선과 무기의 과학적 검토

이 민 웅*

한·일 양국의 훌륭하신 선생님들과 함께 임진왜란 시기의 주요 주제별 학술세미나에 참석하게 된 것을 기쁘고 영광스럽게 생각합니다. 저는 임진왜란 해전사와 조선시대 해양사를 공부하고 있는 이민웅입니다. 오늘 박재광 선생님의 발표문을 중심으로 간단하게 몇 가지 질문을 드리는 것으로 토론에 대할까 합니다.

1.

우선 제목에서 밝히고 있는 과학적 검토라는 것이 무엇을 의미하는 것인지, 발표자께 질문하고 싶습니다. 발표자의 발표문은 새로운 사실을 밝혔다거나 기존의 연구 업적을 체계적으로 정리하면서 새로운 연구 방향을 제시하는 등의 의미를 찾을 수 없는 것 같습니다. 이런 점 때문에 이 토론문은 작성하기가 쉽지 않았습니다.

평소 다방면에서 왕성하게 활동하시는 박재광 선생님께서 연구사 정리를 급하게 하신 것으로 이해하려고 노력합니다만, 머리말 주 9)에서 토

* 해군사관학교

론자의 책 제목을 바꾸셨고, 제 기억으로는 그 책에 거북선에 대해서는
해전에 참전했으며 돌격선 역할을 했다고 언급했을 뿐인데 거북선 관련
저서로 꼽은 이유를 잘 모르겠습니다. 또한 주 12)에서는 조인복의 『한
국고화기도감』(1974, 문화재 관리국)과 채연석의 『조선초기 화기연구』
(1981, 일지사) 등을 제외하고 계신데 여기에 무슨 이유가 있는지 궁금합
니다.

2.

판옥선을 설명한 부분에서 다만 속도가 느린 것이 단점이라고 언급하
셨는데, 임진왜란 첫 해의 제 1, 2차 출전에 포함된 해전에서, 예를 들어
합포해전이나 율포해전의 경우에는 일본 군선을 추격해서 분멸(焚滅)에
성공한 기록들이 있는데 이 점에 대해서는 어떻게 생각하시는지요.

그리고 거북선의 경우 빠르기에 대해 대략 3노트(knot)에서 최대 10
노트까지 다양한 설을 소개하고 계신데 발표자의 의견은 어느 정도로 보
고 계신지, 또한 속도 면에서 판옥선과 어떤 차이가 있다고 생각하시는
지 설명해주시기 바랍니다.

3.

거북선과 관련해서 두 가지 질문이 더 있습니다. 하나는 돌격선의 역
할을 수행하기 위해 거북선이 적선에 직접 충돌하는 충각전법을 사용했
다고 하셨는데, 이를 당파전술(撞破戰術)로 보시는 것인지? 당파전술의
정의에 대해 질문 드립니다.

둘째 발표문에 '거북선은 종래 조선의 군선인 판옥선에다 덮개를 씌
우고 용머리를 붙인 발명보다는 혁신을 통해 이루어진 군선이라 할 수
있다. 당시 전라좌수사였던 이순신은 태종 때부터 존재하였던 거북선을
개량하여 본영과 방답진, 순천부의 선소에서 3척을 제작하였다.'라고 서

술하고 계신데 저는 발표자께서 임란 당시 거북선이 태종 시기의 그것과 연결된다고 본 것인지 아닌 것인지에 대해 이해가 잘 되지 않습니다. 이 점에 대해서 발표자의 고견을 듣고 싶습니다.

4.

화기 부분에서는 제가 잘 알지 못해서 별달리 질문할 것이 없지만, 발표문에서 조총의 성능에 대해 조선의 소형화기에 비교해 우세했다고 언급하고 있기 때문에 이 점과 관련된 질문을 두 가지만 드리겠습니다.

당시 일본 조총의 성능에 대해 대략적인 설명을 해 주시면 좋겠습니다. 예를 들어 유효 사거리와 분당 발사 속도 등 실제 성능을 알 수 있는 수준으로...

다른 한 가지는 일본 내에서 조총에 대한 활발한 연구가 이미 상당 부분 진척된 것으로 전해 듣고 있는데, 이 부분에 대해서도 아시는 대로 설명해 주시면 좋겠습니다.

이상입니다.

일본군의 선박과 무기의 과학적 검토

쿠바 다카시(久芳 崇)*

머리말

1592년부터 시작된 임진왜란(萬曆朝鮮役, 文綠·慶長의 役)에서는 일본군의 병기, 그 중에서도 16세기의 최첨단이라는 鐵砲(火繩銃. 그 당시의 朝鮮과 明에서는 「鳥銃」「鳥嘴銃」「鳥鎗」 등으로 불렀다)나 일본도가 일본군의 주요 병기로 위력을 발휘하였다. 이러한 일본군의 무기사용은 그 당시 明을 중심으로 하는 동아시아 세계의 정세에 어떠한 영향을 끼쳤던 것일까? 이 글에서는 주로 지금까지 공개된 拙論에서의 고찰을 기초로[1] 이러한 점에 대하여 약간의 卑見을 제시하고 싶다.

---

* 西南學院大學
1) 拙稿,「16世紀末, 日本式鐵砲의 明朝への傳播」(『東洋學報』84-1, 2002年) ;「朝鮮の役における日本兵捕虜」(『東方學』105, 2003년) ;「明末における武官統制と火器技術受容」(『歷史學硏究』823, 2007년) ;「明代中國における鐵砲の傳來と導入」(『七隈史學』9, 2008년) ;「明末における新式火器の導入と京營」(『九州大學東洋史論集』36, 2008年) 등 참조.

1. 임진왜란 중 일본군의 선박과 鐵砲

1592년 4월, 일본은 조선으로 군대를 파병하고 단 보름 만에 한성(서울)을 함락시켰으며, 한양 함락의 보고를 받은 明 조정에서 일본과 조선의 밀통을 의심할 만큼 이례적으로 빠른 속도였다. 이러한 일본군의 緒戰의 우세는 일본군과 조선군의 군사병기의 격차에 의한 점이 크다. 그중에서도 일본군이 대량으로 갖추고 있던 鐵砲는 당시 동아시아 세계에서 군사기술의 균형을 깰 정도로 뛰어난 성능을 가지고 있었고, 활과 화살이 주요병기였던 조선군을 압도하였다.[2]

한편, 병기와는 대조적으로 일본군의 선박은 조선군의 선박에 비하여 고전을 면치 못했다. 그 시기의 일본군 선박에는 安宅船, 關船, 小早船 등이 있었다. 그 가운데 가장 대형선박이 安宅船이며, 해전 때 주력이 되는 함선이었다. 關船은 安宅船보다 작은 선박으로서 기동력을 활용한 정찰·전투가 주요 용도였다. 小早船은 더 작은 선박이며, 安宅船·關船의 보조적인 역할을 수행하고 있었다. 임진왜란 개전 당시 일본 측은 해전을 중시하지 않았고, 선박은 수송이 주된 목적이었다. 또한 수송선을 軍船으로 전용하는 사례도 많았던 것 같다. 더욱이 기간선박인 安宅船은 龍骨을 사용하지 않는 구조였기 때문에 조선군의 선박에 비하여 대단히

---

2) 임진왜란 중 일본군의 鐵砲에 대해서는 많은 연구의 축적이 있는데, 주요한 것으로서 矢野仁一, 「支那に於ける 近世火器の 傳來に 就て」(『史林』 2-3·4, 1917년) : 長沼賢海, 「元明に於ける 火器と 我が鐵砲」(『日本文化史の硏究』 敎育硏究會, 1937년) : 有馬成甫, 『火砲の起源とその傳流』(吉川弘文館, 1962년) : 所莊吉, 『火繩銃(改訂版)』(雄山閣出版, 1969년) : 吉岡新一, 「文祿·慶長の 役における 火器についての硏究」(『朝鮮學報』 108, 1983년) : 洞富雄, 『鐵砲』(思文閣出版, 1991년) : 宇田川武久, 『東アジア兵器交流史の硏究』(吉川弘文館, 1993년) 등 참조.

취약했다고 한다.[3] 이러한 상황과 선박의 구조상의 결점이 緖戰에서 해
상에서의 열세·패배의 주요 요인이 되었고, 이후 전략 결정 등에 적지
않은 영향을 미쳤다.

　이처럼 임진왜란에서는 군사기술이 전쟁 국면에 커다란 영향을 주었
다고 볼 수 있다. 그리고 일본군의 군사공격의 원동력이 되었던 것이 鐵
砲였다. 16세기 중엽, 포루투칼인으로부터 타네가시마(種子島)에 전해진
鐵砲(<그림 1 >)는 전국시대의 일본 각지로 급속하게 전파·보급되었다.
임진왜란에서는 이 鐵砲가 日本刀와 함께 일본군의 주요병기로서 위력
을 발휘하였다.

〈그림 1 〉 타네가시마(種子島)에 전래된 것과 같은 형태의 鐵砲

　그러면 일본군의 鐵砲에 대해서 임진왜란 초기의 兵部侍郞 겸 經略
防海禦倭軍務로서 明의 지원군을 통솔했던 宋應昌은 처음에 어떻게 인
식하고 있었을까? 宋應昌이 經略으로 재임하던 당시에 기록했던 奏疏·
咨檄 등을 날짜순으로 수록한 『經略復國要編』 권3 「檄大小將領」(萬曆
20년-1592-11월 16일)에는,

　　議攻戰之勢, 說者謂, 倭之鳥銃, 我難障蔽, 倭之利刀, 我難架隔. 然

3) 임진왜란 중 일본군의 선박에 대해서는 參謀本部, 『日本戰史　朝鮮の役』(偕行
　　社, 1924년) : 渡辺世祐, 「朝鮮役と我が造船の發達」(『史學雜誌』 46-5, 1935
　　년) : 有馬成甫, 『朝鮮役水軍史』(空と海社, 1942년) : 三鬼淸一郎, 「朝鮮役に
　　おける軍役体系について」(『史學雜誌』 75-2, 1966년) 등 참조.

> 我之快鎗, 三眼鎗及諸神器, 豈不能當鳥銃. 倭純熟故稱利, 我生熟相半,
> 故称鈍. 原非火器之不相敵也. 倭刀雖利能死人, 我刀雖稍不如, 豈不能
> 死倭哉. 倭之所以能敢戰者, 非緣一刀之故, 其實殊死戰也.

라고 되어 있다. 즉 일본군의 「鳥銃」과 칼은 방어하기 어렵다고 말하는
사람도 있지만, 명군의 여러 火器의 위력도 이것에 뒤떨어지는 것은 아
니다. 일본군이 만만치 않았던 것은 병기의 우열이 아니라 병사가 火器
의 조작에 숙련되어 있으며, 또한 사력을 다 하여 싸웠기 때문이라는 것
이다. 經略에 부임하고 얼마 안 되어 아직 일본군의 상황을 파악하지 못
했던 宋應昌은 당시 緖戰에서 일본군이 승리한 이유를 일본식 鐵砲의 우
수한 성능보다 일본병사가 鐵砲나 칼의 조작에 숙련되어 있었고, 또한
용맹했다는 점에서 찾았던 것이다.

그러나 이듬해 萬曆 21년(1593) 1월, 평양에서부터 碧蹄館에 걸친 실
전을 겪고 난 뒤에 그는 일본군 鐵砲의 위력을 인식하게 되었다. 같은
책 권5, 「與參軍鄭文彬趙如梅書」(萬曆 21년 1월 14일)에는

> 倭奴鳥銃甚利. … 我先以大將軍砲挑擊之, 彼必以鳥銃抵. 我俟其放
> 盡, 方以大兵進之, 必獲全勝矣.

라고 했으며, 같은 책 권6 「與參軍鄭同知趙知縣書」(萬曆 21년 2월 1일)
에도

> 我之火器固利, 而彼之鳥銃亦足相當. 如初角之時, 當先施我火器, 佯
> 欲進兵, 實且未進, 誘其放盡鳥銃, 然後一鼓下之, 無難也.

라고 되어 있다. 즉 일본군의 鐵砲는 대단히 성능이 좋고, 여기에 대항하
기 위해서는 먼저 대형 火器로 도발한 鐵砲를 쏘게 하고, 상대의 탄약이
소진되면 공격을 가해야 한다고 지시하고 있다. 탄약이 소진되기까지 기
다린다는 소극적인 전술은 명군이 갖추고 있던 鐵砲의 성능이 일본군의

신식 鐵砲에 비하여 성능이 떨어지고, 명군의 정면 대항이 곤란했다는 것을 시사하는 것이다.

일본군의 鐵砲는 野戰, 守城 등 모든 전투상황에서 위력을 발휘하였다. 특히 전자의 대표라고도 할 수 있는 萬曆 21년(1593) 1월의 벽제관전투에서는 바로 전 해, 중국 서북부 寧夏에서 哱拜의 난을 진압한 후 명군 제독으로서 實戰의 총지휘를 맡았던 總兵 李如松의 주력부대를 거의 괴멸시켰다. 이 전투에서 명군에는 火器 사용 전술을 특기로 하는 浙江 병사가 가담하지 않았고, 李如松이 어릴 적부터 기른 기마군이 주력이었던 점, 직전의 평양전투에서 전승에 의하여 李如松이 방심했던 점 등이 패인이었다고도 하지만,[4] 명군은 그 전투를 계기로 일본군의 병기, 특히 鐵砲에 대하여 진지한 대응을 하지 않을 수 없게 되었던 것이다.

2. 임진왜란 중 명군의 鐵砲

그러면 명군은 임진왜란 때 어떠한 火器, 특히 鐵砲를 갖추고 있었던 것일까.『經略復國要編』에 의하면 萬曆 20년(1592) 9월에서 11월에 걸쳐서 宋應昌은 다음과 같은 일련의 檄文・上疏・軍令을 기록하고 있다.

---

4) 임진왜란 중 상세한 전투에 대해서는 德富猪一郎,『近世日本國民史・豊臣氏時代(丁編)・(戊編)・(己編)』(民友社, 1921-1922년) : 石原道博,『文祿・慶長の役』(塙書房, 1963년) : 中村榮孝,『日鮮關係史の研究(中)』(吉川弘文館, 1969년) : 李光濤,『朝鮮「壬辰倭禍」研究』(中央研究院歷史語言研究所, 1972년) : 李炯錫,『壬辰戰亂史(上)・(中)・(下)』(東洋圖書出版, 1977년) : 鄭樑生,『明・日關係史の研究』(雄山閣出版, 1985년) : 北島万次,『豊臣政權の對外認識と朝鮮侵略』(校倉書房, 1990년) : 同,『豊臣秀吉の朝鮮侵略』(吉川弘文館, 1995년) : 金文子,「豊臣政權期の日・明和議交涉と朝鮮」(『お茶の水史學』 37, 1993년) 등 참조.

① 中國長技惟製火器爲先. 倭奴入犯, 以不容登岸爲上. 各該地方原設有車載大將軍, 虎蹲, 滅虜, 湧珠, 馬腿, 鳥嘴, 佛郞機, 三眼等項. 銃砲俱稱神器. (卷1「檄天津永平山東遼東各兵巡分守等十二道」萬曆 20년 9월 28일)

② 火器如大將軍, 虎蹲, 馬腿, 滅虜, 湧珠, 鳥嘴, 佛郞機, 三眼等銃砲, 俱係常用器物, 不難造集. 見今舊有若干, 新造若干, 分發防守. 如不足用, 動支馬價銀, 速行製造. (卷2「經略海防事宜疏」萬曆 20년 10월 12일)

③ 各樣火器, 如虎蹲, 湧珠, 馬腿, 鳥嘴, 佛郞機, 三眼銃及車載大將軍等砲, 見在各若干又新製及舊造堪用, 可稱神器. (卷2「檄遼東張總兵」萬曆 20년 10월 14일)

④ 破敵, 必資利器. 而勁弓, 銃矢, 火藥, 火箭, 三眼鎗, 快鎗, 鳥銃, 長鎗, 飛鎌, 標鎗, 鉤刀, 佛郞機等物, 卽所以攻也. (卷3「議題水戰陸戰疏」萬曆 20년 11월 15일)

⑤ 銅鐵大將軍, 佛郞機, 滅虜砲, 虎蹲砲, 百子銃, 三眼銃, 快鎗, 鳥鎗, 俱要將官, 督同中軍千把百總, 逐一細加試驗. (卷3「軍令三十條」萬曆 20년 11월 30일)

이러한 사례로 보건대 임진왜란 당시 준비했던 명군의 화기는 大將軍砲(명초의 火器 형식의 흐름을 잇는 前裝式 대형포), 虎蹲砲(同 소형포), 佛郞機砲(16세기에 포루투칼인에 의하여 전래된 카트리지식 後裝砲) 등의 각종 대포, 鳥銃(鐵砲), 三眼銃, 火箭 등의 종류였음을 확인할 수 있다. 요컨대 ①~⑤의 사례에서 명군이 전통적인 대형화기와 佛郞機砲 외에 鐵砲 등의 소형화기도 갖추고 있었음을 알 수 있다.

그런데 『經略復國要編』에서는 사례⑤를 마지막으로 명군이 鐵砲를 갖추고 실전에서 활용했다는 것을 나타내는 기사가 전혀 보이지 않았으며, 이와는 반대로 앞에서 서술한 것처럼 일본식 鐵砲의 위력에 관한 기사가 나타나게 된 것이다. 이 사실은 명군의 鐵砲가 일본군의 鐵砲 앞에서는 거의 무력했다는 것과 관련이 있는 것으로 추측된다. 임진왜란에서 명군의 鐵砲가 일본군의 신식 鐵砲의 우수한 성능에 대항할 수 없었고,

그 존재의의가 상실되었음을 엿볼 수 있는 것이다. 선교사 루이스 프로이스도 그의 저서『日本史』속에서 명군의 鐵砲에 대하여 "그들(명군)의 鐵砲는 어떻게 발사되는 것인지 이해하기 어렵다. 왜냐하면 무수히 발포한 뒤에도 그로 인한 사상자가 한 명도 나오지 않았기 때문이다"라고 서술하여 명군의 鐵砲 성능을 시사하고 있다.

애초 중국에서 총포는 16세기 중엽에 전래되었다. 다만 첫 전래는 여러 가지 설이 있어서 명확하지 않다. 명대의 사례에 이미 여러 설이 존재하는데, 첫 전래는 이와 같은 학설에 기인하기 때문이다. 그러한 여러 가지 학설을 정리하면, 원래 중국에 기원이 있다는 주장, 「南夷」・「西番」(유럽)에 기원이 있고, 그들을 매개로 明朝에 전래되었다는 주장, 일본을 경유하여 명에 전래되었다는 주장으로 대별된다. 鄭若曾『籌海圖編』(嘉靖 41년 [1562] 성립) 권13 「經略」에,

> 予按鳥銃之製, 自西番流入中國. 其來遠矣. 然造者多未盡其妙. 嘉靖二十七年都御史朱紈, 遣都指揮使盧堂, 破双嶼港賊巢, 獲番酋善銃者. 命義士馬憲製器, 李槐製藥. 因得其傳而造作, 比西番尤爲精絶云.

라고 했고, 당초 포르투갈에서 제조법이 전래되었지만 정교하게 복사할 수 없었고, 이어서 嘉靖 27년(1548)에 밀무역의 거점이었던 寧波 부근의 雙嶼港을 명군 總兵 盧鏜(盧堂) 등의 명군이 공격했을 때 왜구 측으로부터 획득한 鐵砲 및 포로가 된 일본인을 통하여 鐵砲가 전래되었다는 것이 유력한 설이 되어 있는 모양이다.[5] 嘉靖『定海縣志』권7, 「海防」에도

---

5) 명대 중국의 鐵砲 전래에 대해서는 矢野前揭, 「支那に於ける近世火器の傳來に就て」: 吉田光邦, 「明代の兵器」(藪內淸編『天工開物の硏究』恒星社厚生閣, 1953년) : 和田博德, 「明代の鐵砲傳來とオスマン帝國」(『史學』31-1・4, 1958년) : 有馬前揭, 『火砲の起源とその傳流』, Joseph Needham, Science and civilisation in China, Vol.5: Chemistry andchemicaltechnology, Pt.7: Military technology; The gunpowder epic, Cambridge University Press, 1986 : 同, 前揭『鐵砲』: 王兆春, 『中國火器史』(軍事科學出版社, 1991년) : 春名徹, 「アジア

　　　總兵盧鏜, 攻破雙嶼, 得寇鳥嘴銃與火藥, 方其傳逐廣.

라고 되어 있고, 雙嶼 공격 때 鐵砲를 노획했던 盧鏜에 의하여 鐵砲가 명에 퍼졌다고 한다. 이후 명에서는 鐵砲가 왜구로부터 전래되었다는 견해가 유력해졌다. 隆慶~萬曆 초기에 만들어진 戚繼光(왜구 토벌과 북방 방위에 혁혁한 공적을 세운 무장)의 『練兵實紀雜集』 권5「軍器解·鳥銃解」에는

　　　此器中國原無傳, 自倭夷初得之. 此與各色火器不同, 利能洞甲, 射能
　　　命中, 弓矢弗及也.

라고 되어 있고,「倭夷」로부터 총포가 전래되었음을 전하고 있다. 또한 侯継高『全浙兵制考』卷1에도

　　　嘉靖三十五年 … 八月, 總督胡侍郎搗沈家庄 … 總兵盧鏜擒賊酋辛
　　　五郎等. 五郎善造鳥銃, 今之鳥銃自伊傳始.

라고 되어 있고, 嘉靖 35년(1556) 8월 盧鏜에게 붙잡힌 일본인 辛五郎이 鐵砲의 조작에 정통했기 때문에 그를 매개로 鐵砲 제작기술이 명에 전래되었다는 보다 구체적인 鐵砲 전래의 모습이 제시되어 있다. 게다가 이 辛五郎에 대해서는 『明史』권205「胡宗憲傳」에,

　　　會盧鏜亦擒辛五郎至. 五郎者, 大隅島主弟也.

라고 되어 있다. 다만 辛五郎이 명에서 鐵砲 제조에 어느 정도 관여했는

における銃と砲」(荒野泰典·石井正敏·村井章介編 『アジアのなかの日本史 Ⅵ』, 東京大學出版會, 1993년) : 李洵, 「明代火器的發展与封建軍事制度的關係」(『下學集』 中國社會科學出版社, 1995년) : 閻素娥, 「關于明代鳥銃的來源問題」(『史學月刊』 1997-2, 1997년) : 岸本美緒 『東アジアの「近世」』(山川出版社, 1998년) 등 참조.

가에 대해서는 확실하지 않다.

그밖에도 곤잘레스 데 멘도사의『지나大王國誌』제2부 1권 25장에는
萬曆 3년(1575) 福建에서의 상황으로

> 비레이(巡撫)는 일행에게 사람을 보내서 에스파냐 군인이 차고 있던
> 칼 한 자루와 화승총 1정, 그리고 화약통 한 개를 빌리고 싶다, 그것들을
> 비슷하게 제작해 보고 싶기 때문이라고 요청하였다. 그래서 군인들은 요
> 청한 물건을 보내주었다. 별로 정교하지는 않았지만 그것을 模造했다는
> 사실을 나중에 들었다.

라고 적어서 福建에서 스페인을 매개로 한 鐵砲의 전래와 模造를 전하고
있다.

16세기 중엽에 주로 왜구 등 해외의 여러 세력과 교류가 활발했던 연
안 각 지역에서 共時的·多元的으로 전해진 鐵砲는 신속하게 왕조 치하
에서 다량으로 제조되었다. 萬曆『大明會典』권193「軍器軍裝二·火器」
에는 嘉靖 37년(1558)에 명의 화기 제작기관인 兵仗局에서 10,000정의
鐵砲를 제조했던 일이 기록되어 있다.

이후 鐵砲는 戚継光 등이 적극적으로 도입했으며, 佛郎機砲 등 다른
화기와 함께 왜구·몽골 방위에 활용했던 듯하다.『紀效新書』와『練兵實
紀』등 그의 일련의 저술에서는 전술 속에서 鐵砲가 중요시되는 16세기
후반의 상황을 알 수 있다.

이상 살펴본 것처럼 16세기 중엽 이후 명에서는 鐵砲가 대량으로 제
작되었다. 그리고 이들 명의 鐵砲는 임진왜란에서도 명나라 장수들이 갖
추고 활용했던 것이다. 그러면 임진왜란에서 명군이 사용했던 총포는 어
떠한 것이었으며, 일본군의 鐵砲와 비교하여 구체적으로 어떠한 점에서
뒤떨어진 것이었을까. 이러한 점에 관해서 洞富雄씨는 명의 鐵砲 연구가
였던 趙士楨(자세한 것은 후술)의『神器譜或問』(萬曆 27년[1599] 序)에서

　　　近日大小神器, 易銅爲銕, 舍鑄務鍛.

라고 했고, 또 명군의 京營(在京의 禁軍組織) 무장이었던 何良臣의『陣紀』(萬曆 19년[1591] 序) 권2, 技用條에,

　　　鳥銃出外夷, 今作中華長技. ⋯ 但不敢連放五七, 銃恐內熱火起, 且慮其破. 惟倭銃不妨.

라고 한 점에서 명의 鐵砲 제조법이 16세기 말에 구리의 鑄造에서 철의 鍛造로 이행했다는 것, 임진왜란 때 명군이 사용했던 鐵砲는 구리를 鑄造해서 만든 대포였고 5, 6발 쯤 발사하면 열이 생겨서 파열의 위험성이 있는 것에 비하여, 鍛鐵製인 일본의 鐵砲는 그런 걱정이 없었다는 점을 지적하고 있다.6)『陣紀』가 서술한 것처럼 명의 鐵砲는 연발 내구성이 뒤떨어졌으며, 이것은 명중 정확도와 사정거리에도 영향을 미쳤을 것이다. 다시 말해서 연발내구성은 물론 명중정확도·사정거리 등의 성능에서도 鍛鐵製인 일본 鐵砲는 鑄銅製인 명군의 鐵砲보다 우수했다는 것이다. 다만 洞富雄씨는 왜 16세기말에 鐵砲의 제조법이 구리의 鑄造에서 철의 鍛造로 바뀌었는지에 대해서는 언급하지 않고 있지만, 아마도 임진왜란 이후 조선왕조에서 일본식 鐵砲의 도입이 진행된 것과 마찬가지로, 명에서도 임진왜란 당시 일본군에게 획득했던 鐵砲를 통하여 신식 鍛鐵製 鐵砲가 도입되었기 때문이라고 예상할 수 있다.

　　이러한 鐵砲의 낙후된 성능에 직면하여 명군 무장들은 전투 과정에서 일본군의 鐵砲를 일본도 및 포로와 함께 적극적으로 획득해 갔다.『宣祖實錄』권48, 宣祖 27년(1594) 2월 己巳條에 조선 備邊司의 狀啓로,

　　　前日各陣所得鳥銃, 皆送於元帥處, 太半爲應索天兵之資. 今後戰陣所得鳥銃, 無得濫費, 一一收拾, 各陣軍士逐日學習, 漸次成才.

---

6) 前揭,『鐵砲』276~282쪽.

라고 하였다. 즉 종래 조선군이 획득한 일본군의 鐵砲는 모두 명군의 요구에 응하여 「元帥」(李如松)에게 보냈는데, 이후 획득한 鐵砲는 가능한 한 자기 진영에서 보전하여 병사들에게 나누어 주고 훈련시켜서 숙달되도록 하라는 것이다. 이처럼 조선이 일본군으로부터 획득한 鐵砲는 조선군이 활용했을 뿐만 아니라, 명군의 요구에 따라 상당수가 명군 무장들에게 보내졌다고 생각된다. 『經略復國要編』권7 「敍恢復平壤開城戰功疏」(萬曆 21년[1593] 3월 4일)에는 평양에서 개성에 이르는 緖戰에서 일본군으로부터 노획한 물품에 관한 기술로서,

> 斬獲倭級一千九百七十級夥, 生擒酋首五名, 奪獲倭馬三千三十二匹,
> 倭刀, 鳥銃, 盔甲等器六百三十件.

라고 하여 명군이 전쟁 당초부터 다수의 鐵砲와 일본도를 획득했음을 확인할 수 있다.

이렇게 해서 명군 무장들이 적극적으로 획득한 일본군의 鐵砲 중 일부는 임진왜란 종결 후인 萬曆 27년(1599) 4월, 북경에서 거행된 「獻俘式」(皇帝에게 올리는 포로헌납 의례)[7]에 앞서서 거행된 「獻獲式」때 長安 거리에 전리품으로서 진열되었다. 이 「獻獲式」모습을 기록한 張大復의 「東征獻獲記」(黃宗羲編 『明文海』권352, 記, 수록) 중 일부에는

> 麻將軍以俘獲獻天子. 天子命金吾, 繫鹵人, 而陳所獲鎧甲, 兜鍪, 旌
> 幟, 器械之屬, 長安街上, 令吏民縱觀之. ⋯ 旗之左右車, 各五七輛. 所
> 載皆銅銃, 鳥銃, 鉛錫銃.

---

7) 임진왜란 종결 후인 1599년 4월, 北京 紫禁城 午門에서 개최된 獻俘式 및 그곳에서 명 황제 萬曆帝에게 헌납된 平秀政, 平正成, 要時羅 등 61명의 일본군 포로의 상세에 대해서는 拙稿 前揭 「朝鮮の役における日本兵捕虜」; 동, 「明朝皇帝に獻納された降倭」(追悼論叢編集委員會編 『山根幸夫教授追悼記念論叢 明代中國の歷史的位相(下卷)』汲古書院, 2007년) 참조.

라고 되어 있다. 즉 임진왜란 종결 후 명군 제독 麻貴는 일본군 포로와
함께 노획품을 명 황제인 萬曆帝에게 헌상하였다. 萬曆帝는 그 노획품들
을 長安 거리에 진열시켰는데, 그 중에는 일본군으로부터 획득한 鐵砲가
포함되어 있었다는 것이다. 이 사례에서도 명군에 의한 일본식 鐵砲 획
득 상황을 알 수 있다.

3. 임진왜란 이후 일본식 鐵砲의 전파

　임진왜란 이후 조선왕조에서는 降倭를 매개로 한 일본식 鐵砲의 도입
이 급속하게 진행되었다. 이러한 점에 관해서는 中村榮孝·宇田川武久等
의 諸氏에 의한 선행연구에 의하여 지금까지 상세하게 검토·해명되고
있다.8) 한편, 명에서는 어떠했을까. 이하에서 검토해 보겠다.
　萬曆 26년(1598) 8월 豊臣秀吉의 죽음으로 임진왜란이 최종적으로
종결되기까지 명군무장들이 노획한 일본군의 鐵砲는 상당수에 이르렀다
고 생각된다. 이러한 명군 무장들에 의한 적극적인 일본식 鐵砲의 획득·

8) 임진왜란 당시 일본군 포로(降倭)에 대해서는 德富猪一郎, 『近世日本國民 朝
　史·豊臣氏時代庚編桃山時代槪觀』(民友社, 1922년) : 中村前揭, 『日鮮關係史
　の研究(中)』 : 內藤雋輔, 『文祿·慶長役における被擄人の研究』(東京大學出
　版會, 1976년) : 北島万次, 『朝鮮日々記·高麗日記─』(そしえて, 1982년) :
　同, 『壬辰倭亂と秀吉·島津·李舜臣』(校倉書房, 2002년) : 同, 「壬辰倭亂にお
　ける降倭の存在形態」(『歷史評論』651, 2004년) : 宇田川前揭, 『東アジア兵
　器交流史の研究』: 貫井正之, 『豊臣政權の海外侵略と朝鮮義兵硏究』(靑木書
　店, 1996년) : 丸山雍成, 「朝鮮降倭部將「沙也可」とはだれか」(廣瀨正俊編 『
　大藏姓原田氏編年史料』 文獻出版, 2000년) : 村井章介, 「慶長の役開戰前後
　の加藤淸正包圍網」(『韓國朝鮮文化硏究』10, 2007년) 등 참조. 또, 朝鮮王朝
　에서 日本兵捕虜를 通한 鐵砲의 受容에 대하여는 、中村前揭『日鮮關係史の
　研究(中)』、 및 宇田川前揭『東アジア兵器交流史の研究』에 상세하다.

수집은 그들의 군사력 강화의 일환이었다. 노획한 수많은 일본식 鐵砲는
포로가 된 다수의 일본병사와 함께 명군 각 무장들 휘하에서 戰力이 되
어 임진왜란 종결 후 중국 각지의 군사활동에서 이용되었다. 예를 들면
『平播日錄』(저자 미상, 萬曆 28년[1600] 10월 후)에는

> 劉總兵衣短衣, 率親兵眞倭數人, 各挾鳥銃, 雜戎行立城下. 城上賊欲
> 發弩, 纔越女墻見半面, 而矢已先及之矣. 賊始不知. 已一賊大呼曰, 劉
> 總爺至矣. 衆賊轟然奔散.

라고 되어 있다. 임진왜란 종결 후인 萬曆 28년(1600) 3~4월에 걸쳐 조
선에서 중국 서남부 四川 播州에서 일어난 土司 楊應龍의 난 진압에 轉
戰했던 명군 總兵 劉綎이 휘하의 「眞倭」(劉綎이 임진왜란 때 포로로서
휘하에 편입했던 일본병사) 다수와 함께 鐵砲를 휴대하고 楊應龍軍의 城
塞에 돌입했던 사실을 전하고 있다. 楊応龍의 亂鎭壓 때, 明軍을 지휘했
던 總督 李化龍의 『平播全書』권3「奏議·二報捷音疏」에는,

> 據總兵劉綎呈稱 … 至初一日丑時、楊朝棟等果先來犯. 本職親率
> 官兵、幷各家丁、日本降夷達子、與賊大戰. 從寅至午. 三路夾攻、
> 幸收全捷.

라고 하여, 劉綎 휘하에 「日本降夷」라고 칭했던 日本兵이 존재하고 있
었던 것을 알 수 있다. 그들은 壬辰倭亂때에 明軍武將의 포로가 되어 麾
下에 수용된 후, 鐵砲를 다루는 데에 活用되었던 것이다.
　또 趙士楨의 『神器譜』권1「防虜車銃議」에는 임진왜란 종결 후의 遼
東 상황에 대해서

> 近日退虜, 亦不過日本鳥銃.

라고 하여 여진 및 몽골과의 전투에서 「日本鳥銃」이 커다란 위력을 발

휘했다고 서술하고 있다. 同書 권4 「說銃六十九條」에

> 西洋幷倭鳥, 必須歲月學習, 方能到家. 諸銃不須一月專心, 便能打
> 放. 向敎家人西洋及倭鳥銃, 一歲不成.

라고 한 것처럼 일본식 鐵砲의 조작에 숙달되기 위해서는 1년 이상의 훈
련이 필요했다고 한다. 그러므로 임진왜란에서 명군의 포로가 되었던 일
본병사는 숙달된 鐵砲의 사용자로서 명 내부에서의 군사 활동에도 이용
했던 것이다.

일본군 포로는 鐵砲의 조작뿐만 아니라 鐵砲를 이용한 전술의 전파와
보급에도 공헌하였다. 『神器譜』 권1 「防虜車銃議」에는 임진왜란 종결
후 遼東과 義州의 상황에 대해서 다음과 같이 기록하고 있다.

> 朝鮮撤回之兵, 留防義州者, 不滿千人. 斫斧破欠, 身無片甲. 適虜万
> 余, 倅薄城下, 以火器更番擊打. 醜類被傷者, 以千計, 不敢深入而走延
> 綏. 報讐之虜, 苟非降倭鳥銃打傷酋首, 其流毒又不知何若.

임진왜란 후 遼東의 義州에는 조선에서 철수한 명군이 주둔하고 있었
는데 그 수는 천명 남짓했고, 휴대한 무기는 파손되었으며 갑옷도 없는
상황이었다. 그런데 1만명 이상의 오랑캐(몽골인)가 義州를 침략했을 때,
명군은 화기의 「更番擊打」로 그들의 습격을 막았다. 몽골 쪽의 부상자는
천명 이상에 달하였고 延綏 방면으로 퇴각하였다. 이때 만약 투항 일본
군의 「鳥銃」(鐵砲)이 몽골의 수령을 부상시키지 않았다면 그 위해는 헤
아릴 수 없을 정도로 컸을 것이라는 이야기이다. 여기서 말하는 「更番擊
打」란 전국시대 이후 일본에서 발달·보급하였고, 일본군의 장기인 여러
명이 1조가 되어 鐵砲 등의 화기를 교대로 연속해서 일제히 사격하는 전
술이다. 장전에서 발포까지 시간이 걸리는 鐵砲의 약점을 보완하도록 고
안하여 교대로 鐵砲를 일제히 사격하는 전술은 織田信長이 1575년 長篠

전투에서 사상 처음으로 선을 보였으며, 3천명의 鐵砲隊가 武田의 기마
군을 격파한 것으로 일찍부터 알려졌다(유럽에서 이 전술이 채용된 것은
17세기 이후라고 한다). 그 진위는 어찌되었든 임진왜란 당시 명군은 일
본군의 이 신기한 전술에 매우 고심했고, 이러한 화기의 사용법은 커다
란 효과를 발휘하였다. 예를 들면 『經略復國要編』권6 「議乞增兵益餉進
取王京疏」(萬曆 21년[1593] 2월 16일)에

　　　倘倭奴用分番休迭之法, 時出遊騎以擾我師, 我師進不可退, 不可糧餉.

라고 하였다. 여기에 기록된 「分番休迭之法」도 사수가 교대로 鐵砲를
연속 사격하는 전술을 가리키며, 명군은 일본군의 이런 전술에 고심했던
것이다. 또한 1638년 명에서 간행된 畢懋康의 『軍器圖說』에는 鐵砲의 「輪
流操作圖」가 수록되어 있다(<그림 2>).
　　17세기 명에서 이러한 鐵砲의 윤번사격전술이 전파된 것을 확인할
수 있다.
　　또한 李植의 『言事紀略』권5 「奏爲群奸結党謀害孤忠謹陳踪跡顚末
等事」에 의하면, 萬曆 27년(1599) 무렵 요동 巡撫 李植은 遼河 동서의
城堡 방비 강화를 꾀하고 다음과 같이 上奏하였다.

　　　臣慮城堡單弱難守. 河東留南兵一千, 分散遼瀋開鐵等城堡. 貼防有
　　不足, 檄各路將領, 選弱馬騎兵並步兵益之. 又查給大砲火箭, 使城守有
　　資, 各給降倭一二名, 教以射打. 河西調發土兵營各數百, 分散錦義正安
　　等城堡. 貼防有不足, 查選各營步兵益之. 火器鎗手, 亦如河東.

　　즉 요동의 각 城堡는 수비가 취약하기 때문에 遼河 동쪽에는 임진왜
란 이후 요동에 주둔하는 「南兵」(浙江兵) 1천명을 遼陽 등 각 城堡에 배
치하고, 그래도 부족하면 주변 각 장군으로부터 병마를 제공받아 충당한
다. 또 대포와 火箭이라고 부르는 화기를 지급하여 방비 강화를 꾀하고,

〈그림 2〉『軍器圖說』

동시에 일본군 포로 1, 2명을 각각 배치하여 사격법 등 화기 조작을 지도하도록 한다. 遼河 서쪽의 화기에 관해서도 마찬가지로 화기조작을 가르치도록 하라는 것이다. 이처럼 일본병사를 매개로 화기를 조작하는 기술이 이전되었던 것이다.

일본병사를 매개로 군사기술이 이전된 예는 鐵砲·화기에 한정된 것은 아니었다. 예를 들면 楊東明의 『靑瑣薑言』卷之下 「救降夷山査疏」에는 임진왜란 과정에서 명군에게 포로가 되어 명에서 검술 보급에 활용되었던 山査이라는 일본병사에 관하여 다음과 같은 기록이 있다.

為降夷向化敎芸頗優, 懇乞聖明電察, 發回營伍, 以廣招携事. 臣等竊惟, 克敵之方, 在於精敵之技. 而募兵之要, 貴能用敵之人. 精敵之技, 則彼不得恃所長以乘吾之短. 用敵之人, 則吾可得結其心, 而悉彼之精. 故兵法不殺降卒, 而因間用其鄕人. 古名將類多如是矣. 臣等往聞, 倭刀最利, 倭人運刀最銳. 常恨不得其人而悉其術. 頃者東征諸將帶回降倭, 業已分布各邊收用. 謝用梓往取王子陪臣, 帶回一倭, 名曰山査. 本兵發付營中, 令其敎演刀法. 標下坐營官何良臣, 具申總協及臣等衙門, 俱蒙批允, 立為敎師, 收入軍冊月給倉糧兩月, 以來軍士習學倭刀, 精熟可用者百餘人. 臣等私自喜幸, 以為得以用倭人而悉倭技矣. 乃東廠緝事, 人役誤以為奸細擒之. 夫京營十餘萬衆勿論也.

즉 일본도는 매우 날카로우며, 일본병사에 의한 그 조작도 매우 빼어나다. 최근 임진왜란에 출정했던 무장들은 降倭를 휘하에 거느리고 각

방면에 수용하였다. 謝用梓가 조선왕자 및 陪臣을 탈환했을 때 山査라는
일본인 1명을 데려왔다. 그는 日本刀를 능숙하게 다루었으므로 진영에서
日本刀 교련에 종사하도록 했다. 明의 京營坐營官 何良臣이 具申하여
그를 일본도 조작 교사로 채용하고 통상보다 갑절의 급료를 주고 채용하
였다. 이후 일본도 운용을 학습하여 숙달된 병졸이 백 명 이상에 이르렀
다. 하지만 그 후 山査는 간첩 혐의로 東廠에 의하여 구속되었다는 것이
다. 일본도의 검술이 일본군 포로를 매개로 명에 전파된 것을 전하는 구
체적인 사례라고 할 수 있을 것이다.

또 王在晋의 『都督劉將軍傳』에는 萬曆 46년(1618) 무렵 당시 江西布
政使로서 南昌에 머물고 있던 王在晋이 마찬가지로 革職되어 南昌에 칩
거 중이던 무장 劉綎을 방문했을 때의 일을 기록한 다음과 같은 기술이
있다.

入中堂, 閱倭刀, 盔甲, 及虜中器仗, 靡不精利. 畢具蒼頭, 各自能鑄
造, 匠工不及也. … 其家丁則合南北倭苗夷虜, 靡所不有.

즉 劉綎 휘하에는 남북의 「倭」「苗」 등 다양한 사람들이 「家丁」(무
장이 기르는 私兵)으로서 존재하였고, 그들이 「倭刀」(일본도) 등 많은 병
기를 제조하고 있었다. 「家丁」들이 제조한 병기는 매우 정교했다는 것이
다. 劉綎 휘하의 병기가 모두 고도의 제조기술을 지닌 이민족 「家丁」 자
신에 의하여 제조되고 있었다는 점은 주목된다. 전술한 것처럼 劉綎은
임진왜란 때 명군 쪽의 주요 무장이 된 인물이다. 그는 임진왜란 과정에
서 일본병사를 포로로 하고 「家丁」으로서 적극적으로 자신의 부대 휘하
에 편입시켰는데, 주된 이유는 일본병사의 고도의 전투능력에 더하여 그
들이 가진 고도의 군사기술을 수용하려는 데 있었던 것으로 생각할 수
있다. 이러한 점을 감안하면 일본군 포로가 임진왜란 후 명에서 신식병
기 제조에도 깊이 관여했음을 알 수 있다. 그리고 제조된 병기에는 鐵砲

를 비롯한 화기도 포함되어 있었다고 추측할 수 있을 것이다.

임진왜란에서 일본군과의 전투는 동아시아의 병기기술 도입에 커다란 영향을 미쳤다. 임진왜란 후 고성능의 鍛鐵製 일본식 鐵砲는 일본도와 함께 그 조작·운용에 숙달된 일본군 포로를 통하여 여러 형태로 명에 전파되고 활용되었던 것으로 추측할 수 있다. 그리고 그 도입에는 임진왜란에서 포로가 된 일본병사가 중심적인 역할을 수행했다고 할 수 있다.

4. 임진왜란 이후 신식 鐵砲의 보급

임진왜란을 계기로 일본식 鐵砲는 일본군 포로를 매개로 명과 조선왕조에 수용되어 간다. 동시에 명에서는 일본식 鐵砲를 대항·능가할 수 있는 각종 고성능 鐵砲에 대한 관심도 급속히 높아지게 되었다.

임진왜란 당시 명의 內閣文華殿中書였던 趙士楨은 인맥을 이용하여 여러 외국의 鐵砲를 수집했으며, 다시 이것들을 기초로 새로운 鐵砲를 개발·제작하고 신식 화기의 도입을 자주 왕조에 건의하였다. 그가 제출한 화기관련 상주문이나 각종 鐵砲의 해설은 『神器譜』로 정리되어 명대 중국에서 鐵砲 연구서로서 널리 알려지게 되었다.[9]

『神器譜』에는 鐵砲에 관한 흥미 있는 기사가 많이 수록되어 있다. 예를 들면 같은 浙江 출신으로 왜구토벌에 공적이 있는 명군 무장 陳寅로부터는 서양 番鳥銃(유럽식 鐵砲)을 입수하여 소개하고 있다. 그밖에도 게재된 鐵砲는 다종다양한데, 그 중에서도 趙士楨이 높이 평가했고, 나중에 명에서 도입을 검토하기에 이른 것이 16세기 중엽인 嘉靖 연간에 전래되었다는 嚕蜜銃이라는 鐵砲이다.

---

9) 『神器譜』에 대해서는 藤井宏,「神器譜の成立」(『岩井博士古稀記念典籍論集』 岩井博士古稀記念事業會、 1963년) 참조.

噜蜜銃이 전래된 내력 및 趙士楨
에 의한 입수과정에 관해서는 『神器
譜』권1 「恭進神器疏」 및 같은 책
권2 「原銃上」에 그에 대한 기록이
있으며, 또한 和田博德의 자세한 연
구 성과도 있다.[10] 이들에 의하면 噜蜜
銃은 噜蜜國(오스만제국) 사절단이
명에 왔을 때 (아마도 嘉靖 33년
[1554]), 사절단의 일원이었던 朶思
麻라는 인물이 가져온 것이었다. 朶
思麻는 그대로 명에 머물렀고, 噜蜜
銃도 사람들에게 거의 알려지지 않
은 채 그의 곁에 숨겨져 있었다. 그

〈그림 3〉 噜蜜銃

리고 나서 수십 년 후 趙士楨은 이 총의 소문을 듣고 그를 방문하여 제조
방법을 전수받았다고 한다.

　『神器譜』에 기록된 噜蜜銃의 구체적인 특징으로서 대략 다음과 같은
여러 가지 점을 들 수 있다. 銃身은 무게 6~8근, 길이 6~7척의 鍛鐵製(『神
器譜』에서는 「雙層交錯法」으로 기록되어 있다) 鐵砲였다. 이것은 동일한
『神器譜』기록의 서양 番鳥銃(무게 4~5근, 길이 6척)과 일본식 鐵砲와 비
교할 때 좀 더 대형이라고 할 수 있다. 그 때문에 사격할 때는 銃架를 필요
로 한다. 사정거리가 길고 파괴력이 큰 일본식 총포와 비교하여 몇 배의
위력이 있다고 한다. 구조상의 특징으로는 견착식 개머리판, 緩發式 발화
장치 등을 들 수 있다(일본식 鐵砲는 뺨에 대는 개머리판, 용수철을 이용
한 순발식 발화장치). 趙士楨은 噜蜜銃이 파괴력·사정거리·조작법·품질
등 모든 측면에서 가장 우수한 鐵砲라고 평가하고 있다(<그림 3 >).

10) 和田 前揭, 「明代の鐵砲傳來とオスマン帝國」.

『神器譜』에 기록된 다수의 화기에 대한 朝廷의 평가는 자세히 알 수 없으며, 명에서 채용한 것도 없었다. 그러나 嚕蜜銃만은 높은 평가를 받은 모양이다. 『神器譜』 권1에 수록된 兵部署掌部事太子太保刑部尙書 蕭大亨의 題奏(「謹題爲恭進防邊奇器以張國威以省國用事」)에는

> 前所進嚕蜜等銃, 命中方寸, 直透重甲, 尤爲奇異.

라고 했으며, 同書 同卷에 수록된 趙士楨의 「恭進神器疏」(萬曆 30년 [1602])에서도

> 近見巡按揚宏科極口, 退虜全賴嚕蜜等銃.

라고 하여 嚕蜜銃이 명나라 조정 내부에서 높이 평가받은 것을 알 수 있다.

이후 17세기 초엽의 명에서 嚕蜜銃은 일본식 鐵砲와 함께 鐵砲의 주요모델로 알려지게 되었고, 어느 정도 보급되었을 것으로 생각된다. 특히 대형으로 파괴력이 있고 사정거리가 긴 守城戰 때 효과적이었던 점, 불발이 적고 조작성이 우수하며 비교적 쉬운 구조의 완발식 발화장치였던 점, 鍛鐵製로서 견고한 銃身이었던 점, 종래의 전통적인 화기와 비교하여 명중 정확도가 높았던 점 등이 그 보급을 촉진시키는 요인이 되었다고 생각할 수 있다. 萬曆 37년(1609)에 만들어진 王圻의 『三才圖會』 器用 7권·兵器類條에는 嚕蜜鳥銃(嚕蜜銃)을 싣고

> 鳥銃惟嚕蜜最遠最毒. 又機昂起, 倭銃雖伏筒旁, 又在床下外, 不便收拾. … 此中書趙士楨得之朶思麻.

라고 기록했다. 또한 명 말을 대표하는 병서로서 天啓 원년(1621)에 만들어진 茅元儀의 『武備志』 권124 「軍資乘·火6·火器圖說3·銃1」에도 鐵砲의 모델로서 鳥嘴銃과 함께 嚕蜜鳥銃을 예로 들면서 『三才圖會』와 거의 같은 기사를 수록하고 있다. 17세기 전반기에 만들어진 이러한 서적들에

噜蜜銃이 게재된 것은 趙士楨의 건의 이후 噜蜜銃이 대형 鐵砲의 한 형
식으로 명 조정 내부에서 인식되어 가고 있었던 점을 시사하는 것이다.
朶思麻로부터 趙士楨에게 제조 기술이 전해진 噜蜜銃은 명 산하의 京營
을 중심으로 하는 화기제조 공정을 거쳐서 상당량이 제조됨과 동시에 茅
元儀 등 명 말의 군사전문가에 의하여 소개되기에 이르렀던 것으로 상정
할 수 있다.

　그 후 噜蜜銃은 파괴력과 높은 정확도를 겸비한 대형 鐵砲로서 실제
로 對女眞戰線에서 활용되었던 듯하다. 天啓 원년(1621) 2월 27일 徐光
啓의 상소문(「謹陳任內事理疏」)에는

　　　臣添請得戊字庫存貯鳥銃二千門, 止是機牀, 不堪苔取. 工部料價改
　　換噜密式, 數月練習, 小有炸損不過數門, 亦不至傷人, 其餘俱試驗堪用.

라고 기록되어 있다. 즉 「戊字庫」(화기저장고)에 저장되어 있는 鐵砲
2000정은 사용하기가 어려워서 「噜密式」으로 개조했더니 작렬·폭발하
는 것이 적고 사용하기가 쉬워졌다는 것이다. 「噜密式」이란 緩發式·鍛
鐵製의 대형 鐵砲인 噜蜜銃을 가리키는 것으로 보인다. 이러한 대형 鐵
砲는 그 밖의 「大鳥銃」 혹은 일반 소형 鐵砲와 마찬가지로 「鳥銃」 등으
로 總稱되었고, 17세기 전반 명의 여진 방위에 활용되었으며 요동의 요
충지에 배치되었다. 『熹宗實錄』 권20, 天啓 2년(1622) 3월 庚戌條에는

　　　工部將發過援遼軍需, 　　自萬曆四十六年起至天啓元年止總數開具以
　　聞, 天威大將軍十位, 神武二將軍十位, 轟雷三將軍三百三十位, 飛電四
　　將軍三百八十四位, 捷勝五將軍四百位, 滅虜砲一千五百三十位, 虎蹲
　　砲六百位, 旋風砲五百位, 神砲二百位, 神鎗一萬四千四十位, 威遠砲十
　　九位, 湧珠砲三千二百八位, 連珠砲三千七百九十三位, 翼虎砲一百一
　　十位, 鐵銃五百四十位, 鳥銃六千四百二十五門, 五龍鎗七百五十二杆,
　　夾靶鎗七千二百杆, 双頭鎗三百杆, 鐵鞭鎗六千杆, 鈎鎗六千五百杆, 旗
　　鎗一千杆, 大小銅鐵佛郞機四千九十架.

라고 기록되어 있으며, 萬曆 46년(1618)부터 天啓 원년(1621)에 걸쳐서 6,425정이나 되는 「鳥銃」이 工部에서 遼東으로 보내진 사실을 전하고 있다. 『滿洲實錄』 권7에는 天命 6년(1621) 후금군의 공격에 대항하여 遼陽을 수비하는 명나라 병사의 그림이 실려 있는데, 거기에는 여러 자루의 鐵砲 그림도 묘사되어 있다. 鐵砲 그림에는 모두 銃架와 같은 것이 보인다. 대형 鐵砲였을까? 이러한 守城用 鐵砲는 嚕蜜銃이 이용되었을 가능성이 있다. 더군다나 崇禎 4년(1631)에 벌어진 大凌河攻城戰에서 여진족은 명군의 화기를 대량으로 노획했는데, 그 중에는 嚕蜜銃으로 생각되는 화기도 많이 포함되어 있었다고 한다.[11] 趙士楨이 제조기술을 습득한 신식 화기가 京營을 매개로 그 도입이 검토되었고, 그 후 명 조정에서 정식으로 채용하고 여진전선에서 배치·활용되었음을 엿볼 수 있는 것이다.

5. 17세기 동아시아의 군사혁명

萬曆 47년(1619) 샤르허 전투에서의 패배나 天啓 원년(1621)의 瀋陽·遼陽에서 함락을 당한 명에서는 여진족에 대한 군사적인 위협이 급속하게 높아진다. 이러한 위협을 포르투갈의 신식 화기로 타파하려고 했던 것이 徐光啓를 중심으로 하는 크리스천 관료들이었다. 이전보다 화기의 유효성을 인식하고 있던 徐光啓는 당시 포르투갈의 거점이 되어 있던 마카오에서 제조된 고성능의 유럽식 화기 도입을 기획하고 적극적으로 조정에 건의하였다. 그 결과 명은 당시 최신식 대포였던 紅夷砲를 마카오의 포르투갈 당국으로부터 조금씩 사들이고 北京이나 遼東 등 각 지역의 군사거점에 배치하였다. 그 중에서도 寧遠에 배치된 紅夷砲가 天啓 6년

---

11) 楠木賢道, 「天聰5年の大凌河攻城戰とアイシン國軍の火砲」 『自然·人間·文化－破壊の諸相』(筑波大學, 2002년).

(1626)의 대여진 전투에서 커다란 전과를 올렸던 것은 이전부터 잘 알려진 사실이다. 徐光啓가 주도했던 마카오의 포르투갈 당국을 매개로 한 紅夷砲의 도입에 대해서는 지금까지 많은 연구가 축적되어 있다.[12]

한편, 紅夷砲와 함께 鐵砲도 역시 대여진 전쟁에서 명군의 가장 유력한 병기가 되었다. 崇禎 2년(1629)에 올린 徐光啓의 상소문 「破虜之策甚近甚易疏」에서는 여진 대책에 대하여 언급하기를

> 虜之畏我者二. 丙寅以後始畏大銃, 丙寅以前獨畏鳥銃. 所獨畏於二物, 謂其及遠命中故也.

라고 하였다. 「丙寅」이란 天啓 6년(1626) 누루하치가 거느린 여진군과 寧遠城을 지키는 명군 무장 袁崇煥과의 攻城戰을 뜻하며, 「大銃」이란 紅夷砲를 가리킨다. 즉 寧遠전쟁 이전의 대여진 작전에서 가장 커다란 위력을 발휘했던 것은 鐵砲였으며, 그 이후 紅夷砲가 추가되었다는 것이다. 임진왜란 이후 鐵砲가 17세기 명의 주요 병기가 되었음을 알 수 있다. 또한 같은 상소문에서

> 虜多明光重鎧, 而鳥銃之短小者, 未能洞貫, 故今之練習, 宜盡敵爲

12) 17세기에 紅夷砲의 동아시아 전파에 대해서는 有馬前揭, 『火砲の起源とその傳流』 ; 張小靑, 「明淸之際西洋火炮的輸入及其影響」(中國人民大學淸史研究所編 『淸史硏究集』 4, 四川人民出版社, 1986년) ; 王兆春 前揭, 『中國火器史』 ; 馬楚堅, 「西洋大砲對明金態勢的改變」(羅炳錦·劉健明主編 『明末淸初華南地區歷史人物功業檢討會論文集』 香港中文大學歷史學系, 1993년) ; 張顯淸, 「徐光啓引進和仿製西洋火器述論」(吳志良主編 『東西方文化交流』 澳門基金會, 1994년) ; 黃一農, 「紅夷砲與明淸戰爭」(『淸華學報』 新26-1, 1996년) ; 同, 「天主敎徒孫元化與明末傳華的西洋火砲」(『中央硏究院歷史語言硏究所集刊』 67-4, 1996년) ; 岸本前揭, 『東アジアの 「近世」』 ; 申東珪, 「オランダ人漂流民と朝鮮の西洋式兵器の開發」(『史苑』 61-1, 2000년) ; 劉鴻亮, 「明淸時期紅夷大砲的興衰与兩朝西洋火器發展比較」(『明淸史』 2006-2, 2006년) 등 참조.

的, 專擊其手與目. 又宜紏工急造大号鳥銃, 至少亦須千門, 可以洞透
鐵甲.

라고 하여 徐光啓에 의한 鐵砲, 특히 대형 鐵砲를 높이 평가했다는 사실
을 알 수 있다. 더욱이 徐光啓의 「計開目前至急事宜」(崇禎 2년[1629] 무
렵)에도

凡守城除城威大砲外, 必再造中等神威砲, 及一號二號大鳥銃, 方能
及遠命中. … 大鳥銃一時未得應手. 見今城樣二廠所儲鳥銃, 可作速整
頓試驗, 敎練營軍, 以助城守.

라고 하여, 守城 때에는 대포 등과 함께 높은 명중도와 사정거리를 겸비
한 「大鳥銃」(대형 鐵砲)이 효과를 발휘한다고 전하고 있다.
　泰昌 원년(1620) 이후 天啓~崇禎 연간에 걸쳐 포르투갈 당국으로부
터 많은 紅夷砲가 명에 도입되었다. 그러나 그것은 紅夷砲에 한하지 않
고 동시에 鐵砲를 비롯한 중소형 화기도 다수 도입되었다. 崇禎 3년
(1630) 徐光啓의 상소문(「聞風憤激直獻芻蕘疏」)에는

計開, 據原呈, 除銃師自備外, 應於廣中置買物件. 一, 鷹銃二百門,
幷合用事件. 一, 鳥嘴護銃一千門, 幷合用事件. 一, 西式籐牌五千面.

라고 하여 명이 포르투갈 당국으로부터 「鷹銃」과 「西式籐牌」라고 하는
지금까지 없던 신식 병기와 함께 鐵砲 1000挺을 구입했음을 알 수 있다.
또한 같은 해 崇禎 3년(1630) 徐光啓의 상소(「欽奉明旨謹陳愚見疏」)에는

先造成鷹嘴銃四十一門, 鳥銃六十五門, 共一百零六門. 除先解三十
門貯庫外, 其七十六門見共營軍, 日逐操演. 續造鳥銃三百余門未完.

라고 하여 徐光啓가 鐵砲를 模造했던 상황을 알 수 있다. 「鷹嘴銃(應銃)」
과 함께 제조했던 「鳥銃」이라는 것은 예전의 鐵砲가 아니라 마카오에서

새롭게 전해진 유럽식 鐵砲를 모델로 제조된 것을 가리키는 것이라고 할수 있을 것이다. 16세기 이후 발달한 명의 鐵砲 제조기술이 신식 鐵砲도입에 활용되었던 것으로 상정할 수 있다. 덧붙여서 17세기 전반 마카오에서 전해진 유럽식 鐵砲는 어떠한 것이었을까? 또한 일본식 鐵砲와성능의 우열이나 차이는 어떠한 것이었을까? 이러한 점에 대해서는 後考를 기약하고 싶다. 그러나 일본식 鐵砲는 16세기 중엽 타네가시마에 전래된 것이 모델의 하나라는 점을 고려한다면, 17세기에 마카오에서 제조된 鐵砲는 비교적 높은 성능을 가졌던 것으로 생각할 수 있을 것이다. 16세기 말의 임진왜란을 계기로 한 일본식 鐵砲의 전파가 17세기 동아시아 세계의 화기 기술 발달의 원동력이 되었던 것이다.

전장이 된 조선에도 日本兵捕虜를 통해 日本式鐵砲가 전해졌다. 16세기말의 임진왜란이전에는 弓矢가 주요병기였던 조선에 정예의 火器技術이 이전되게 된 것이다. 그 결과 17세기에 조선왕조는 동아시아에서 유수한 철포생산·보유국이 되었다. 만력 47년(1619)사르후전쟁에서 조선왕조는 명조에 대해 도원수인 姜弘立 등 1만 3천명의 원군을 파견했다. 그 가운데에는 임진왜란에서 捕虜가 된 日本兵에 의해 구성된 鐵砲隊 3500명が이 포함되어 있었다.[13] 明朝가 조선왕조의 전력, 특히 鐵砲隊에 주목하여 기대를 가지고 있었던 것을 알 수 있다. 또 17세기 중엽의 淸代 順治年間、시베리아에 해왔던 러시아軍과 黑龍江付近에서 軍事衝突이 있었던 때에 그들이 보유한 화기에 압도된 淸朝는、順治 11년 (1654), 朝鮮王朝에 대해 鐵砲隊 100명의 원군을 요청했다. 조선왕조는 요청대로 100명의 鐵砲隊를 파견했고, 그 결과 淸·朝鮮兩軍은 러시아군을 물리쳤다. 더욱이 順治 15년(1658)에도 청조는 조선왕조에 대하여 鐵砲隊의 원군을 요청했다. 조선왕조는 청조의 요청에 응해 200명의 鐵砲隊를 포함한 援軍을 파견하여, 鐵砲의 위력으로 러시아군을 압도했다.[14]

---

13) 稻葉岩吉, 『光海君時代の滿鮮關係』(大坂屋號書店、1933年)、參照。

明과 淸에 의한 이러한 鐵砲隊 파견요청은、조선왕조의 높은 鐵砲의 성능을 말해주는 것이다.

맺는 말

이상으로 16세기 말의 임진왜란에서 일본군의 鐵砲가 뒷날 명을 중심으로 하는 동아시아 세계에 어떠한 영향을 끼쳤는가에 대하여 살펴보았다. 임진왜란을 계기로 명이나 조선 등 동아시아 세계에서는 일본식 鐵砲가 전파·보급된다. 임진왜란에서 위력을 발휘했던 일본식 鐵砲에 고전했던 명군의 각 무장들은 鐵砲와 그 조작·제조 등에 능통했던 일본군 포로를 휘하에 수용·편입하고 일본식 鐵砲를 노획·수용하였다. 또한 趙士楨에 의한 적극적인 건의 등으로 명 왕조 내부에서도 일본식 鐵砲에 대한 관심이 높아졌다. 그 결과 왕조 치하에서도 鍛鐵製의 크고 작은 鐵砲가 도입·제조되면서 鐵砲의 성능은 비약적으로 향상되었다. 더욱이 戰場이 되었던 조선에도 일본군 포로를 매개로 일본식 鐵砲가 전해졌다. 그때까지 활과 화살이 주요 병기였던 조선에 정예의 화기 기술이 이전되면서 17세기의 조선은 동아시아 유수의 鐵砲 제조·보유국이 되었다.

정예의 鐵砲를 대량으로 장비한 일본군과 풍부한 수량과 종류라고 자랑하는 화기를 장비한 明軍과의 대규모적인 火器戰爭이었던 壬辰倭亂이、동아시아의 火器技術交流를 활성화시켜、技術水準을 飛躍的으로 향상시키는 계기가 되었다. 壬辰倭亂에서 日本軍의 鐵砲使用은 17세기 동아시아변혁에 적지않은 影響을 미쳤다고 생각한다. 16세기말에서 17세

---

14) 稻葉岩吉,「朝鮮孝宗朝에 於ける 兩次의 滿洲出兵에 就いて(上)·(下)」(『靑丘學
  叢』16·17、1934年)、宇田川前揭『東アジア兵器交流史의 硏究』、春名前揭
  「アジアにおける 銃과 砲」、參照。

기에 동아시아 주변에서 일어난 빈번한 전쟁은 동아시아 제세력에게 고
도의 火器技術을 가져왔다. 17세기 동아시아세계는 이러한 고도의 火器
技術을 적극적으로 受容·導入한 제세력에 의한 새로운 秩序体制確立의
시대였다고 말할 수 있다. 그리고 18세기 동아시아세계는 이들 諸勢力에
의해 안정된 支配体制下레서 平和의 時代로서 위치시킬 수 있다. 이러한
平和의 시대의 도래는 동시에 「軍縮의 時代」를 가져오기도 했다. 本美
緖氏에 의하면, 17세기후반 이후의 도아시아에서는, 국제적상업활동이
침체되고, 이에 동조하여 火器技術의 刷新과 火器의 製造도 침체화되는
「軍縮의 時代」가 도래했다. 「軍縮의 時代」는 동아시아의 火器技術革新
을 정체시켜, 그 결과 19세기에는 동아시아와 歐米諸國과의 火器技術의
差는 현저하게 되었다고마라할 수 있다.[15] 16세기말～17세기에 동아시
아軍事革命의 시대의 도래와、그 후에 18세기의 「軍縮의 時代」가 도
래했지만, 19세기 유럽세력에 의한 동아시아진출의 시대를 초래하는 원
인이 되었고, 近現代 동아시아 세계의 역사전개에 커다란 영향을 미쳤던
것이다.

※ 그림의 出典
<그림 1> : 洞富雄『鐵砲』, 思文閣出版, 1991.
<그림 2> :『四庫禁燬書叢刊』子部 29, 北京出版社, 2000.
<그림 3> :『玄覽堂叢書』初集 18, 正中書局, 1981.

---

15) 岸本前揭,『東アジアの「近世」』、65頁。

〈토론문〉

일본군의 선박과 무기의 과학적 검토

변 동 명*

임진왜란을 통해 전파된 일본의 新式 '鐵砲'가 동아시아 특히 명나라의 火器 제조 및 그것을 이용하는 전술 능력의 향상에 큰 영향을 끼쳤음을 살핀 논문이다. 임진왜란이라는 대규모 국제전이 명과 조선에 일본식 철포를 전파 보급시킴으로써 동아시아에서의 화기 기술교류를 촉진하였으며, 그리하여 두 나라 특히 明에서 화기 제조기술의 수준이 비약적으로 향상되고 더욱이 화기를 조작하는 능력 및 그것을 이용하는 전술이 발전하는데 크게 기여하였음을 피력하였다.

鐵製鍛造 鐵砲 제작기술의 선진성 내지는 그처럼 제작된 일본의 신식 鍛鐵製 鐵砲가 지니는 우월한 성능 가령 連發耐久性이나 혹은 命中正確度 및 射程距離 등에서의 우수성을 지적하며, 또한 철포를 조작 운용하는 능력 특히 세계 최초로 개발하여 실전에 적용한 輪番 사격전술의 중요성을 강조하는 등, 화기제조 및 그 조작운용의 역사에 대한 필자의 깊은 식견이 잘 드러난 논문이다. 나아가 그러한 것들이 임진왜란을 계기로 보급 전파되어 17세기 동아시아 세계의 변혁에 적지 않은 영향을

---

* 전남대학교

끼쳤다는 결론에서 알 수 있듯이, 동아시아에서의 문물교류와 그 역사적 의미를 추구하려는 쿠바 선생의 높은 안목을 접할 수 있는 좋은 기회이기도 하였다.

임진왜란에 의해 일본식 철포가 조선과 명에 전파 보급되어 이후 두 나라의 화기발달에 영향을 끼쳤다는 논지에는 이의가 있을 수 없다. 일본식 철포나 혹은 이 논문에서 주로 다룬 명나라의 화기발달사를 모르는 문외한으로서, 무언가 논평을 가할 만한 처지는 더욱 아니다. 다만 적임은 아니로되 논평자로 지정된 의무감에서, 나아가 이 글을 통해 안목을 넓힐 수 있었던 학은에 보답하는 의미에서 한두 가지 궁금했던 점을 문의하고자 한다.

우선, 제목에서 주는 인상과 실제 서술된 내용에서 차이가 나는 듯하여 다소 당황스럽다. 아마도 요청 받은 주제를 필자의 주요 관심사에 맞추어 논의를 전개하다 보니 나타난 현상인 듯싶거니와, 주요 내용은 '임진왜란을 통한 일본식 鍛鐵製 철포의 明으로의 전파 보급 및 그 영향' 정도가 아닌가 여겨진다. 또한 조선의 경우는 본문에서 거의 다루지 않았음에도, 갑자기 결론에서 "조선에도 일본군 포로를 매개로 일본식 철포가 전해졌다. 그때까지 활과 화살이 주요 병기였던 조선에 정예의 화기 기술이 이전되면서 17세기의 조선은 동아시아 유수의 철포 제조·보유국이 되었다"고 언급하여 어리둥절하다. 사실의 옳고 그름을 떠나, 본문에서 논의되지 않은 사실이 불쑥 제시되어 돌출적이라는 느낌을 지울 수가 없다.

둘째, 일본군의 선박에 관해서는 한 단락의 간략한 언급에 그치고 말아 아쉽다. 결과적으로 임진왜란의 승패가 海戰에서 갈린 셈이며, 따라서 수군의 戰艦이나 艦載武器의 과학적인 검토도 또한 중요한 것으로 여겨지는데, 차후에 따로 검토할 예정인지 여부를 문의 드리고 싶다. 아울러 당시 일본측에서 해전을 중시하지 않았다고 하였는데 그 이유는 무엇이었으며, 임진왜란 시기 일본 수군의 戰力을 조선 수군의 그것과 비교한다면 어떠했던 것으로 판단하는지 궁금하다.

셋째, 이 글에 의하면 임진왜란 당시 일본의 철포가 新式 高性能임은 鍛造 鐵製라는 점에 기인하였던 것으로 여겨지는데, 그러한 철포 제조기술은 일본에서 개발한 것인지 아니면 서양에서 유래한 것인지, 만약 서양에서 유래한 것이라면 중국에서도 '단조 철제'의 제조방식을 알았을 법한데 明의 철포는 '鑄造 銅製'의 것 외에는 없었는지 궁금하다. 아울러 鍛鐵製 日本式 鐵砲가 이후 지속적으로 개량 발전되어갔는지, 발전되어 갔다면 그것을 서양에서의 개인화기 발달과 비교해 볼 필요는 없는지, 반대로 개량되지 않았다면 그 이유는 무엇인지, 德川 幕府의 단속 내지 전쟁 없는 평화의 지속 때문이라는 것 말고 혹시 철포 조작상의 불편 예컨대 신속한 재장전이나 연속발사에서의 어려움과 같은 이유에서 더 이상의 개량 발전이 중단된 것은 아닌지 문의 드린다.

넷째, 논의 구조상 그럴 수밖에 없는 측면이 있기는 하지만, 단철제 일본식 철포의 고성능이라는 측면에 너무 집중한 것은 아닌지 의문이 들기도 한다. 가령 벽제관 전투 이후 명에서 일본군의 철포에 대해 진지한 대응을 하지 않을 수 없게 되었다고 하여, 마치 이여송의 벽제관 패배의 주원인이 일본군의 철포에 있었다는 느낌을 주는 표현과 같은 것이 그러하다. 당시 명군이 벽제관에서 패한 주된 이유는 일본군의 매복전술에 대비하지 못한 데 있었던 게 아닌가 싶거니와, 임진왜란에서 철포의 중요성을 도외시해서는 안 되지만 그렇다고 하여 모든 것을 그것과만 연관시키는 데에도 못지않게 주의를 할 필요가 있을 듯 여겨지는 것이다. 또한 그와 관련하여 일본군이 철포를 대량으로 갖추었다는 표현이 나오는데, 임진왜란 당시 일본군의 몇 퍼센트나 철포로 무장하였는가도 궁금하다.

마지막으로, 강조 어법의 결과인 듯싶거니와 다소 과한 표현도 때로 눈에 띈다. 벽제관 전투에서 '이여송의 주력부대를 거의 괴멸시켰다'든지, 혹은 '數人'의 포로 출신 왜군과 함께 나타난 劉綎을 두고 '휘하의 眞倭 다수와 함께'라 서술하였던 것 등이 그러하다.

질문이 아니고, 사족 하나를 덧붙이겠다. 전쟁을 문물교류의 장이나 혹은 과학발전의 계기로 받아들이다가 무의식중에 빠질지도 모를 함정이 그것이다. 두 말할 나위도 없이, 국제적인 교류나 과학의 발전 혹은 정치사회적 변혁과 같은 것은 전쟁을 통하지 않고도 얼마든지 가능하다. 그럴 리야 없겠지만, 전쟁에 으레 따르게 마련인 강제적 접촉의 결과에 지나지 않은 교류의 성과에 너무 심취한 나머지, 전쟁의 파멸적 위험성을 도외시해서는 안 된다는 점을 거듭 환기했으면 하는 마음이다.

〈일본어 원문〉

日本軍の船舶と武器の科学的検討
－日本軍의船舶과武器의科學的檢討－

久芳 崇(KUBA Takashi)*

緒言

　1592年よりはじまる壬辰倭亂(万暦朝鮮役、文祿·慶長の役)では、日本軍の兵器、なかでも16世紀において最新鋭とされる鐵砲(火縄銃。当該時期の朝鮮·明朝では、「鳥銃」「鳥嘴銃」「鳥鎗」等と呼称される)や日本刀が日本軍の主要兵器として威力を発揮した。こうした日本軍の武器使用は、当該時期の明朝を中心とする東アジア世界の情勢に如何なる影響を及ぼしたのであろうか。本報告では、主としてこれまで公にしてきた拙論での考察に基づいて、[1]　かかる点について若干の卑見を示してみたい。

---

 * 西南学院大学
 1) 拙稿,「16世紀末、日本式鐵砲の明朝への伝播」(『東洋學報』84　1、2002年)；同,「朝鮮の役における日本兵捕虜」(『東方學』105、2003年)；同,「明末における武官統制と火器技術受容」(『歴史學研究』823、2007年)；同,「明代中國における鐵砲の伝來と導入」(『七隈史學』9、2008年)；同,「明末における新式火器の導入と京營」(『九州大學東洋史論集』36、2008年)、等参照。

1. 壬辰倭亂における日本軍の船舶と鐵砲

　1592年4月、日本軍は朝鮮へ軍を派兵すると、半月程で漢城(ソウル)を陥落させた。それは、陥落の報を受けた明朝廷に日本と朝鮮との密通を疑わせる程の異例の早さであった。こうした日本軍の緒戦における優勢は、日本軍と朝鮮軍との軍事兵器の格差によるところが大きい。なかでも日本軍が大量に装備していた鐵砲は、当該時期の東アジア世界における軍事技術の均衡を破る程の突出した性能を有しており、弓矢が主要兵器であった朝鮮軍を壓倒した。[2]

　一方、それとは對照的に、日本軍の船舶は、朝鮮軍のそれに對して苦戦を強いられた。当該時期の日本軍の船舶には、安宅船、關船、小早船などがあった。そのうち最も大型のものが安宅船で、海戦の際の主力となるものであった。また、關船は安宅船よりも小型も船舶で、その機動力を生かした偵察・戦闘が主な使用用途であった。小早船はさらに小型のもので、安宅・關船の補助的な役割を果たしていた。壬辰倭亂開戦当初、日本側は海戦を重視せず、船舶は輸送を主な目的としていた。また、輸送船を軍船として轉用する事例も多かったようである。さらに、基幹船舶である安宅船は、龍骨を用いぬ構造であったため、朝鮮軍の船舶に對して非常に

2) 壬辰倭亂における日本軍の鐵砲については、多くの研究の蓄積があるが、主なものとして、矢野仁一, 「支那に於ける近世火器の伝來に就て」(『史林』2 3・4, 1917年)；長沼賢海, 「元明に於ける火器と我が鐵砲」(『日本文化史の研究』, 教育研究會, 1937年)；有馬成甫, 『火砲の起源とその伝流』(吉川弘文館、1962年)；所荘吉, 『火縄銃(改訂版)』(雄山閣出版、1969年)；吉岡新一, 「文祿・慶長の役における火器についての研究」(『朝鮮學報』108、1983年)；洞富雄, 『鐵砲』(思文閣出版、1991年)、宇田川武久『東アジア兵器交流史の研究』(吉川弘文館、1993年)、等参照。

脆弱であったという。[3]　かかる状況や船舶の構造上の欠点が、緒戦におけ
る海上での劣勢・敗北の要因となり、以降の戦略決定などに少なからざる影
響を及ぼした。

　このように、壬辰倭亂では軍事技術が戦局に大きな影響を与えたといっ
てよい。そして、日本軍の軍事進攻の原動力となったのが鐵砲である。16
世紀中葉、ポルトガル人により種子島に伝えられた鐵砲（［図1］）は、戰
國時代の日本各地に急速に伝播・普及した。壬辰倭亂では、この鐵砲が
日本刀とともに日本軍の主要兵器として威力を發揮した。

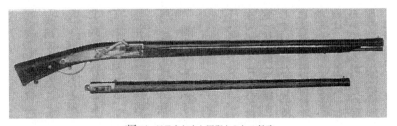

〈図1〉 種子島伝来と同型とされる鉄砲

　では、日本軍の鐵砲について、壬辰倭亂初期において兵部侍郞兼経
略防海禦倭軍務として明朝救援軍を統率した宋応昌は、当初どのように認
識していたのだろうか。宋応昌が経略在任期において記した奏疏・咨檄等を
年月順に收録した『経略復國要編』卷3「檄大小將領」（万暦20年［1592］1
1月16日）には、

　　　議攻戰之勢、説者謂、倭之鳥銃、我難障蔽、倭之利刀、我難架
　　隔。然我之快鎗、三眼鎗及諸神器、豈不能当鳥銃。倭純熟故称利、

---

3) 壬辰倭亂における日本軍の船舶については、參謀本部、『日本戰史 朝鮮の役』、
　偕行社、1924年）；渡辺世祐、「朝鮮役と我が造船の發達」（『史學雜誌』46　5、
　1935年）；有馬成甫、『朝鮮役水軍史』（空と海社、1942年）；三鬼清一郎、「朝鮮
　役における軍役体系について」（『史學雜誌』75　2、1966年）、等參照。

> 我生熟相半、故称鈍。原非火器之不相敵也。倭刀雖利能死人、我刀
> 雖稍不如、豈不能死倭哉。倭之所以能敢戰者、非緣一刀之故、其實
> 殊死戰也。

とある。すなわち、日本軍の「鳥銃」や刀は防ぎ難いと説く者があるが、
明軍の諸火器の威力もこれに劣るものではない。日本軍が手強いのは、
兵器の優劣ではなく兵士が火器の操作に熟練しており、また死力を盡くして
戰うが故であるというのである。経略に着任して間もなく、未だ日本軍の状
況を把握していなかった宋応昌は、当初緒戰における日本軍の勝利の理由
を日本式鐵砲の性能の高さよりも日本兵が鐵砲や刀の操作に熟練し、且つ
勇猛であったことに求めていたのである。
　しかし、翌万暦21年(1593)1月、平壤から碧蹄館にかけての實戰を
経て、彼は日本軍の鐵砲の威力を認識するようになる。同書卷5「與參軍鄭
文彬趙如梅書」(万暦21年1月14日)には、

> 倭奴鳥銃甚利。… 我先以大將軍砲挑擊之、彼必以鳥銃抵。我俟其
> 放盡、方以大兵進之、必獲全勝矣。

とあり、また、同書卷6「與參軍鄭同知趙知縣書」(万暦21年2月1日)にも、

> 我之火器固利、而彼之鳥銃亦足相当。如初角之時、当先施我火
> 器、佯欲進兵、實且未進、誘其放盡鳥銃、然後一鼓下之、無難也。

とある。すなわち、日本軍の鐵砲は極めて性能が高く、これに對抗する
ためにはまず大型火器で挑發して鐵砲を打たせ、相手の彈が盡きれば攻
擊を加えるべきであると指示している。彈が盡きるまで待つという消極的な戰
術は、明軍が裝備する鐵砲の性能が日本軍の新式鐵砲に對して遜色があ
り、明軍が正面から對することが困難であったことを示すことになろう。
　日本軍の鐵砲は、野戰、守城などのあらゆる戰闘状況においてその威

力を發揮した。特に前者の代表ともいえる万暦21年（1593）1月の碧蹄館で
の戰鬪では、その前年、中國西北部寧夏における哱拝の亂を鎭壓した
後、明軍提督として實戰の總指揮にあたった總兵李如松の主力部隊をほぼ
壞滅させた。この戰鬪について、明軍には火器を用いた戰術を得意とする
浙江の兵が加わらず、李如松子飼いの騎馬軍がその主體であったこと、
直前の平壤での戰勝によって李如松に油斷があったことなどがその敗因で
あるともいわれるが、4)　　明軍はこの戰いを契機に日本軍の兵器、特に鐵砲
に對し眞劍な對応に迫られたのである。

2．壬辰倭亂における明軍の鐵砲

　それでは明軍は、壬辰倭亂に際しどのような火器、特に鐵砲を裝備して
いたのであろうか。『経略復國要編』によれば、万暦20年（1592）9月から11
月にかけて、宋応昌は次のような一連の檄文・上疏・軍令を記している。

　① 中國長技惟製火器爲先。倭奴入犯、以不容登岸爲上。各該地方原
　　　設有車載大將軍、虎蹲、滅虜、湧珠、馬腿、鳥嘴、仏郎機、三
　　　眼等項。銃砲俱称神器。（卷1「檄天津永平山東遼東各兵巡分守等

---

4) 壬辰倭亂における戰鬪の詳細については、德富猪一郎、『近世日本國民史・豊臣氏
　　時代(丁編)・(戊編)・(己編)』(民友社、1921　1922年) ；石原道博、『文祿・慶長の役』
　　(塙書房、1963年) ；中村榮孝、『日鮮關係史の研究(中)』(吉川弘文館、1969年) ；李
　　光濤、『朝鮮「壬辰倭禍」研究』(中央研究院歷史語言研究所、1972年) ；李烱錫、『壬
　　辰戰爭史(上)・(中)・(下)』(東洋図書出版、1977年) ；鄭樑生、『明・日關係史の研究』
　　(雄山閣出版、1985年) ；北島万次、『豊臣政權の對外認識と朝鮮侵略』(校倉書房、
　　1990年) ；同、『豊臣秀吉の朝鮮侵略』(吉川弘文館、1995年) ；金文子、「豊臣政權期
　　の日・明和議交渉と朝鮮」(『お茶の水史學』37、1993年)、等參照。

十二道」万暦20年9月28日）

② 火器如大將軍、虎蹲、馬腿、滅虜、湧珠、鳥嘴、仏郎機、三眼等
　銃砲、倶係常用器物、不難造集。見今旧有若干、新造若干、分發
　防守。如不足用、動支馬價銀、速行製造。（巻2「経略海防事宜疏」
　万暦20年10月12日）

③ 各様火器、如虎蹲、湧珠、馬腿、鳥嘴、仏郎機、三眼銃及車載大
　將軍等砲、見在各若干又新製及旧造堪用、可称神器。（巻2「檄遼
　東張總兵」万暦20年10月14日）

④ 破敵、必資利器。而勁弓、銃矢、火藥、火箭、三眼鎗、快鎗、鳥
　銃、長鎗、飛鎌、標鎗、鉤刀、仏郎機等物、即所以攻也。（巻3「
　議題水戦陸戦疏」万暦20年11月15日）

⑤ 銅鐵大將軍、仏郎機、滅虜砲、虎蹲砲、百子銃、三眼銃、快鎗、
　鳥鎗、倶要將官、督同中軍千把百總、逐一細加試驗。（巻3「軍令
　三十條」万暦20年11月30日）

　こうした史料からみて、壬辰倭亂当初において準備された明軍の火器は
大將軍砲（明初の火器の形式の流れを汲む先込め式の大型砲）、虎蹲砲
（同小型砲）、仏郎機砲（16世紀にポルトガル人により伝えられたカートリッ
ジ式後裝砲）といった各種大砲、鳥銃（鐵砲）、三眼銃、火箭等の類であっ
たことが確認できる。つまり①～⑤の史料から、明軍が伝統的な大型火器
や仏郎機砲の他、鐵砲などの小型火器も裝備していたことがわかる。

　ところが、『経略復國要編』においては、史料⑤を最後に明軍が鐵砲を
裝備し、實戦で活用したことを示す記事が一切あらわれなくなり、それと相
反して前述の如き日本式の鐵砲の威力に關する記事があらわれるようになる
のである。このことは、明軍の鐵砲が日本軍の鐵砲の前には殆ど無力で
あったことと關連するであろう。壬辰倭亂において明軍の裝備した鐵砲が日

本軍の新式鐵砲の優れた性能に對抗しえず、その存在意義を失っていったことを窺わせるのである。宣教師ルイス·フロイスも、その著書『日本史』のなかで、明軍の鐵砲について、「彼ら(明軍)の鐵砲は、どのように發射されるのか不可解である。というのは、無數に發砲した後も、そのための死傷者が一人も出なかったからである」と述べており、明軍の鐵砲の性能を示唆している。

そもそも中國において鐵砲は、16世紀中葉に伝來していた。ただし、その初伝は諸說あり明確ではない。これは、明代の史料において既に諸說が存在することに起因している。その諸說を整理すれば、もともと中國に起源があるとする說、「南夷」·「西番」(ヨーロッパ)に起源があり、彼らを介して明朝に伝來したとする說、日本経由で明朝に伝來したとする說に大別される。鄭若曾『籌海図編』(嘉靖41年 [1562] 成立)巻13「経略」に、

> 予按鳥銃之製、自西番流入中國。其來遠矣。然造者多未盡其妙。嘉靖二十七年都御史朱紈、遣都指揮使盧堂、破双嶼港賊巢、獲番酋善銃者。命義士馬憲製器、李槐製藥。因得其伝而造作、比西番尤爲精絶云。

とあり、当初ポルトガルからその製法が伝來したが精妙に模造できず、次に嘉靖27年(1548)、密貿易の據点となっていた寧波付近の双嶼港を明軍總兵盧鏜(「盧堂」)ら明軍が攻撃した際、倭寇側より獲得した鐵砲、及び捕虜となった日本人を通して鐵砲が伝來したというのが有力な說となっているようである。[5] 嘉靖『定海縣志』巻7「海防」にも、

---

5) 明代中國における鐵砲の伝來については、矢野前掲,「支那に於ける近世火器の伝來に就て」; 吉田光邦,「明代の兵器」(藪内清 編,『天工開物の研究』, 恒星社厚生閣、1953年); 和田博德,「明代の鐵砲伝來とオスマン帝國」(『史學』31 1·4、1958年); 有馬前掲,『火砲の起源とその伝流』、Joseph Needham, Science and civilisation in China, Vol.5 : Chemistry and chemical technology, Pt.7 : Military technology ; The gunpowder epic, Cambridge University Press, 1986 ; 洞前掲,『鐵砲』; 王兆春,『中國火器史』(軍事科學出版社、1991年); 春名徹,「ア

　　　總兵盧鏜、攻破雙嶼、得寇鳥嘴銃與火藥、方其伝遂廣。

　とあり、雙嶼攻撃の際、鐵砲を鹵獲した盧鏜により鐵砲が明朝に廣まったという。

　以降、明朝では、鐵砲は倭寇より伝來したとする見方が有力となってゆく。隆慶〜万暦初期に成立した戚継光(倭寇討伐や北方防衛に赫々たる功績をあげた武將)の『練兵實紀雜集』卷5「軍器解・鳥銃解」には、

　　　此器中國原無伝、自倭夷初得之。此與各色火器不同、利能洞甲、
　　　射能命中、弓矢弗及也。

　とあり、「倭夷」からの鐵砲の伝來を伝えている。また、侯継高 『全浙兵制考』 卷1にも、

　　　嘉靖三十五年 … 八月、總督胡侍郎搗沈家庄 … 總兵盧鏜擒賊酋
　　　辛五郎等。五郎善造鳥銃、今之鳥銃自伊伝始。

　とあり、嘉靖35年(1556)8月、盧鏜によって擒獲された日本人辛五郎が鐵砲の造作に通じていたため、彼を介して鐵砲の製造技術が明朝へ伝來したとする、より具体的な鐵砲伝來像が提示されている。なお、この辛五郎については、『明史』卷205「胡宗憲伝」に、

　　　會盧鏜亦擒辛五郎至。五郎者、大隅島主弟也。

　とある。ただし、この辛五郎が明朝における鐵砲の製造にどの程度關

　　ジアにおける銃と砲」(荒野泰典・石井正敏・村井章介編、 『アジアのなかの日本史Ⅵ』、東京大學出版會、1993年)；李洵、「明代火器的發展与封建軍事制度的關係」(『下學集』、中國社會科學出版社、1995年)、閻素娥「關于明代鳥銃的來源問題」(『史學月刊』1997 2、1997年)；岸本美緒、『東アジアの「近世」』(山川出版社、1998年)、等參照。

与したのかについては、未詳である。

　その他、ゴンサーレス・デ・メンドーサ『シナ大王國誌』第2部1卷25章には、万暦3年(1575)、福建における状況として、

　　　ビレイ(巡撫)は一行のもとにひとをつかわして、エスパニャの軍
　　　人が帯びていた剣を一振りと火縄銃を一挺、それに火薬壷一個を借
　　　用したい、それらをまねて制作してみたいからと要請した。そこ
　　　で軍人たちはこれを送ってやった。あまり精巧ではないが、それ
　　　を模造したということをあとで聞いた。

とあり、福建でのスペインを介した鐵砲の伝來と模造とを伝えている。

　16世紀中葉、主として倭寇など海外諸勢力との交流が活發であった沿
岸諸地域において、共時的・多元的に伝えられた鐵砲は、早くも王朝傘下
において大量に製造された。万暦『大明會典』卷193「軍器軍裝二・火器」に
は、嘉靖37年(1558)、明朝の火器製造機關である兵仗局で1万挺の鐵砲
が製造されたことが記されている。

　以降、鐵砲は、戚継光らによって積極的に導入され、仏郎機砲など他
の火器とともに對倭寇・モンゴル防衛に活用されたようである。『紀效新書』
や『練兵實紀』など、彼の一連の著作の記述からは、戦術のなかで鐵砲が
重要視される16世紀後半の状況が看取される。

　以上みてきたように、16世紀中葉以降、明朝では鐵砲が大量に製造され
た。そしてこれら明朝の鐵砲は、壬辰倭亂においても明軍武將らによって裝
備・活用されたのである。では、壬辰倭亂で明軍が使用した鐵砲は、如何
なるものであり、日本軍の鐵砲と比較して具体的に如何なる点において劣っ
ていたのであろうか。かかる点について、洞富雄氏は、明朝の鐵砲研究家
であった趙士楨(詳細は後述)の『神器譜或問』(万暦27年［1599］序)に、

　　　近日大小神器、易銅爲銕、舍鑄務鍛。

とあり、また明軍の京營（在京の禁軍組織）の武將であった何良臣『陣紀』（万暦19年 ［1591］ 序）卷2、技用の條に、

鳥銃出外夷、今作中華長技。… 但不敢連放五七、銃恐內熱火起、且慮其破。惟倭銃不妨。

とあることから、明朝の鐵砲製造法が16世紀末に銅の鑄造から鐵の鍛造へと移行したこと、壬辰倭亂において明軍が使用した鐵砲は鑄銅製であり、5・6發も放てば熱を帯び破裂の危險性があるのに對し、鍛鐵製の日本の鐵砲はその心配がなかったことを指摘している。[6] 『陣紀』が述べるように、明朝の鐵砲は連發耐久性に劣っていたが、このことは命中精度や射程距離にも影響を及ぼしたであろう。すなわち連發耐久性はもとより、命中精度・射程距離などの性能においても、鍛鐵製の日本の鐵砲は、鑄銅製の明軍の鐵砲に勝っていたであろう。ただし洞氏は、なぜ16世紀末に鐵砲の製造法が銅の鑄造から鐵の鍛造へと変わったのかについては触れていないが、おそらく壬辰倭亂以後、朝鮮王朝において日本式鐵砲の導入が進んだのと同様に、明朝においても壬辰倭亂において日本軍から獲得した鐵砲を通じて新式の鍛鐵製鐵砲が導入されていったためと想定される。

こうした鐵砲の性能の立ち遅れに直面して、明軍武將らは戦闘の過程で日本軍の鐵砲を、日本刀や捕虜と共に積極的に獲得していった。『宣祖實錄』卷48、宣祖27年（1594）2月己巳の條に、朝鮮備辺司の啓として、

前日各陣所得鳥銃、皆送於元帥處、太半爲応索天兵之資。今後戰陣所得鳥銃、無得濫費、一一收拾、各陣軍士逐日學習、漸次成才。

とある。すなわち、從來朝鮮軍が獲得した日本軍の鐵砲は、みな明軍の要求に応じて「元帥」（李如松）のもとに送られていたが、以後獲得した鐵

6) 洞前掲,『鐵砲』、276〜282頁。

砲は、つとめて自陣に保全し兵士に給付して訓練させ熟達をはかれというのである。このように朝鮮が日本軍から獲得した鐵砲は、朝鮮軍によって活用されただけではなく、明軍側の要求によって相当數が明軍武將らのもとに送られていたと考えられる。また、『經略復國要編』卷7「叙恢復平壤開城戰功疏」(万曆21年 [1593] 3月4日)には、平壤から開城にかけての緒戰における日本軍からの鹵獲品の記述として、

> 斬獲倭級一千九百七十級夥、生擒酋首五名、奪獲倭馬三千三十二匹、倭刀、鳥銃、盔甲等器六百三十件。

とあり、明軍が戰役当初から多數の鐵砲や日本刀を獲得していたことが確認できる。

このようにして明軍武將らが積極的に獲得した日本軍の鐵砲のうち、その一部は、壬辰倭亂終結後の万曆27年(1599)4月、北京で擧行された「獻俘式」(皇帝への捕虜獻納儀礼)[7] に先驅けて行われた「獻獲式」の際、長安街に戰利品として陳列された。この「獻獲式」の模様を記した張大復「東征獻獲記」(黃宗羲編『明文海』卷352、記、所收)の一部には、

> 麻將軍以俘獲獻天子。天子命金吾、繫鹵人、而陳所獲鎧甲、兜鍪、旌幟、器械之屬、長安街上、令吏民縱觀之。… 旗之左右車、各五七輛。所載皆銅銃、鳥銃、鉛錫銃。

とある。すなわち、倭亂終結後、明軍提督麻貴は、日本兵捕虜とともに鹵獲品を明朝皇帝万曆帝に獻上した。万曆帝はそれら鹵獲品を長安街上に

---

7) 壬辰倭亂終結後の1599年4月、北京紫禁城午門において開催された獻俘式、及びそこで明朝皇帝万曆帝に獻納された平秀政、平正成、要時羅ら61名の日本兵捕虜の詳細については、拙稿前揭、「朝鮮の役における日本兵捕虜」、同,「明朝皇帝に獻納された降倭」(追悼論叢編集委員會編、『山根幸夫教授追悼記念論叢 明代中國の歷史的位相(下卷)』, 汲古書院、2007年)、參照。

陳列させたが、そのなかには日本軍から獲得した鐵砲が含まれていたというのである。この史料からも明軍による日本式鐵砲獲得の状況を看取することができる。

3. 壬辰倭亂後の日本式鐵砲の伝播

　壬辰倭亂以降、朝鮮王朝では降倭を介した日本式鐵砲の導入が急速に進んだ。かかる点については、中村榮孝・宇田川武久等の諸氏による先行研究によりこれまでに詳細に檢討・解明されている。[8]　一方、明朝においてはどうであっただろうか。以下、檢討してみたい。

　万暦26年(1598)8月の豊臣秀吉の死によって壬辰倭亂が最終的に終結するまで、明軍武將らによって鹵獲された日本軍の鐵砲は相当数に上ったと考えられる。こうした明軍武將らによる積極的な日本式鐵砲の獲得・收集は、彼らの軍事力強化の一環であった。鹵獲された多くの日本式鐵砲は、同じく捕虜とされた多くの日本兵とともに明軍各武將らのもとで戰力とさ

---

8) 壬辰倭亂における日本兵捕虜(降倭)については、德富猪一郎、『近世日本國民朝史・豊臣氏時代庚編桃山時代概觀』(民友社、1922年)；中村前掲、『日鮮關係史の研究(中)』；內藤雋輔、『文祿・慶長役における被擄人の研究』(東京大學出版會、1976年)；北島万次、『朝鮮日々記・高麗日記』(そしえて、1982年)；同、『壬辰倭亂と秀吉・島津・李舜臣』(校倉書房、2002年)；同、「壬辰倭亂における降倭の存在形態」(『歷史評論』651、2004年)；宇田川前掲、『東アジア兵器交流史の研究』；貫井正之、『豊臣政權の海外侵略と朝鮮義兵研究』(青木書店、1996年)；丸山雍成、「朝鮮降倭部將「沙也可」とはだれか」(廣瀬正俊編、『大藏姓原田氏編年史料』、文獻出版、2000年)；村井章介、「慶長の役開戰前後の加藤清正包圍網」(『韓國朝鮮文化研究』10、2007年)等參照。また、朝鮮王朝における日本兵捕虜を通じた鐵砲の受容については、中村前掲、『日鮮關係史の研究(中)』、及び宇田川前掲『東アジア兵器交流史の研究』に詳しい。

れ、壬辰倭亂終結後における中國各地の軍事活動で利用された。例え
ば、『平播日錄』(著者不詳、万曆28年〔1600〕10月後付)には、

> 劉總兵衣短衣、率親兵眞倭數人、各挾鳥銃、雜戎行立城下。城上
> 賊欲發弩、纔越女墻見半面、而矢已先及之矣。賊始不知。已一賊大
> 呼曰、劉總爺至矣。衆賊轟然奔散。

とある。壬辰倭亂終結後の万曆28年(1600)3～4月にかけて、朝鮮から
中國西南部四川播州での土司楊応龍の亂鎭壓に轉戰した明軍總兵の劉綎
が、麾下の「眞倭」(劉綎が壬辰倭亂において捕虜として麾下に編入した日
本兵)數人とともに鐵砲を携えて楊応龍軍の城塞に突入したことを伝えてい
る。楊応龍の亂鎭壓の際、明軍を指揮した總督李化龍の『平播全書』卷三
「奏議·二報捷音疏」には、

> 據總兵劉綎呈称 … 至初一日丑時、楊朝棟等果先來犯。本職親率官兵、
> 幷各家丁、日本降夷達子、與賊大戰。從寅至午。三路夾攻、幸收全捷。

とあり、劉綎麾下に「日本降夷」と称される日本兵が存在したことが知ら
れる。彼らは壬辰倭亂で明軍武將の捕虜となり麾下に收容された後、鐵砲
の使い手として活用されたのである。
　また、趙士楨『神器譜』卷1「防虜車銃議」には、壬辰倭亂終結後の遼東
の狀況について、

> 近日退虜、亦不過日本鳥銃。

とあり、女眞やモンゴルとの對戰においては「日本鳥銃」が大きな威力を
發揮すると述べている。同書卷4「說銃六十九條」に、

> 西洋幷倭鳥、必須歲月學習、方能到家。諸銃不須一月專心、便能
> 打放。向敎家人西洋及倭鳥銃、一歲不成。

とあるように、日本式鐵砲の操作に熟達するためには一年以上の修練が必要であったとされる。ゆえに壬辰倭亂で明軍の捕虜となった日本兵は、熟達した鐵砲の使い手として明朝内での軍事活動において活用されたのである。

　日本兵捕虜は、鐵砲の操作のみならず、鐵砲を利用した戰術の伝播の普及にも貢獻した。『神器譜』卷1「防虜車銃議」には、壬辰倭亂終結後の遼東義州の狀況について以下のように記している。

　　　朝鮮撤回之兵、留防義州者、不滿千人。斫斧破欠、身無片甲。適虜万余、倅薄城下、以火器更番擊打。醜類被傷者、以千計、不敢深入而走延綏。報讐之虜、苟非降倭鳥銃打傷酋首、其流毒又不知何若。

　壬辰倭亂後、遼東の義州には朝鮮から撤回してきた明軍の部隊が駐屯していたが、その數は千名に滿たず、裝備する武器は破損し、鎧甲もない狀態であった。ところが、一万名以上の虜（モンゴル人）が義州に來寇した際、彼らは火器の「更番擊打」によってその襲撃を退けた。モンゴル側の負傷者は千名以上に上り、延綏方面に退却した。この際もし投降日本兵の「鳥銃」（鐵砲）が蒙古側の首領を負傷させなかったならば、その危害ははかり知れないものになったであろうというのである。ここにある「更番擊打」とは、戰國時代以降、日本で發達・普及し、日本軍が得意とした、數人一組となり鐵砲などの火器を交替に連續して一齊射擊する戰術である。裝塡から發砲までに時間のかかる鐵砲の弱点を補うべく編み出されたこの輪番による鐵砲の一齊射擊戰術は、織田信長が1575年の長篠の戰いで史上初めて披瀝し、三千名の鐵砲隊が武田騎馬軍を擊破したことで夙に知られる（ヨーロッパでこの戰術が採用されるのは17世紀以降といわれる）。その眞僞はともかく、壬辰倭亂の際において、明軍は日本軍のこの新奇な戰術に大いに惱まされており、こうした火器の使用法は大きな效果を發揮していた。例えば『経略復國要編』卷6「議乞增兵益餉進取王京疏」（万暦21［1593］年2月16日）に、

　　　倘倭奴用分番休迭之法、時出遊騎以擾我師、我師進不可退、不可
　糧餉。

とある。ここに記される「分番休迭之法」も射手の交替による鐵砲の連續
射撃の戰術を指し、明軍は日本軍によるこの戰術に苦慮したのである。ま
た、1638年に明朝で刊行された畢懋康『軍器図説』には、鐵砲の「輪流操
作図」が所收されている（［図2］）。17世紀明朝において、こうした鐵砲
の輪番射撃戰術が伝播したことが確認できる。

［図2］『軍器図説』

　　　また、李植『言事紀略』 巻5「奏爲
群奸結党謀害孤忠謹陳踪跡顚末等事」
によれば、万暦27年（1599）頃、遼東
巡撫の李植は遼河東西の城堡防備の
強化を図り、次のように上奏している。

　　臣慮城堡單弱難守。河東留南兵一
　千、分散遼瀋開鐵等城堡。貼防有不
　足、檄各路將領、選弱馬騎兵並步兵
　益之。又查給大砲火箭、使城守有
　資、各給降倭一二名、敎以射打。河
　西調發土兵營各數百、分散錦義正安
　等城堡。貼防有不足、查選各營步兵
　益之。火器鎗手、亦如河東。

　すなわち、遼東の各城堡は守備が脆弱であるため、遼河以東において
は、壬辰倭亂後に遼東に駐留する「南兵」（浙江の兵）千名を遼陽など各城
堡に配備し、それでもなお不足があれば周辺各將から兵馬を供出させて充
当する。また大砲や火箭といった火器を支給して防備強化を図り、同時に
日本兵捕虜1・2名を各々配備して射撃法など火器操作を指導させる。遼河

以西の火器に關しても同様に火器操作を教授させよというのである。このように、日本兵を媒介に火器操作の技術移轉が行われたのである。

　日本兵を介した軍事技術移轉の例は、鐵砲・火器に限定されるものではなかった。例えば、楊東明『靑瑣薈言』卷之下「救降夷山査疏」には、壬辰倭亂の過程で明軍の捕虜となり、明朝における劍術の普及に活用された山査という日本兵に關する以下のような記述がある。

> 爲降夷向化敎芸頗優、懇乞聖明電察、發回營伍、以廣招携事。臣等竊惟、克敵之方、在於精敵之技。而募兵之要、貴能用敵之人。精敵之技、則彼不得恃所長以乘吾之短。用敵之人、則吾可得結其心、而悉彼之精。故兵法不殺降卒、而因間用其鄕人。古名將類多如是矣。臣等往聞、倭刀最利、倭人運刀最銳。常恨不得其人而悉其術。頃者東征諸將帶回降倭、業已分布各邊收用。謝用梓往取王子陪臣、帶回一倭、名曰山査。本兵發付營中、令其敎演刀法。標下坐營官何良臣、具申總協及臣等衙門、俱蒙批允、立爲敎師、收入軍册月給倉糧兩月、以來軍士習學倭刀、精熟可用者百餘人。臣等私自喜幸、以爲得以用倭人而悉倭技矣。乃東廠緝事、人役誤以爲奸細擒之。夫京營十餘萬衆勿論也。

　すなわち、日本刀は非常に精銳であり、日本兵によるその操作も秀逸である。近年、壬辰倭亂に出征した武將たちは、降倭を麾下に帶領して各邊に收用した。謝用梓が朝鮮王子、及び陪臣を奪還した際、山査という一人の日本人を帶同してきた。彼は日本刀の運用に熟達していたため、營中においてその敎練に從事させた。明の京營坐營官何良臣は具申して、彼を日本刀操作の敎師として採用し、通常の倍の月餉を以て採用した。以降日本刀の運用を學習し熟達した兵卒は百名以上にのぼった。しかしその後、山査は、東廠により奸細との嫌疑から拘束されたというのである。日本刀の劍術が日本兵捕虜を媒介に明朝に伝播することを伝える具体的史料であるといえるだろう。

　また、王在晋『都督劉將軍伝』には、万暦46年(1618)頃、当時江西布政使として南昌に駐在していた王在晋が、同じく革職され南昌に蟄居していた武將劉綖のもとを訪問した際のことを記した、以下のような記述がある。

> 入中堂、閲倭刀、盔甲、及虜中器仗、靡不精利。畢具蒼頭、各自能鑄造、匠工不及也。… 其家丁則合南北倭苗夷虜、靡所不有。

　すなわち、劉綖麾下には南北の「倭」「苗」など多様な人々が「家丁」(武將子飼いの私兵)として存在しており、彼らが「倭刀」(日本刀)など多くの兵器を製造していた。「家丁」らが製造する兵器は極めて精妙であったというのである。劉綖麾下の兵器のすべてが、高度な製造技術を擁する異民族の「家丁」自身によって製造されていたという点は注目される。前述のように、劉綖は壬辰倭亂の際、明軍側の主要武將となった人物である。彼は壬辰倭亂の過程で日本兵を捕虜とし、「家丁」として積極的に自軍の傘下に編入していたが、その主因は日本兵の高度な戰鬪能力に加え、彼らの持つ高度な軍事技術の受容にあったものと考えられるのである。こうした点から鑑みて、日本兵捕虜が壬辰倭亂後の明朝における新式兵器の製造にも深く關与していたことが看取される。そして、製造されたそれら兵器には、鐵砲をはじめとする火器も含まれていたと想定することができよう。

　壬辰倭亂における日本軍との戰鬪は、東アジアの兵器技術の導入に大きな影響を及ぼした。壬辰倭亂後、高性能の鍛鐵製日本式鐵砲は、日本刀とともにその操作・運用に熟達した日本兵捕虜を通じて、様々な形で明朝に伝播し活用されたものと想定される。そして、その導入には、壬辰倭亂で捕虜となった日本兵が中心的役割を果たしたものといえる。

4．壬辰倭亂後の新式鐵砲の普及

　壬辰倭亂を契機として、日本式
鐵砲は、日本兵捕虜を媒介に、明
朝・朝鮮王朝において受容されてゆ
く。同時に明朝では、日本式鐵砲に
對抗・凌駕しうる各種高性能鐵砲に
對する關心も急速に高まりをみせるよ
うになる。

　壬辰倭亂当時、明朝の内閣文華
殿中書の職衙にあった趙士楨は、人
脈を驅使して諸外國の鐵砲を收集
し、またこれらをもとに新たな鐵砲を
開發・試作し、それらの導入をしばし
ば王朝に上奏・建議した。彼が提出

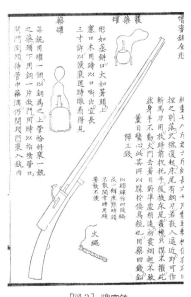

[図3]　嚕蜜銃

した火器關連の上奏文や各種鐵砲の解說は、『神器譜』として纏められ、明
代中國における鐵砲研究書として廣く知られるようになる。9)

　『神器譜』には、鐵砲に關する興味深い記事が多く收錄されている。例え
ば、同じ浙江出身で倭寇討伐に功績のあった明軍武將陳寅からは西洋番
鳥銃(ヨーロッパ式鐵砲)を入手し紹介している。その他、揭載される鐵砲
は、多種多樣であるが、なかでも趙士楨により高く評價され、のちの明朝
で導入が檢討されるようになるのが、16世紀中葉の嘉靖年間に伝來したと
いう嚕蜜銃と呼ばれる鐵砲である。

---

　9) 『神器譜』については、藤井宏,「神器譜の成立」(『岩井博士古稀記念典籍論集』、
　　 岩井博士古稀記念事業會、1963年)、参照。

噌蜜銃の伝來事情、及び趙士楨による入手の過程については、『神器譜』卷1「恭進神器疏」、及び同書卷2「原銃上」にその記述があり、また、和田博德氏による詳細な研究成果がある。10)　それらによれば、噌蜜銃は、噌蜜國(オスマン帝國)の使節が明朝へ來朝した際(おそらくは嘉靖33年 [1554])、使節の一員であった朶思麻という人物によりもたらされたものであった。朶思麻はそのまま明朝內に留まり、噌蜜銃も殆ど人に知られぬまま彼のもとに藏されていた。それから數十年後、趙士楨はこの銃の噂を耳にして彼のもとを訪ね、その製造方法を伝授されたという。

『神器譜』に記される噌蜜銃の具体的特徵として、おおよそ以下の諸点を擧げることができる。銃身は重さ6~8斤、長さ6~7尺の鍛鐵製(『神器譜』では「双層交錯法」と記される)。これは、同じく『神器譜』記載の西洋番鳥銃(重さ4~5斤、長さ6尺)や日本式鐵砲と比較して一回り大型のものといえる。そのため、射擊の際には銃架を必要とする。射程距離が長く、破壊力が大きく、日本式鐵砲と比較して數倍の威力があるという。構造上の特徵としては、肩つけ床尾、緩發式發火裝置などの点が擧げられる(日本式鐵砲は頬付け床尾、バネを用いた瞬發式發火裝置)。趙士楨は、噌蜜銃を破壊力・射程距離・操作性・品質など、あらゆる側面において最も優秀な鐵砲であると評価している([図3])。

『神器譜』に記載される多くの火器に對する朝廷の評価は不詳であり、明朝に採用されることもなかった。しかし、噌蜜銃だけは高い評価を受けたようである。『神器譜』卷1に所收される兵部署掌部事太子太保刑部尙書蕭大亨の題奏(「謹題爲恭進防辺奇器以張國威以省國用事」)には、

前所進噌蜜等銃、命中方寸、直透重甲、尤爲奇異。

とあり、また、同書同卷所收の趙士楨の「恭進神器疏」(万曆30年[1602])にも、

---

10) 和田前揭,「明代の鐵砲伝來とオスマン帝國」。

　　　近見巡按揚宏科極口、退虜全賴嚕蜜等銃。

　とあり、嚕蜜銃が王朝内で高く評価されていたことが知られる。

　以降、17世紀初期の明朝において嚕蜜銃は、日本式鐵砲と並ぶ鐵砲の主要モデルとして知られるようになり、ある程度普及していったものと思われる。特に、大型で破壞力があり、射程距離が長く守城戦などの際に効果的であったこと、不發が少なく操作性に優れた比較的簡易な構造の緩發式發火装置であったこと、鍛鐵製で堅強な銃身であったこと、從來の伝統的火器と比べ命中精度が高かったことなどが、その普及を促す要因となったものと考えられる。万暦37年（1609）成立の王圻『三才図會』器用七卷・兵器類の條には、嚕蜜鳥銃（嚕蜜銃）を載せて、

　　　鳥銃惟嚕蜜最遠最毒。又機昂起、倭銃雖伏筒旁、又在床下外、不
　　　便收拾。……此中書趙士楨得之朶思麻。

　とある。また、明末を代表する兵書である天啓元年（1621）成立の茅元儀『武備志』卷124「軍資乘・火六・火器図説三・銃一」にも、鐵砲のモデルとして、鳥嘴銃とともに嚕蜜鳥銃を取り上げ、『三才図會』とほぼ同文の記事を收錄している。17世紀前半に成立したこれら書物への嚕蜜銃の掲載は、趙士楨の建議以降、嚕蜜銃が大型鐵砲の一型式として明朝内で認知されつつあったことを示唆していよう。朶思麻から趙士楨へと製造技術が伝えられた嚕蜜銃は、明朝傘下の京營を中心とする火器製造工程を経て、相当量が製造されるとともに、茅元儀ら明末の軍事専門家により紹介されるに至ったものと想定される。

　その後、嚕蜜銃は、破壞力と高い命中精度とを兼ね備えた大型鐵砲として、實際に對女眞戦線で活用されたようである。天啓元年（1621）2月27日の徐光啓の上疏（「謹陳任內事理疏」）には、

　　　臣添請得戊字庫存貯鳥銃二千門、止是機牀、不堪咨取。工部料價
　　改換嚕密式、數月練習、小有炸損不過數門、亦不至傷人、其餘倶試
　　驗堪用。

　とある。すなわち、「戊字庫」(火器貯藏庫)に貯藏している鐵砲2000挺
は、使用に堪えないので、「嚕密式」に改造したところ、炸裂・暴發するもの
が少なく、使用に堪えうるものになったというのである。この「嚕密式」とは、
緩發式・鍛鐵製の大型鐵砲たる嚕蜜銃を指すものであろう。こうした大型の
鐵砲は、他に「大鳥銃」、或いは一般の小型の鐵砲と同様に「鳥銃」などと
總稱され、17世紀前半、明朝の對女眞防衛に活用され、遼東の要衝へと
配備された。『熹宗實錄』卷20、天啓2年(1622)3月庚戌の條には、

　　　工部將發過援遼軍需、自万暦四十六年起至天啓元年止總數開具以
　　聞、天威大將軍十位、神武二將軍十位、轟雷三將軍三百三十位、飛
　　電四將軍三百八十四位、捷勝五將軍四百位、滅虜砲一千五百三十
　　位、虎蹲砲六百位、旋風砲五百位、神砲二百位、神鎗一万四千四十
　　位、威遠砲十九位、湧珠砲三千二百八位、連珠砲三千七百九十三
　　位、翼虎砲一百一十位、鐵銃五百四十位、鳥銃六千四百二十五門、
　　五龍鎗七百五十二杆、夾靶鎗七千二百杆、双頭鎗三百杆、鐵鞭鎗六
　　千杆、鉤鎗六千五百杆、旗鎗一千杆、大小銅鐵仏郎機四千九十架。

　とあり、万暦46年(1618)から天啓元年(1621)にかけて、6425挺もの「鳥
銃」が工部から遼東へ送られたことを伝えている。また、『滿洲實錄』卷7に
は、天命6年(1621)、後金軍の攻撃に對し遼陽を守備する明兵の図が掲
載されるが、そこには數挺の鐵砲の図も描寫されている。その鐵砲の図に
は、いずれも銃架のようなものがみえる。大型のそれであろうか。こうした
守城用の鐵砲は、嚕蜜銃が利用された可能性がある。さらに、崇禎4年(1
631)の大凌河攻城戰において、女眞族勢力は明朝側の火器を大量に鹵獲
したが、そのなかには嚕蜜銃と思われる火器も大量に含まれていたとい
う。11) 趙士楨により製造技術が習得された新式火器が、京營を媒介にその

導入が檢討され、その後、明朝により正式に採用されて、對女眞戰線で配備・活用されたことが窺えるのである。

5. 17世紀東アジアの軍事革命

万暦47年(1619)のサルフの戰いでの敗退や、天啓元年(1621)の瀋陽・遼陽の陷落を承け、明朝では女眞族に對する軍事的脅威が急速に高まりをみせる。かかる脅威をポルトガルの新式火器で打破しようとしたのが、徐光啓を中心とするキリスト教徒の官僚らであった。かねてより火器の有効性を認識していた徐光啓は、当時ポルトガルの據点となっていたマカオで製造される高性能のヨーロッパ式火器導入を企図し、積極的に王朝に働きかけた。その結果、明朝は当時最精鋭の大砲であった紅夷砲をマカオのポルトガル当局から漸次買い付け、北京や遼東諸地域の軍事據点に配備した。なかでも、寧遠に配備された紅夷砲が、天啓6年(1626)の對女眞戰で大きな戰果をあげたことは、夙に知られている。こうした徐光啓らによるマカオのポルトガル当局を介した紅夷砲の導入については、これまでに多くの研究の蓄積がある。[12]

11)　楠木賢道,「天聰5年の大凌河攻城戰とアイシン國軍の火砲」(『自然・人間・文化－破壊の諸相』筑波大學、2002年)。

12)　17世紀における紅夷砲の東アジアへの伝播については、有馬前掲、『火砲の起源とその伝流』；張小靑,「明淸之際西洋火炮的輸入及其影響」(中國人民大學淸史研究所編、『淸史研究集』4, 四川人民出版社、1986年)；王兆春前掲、『中國火器史』；馬楚堅,「西洋大砲對明金態勢的改変」(羅炳錦・劉健明主編、『明末淸初華南地區歷史人物功業檢討會論文集』, 香港中文大學歷史學系、1993年)；張顯淸,「徐光啓引進和仿製西洋火器述論」(呉志良主編、 『東西方文化交流』、 澳門基金會、1994年)；黃一農,「紅夷砲與明淸戰爭」(『精華學報』新26 1, 1996年)；同,「天主教徒孫元化與明末傳華的西洋火器」(『中央研究院歷史語言研究所集刊』 67

　一方、この紅夷砲とともに、鐵砲もまた對女眞戰爭において明軍の最も有力な兵器となった。崇禎2年(1629)の徐光啓「破虜之策甚近甚易疏」には、對女眞對策について述べて、

　　　虜之畏我者二。丙寅以後始畏大銃、丙寅以前獨畏鳥銃。所獨畏於
　　　二物、謂其及遠命中故也。

とある。「丙寅」とは天啓6年(1626)、ヌルハチ率いる女眞軍と寧遠城を守る明軍武將の袁崇煥との攻城戰を指し、「大銃」とは紅夷砲を指す。すなわち、寧遠の戰い以前に對女眞作戰で最も大きな威力を發揮したのは鐵砲であり、それ以後紅夷砲が加わったというのである。壬辰倭亂以降における鐵砲が、17世紀明朝の主要兵器となったことが知られる。

　　　認識していることが知られる。また、同疏文に、

　　　虜多明光重鎧、而鳥銃之短小者、未能洞貫、故今之練習、宜畫
　　　敵爲的、專擊其手與目。又宜糾工急造大号鳥銃、至少亦須千門、
　　　可以洞透鐵甲。

とあり、徐光啓による鐵砲、なかでも大型のそれの高い評價を看取することができる。さらに、徐光啓「計開目前至急事宜」(崇禎2年 [1629] 頃)にも、

　　　凡守城除城威大砲外、必再造中等神威砲、及一号二号大鳥銃、方
　　　能及遠命中。…大鳥銃一時未得応手。見今城樓二廠所儲鳥銃、可
　　　作速整頓試驗、教練營軍、以助城守。

とあり、守城の際には、大砲などとともに高い命中精度と射程距離とを

　4、1996年)；岸本前揭、『東アジアの「近世」』；申東珪、「オランダ人漂流民と朝鮮の西洋式兵器の開發」(『史苑』61 1、2000年)；劉鴻亮、「明淸時期紅夷大砲的興衰与兩朝西洋火器發展比較」(『明淸史』2006 2、2006年)、等參照。

兼ね備える「大鳥銃」(大型鐵砲)が効果を發揮すると伝えている。

　泰昌元年(1620)以降、天啓〜崇禎年間にかけて、ポルトガル当局から多くの紅夷砲が明朝に導入された。しかし、それは紅夷砲に限らず、同時に鐵砲をはじめとする中・小型火器も數多く導入された。崇禎3年(1630)の徐光啓の上疏(「聞風憤激直獻芻蕘疏」)には、

> 計開、據原呈、除銃師自備外、応於廣中置買物件。一、鷹銃二百門、幷合用事件。一、鳥嘴護銃一千門、幷合用事件。一、西式籐牌五千面。

とあり、明朝がポルトガル当局から、「鷹銃」や「西式籐牌」といったこれまでにない新式兵器とともに鐵砲千挺を購入したことが知られる。また、同じく崇禎3年(1630)の徐光啓の上疏(「欽奉明旨謹陳愚見疏」)には、

> 先造成鷹嘴銃四十一門、鳥銃六十五門、共一百零六門。除先解三十門貯庫外、其七十六門見共營軍、日逐操演。續造鳥銃三百余門未完。

とあり、徐光啓による鐵砲模造の状況が看取される。「鷹嘴銃(鷹銃)」とともに製造されるこの「鳥銃」とは、旧來の鐵砲ではなく、マカオから新たに將來されたヨーロッパ式の鐵砲をモデルに製造されたそれを指すものであるといえよう。16世紀末以降發達した明朝の鐵砲製造技術が新式鐵砲導入に活用されたものと想定される。ちなみに、17世紀前半、マカオから將來されたヨーロッパ式の鐵砲が如何なるものであったか。また、日本式鐵砲との性能の優劣や相違は如何なるものであったか。かかる点については、後考に期したい。しかし、日本式鐵砲が16世紀中葉に種子島に伝來したものをモデルの一としていることを鑑みれば、17世紀のマカオで製造されたそれは、比較的高い性能を擁するものであると考えられよう。16世紀末の壬辰倭亂を契機とした日本式鐵砲の伝播が、17世紀明朝の火器技術發達の原

動力となったのである。

　戰場となった朝鮮にも日本兵捕虜を介して日本式鐵砲が伝えられた。16世紀末の壬辰倭亂以前において弓矢が主要兵器であった朝鮮に精銳の火器技術が移轉されたのである。その結果、17世紀において朝鮮王朝は東アジア有數の鐵砲生產・保有國となった。万曆47年(1619)のサルフの戰いにおいて、朝鮮王朝は明朝に對し都元帥の姜弘立ら1万3000名の援軍を派遣した。その中には壬辰倭亂で捕虜となった日本兵により構成された鐵砲隊3500名が含まれていた。[13] 明朝が朝鮮王朝の戰力、特に鐵砲隊に着目し期待していたことがうかがえる。また、17世紀中葉の淸代順治年間、シベリアに進出してきたロシア軍と黑龍江付近で軍事衝突した際、彼らの保有する火器に壓倒された淸朝は、順治11年(1654)、朝鮮王朝に對して鐵砲隊100名の援軍を要請した。朝鮮王朝は要請通り100名の鐵砲隊を派遣し、その結果、淸・朝鮮兩軍はロシア軍を退けた。さらに、順治15年(1658)にも淸朝は朝鮮王朝に對して鐵砲隊の援軍を要請した。朝鮮王朝は淸朝の求めに応じて200名の鐵砲隊を含む援軍を派遣し、鐵砲の威力でロシア軍を壓倒した。[14]　明淸兩朝によるこうした鐵砲隊派遣要請は、朝鮮王朝の鐵砲の性能の高さを物語るものである。

結語

　以上、16世紀末の壬辰倭亂における日本軍の鐵砲が後の明朝を中心とする東アジア世界に如何なる影響を及ぼしたのかについてみてきた。壬辰

---

13) 稻葉岩吉,『光海君時代の滿鮮關係』(大坂屋號書店、1933年)、參照。
14) 稻葉岩吉,「朝鮮孝宗朝に於ける兩次の滿洲出兵に就いて(上)・(下)」,『靑丘學叢』16・17、1934年);宇田川前揭,『東アジア兵器交流史の研究』;春名前揭,「アジアにおける銃と砲」、參照。

倭亂を契機に、明朝や朝鮮など東アジア世界では、日本式鐵砲が伝播・普及する。壬辰倭亂において威力を發揮した日本式鐵砲に苦慮した明軍の各武將らは、鐵砲やその操作・製造などに通じた日本兵捕虜を麾下に收容・編入し、日本式鐵砲を鹵獲・受容した。また、趙士楨による積極的な建議などにより、王朝内でも日本式鐵砲に對する關心が高まった。その結果、王朝傘下においても鍛鐵製の大小鐵砲が導入・製造され、鐵砲の性能は飛躍的に向上した。

　一方、戰場となった朝鮮王朝にも日本兵捕虜を介して日本式鐵砲が伝えられた。それまで弓矢が主要兵器であった朝鮮に精銳の火器技術が移轉されたのである。その結果、17世紀において朝鮮王朝は東アジア有數の鐵砲製造・保有國となった。

　精銳な鐵砲を大量に裝備した日本軍と豊富な數量と種類とを誇る火器を裝備する明軍との大規模な火器戰爭である壬辰倭亂が、東アジアの火器技術交流を活發化させ、技術水準を飛躍的に向上させる契機となった。壬辰倭亂における日本軍の鐵砲使用は、17世紀東アジアの変革に少なからぬ影響を及ぼしたものと考えられる。16世紀末～17世紀における東アジア周縁部での戰爭の頻發は、東アジアの諸勢力に高度な火器技術を齎した。17世紀東アジア世界は、こうした高度な火器技術を積極的に受容・導入した諸勢力による新たな秩序体制確立の時代であったといえよう。そして、18世紀東アジア世界は、これら諸勢力による安定した支配体制下での平和の時代として位置づけることができる。こうした平和の時代の到來は同時に「軍縮の時代」をも齎した。岸本美緒氏によれば、17世紀後半以降の東アジアでは、國際的商業活動の沈靜化と同調して火器技術の刷新と火器の製造も沈靜化し、「軍縮の時代」が到來した。「軍縮の時代」は東アジアの火器技術革新を停滯させ、その結果、19世紀には東アジアと歐米諸國との火器技術の差は顯著なものとなっていたという。[15]　16世紀末～17世紀にかけて

の東アジア軍事革命の時代の到來と、その後に訪れた18世紀の「軍縮の時代」の到來とが、19世紀のヨーロッパ勢力による東アジア進出の時代を招く要因となり、近現代東アジア世界の歴史展開に多大な影響を及ぼしたのである。

　※　図の出典
　　　[図1]：洞富雄『鐵砲』(思文閣出版、1991年)より。
　　　[図2]：『四庫禁燬書叢刊』子部29(北京出版社、2000年)より。
　　　[図3]：『玄覽堂叢書』初集18(正中書局、1981年)より。

---

15) 岸本前掲,『東アジアの「近世」』、65頁。

≪東國新續三綱行實圖≫를 통해 본 임진왜란의 기억

孫 承 喆*

1. 머리말

유교를 국시로 한 조선왕조는 건국직후부터 유교윤리의 보급을 위해 많은 노력을 기울였다. 삼강오륜은 유교사회의 최고 가치로 그 가운데 충·효·열은 사회기강을 세우는 기본 지침이었다. 그리하여 국가에서는 조선시대 전기간에 걸쳐 충·효·열의 모범적인 사례들을 수록하여 ≪行實圖≫를 편찬·보급했고, 이를 통해 일반백성들을 교화해 나갔다.

조선시대에는 총 5회에 걸쳐, 행실도가 편찬되었다. 1413년(세종 13) ≪三綱行實圖≫가 최초로 간행된 후, 1514년(중종 9) ≪續三綱行實圖≫, 1518년(중종 13) ≪二倫行實圖≫가 간행되었다. 임진왜란 직후에도 간행이 추진되어, 1617년(광해군 9) ≪東國新續三綱行實圖≫가 간행되었고, 1797년(정조 21)에 ≪五倫行實圖≫가 간행되었으며, 그 사이에도 기존의 ≪三綱行實圖≫와 ≪二倫行實圖≫가 여러 차례 중간·반포되었다.

* 江原大學校

　이러한 삼강과 오륜의 행실에 관한 서적의 편찬과 간행, 그리고 그에 수반된 충신·효자·열녀들에 대한 포상과 대우는 일반 백성들의 의식과 행동에 깊은 영향을 주었으며, 일반적으로 삶의 모범적인 사례로 추앙되어 인식되었으며 기억되었던 것이다.

　그런데 이들 행실도 가운데에는 일본과 관련된 많은 자료가 수록되어 있다. 예를 들면 ≪三綱行實圖≫에는 총 330건 가운데 왜구들의 침탈과 관련된 사례가 8건, 그리고 ≪東國新續三綱行實圖≫에는 1587건 가운데 일본군의 만행과 관련된 사례 576건이 삽화와 글(한문과 언문)로 수록되어 있다. 그러나 현재 학계에서는 ≪행실도≫에 관련된 연구는 미술사나 서지학적인 접근에 머물러 있을 뿐이다.[1] 이 글에서는 이러한 문제의식에서 ≪東國新續三綱行實圖≫에 수록된 임진왜란 관련 삽화와 글을 분석하여, 동 시대 사람들이 임진왜란을 어떻게 인식하고 기억하고 있었는가를 살펴보고자 한다.

2. ≪東國新續三綱行實圖≫의 편찬과 구성

　1592년 4월 14일, 시작된 임진왜란은 국가기강과 사회질서를 밑바닥부터 흔들어 놓은 대전란이었다. 전쟁 발발후 채 20일도 되지 않아 서울이 함락되고, 선조는 의주 피난길에 올라 1년이 넘도록 돌아오지 못했다. 당시 많은 사람들이 국가를 위해, 임금을 위해, 자식으로서 부모를 위해, 여자와 아내로서 절개를 지키기 위해 죽었다. 이들의 節義가 오랜 전란

---

1) ≪東國新續三綱行實圖≫에 관한 기존연구로는, 李光烈, 「光海君代, ≪東國新續三綱行實圖≫ 편찬의 의의」(서울대대학원, 2004) : 鄭夏美, 「『동국신속삼강행실도』에 나타난 일본왜군의 회화이미지」(省谷論叢 34, 2003) : 권정아, 「『東國新續三綱行實圖』의 烈女 분석」(부산대, 2006) : 吳允禎, 「17세기 ≪東國新續三綱行實圖≫연구」(홍익대, 2008)등 참조.

으로 인멸되지 않도록 하면서, 이들에 대한 旌門이나 復戶 등의 포상을
시행하는 것은 국가와 유교질서의 회복 그리고 국왕의 권위 신장을 위해
가장 효과적인 방법으로 생각되었다.

충신·효자·열녀에 대한 기록과 포상에 대한 논의는 국왕의 환도이후
인 1593년 9월부터 시작된다. 그러나 여러 이유로 곧바로 시행되지 못하
다가 1595년 7월, 승정원에 선조의 교시가 내려지면서 본격화된다. 선조
는 전란 중에 死絶한 사람들에 대하여 旌表한 내용을 책으로 인출하여
전국에 반포할 것을 지시했다.[2] 그러나 당시는 전쟁 중이었고, 또 丁酉
再亂의 발발로 충신·효자·열녀에 대한 實行을 조사하거나 정표하는 일
이 제대로 시행될 수 없었다. 더구나 전쟁이 종결된 이후에도 1601년부
터는 공신책봉의 녹훈작업이 시작되어, 난중의 사절인에 대한 정문과 책
의 간행은 자연히 뒤로 미루어질 수 밖에 없었다.

1608년 광해군이 즉위한 후에도 선조대와 마찬가지로 旌門대상자에
대한 자료수집과 내용검증 작업은 계속되다가, 1612년(광해군 4) 4월, 정
문조치가 일괄적으로 처리되면서 책의 간행이 본격화 되었다.『東國新續
三綱行實撰集廳儀軌』에는 이 과정을 다음과 같이 수록하고 있다.

> "임진년 이후로 각도 각부에서 實行을 보고하여 본조에 내려진 효자·
> 충신·열녀들에 대한 기록이 그동안 쭉 쌓여 卷軸을 이루고 있습니다. 임
> 진왜란 초기에 보고된 것은 비변사 낭청에서 선발하여 위의 재가를 받아
> 이미 旌門하고 포상했고, 그 후 계속 보고된 숫자 또한 많아 보고 되는대
> 로 선발하여 종류별로 나누고 등급을 정해 계속 의정부에 보고했습니다.
> 그러나 간혹 의정부의 자리이동이 빈번함으로 인하여 즉시 마감하지 못
> 하고 여러 해 동안 의정부에 유치되었던 것을, 금년(1612년) 2월 24일에
> 의정부가 입계하여 지난달 28일 전후로 보고된 것이 재가 되었습니다. 이
> 에 지금 각도·각부에 나누어 안배하여 旌門·賞職·復戶 등의 일을 거행
> 하고 있습니다."[3]

2) 『선조실록』, 28년 7월 계미.
3) 『東國新續三綱行實撰集廳儀軌』壬子 5월 23일조.

이어 태평관에 찬집청이 설치되어 본격적으로 운영되면서, 1617년(광해군 9) 3월에 『東國新續三綱行實圖』 18권 총 50질을 간행하였다.

『東國新續三綱行實圖』은 삼국시대부터 조선(본조)까지 우리나라의 인물만을 대상으로 했는데, 효자 8권, 충신 1권, 열녀 8권, 속부 1권 등 18권으로 구성되어 있으며, 총 1,587건이 수록되어 있다.4)

『東國新續三綱行實圖』의 수록건수와 성비를 보면, 다음과 같다.

〈『東國新續三綱行實圖』의 수록건수와 성비〉

	충신도	효자도	열녀도	합계
남	96 (51)	670 (80)	·	766 (131)
여	3 (3)	72 (9)	746 (433)	821 (445)
총계	99 (54)	742 (89)	746 (433)	1587 (576)

* (   )는 임란관련기사

위의 표에서 알 수 있듯이 『東國新續三綱行實圖』에는 수록인물이 여성이 남성보다 훨씬 많다. 男尊女卑의 유교사회에서는 예상치 못한 사항이며, 또 열녀도의 수가 전체의 절반이나 된다. 그리고 열녀도는 시기적으로 거의가 임진왜란 관련 사례이기도 하다. 그만큼 임진왜란때 부녀자들의 희생이 컷음을 나타내는 기록이다.

『東國新續三綱行實圖』에 수록된 1,587건의 사례가운데 임진왜란때에 왜군으로부터 피해사례는 576건에 달하며 종류별로는, 충신 54건, 효자 89건, 열녀 433건이다.

---

4) 수록인물에 대해서는 연구마다 차이가 있다. 예를 들면 송일기·이태호는 1,179명, 김혁 1,618명, 박주 1,679명로 파악했다. 한편 김항수는 1,587건, 이광열은 1587건, 1670명, 정일영은 1586건 등으로 파악했는데, 몇몇 사례에서 1명 이상의 인물이 동시에 등장하므로 '건'으로 칭하는 것이 타당하다고 본다.

3. ≪東國新續三綱行實圖≫의 日本像

1)「忠臣圖」

충신도에는 총 99건이 수록되어 있는데, 그 중 임란관련기사가 54건이다.

충신도에는 임란때 일본군과의 전투에서 전사한 統制使 李舜臣을 비롯하여 宋象賢, 高敬命, 金千鎰 등 잘 알려진 장수들을 비롯하여 주로 현직 관리가 많다.

대표적인 예로 이순신에 관한 기사는 다음과 같다. 우측상단에 <純臣力戰>이라고 제목을 붙였고, 화면의 절반에 해전의 모습을 삽화로 그려 넣었으며, 나머지 절반에는 삽화의 내용을 한문과 언문으로 설명했다. 원문내용을 보면,

<원문>[5]
純臣力戰
"統制使李舜臣牙山縣人智勇遇人壬辰倭亂爲統制使作龜船擊倭累捷戌冬率舟師與賊大戰子南海津中乘勝逐此舜臣爲飛丸所中臨絶謂左右曰愼勿發喪揚旗鳴鼓猶我之生如其言竟大捷而還 昭敬大王錄功贈職今 上朝旌門"

<번역문>
"통제사 이순신은 아산현 사람이다. 지용이 사람을 넘더라. 임진왜란 통제사 되어 구선을 만들어 이를 쳐 여러 번 이기다. 무술년 겨울에 주선을 거느리고 도적으로 더불어 남해 섬 바다 가운데로가 크게 싸워 이기고, 이 틈을 타서 무리를 쫓아가는데, 순신이 나는 탈환을 맞아 배에서 죽기에 이르러 좌우에서 달려들자, 가로되 삼가 발상치 마오, 채를 들고 북을 울려 내가 살아 있을 적 같이하라 하여, 그 말대로 하여 마침내 크게 이기어 돌아오다. 소경대왕이 녹공 증직하시고 상조의 정문 하시니라"

---

5) ≪新續忠信圖≫ 卷一 ─ 九十

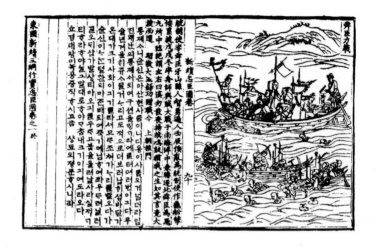

이 내용으로 보아, 통제사 이순신장군의 마지막 전투였던, 1598년 11월 19일, 島津義弘, 宗義智, 立花統虎 등이 이끄는 500여 척과의 결전에서 왼쪽 가슴에 적의 탄환을 맞고 전사하는 장면을 기록한 것이다. 배의 오른쪽 끝부분에 李純臣의 쓰러져 있는 모습이 묘사되어 있다.

한편 충신도에는 장군이외에도 일반 백성인 양인의 기사도 있다. 예를 들면, 幼學 朴選의 경우이다.

　　　<원문>6)
　　　朴選罵賊
　　"幼學朴選咸陽郡人有操行壬辰倭亂以病不能避賊賊至迫令擔負選固拒罵賊曰我朝鮮士也義不爲賊奴投賊大怒寸斬之今 上朝旌門"
　　　<번역문>
　　"유학 박선은 함양군 사람이니 잡은 행실이 있더니 임진왜란에 병으로써 능히 도적을 피하지 못하였더니, 도적이 이르러 핍박하여 짐을 지라고 했는데, 박선이 굳게 버티고 도적을 꾸짖어 말하길 '나는 조선의 선비이다. 의에 도적의 부림이 되지 아니하니라.' 도적이 대노하여 촌촌이 베었다. 이에 상조에 정문 하시니라."

　　──────────
　　6)《新續忠信圖》卷一─五二

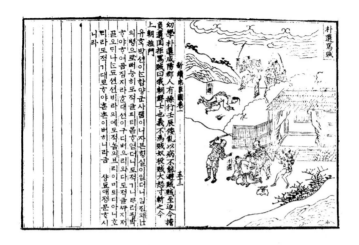

이 삽화를 보면, 박선이 두 번 그려져 있는데, 위의 그림은 박선이 산에 웅크리고 있고, 아래 그림은 박선의 옆에 있는 짐을 지라고 하는 모습과 이를 거부하자, 칼로 내려치는 모습이 그려져 있다. 한 삽화에 사건의 진행 상황을 함께 그려서 보여주고 있다.

또한 충신도에는 관리, 양인뿐만 아니라 私奴와 私婢도 5건이나 수록되어 있는데, 그중 여자 노비인 사비도 3건이나 된다. 私婢 莫介의 기사를 소개하면,

<원문>[7]
莫介把刃
"私婢莫介京都人縣監李汝機妻尹氏婢也壬辰倭亂尹氏遇賊將被害莫介大呼曰賊奴殺吾主耶突入賊前手把自刃賊殺之時年十八今 上朝旌門"

<번역문>
"사비 막개는 서울사람이다. 현감 이여기의 처 윤씨의 종이다. 임진왜란에 윤씨가 도적을 만나 장차 해를 입게 되어 막개가 크게 불러 가로되

7) ≪新續忠信圖≫ 卷一－八四.

도적놈이 내 주인을 죽인다 하고 도적 앞에 달려들어 손으로 흰칼을 잡으
니 도적이 죽이니라. 이제나이 열여덟이었다. 상조에 정문 하시니라."

이 내용을 보면, 막개가 주인인 윤씨의 죽임에 항변하다가 일본군에
의해 함께 죽임을 당한 모습을 보여주고 있다. 그런데 충신이란, 일반적
으로 국가나 국왕을 위해 충성을 다바친 경우를 말하는데, 막개의 행위
가 충신에 해당되는지, 충신의 기준이 무엇인지 애매하다.

충신도에 수록된 임란관련삽화는 54건인데, 수록자의 신분은 현직관
리에 있던 양반이 36건, 양인 8건, 중인 5건, 천민 5건이었으며, 지역별로
는 전라 14건, 서울 11건, 경상 10건, 강원 5건, 충청 4건, 황해 4건, 경기
3건, 함경 3건으로 전라도 지역이 가장 많았다. 포상관계는 참의 고경명
이 旌閭되고, 나머지는 모두 旌門하였다.

2) 「孝子圖」

효자도에는 총 742건이 수록되어 있는데, 임란관계는 89건이다. 효자의

유형은 부모 및 시부모가 일본군에 의해 위해를 당하는 경우, 같이 죽거나, 대신해 죽는 경우가 대부분이며. 전가족이 몰살하는 경우도 많았다. 또한 아비를 따라 일본군에게 대항하며 따라 죽은 경우, 시묘를 하던 중 전란을 당했으나, 피난치 않고 시묘하다가 죽음을 당하는 경우도 있었다.

부모를 대신하여 죽임을 당하는 경우의 예를 보자.

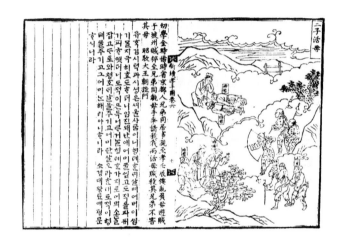

<원문> 8)

二子活母

"幼學金時愓時省京都人兄弟同居事親至孝壬辰倭亂負母避賊于坡州賊猝至兄弟同執母手爭請殺我而活母賊殺其兄弟不害其母 昭敬大王朝旋門"

<번역>

"유학 김시적과 시성은 서울사람이니 형제가 같이 살며 어버이를 섬기며 지극히 효도하였다. 임진왜란에 어미를 업고 도적을 피해서 파주로 갔는데 도적이 문득 이르거늘 형제가 한가지로 어미의 손을 잡고 다투어 청하기를 '나를 죽이고 어미는 살려다오' 하니 도적이 형제를 죽이고 그 어미는 해하지 않았다. 소경대왕조에 정문하시니라."

---

8) ≪新續孝子圖≫ 卷六－七.

앞의 삽화는 두 아들이 어미와 함께 전란을 피하던 중, 일본군을 만나 위협을 당하는 장면과 어미를 대신하여 두아들이 함께 죽임을 당하는 경우이다.

또한 며느리가 시어머니를 지키기 위해 국내 죽임을 당하는 경우도 있었다. 예를 들면

<원문>[9]

終伊負姑

"良女終伊利川府人鄭彦忠之孽女忠贊衛徐壽之妻也平居事嫡姑盡誠 壬辰倭亂姑病不能運步終伊常負而行賊迫之僮僕告曰負行則難免願先 少避姑老賊必不害庶得兩全終伊曰寧死何忍棄姑終不去爲賊所逼罵不 終口賊殺之今　上朝施門"

<번역>

"양녀 종이는 이천부 사람이니 정언충의 첩딸이며 충찬 위서수의 아내다. 평상시에 시어미섬기기를 정성을 다하였다. 임진왜란에 시어미가 병이 들어 움직여 걷지 못하니, 종이가 항상 업고 다녔다. 도적이 핍박하자 어린 종이 고하여 말하기를 '업고 가면 면하기 어려우니 원컨대 먼저 피하고 나면 시어미는 늙어서 도적이 반드시 해하지 않을 것이니, 둘 다

---

9) ≪新續孝子圖≫ 卷六-十九.

온전할 것입니다' 하니 종이가 말하기를 '차라리 죽을지언정 어찌 차마 시어미를 버리겠는가'하고 끝내 가지 않으니 도적의 핍박한 바가 되어 꾸 짖음을 입에서 그치지 않으니 도적이 죽였다. 상조에 정문하시니라."

삽화에는 모두 4장면이 그려져 있는데, 평소에 시어미를 섬기는 모습, 시어미를 업고 피신하는 모습, 업고 가다가 지쳐있는 모습, 그리고 일본 군을 만나 죽임을 당하는 모습 순으로 묘사되어 있다.

다음은 전장터에서 아비와 함께 일본군과 싸우다가, 아비의 곁을 끝까지 지키다가 죽는 경우이다. 아비는 충신도에 아들은 효자도에 수록되었다.

<원문>[10]

象乾復讎

"別坐金象乾羅州人忠臣金千鎰之子也有學行壬辰倭亂隨父從軍二年不離 側入晉州城禦賊城陷賊揮劍先及其父象乾奮刃斬賊父子同死今 上朝施門"

<번역문>

"별좌 김상건은 나주사람이니 충신 김천일의 아들이다. 학문과 행실이

---

10) ≪新續孝子圖≫ 卷六－四五.

있었다. 임진왜란에 아비를 좇아 종군하여 2년을 곁에서 떠나지 않았다. 진주성에 들어가서 도적을 방어하다가 성이 함락함에 도적이 칼을 휘둘러 먼저 그 아비에게 미치거늘 상건이 칼을 빼앗아 도적을 베다가 부자가 함께 죽었다. 상조에 정문하시니라."

충신도에 수록된 김천일 아들의 기록인데, 아비를 좇아서 2년간 종군하다가 진주성 전투에서 아비와 함께 죽은 경우이다. 일본군의 손에 목이 들려있다.

효자도에 수록된 임란관련 89건의 신분은 현직관리에 있던 양반이 24건, 양인 50건, 중인 9건, 천민 6건이었으며, 지역별로는 경상 31건, 전라 19, 서울 18, 충청 9, 경기 8, 강원 2, 함경 1건으로 경상도 지역이 가장 많았다. 포상관계는 89건 모두 旌門하였다.

3)「烈女圖」

열녀도에는 총 746건이 수록되어 있는데, 임란관계는 433건이다. ≪東國新續三綱行實圖≫에 수록된 열녀도의 유형은 守節·廬墓·自殺·奉養·危難등으로 분류되는데, 임란 관계는 대부분이 일본군에 의해 위난을 당하여 훼절당할 것을 우려하여 자살하거나 무참하게 살해당하는 경우가 많았다. 일본군의 만행에 죽기를 결심한 여성들은 강·바다·연못·우물·절벽·언덕·바위·성 등에서 뛰어 내리거나 패도를 사용하거나 스스로 목을 매어서 자결하였다. 그렇지 않은 경우는 비참하게 살해되었다.

물에 뛰어 드는 경우가 가장 많았는데, 한 예를 보자.

<원문>
孝還投井11)
"良女孝還京都人保人張應京之妻也倭賊縛其夫欲汚孝還固拒不從投

井而死年十九 昭敬大王朝旋門"

　　<번역문>

　　"양녀 효환은 서울사람이니 보인 장응경의 아내이다. 왜적이 남편을
묶고 효환을 더럽히려하니 강하게 거부하며 쫓지 아니하고 우물에 빠져
죽으니 나이 열아홉이다. 소경대왕조에 정문하시니라."

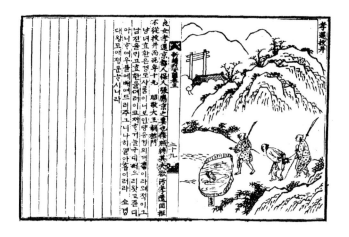

　　양녀 효환이 남편이 보는 앞에서 정절을 지키기 위해 우물에 뛰어드
는 모습을 그리고 있다.

　　다음 절벽에서 뛰어 내려 죽음을 택한 사례이다.

　　<원문>[12]
　　二婦墜崖
　　"朴氏京都人主簿權紘妻也紘有妹權氏參奉韓永立之妻也朴氏與權氏
避倭賊于伊川山谷中相約曰萬一遇賊不可偸生一日賊猝至俱墜崖而死
昭敬大王朝旋門"

11) 열 3 - 29
12) 열 3 - 10

<번역문>

"박씨는 서울사람이니 주부 권굉의 아내이다. 굉의 누이는 권씨이니 참봉 한영립의 아내이다. 박씨 권씨 더불어 이천 산곡 중에 가서 왜적을 피했더니 서로 언약하여 이르되 만일에 도적을 만나면 같이 살기를 도모하지 못하리라 하더니 어느날 도적이 졸지에 이르렀는데 모두 벼랑에서 떨어져 죽으니라. 소경대왕조에 정문하시니라."

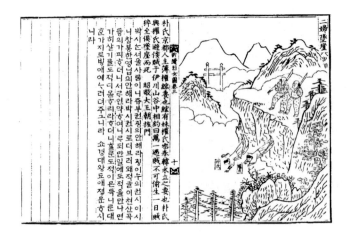

두자매가 일본군에게 위난을 당하자, 정절을 지키기 위해 함께 절벽에서 뛰어내려 죽음을 택했다.

이와같이 일본군들은 여성들에게 특히 잔인한 방법으로 만행을 저질렀는데, 그 행태는 형언할 수 없을 정도로 포악했다.

몇가지 예를 들어보자.

<원문>[13]

金氏斷頭

"金氏永興府人幼學金允治妻也壬辰倭亂賊徒猝至其家欲汚之金氏抱

---

13) 열 4-31

兒拒而不從賊斷頭而去屍體如生抱兒而坐今 上朝旌門"

<번역>

"김씨는 영흥부 사람이니 유학 김윤흡의 아내이다. 임진왜란의 도적의 무리가 갑자기 그 집에 이르러 데리고 가고가 하거늘 김씨가 아이를 안고 버그러뜨리고 쫓지 아니하니 도적이 머리를 베고 가니 죽은 얼굴이 산듯하여 아이를 품에 안고 앉아있었다. 이에 상조에 정문하시니라."

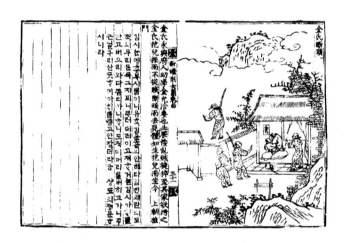

어린아이에게 젖을 먹이고 있는 김씨의 목을 쳤고, 그 목이 마당에 뒹굴고 있다.

뿐만 아니라 죽은 사람의 시신을 몇 번씩 자해하는 경우도 있었다.

<원문>[14]

裴氏三斬

"裴氏務安縣人判事尹趚妻也有孝行丁酉倭亂携兩兒避賊賊執而欲汚之罵拒不從賊大怒腰斬三處掛肝於林木十二歲子忠元十歲子孝元悲號

___
14) 열 8-46

抱母賊携而去後皆逃還尋母屍葬於先塋之側今 上朝旋門"

<번역>

"배씨는 무안현 사람이니 판사 윤황의 아내이다. 효행이 있다. 정유왜란에 두 아이를 데리고 도적을 피하였으나 도적에게 붙잡혀 더럽히고자 하거늘 꾸짖어 거절하고 굽히지 않자 도적은 크게 노하며 허리를 세 번이나 베어 간을 임목에 걸었다. 12살 아들 충원, 10살 아들 효원은 슬퍼서 부르짖으며 어머니를 안자 도적은 데리고 간 후 모두 도망쳐 돌아와 어미주검을 찾아 조상님의 옆에 장사지냈다. 지금 임금께서 정문을 내리셨다."

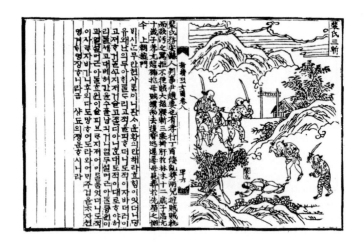

일본군은 겁탈을 저항하는 배씨부인을 세 번이나 베고, 간을 꺼내어 나무에 걸었다는 내용이다.

뿐만아니라 사지를 자르는 만행도 저질렀다.

<원문>[15]
李氏斬肢
"李氏京都人奉事李鍵之女幼學金以益妻也壬辰倭亂避賊于麻田地賊

---

15) 열 3-16

至欲殺姑李氏曰願殺我勿殺姑賊刦李氏將汚之李氏罵不絶口賊怒先斷
兩手指不屈又斷兩賊足指亦不屈賊知不可奪寸斬而死 昭敬大王朝旌門"

<번역>

이씨는 서울사람이니 봉사 이건의 딸이고 유학 김이익의 아내이다. 임
진왜란에 마전땅에 가 도적을 피했는데 도적이 이르러 시어머니를 죽이
고자 하거늘 이씨 가로되 원컨대 나를 죽이고 시어머니를 죽이지 말라
했는데 도적이 이씨를 겁탈하여 장차 더럽히려 하거늘 이씨가 꾸짖기를
입에서 그치지 아니하니 도적이 노하여 먼저 두 손가락을 베어도 굴하지
아니하거늘 또 두 발가락을 베어도 굴하지 아니하자 도적이 빼앗지 못함
을 알고 촌참하고 가다. 소경대왕조에 정문하시니라."

저항하는 이씨부인을 두손과 발을 자르고, 그래도 굴하지 않자, 寸斬
즉 난도질을 하여 살해했다는 것이다.

이상 열녀도에 수록된 임란관련 433건의 신분은, 양반의 아내나 딸이
173건, 양인 183건, 중인 49, 천민 28건이었으며, 지역별로는 경상 123
건, 전라 92건, 서울 65건, 충청 43건, 강원 39건, 경기 28, 황해 22건,
함경 19건, 미상 2건으로 경상도 지역이 가장 많았다. 포상관계는 旌門
430건, 旌門復戶 2건, 미상 1건이었다.

4. 맺음말

이상에서 임진왜란 직후인 1617년 광해군대에 편찬·보급된 ≪東國新續三綱行實圖≫에 수록된 임진왜란 관련 충신· 효자·열녀도에 관해 살펴보았다. 이 책에 수록된 1,587건 가운데, 약 36%를 점하는 576건이 임진왜란 때의 일본군에 의해 희생된 인물이었고, 희생자 가운데, 433건 (75%)가 여성이었다. 신분별로 보면,

	양반	양인	중인	천민	계
충신	36	8	5	5	54
효자	24	50	9	6	89
열녀	173	183	49	28	433
계	233	241	63	39	576

또한 이들을 지역별로 분류해 보면,

	서울	경기	강원	충청	전라	경상	황해	함경	미상	계
충신	11	3	5	4	14	10	4	3		54
효자	18	8	2	9	19	32		1		89
열녀	65	28	39	43	92	123	22	19	2	433
계	94	39	46	56	125	165	26	23	2	576

이 도표를 참고해 볼 때, 조선후기 사회의 일반적인 추세이지만, 양반 중심사회에서 양인 내지는 중인, 심지어는 천민 까지도 사회 구성원으로서의 역할이 증대되어감을 볼 수 있으며, 임란 피해가 역시 전라·경상 지역이 더 심했음을 간접적으로 유추해 볼 수 있다.

한편 ≪東國新續三綱行實圖≫에 등재된 포상형태는 旌門, 旌閭, 旌

門復戶, 旌閭復戶, 復戶, 賜米復戶, 賜米旌閭, 立碑, 立石 등이 있다. 포상 대상자가 사는 마을 입구나 집앞에 세우던 붉은 문을 旌門이라고 하며, 살던 동네에 붉은 칠을 한 旌門을 세워 표창하는 것을 旌閭라고 한다. 復戶란 국가에서 호에 부과하던 徭役을 면해주는 제도이다. 임란 관련 수록자의 포상은 충신의 경우, 旌門 53건, 旌閭 1건, 효자는 전원 旌門, 열녀는 旌門 430건, 旌門復戶 2건, 미상 1건으로 576건중 572건이 旌門의 포상을 받았다.

이상에서 살펴본 바와 같이, 임란이후에 편찬·간행된 ≪東國新續三綱行實圖≫는 전란 후 흩어진 민심을 규합하고, 유교사회의 교화와 기강을 바로 잡는 계기가 되었지만, 반면 일본군의 만행은 일본에 대한 적개심과 원한의 감정을 증폭시켜 갔으며, 조선인들에게는 잊을 수 없는 기억으로 자리 매김했다. 그리고 이러한 기억과 인식은 19세기에 접어들어, 조선에 대한 외세의 침략이 시작되면서 倭洋一體로 취급되어 조선사회의 근대화에 큰 장애의 한 원인으로 작용되기도 했다.

<토론문>

『동국신속삼강행실도』를 통해 본 임진왜란의 기억

노 영 구*

 이 글은 광해군대 편찬된『東國新續三綱行實圖』에 나타난 임진왜란 관련 삽화를 통해 당시인들의 임진왜란 인식과 기억의 양상에 대해 정리한 글로서, 임진왜란 기억에 대한 연구가 그다지 진행되지 않은 상황에서 임진왜란 직후의 전쟁 기억의 양상을 보여준다는 점에서 의미가 적지 않습니다. 특히『동국신속삼강행실도』를 통하여 임진왜란 기억에 대해 정리한 논문이 거의 없다는 점에서 의미가 있습니다. 다만 발표문의 향후 완성도를 높이기 위해 몇 가지 추가적인 보완이 요구된다고 생각합니다.

 먼저 임진왜란 기간 및 전쟁 이후 이루어진 공신, 충신 및 열녀 등에 대한 자료 정리와 포상 논의를 보다 자세히 분석할 필요가 있습니다. 이는『동국신속삼강행실도』의 편찬 과정에서 매우 중요한 자료로 활용될 뿐 아니라 임진왜란에 대한 조선의 정리 방향과 향후 임진왜란 기억의 형성에서 기본적인 방향을 제시한다는 의미가 있습니다. 이를 위해 공신도감의 논의를 정리한 儀軌 등 자료를 적극적으로 활용할 필요가 있다고 생각합니다.

---

* 국방대학교

　다음으로『동국신속삼강행실도』의 편찬 과정을 검토할 필요가 있다고 생각합니다. 이 책의 편찬 과정에서 다수의 효자, 열녀 등의 자료가 수집되었을 뿐만 아니라 정리의 과정도 당시 임진왜란 기억의 방향을 보여준다는 점에서 의미가 있다고 생각합니다. 아울러 이 책의 편찬 당시 정치 상황을 통해 집권 정파의 정치적 입장 등을 고려하는 것도 가능하리라 생각합니다.

　세번째『동국신속삼강행실도』의 각 인물별 사례에 대한 설명과 삽화의 내용의 경우 특정한 사실을 적시한 경우가 대부분입니다. 이는 실제 그 인물의 여러 행적 중에서 일부를 강조한 것으로 그 강조점이 조선에서 이후 임진왜란 기억을 형성하는데 큰 영향을 미치게 될 것입니다. 따라서 실제 특정 인물, 예를 들어 널리 알려진 이순신 등 역사적 인물에 대한 사실과『동국신속삼강행실도』의 내용을 비교하여 이 책이 강조하고자 하는 내용을 밝힐 필요가 있다고 생각합니다.

　마지막으로『동국신속삼강행실도』의 삽화 자체에 대한 분석이 추가될 필요가 있습니다. 삽화를 통해 우리는 16세기 말의 여러 상황, 예를 들어 당시의 가옥 구조, 무기 등을 알 수 있을 뿐 아니라 15세기의『삼강행실도』등의 자료와의 비교를 통해 복식, 가옥 등의 변화 양상을 살필 수 있습니다.

종합토론

사회(이계황) : 종합토론을 시작하겠습니다. 발표자께서는 우선 발표 내용에 대해 보충할 점이라든가 미진한 부분이 있으면 발표를 해주시기 바랍니다. 순서는 본발표를 했던 대로 하겠습니다. 한명기 선생님부터 부탁드립니다.

　한명기 : 예. 반갑습니다. 간단히 말씀드리자면 제가 맺음말에서 이야기했던 것처럼, 역사학에서 모든 내용을 결과론적으로 환원시키는 것은 무리가 있다는 것입니다. 조선이 1592년부터 98년까지 7년에 걸친 왜란(倭亂)을 만난 것이 물론 일본의 침략과 조선 자체의 한계가 맞물려서 나타난 것이지만, 그것이 결국에는 반세기 가까이 후유증이 지속되어서 이후 명·청교체 시기에 청으로부터 두 차례에 걸친 침략을 받았고, 그 침략 때문에 조선의 대외인식이라든가 그런 면에서 상당한 문제가 생겼으며, 이후 이른바 근대로 나아가는 길목에 상당한 장애가 되었던 것이 사실입니다. 때문에 저는 기본적으로는 왜란과 호란이라고 하는 전쟁을 아까 말씀드린 것처럼 별개의 사건이 아니라 연속된 선상에서 계기적으로 파악하고자 하는 그런 차원에서 이 글을 썼다고 거듭 말씀드리고 싶습니다. 이상입니다.

　사회 : 이어서 청주대학교에 계신 민덕기 선생님께서 토론을 해주시겠습니다. 10분 정도 이내로 해주시고, 발표자께서는 답변을 10분 정도로 해주시기 바랍니다.

　민덕기 : 아까 쿠바 선생님께서 밍군, 밍군 하고 말씀하셨는데, 물론 명나라의 군대를 가리키는 것이겠지요. 그런데 그 말을 들었을 때 예전

에 와세다대학 대학원에서 기타지마 선생님께서 저를 민군, 민군 하며 부르시던 것이 생각납니다. 그때는 일본어를 잘 하지 못했는데, 쿠바 선생님이 자꾸 밍군, 밍군 하니까 속으로는 왜 자꾸 내 이름을 부르는 걸까 하고 생각했습니다.

한명기 선생님의 저서는 제가 가지고 있는 것만 해도 3권이나 됩니다. 『임진왜란과 한중관계』・『탁월한 외교정책을 펼친 군주 광해군』・『정묘・병자호란과 동아시아』 등인데, 왕성한 저술활동과 연구활동을 펼치고 계십니다. 이러한 선생님의 토론을 맡게 되어 영광스럽게 생각합니다.

첫째, 본 논문의 의미에 대해서 간단히 말씀드리겠습니다. 우선 조선이 두 차례의 호란을 통해서 청과 어떠한 관계를 가지게 되었는지, 그리고 결국 일본을 우방으로 인식하게 되는 그러한 전개는 저로서도 공감이 되고 그러한 전개의 측면으로 나아가게 되었다는 것입니다. 다음으로는 명에 대한 재조지은(再造之恩)의 고난, 교린(交隣) 시기 명・청교체 시기에 얼마나 조선의 운신을 좁히는 결과를 초래하였는가 하는 점입니다. 그리고 임진왜란과 조・청관계에 대한 평가에서 청이 조선수군의 전력을 높이 평가하여 조선에서 수군과 병선을 빌려서 명을 공격하려 했다는 사실은 제가 공부를 많이 안 해서 그런지 처음으로 접한 것 같습니다. 그리고 명나라는 결국 대국(大國)으로서의 위신이 왜란 참전으로 인해 실추되어 대일불쾌감으로, 그리고 이후 일본에 대한 무시정책으로 이어졌다고 하는 부분은 제가 임진왜란 이후의 강화(講和)를 공부하는 데 많은 생각을 느끼게 했습니다. 맺음말에서도 왜란 이후 명과 조선이 여진의 위협에 대처하는데 골몰했기 때문에 일본은 조선과 명의 응징같은 것을 걱정하지 않고 내부의 안정을 다지는데 몰두할 수 있었다는 점 역시 많은 시사점을 느끼게 했습니다.

둘째, 발표내용에 대한 보충 부분에 대해 조금씩 말씀드리겠습니다. 우선 조선의 일본관에 대한 변화입니다. 일본은 무력(武力)에 관한 한 도

저히 당해낼 수 없다고 하는 한계의식을 설명하고 계신데, 다 아시겠지만 중국 측의 왜란 인식도 역시 똑같았다고 하는 것을 소개하고 싶습니다. 『명사(明史)』「조선열전(朝鮮列傳)」에서 "왜(倭)가 조선을 어지럽힌 지 7년 동안 잃은 군사가 수십만이나 되고 소모한 군량이 수백만이나 되었는데도 중국과 조선이 이길 가망이 없는 지경에까지 이르렀지만, 관백(關伯) 즉 도요토미 히데요시(豊臣秀吉)가 죽고 나서야 화란(禍亂)이 비로소 종식되었다." 라고 하는 부분이 임진왜란에 관한 서술의 마지막 부분에 있습니다. 명나라의 임진왜란에 대한 인식과 우려에 관해서는 역시 히데요시가 죽고 나서야 전쟁이 끝났다고 하는 한계를 가지고 있었구나 하는 생각이 들었습니다.

셋째, '발표내용에 대한 토론자의 의견' 부분으로 가보겠습니다. 우선 말씀드릴 수 있는 것은 감합(勘合)의 지급 유무가 갖는 의미에 대해서입니다. 발표자는 동아시아의 조공·책봉체제 속에서 조선은 명에 대해 가장 충순(忠順)한 번국(藩國)으로 자임하고 있었다는 것, 그리고 그에 따르는 주석 1번에서 당시 일본과 섬라(暹羅)·점성(占城)·진납(眞臘)과 같은 동남아시아 나라들은 명에 조공하려면 반드시 감합을 소지해야 했지만, 조선과 유구(琉球)는 국왕의 표문(表文)만 지참하면 가능했다고 표현하고 계십니다. 주석이 본문내용에 대한 설명이 아닌 것 같아서 다시 한번 여쭤보고 싶습니다. 두 번째는 재조지은입니다. 한명기 선생님께서는 재조지은을 강조하셨는데, 저는 그런 생각을 해보았습니다. 재조지은이라고 하는 대명 부채 의식이 명·청교체 상황에서의 대응을 소극화시켰다고 하는 점은 맞습니다만, 다만 한명기 선생님의 책인 『광해군』 277쪽에서 인조(仁祖)가 '친명배금(親明排金)'이라는 노선으로 반전했으면서도 '배금'은 현실적인 의미에서 실현하지 못하고 광해군(光海君)의 노선을 계승했다고 설명하고 계십니다. 저는 재조지은을 대내용(對內用), 즉 광해군을 공격하고 광해군 세력을 반대하는 용도로 사용했고, 그런 면에서

청조(淸朝)에 대해서는 적극적인 호응을 할 수 없다, 왜냐하면 재조지은
이 있었기 때문에, 청에 대한 주저용 멘트로서의 트릭 정도는 아니었을
까 그렇게 평가를 해보고 싶습니다. 그리고 재조지은이 조선 내에서 이
후 명나라가 멸망하고 청나라에 굴종(屈從)해야 하는 17세기 후반 이후
에는 명이 멸망했기 때문에 재조지은이 더 강조되지 않았을까 하고 생각
해 보았습니다. 그리고 조선이 후금(後金)이나 청조에 대해서 소극적인
정책을 폈던 배경에는 건주여진(建州女眞)과 사통(私通)을 금지하는 조
선 세조(世祖) 때의 정책이 명나라와의 약속이었고 또한 명나라의 명령
이었기 때문에, 그것이 또 하나의 배경으로 작용하지 않았는가 하는 생
각이 들어서 제 의견을 발표자께 여쭤보고 싶습니다. 세 번째는 누르하
치가 임진왜란 때 아마도 함경도에 입김을 발휘하지는 않았는지, 물자
증여의 일환으로 혹은 번호(藩胡) 이런 정도로 누르하치가 함경도에 힘
을 발휘하고 있지 않았느냐, 조선이 일본과의 전쟁 와중에도 누르하치를
회유하기 위해서 물자를 증여했다고 하는 표현은 실록 자료에 근거한 것
인지 궁금합니다.

마지막으로 넷째, '명·청교체에 대한 일본의 대응'이라는 부분입니다.
발표자께서는 일본이 왜란 이후 명에 대한 조공로(朝貢路)를 확보하려고
시도했는데, 그 주요루트인 요동로(遼東路)가 여진족에 의해 단절되는
상황에 위기의식을 느꼈고, 그와 같은 위기의식이 1627년 정묘호란 당시
뿐만 아니라 1636년 병자호란 이후에도 조선에 원병 파견을 제의하는
형태로 나타나게 되었다고 해서 말씀하고 계십니다. 저는 일본이 요동을
조공로로 확보하려고 했고, 그래서 호란을 당한 조선에 원병 파견을 제
의했다는 논리는 ①쇼군(將軍) 도쿠가와 이에미츠(德川家光)가 요동을
조선 땅으로 알고 있었다는 설, 즉 요동에 대해 무지(無知)했다고 하는
것이며, ②막부의 공로(貢路)와 관련한 쓰시마(對馬島)를 통한 조선으로
의 요청은 1609년에 외형적으로는 사라집니다. ③1629년 조선에 상경

(上京)했던 겐포(玄方)라는 사자(使者)가 막부의 "요동을 평정해서 길을 빌려서 대명(大明)에 조공을 통하겠다"고 하는 '평요통공(平遼通貢)'의 뜻을 조선에 전달했지만, 그가 조선 체류기간 내내 쓰시마 소씨(宗氏)의 이익만을 위해 활동하고 있었다는 것을 볼 때, 일본 측의 원병 제의는 청나라의 힘에 대해 일본의 방위를 위한 선언적 수식(修飾) 이상의 의미는 없지 않느냐 그런 생각을 해봅니다. 또한 ④임진왜란이 일본의 '가도진공(假道進貢)' 명분에 대한 조선과 명의 거부였다고 하는 점을 생각해 본다면, 에도막부가 조공로를 확보하겠다는 것은 그러한 측면에서 생각해 볼 수 있지 않을까 합니다. 이상입니다.

사회 : 네 가지 정도 말씀해주셨습니다. 책에 토론문이 있으니 참조를 해주시면 되겠습니다. 이 중에서 중요한 것 두 가지 정도 말씀해주시기 바랍니다. 한명기 선생님 부탁드립니다.

한명기 : 예, 감사합니다. 민덕기 선생님께서 지적하신 내용은 대체로 제가 앞으로 이 글을 보충하는데 도움이 될 것이라고 생각하기 때문에 거듭 감사드립니다. 크게 네 개를 질문하셨는데, 시간관계상 간단히 제 의견을 말씀드리겠습니다.

맨 앞에 질문하신 조선이 명에 굉장히 충순했다고 하는 그런 입장이 감합 지급 유무와 갖는 의미와 어떻게 연결되느냐 하는 선생님의 말씀에 굉장히 공감을 합니다. 거기에 덧붙이면, 역시 감합이라고 하는 것은 외부적 상황으로 나가게끔 하기 위해서 증명서로 주는 것인데, 조선과 유구는 표문만 지참하면 된다고 하는 점에서, 명 자체가 바라보는 조선과 기타 국가와의 입장은 분명히 달랐다고 하는 점을 보여주는 것입니다. 그리고 조선이 충순했다고 하는 것의 징표는 결과론적이기는 하지만 어쨌든 조공·책봉관계의 본질이 책봉을 해주는 국가의 내정(內政)에 대해서는 간섭하지 않는 것이 일종의 불문율인데, 군대동원을 통해서 참전까지 했다고 하는 것은 조선과 명의 특수관계를 보여주는 가장 핵심적인 사안이 아닌가, 왜란 당시 군대로 도왔다고 하는 그런 점을 염두에 두면 좀 더 이해가 될 것이라고 생각합니다.

그리고 둘째, 재조지은이라고 하는 것이 진짜 실체를 가진 것이었느냐 혹은 외적인 것이었느냐 하는 차원에서 말씀하셨습니다. 기본적으로 저는 어떤 시각을 가지고 있는가 하면, 적어도 선조·광해군·인조로 이어지는, 즉 왜란의 여파가 조선에 가장 크게 영향을 미쳤던 16세기 후반부터 17세기 초반까지의 상황은 재조지은 자체가 일정한 기반을 가지고 있었다는 것입니다. 선조 자신이 왜란 중에 자신의 어떤 국왕으로서의 역할이 없어서 권위가 실추되었던 것을 만회하기 위해 왜란 중의 모든 공로를 명군(明軍)에게 돌렸던 점은 분명히 재조지은이라고 하는 것을 어떤 내적인 정치적 수단으로 이용했다고 하는 측면이라고 할 수 있습니다. 그리고 그것이 실제로 상당히 많은 파장을 가지고 오게 됩니다. 그리고 광해군이라고 하는 인물도 왕으로 즉위한 이후 어떤 식으로 재조지은을 재해석하게 되는가 하면, 만약 자신이 왜란 중에 활동을 하지 않았다면 설사 명군이 조선에 들어왔다고 하더라도 아무런 소용이 없었을 것이라고 해서 자신의 활동 때문에 명군이 그렇게 되었다고 하여, 자신의 아버지가 먼저 선점했던 재조지은의 힘을 다시 차지하게 됩니다. 그리고 인조라고 하는 국왕 자체는 광해군이라고 하는 인물이 17세기 초반 대명정책을 공경하지 않았던 점을 왕위를 찬탈하는 배경으로 활용했다고 하는 점에서, 17세기 초반까지는 재조지은의 이면에 정치적 실체가 분명히 있었다고 생각합니다. 그런데 민덕기 선생님의 말씀처럼 이것이 명이 망하고 17세기 후반 18세기 초반에 가게 되면 망해버린 명을 향해서 드러내는 더욱더 관념화된 것으로 바뀐다고 하는 그러한 생각을 저는 가지고 있습니다. 그 다음으로, 대청정책에 대해 소극적이었다고 하는 것이 명

초기의 사통금지에서 비롯되었다고 하는 것, 이런 것도 상당히 큰 영향이 있었다고 보입니다. 제후국끼리의 사통을 금지하는 것은 조공·책봉체제에서 일종의 불문율이기도 합니다. 동시에 거기에 추가하고 싶은 것은 무엇인가 하면, 역시 왜란 중에 누르하치의 위세를 봤을 때 조선은 일본과 전쟁을 하고 있는 상황이었기 때문에 누르하치 집단과 다시 접촉하는 것이 이 전쟁에 어떤 부작용을 가지고 올 것인지에 대한 두려움, 이것도 큰 작용을 하지 않았나 하는 이러한 생각을 가지고 있습니다. 그 다음에 이제 함경도 지역의 누르하치와 그 주변의 여진족과의 관계는 민덕기 선생님께서 일단 지적하신 것이 맞습니다. 다만 거기서 한 가지 주목할 것은 누르하치가 이른바 건주여진 이외에 해서여진(海西女眞)이나 야인여진(野人女眞) 계통의 번호 집단을 완전히 제거하는 것은 1600년대 후반입니다. 그러니까 그 당시에 조선이 왜 번호를 회유했느냐 하는 것은, 누르하치에게 전달하는 간접 메시지였다고 생각합니다. 어쨌든 조선이 여진족에 대해 우호적으로 나가려고 하고 있다는 점을 간접적인 루트를 통해서 전달하려고 하는 것이 아닌가 그렇게 생각을 하고 있습니다. 그리고 또 하나 카미야 교수가 얘기한 통로 문제, 그리고 또 1629년에 조선에 상경했던 겐포라는 사람이 온 목적은 광해군 연간에 제대로 받아내지 못했던 목면(木綿)을 확보하고자 했던 경제적 실리를 취하기 위한 일종의 계책이었긴 합니다. 그리고 또 하나 중요한 것은 무엇인가 하면, 겐포 일행이 서울에 올라왔을 때 조선이 느꼈던 위기의식이 굉장히 컸다는 것입니다. 왜 그런가 하면, '가도입명(假道入明)'이라고 하는 히데요시의 형언에 의해서 왜란을 겪었고 조선이 왜란 이후에 서울에 왜사(倭使)의 상경을 금지시키는 것 자체가 왜란의 영향 때문이었는데 겐포가 올라왔다고 하는데다가, 그 당시 겐포가 상경했을 무렵에 조선과 후금의 관계는 최악이었습니다. 병자호란의 압박이 가장 밀려오고 있던 시기였기 때문에 오히려 조선이 겐포를 활용하고자 했던 것도 있었습니다. 겐포의 존재를 후금에 알려서 '이왜제청(以倭制淸)'처럼 일본의 위세를 끌어들여서 청을 견제하고자 하는 복합적인 요인에 의해서, 겐포 사신의 언동은 정치적인 언동이었을지 모르지만, 조선이 받아들이는 것은 그랬을 것이다, 이렇게 말씀드릴 수 있을 것 같습니다. 그래서 저는 대체로 민덕기 선생님의 말씀에 한 가지 보충을 하자면, 5번 질문을 안 하셨습니다만, 중국과 일본 사이에 끼어있는 지정학적인 요충이라는 것에 의해서 대청인식과 대일인식은 부단히 상호 연동되어 있다고 하는 상태라고 하는 것입니다. 왜란으로 인해 대일감정은 상당히 악화되었지만, 후금과의 관계가 악화되면서 다시 대일감정의 적개심이 후금 쪽으로 넘어가고, 다시 1644년에서부터 1680년대에 조선의 청의 관계가 안정되면서부터는 조선의 대외적인 위기의식이 다시 일본 쪽으로 가게 됩니다. 그리고 제 생각으로는 18세기 초 영조(英祖) 대에 이르게 되면 다시 조선의 위기의식이 일본 쪽으로 가게 되고 대일관계가 악화되는 방향으로 가다가, 다시 개항 무렵에 또 다른 견제를 거듭하게 되면서, 양국 간의 관계가 대단히 밀접하게 연관되어 있다고 하는 그 점을 거듭 강조하고 싶습니다. 감사합니다.

　사회 : 잘 들었습니다. 그럼 두 번째 발표에 들어가겠습니다. 우선 호리 신 선생님께서 혹시 문제의식이나 보충할 것이 있으면 말씀해주시기 바랍니다.

　호리 신(堀新) : 저 자신이 처음에 쓴 것처럼 왜 이러한 임진왜란이라는 전쟁이 일어났는지, 그리고 이것이 동아시아 세계, 그리고 물론 중국과 조선 각각의 나라에도 그렇지만 동아시아 세계 전체에 어떤 영향을 미쳤는지, 그것이 저의 문제의식의 첫 시작입니다. 임진왜란 그 자체는 기타지마 만지 선생님께서 매우 자세하게 언급하셨기 때문에, 그리고 저

는 기타지마 교수님의 제자이기 때문에 제가 교수님 이상의 것을 연구성
과로 밝혀낼 수는 없습니다. 저는 임진왜란을 둘러싼 환경 같은 것을 생
각해보고자 했습니다. 그래서 오늘 그러한 내용을 말씀드렸습니다. 개인
의 생각만으로 역사가 움직이는 것은 아닙니다만, 당시 사람들의 사고방
식 자체를 한 번 들여다보고 싶었습니다. 그것을 제대로 이해하지 못하
면 좀처럼 역사의 연구가 어렵다고 생각했습니다. 그래서 역사사료로서
다루지 않았던 사료를 적극적으로 활용해보았습니다.

사회 : 이어서 한림대학교 신동규 선생님의 토론이 있겠습니다.

신동규 : 예, 신동규입니다. 호리 선생님의 「동아시아 국제관계로 본
임진왜란」이라는 제목의 발표를 너무 흥미진진하게 들었습니다. 자료집
에 이에 대한 토론문을 첨부해놓았으니 참조해주시기 바랍니다. 여러 가
지 궁금한 내용이 너무 많아서 정리가 잘 안된 부분이 많습니다.

우선 공무결합 왕권(公武結合王權), 즉 공가(公家)와 무가(武家)가 필
요불가결의 존재로 상호보완적인 관계에 있었다고 하는 '평가물어 사관
(平家物語史觀)', 그리고 그 연장선상에서 히데요시의 조선침략 때의 대
륙침략 구상, 또 동아시아 제국 침략 후의 지배체제 속에서 천황과 관백,
그리고 가신들의 이용, 선생님께서는 일본 국내에서의 삼국국할(三國國
割)이라는 것을 많이 이용하셨습니다만, 히데요시 사거(死去) 이래의 재
배치(再配置)라는 견해도 있지 않은가 저도 생각하고 있습니다. 그런데
그러한 것에 대한 내용이 '공무결합 왕권'으로서 12세기 이후 '무가사회'
로 전환된 일본의 정치적 특색, 특히 쇼쿠호(織豊) 시대라는 통일시대로
의 전환기의 성격을 잘 보여준 매우 유익하고 뜻깊은 발표였다고 생각합
니다. 특히 히데요시의 대륙침략 구상으로서 계획된 내용을 검토해서 지
배체제로서 천황과 관백이 세트가 되어 공무결합 왕권의 구조로서 히데

요시가 당시의 일본 내의 지배체제나 왕권 구조를 그대로 명과 조선에 들여갈 생각이었다는 발표에 대해서는 본 발표를 통해서 다시 한 번 그러한 일본 측의 학설에 대한 검토의 중요성을 느꼈습니다.

그리고 그간 임진왜란에 대한 연구에서 오다 노부나가(織田信長)와 도요토미 히데요시의 전국통일에 대한 구상과 조선침략 및 대륙침략에 대한 구상이 일본 측에서는 다각적인 측면에서 연구되어 왔지만, 한국에서는 일부의 연구에서만 언급되어 왔기 때문에 일본 연구에 대한 폭넓은 수용과 비판, 그리고 보다 면밀한 검토가 이루어지길 바라면서 본 발표를 들었습니다. 그만큼 호리 선생님의 발표는 저에게도, 또한 많은 한국의 관련 연구자들에게도 공부가 되었으리라 생각하며, 나아가서는 또 다른 반성의 기회가 되었다고 생각합니다. 다만 몇 가지 점에서 확인해보고 싶은 점이 있고, 또 몇 가지 점에서는 추가적인 설명을 부탁드리고 싶습니다. 또한 문외한이기 때문에 부족한 것이 많은 저로서는 문의할 내용이 상당히 많습니다. 이 점 우선 용서를 부탁드립니다.

첫째, 질문은 아닙니다만, 내용적인 면에 앞서서 선생님의 발표문에서는 서지사항이 전혀 첨부되어 있지 않아서 좀 아쉬운 점이 개인적으로 많았다는 점입니다. 발표를 통해 많은 공부가 되었습니다만, 그러한 서지사항이 있어야만 발표논지의 근거와 타당성이 더욱더 보강되었을 것이라는 아쉬움, 토론자 뿐 아니라 여기 계신 관련 연구자 선생님들에게도 많은 도움을 주었으리라는 배려에 대한 아쉬움이 조금 남는다는 점을 말씀드리고 싶습니다.

둘째는 그렇게 중요한 내용은 아니므로 넘어가겠습니다.

셋째, 선생님은 오다 노부나가의 대륙침공 구상을 말씀하시면서 두 가지의 사료를 인용하셨습니다. 하나는 오제 호안(小瀨甫庵)의 『태합기(太閤記)』이고, 다른 하나는 루이스 프로이스(Luis Frois)의 기록입니다. 그런데 『태합기』의 기록에 보이는 "저 대물(大物, 히데요시)은 중국과 인

도를 정복하라고 명령하더라도 거절하는 일은 없을 기성(氣性)이다." 라
는 내용은 당시 노부나가를 비롯한 중세 일본인들이 가지고 있었던 이른
바 '삼국세계관', 즉 세계가 천축(天竺, 인도)·진단(震旦, 중국)·본조(本
朝, 일본)로 구성되어 있다는 세계관으로부터의 발현이 아닌가 라는 점
을 생각해 보았습니다. 물론 사실적인 측면에서도 오류가 있었다고 하는
점은 지적하고 계시지만, 노부나가가 히데요시에 대해서 말한 "중국·인
도를 정복하라고 명령하더라도" 라고 한 말은 정말로 중국과 인도를 정
복하라고 하겠다는 것이 아니라, 단순히 일본보다는 더 넓은 세계로의
지향성을 의미하는 것이 아닐까 라고 하는 점입니다. 이것은 『신장공기
(信長公記)』에 의하면, 노부나가 스스로가 '삼국세계관'을 가지고 있었다
는 것이 밝혀지고 있기 때문입니다. 또한 프로이스의 기록입니다만, "모
리씨(毛利氏)에 대한 정복을 끝내고 일본 66국(國) 전부의 절대영주가 된
다면, 중국에 건너가 무력으로 이것을 빼앗기 위해서 일대 함대(艦隊)의
준비, 그리고 그의 아들들에게 제국(諸國)을 나누어 주겠다는 마음을 결
정하고 있었다."는 부분을 근거로 해서 선생님은 "노부나가가 대륙침공
을 의식하기 시작하고 있었다고 해도 큰 모순은 없을 것이다.", 또 "프로
이스의 증언이 세부적인 면에서 잘못이 있다 하더라도 만년의 노부나가
에게 대륙침공 계획이 있었다는 것은 대략적으로 사실이라고 봐도 좋을
것으로 생각된다." 라고 말씀하고 계십니다. 그러나 선생님께서도 말씀
하셨듯이, 노부나가의 대륙침공에 대한 명확한 사료는 제가 보기에는 없
는 것 같습니다. 더욱이 이러한 노부나가의 인식은 앞에서 말씀드린 '삼
국세계관'으로서의 인식, 즉 일본을 통일한 후 '삼국세계관' 속의 세계를
향한 더욱 큰 자신의 포부를 표명한 야망이었던 것으로 생각이 됩니다.
그렇지만 과연 중국을 정복하겠다는 것을 사실(史實)의 역사로서 객관의
역사로서 인정할 수 있을지는 조금 의문이 듭니다. 또한 계획이라는 것
은 생각하고 있던 내용은 어느 구체성을 띠고 실질적으로 실현성이 존재

하는 것이 계획이지, 단순한 생각만으로 계획이라고는 할 수 없다고 생
각합니다. 그 생각을 어떻게 실현시키려고 했는가 라는 계획을 구성하는
단계가 있어야 하는데, 선생님의 발표문에 보이는 노부나가의 '대륙침공
계획'이라는 것은 실체도 없고, 다만 일본인이 아닌 프로이스의 추측으
로 노부나가의 계획을 언급하고 계신데, 이것을 사실로서 인정해야 하는
지 의문이 듭니다. 물론 루이스 프로이스의 기록이 잘못되었다는 것은
아닙니다. 하지만 그 자신의 편의에 따라 기록을 남기고 있다는 점 또한
유의하지 않으면 안 된다고 하는 것이 현재 일본 학계에도 알려지고 있
습니다. 한 가지 더 말씀드리자면, 노부나가가 서일본(西日本)을 정복한
후에 나아가서는 일본을 정복한 후에 대륙침공을 의식하고 있었다고 했
는데, 왜 이런 발상이 노부나가를 비롯해 히데요시에게 나오는지, 저 개
인적으로는 이해가 안 되는 부분입니다. 즉 일본 국내정복 후에 대륙정
복이라는 공식이 과연 일본의 어떠한 역사적 관점에서 나오는 것인지,
또 노부나가가 그러한 것을 천명한 사료가 있다면 가르쳐 주셨으면 감사
하겠습니다.

　넷째는 건너뛰고 넘어가도록 하겠습니다.

　다섯째, 선생님께서는 "전국시대(戰國時代)에 일본 전국에서 전개된
제 다이묘(大名)들 간의 전쟁은 국경 분쟁을 원인으로 하는 것으로, 히데
요시는 정전령(停戰令)과 총무사령(摠無事令)에 의해 다이묘 사이의 전
쟁을 '사전(私戰)'으로 금지하고, 히데요시가 '공의(公儀)'로서 영토재정
(領土裁定)을 실시하는 것으로 평화를 가져오려고 했다."고 보고 있습니
다. 이러한 견해는 이미 일본의 저명한 학자인 후지키 히사시(藤木久志)
선생에 의해서 이른바 '풍신평화령(豊臣平和令)'으로 제기된 문제로 알
고 있습니다. 선생님은 히데요시의 '정전령'과 '총무사령'에서 평화적인
논리를 말씀하고 계시는데, 물론 후반부에서 히데요시의 왜곡성도 언급
하고 계십니다. 그런데 결국 평화성의 논리라는 것은 일본 국내에 한정

된 것이며, 이러한 평화성이 결국은 히데요시의 조선침략으로 이어지는 것은 아닌지 궁금합니다. 히데요시의 이른바 '천하통일'과 그에 수반하는 모든 정책의 도달점이 조선침략이라는 것으로 현실화되었는데, 이것을 과연 평화를 유지하려고 한 정책이었다고 평화성의 논리를 강조할 수 있는지 의문이 든다는 것입니다. 선생님께서 "대륙침공을 내다보고 총무사령이 발령되고 있었던 것이다.", 또 "즉 전쟁을 행하기 위한 평화령이었던 것이다."라고 결론을 내리고 계신데, 이것이 국내에 한정된 결론인지, 혹은 국내·국제를 통합한 견해인지, 또 히데요시의 이러한 정책들에서 진정한 평화성의 논리가 있는지 국제관계사적인 입장에서 질문을 드리고 싶습니다. 결국 선생님께서는 "모두 압도적인 군사력을 배경으로 하고 있지만, 이 점은 정리의 대상으로부터 제외하겠다."고 말씀하셨습니다. 그런데 역시 히데요시 정권 자체가 무력과 호전성(好戰性)에 가장 큰 주안점이 있었던 것은 아닌가 라는 점을 다시 한 번 생각하게 합니다.

여섯째, 황윤길(黃允吉)과 김성일(金誠一)의 통신사(通信使) 일행에 대해서 "히데요시는 이것을 복속사절로 믿어버리고 있었기 때문에 알현시의 태도가 극히 방약무인(傍若無人)이었고, 자주 지적되고 있는 바와 같이 히데요시는 조선과 쓰시마의 관계를 오해하고 있었다."고 하셨습니다. 또한 오무라 유코(大村由己)의 『구주어동좌기(九州御動座記)』를 예로 들어, 히데요시는 "쓰시마 소씨에 복속되어 있었다."고 인식하고 있었다는 것을 말씀하셨습니다. 그런데 과연 히데요시가 쓰시마 소씨가 조선을 복속하고 있다고 오해했을까 하는 의문이 조금 듭니다. 당시 일본의 국내를 통일할 정도의 권위와 재력, 그리고 전술·전략에 뛰어난 히데요시가 이러한 사소한 해외정보를 오해하고 있었을까 하는 점이 저는 이해가 가지 않습니다. 어떤 다른 측면이 있었기에 해외의 통신사절에 대해 방약무인이었던 것은 아닌지, 아니면 이미 대륙정복의 야망에 들떠있어서 조선을 멸시하고 있었던 것은 아닌지 궁금합니다. 선생님도 히데요시의 주변에서 외교문서를 작성하는 오대산의 승려들이 존재하고 있었다는 것을 확언하고 계십니다. 또 그들이 주변 동아시아 제국의 시조 탄생까지 당연히 알고 있었다고 언급하고 계십니다. 즉 이 점은 동아시아 정세에 대해서 아주 상세히 파악하고 있었다는 점을 언급하고 계신 것이라고 저 개인적으로는 생각됩니다. 그런데 겨우 일개 쓰시마의 소씨가 "조선을 복속하고 있었다."고 히데요시가 그렇게 파악하고 있었다고 보는 것에는 약간 문제가 있지 않은가 라고 생각합니다.

일곱째는 뛰어넘고, 여덟째와 아홉째 이야기를 한꺼번에 말씀드리겠습니다. 저는 히데요시의 호언장담으로 생각하고 있습니다만, 실체없는 인도 침공의 언사를 과연 아시아 지배체제의 구상으로 포함시킬 수 있는 것인지, 그렇다면 인도 지배는 과연 누구에게 일임할 것인지 왜 언급이 없었는가에 대해서도 의문이 듭니다. 더욱이 히데요시의 동아시아 지배 구상과 관련해서 선생님께서 언급하신 "다만 이것은 실제로 존재하는 지위나 칭호가 아니라, 어디까지나 개념상의 것이므로 따옴표를 붙여서 '중화황제'라고 부르고 싶다."라는 문장에서 '중화황제'는 히데요시를 의미하는 것이라고 저는 생각하고 있습니다. 그렇다면 선생님이 말씀하신 일본사회의 특징으로서 '공무결합 왕권'의 존재라는 것이 과연 중화황제와 공무결합 왕권, 그 왕권의 존재와 어떻게 설명이 될 수 있을까 궁금했습니다. 끝으로, '화이변태(華夷變態)'를 설명하시면서 "그러나 일본은 중국과 대등하지 않았고, 당초부터 이것을 침공·정복하려고 하는 점은 다른 주변 제국과는 역시 차이가 난다."고 말씀하고 계십니다. 그렇지만 실제로 1644년 화이변태의 실질적 주인공이라고 할 수 있는 여진의 청(淸)이 중국을 침략해서 정복하고 있습니다. 이것은 일본만의 특색이 아니라고 생각됩니다만, 약간 모순이 있었던 것은 아닌지 듣고 싶습니다.

선생님의 발표로 흥미진진하게 공부가 되었고, 저로서는 너무 부족하기 때문에 두서없이 길기만 한 의문점을 말씀드리게 된 것 같습니다. 이상입니다.

　사회 : 크게 네 가지 정도인 것 같습니다. 총무사령의 성격에 대해서, 노부나가의 대륙침공구상, 히데요시의 쓰시마와 조선 관계에 대한 인식, 그리고 중화황제와 공무결합 정권이라는 부분입니다. 호리 선생님 말씀 부탁드립니다.

　호리 신 : 우선 본 논문에 주석과 서지사항이 없었던 것에 대해서는 심심한 사의를 표합니다. 그리고 루이스 프로이스의 기록 중에 있는 '오다 노부나가의 대륙정복구상' 이것을 계획이라고 제가 말한 부분이 있기 때문에, 계획은 조금 더 구체성, 즉 어떤 식으로 실현할 것인지가 있어야 한다는 지적이 있었습니다. 물론 시코쿠(中國) 지방과 큐슈(九州) 지방, 노부나가에게 있어서 이러한 지역이 아직 남아있는 단계에서 구체적인 계획이 있었다고는 볼 수 없다고 생각합니다. 그러나 지금 신동규 선생님께서 지적해 주신대로입니다. 하지만 저는 이것을 '구상'이라는 표현을 주로 썼는데, 의식하기 시작했던 것은 사실이라고 봅니다. 그래서 그에 대해서 말씀드리고 싶었던 것입니다. 이것이 프로이스가 예를 들어 자신의 편의를 위해서 말도 안 되는 것을 보고했던 것은 사실인데, 사실 이 문제에 대해서는 노부나가의 대륙침공구상이라는 것을 그가 꾸며낼 이유가 없기 때문에, 그 자신이 노부나가에게서 들은 얘기를 이런 식으로 기록으로 남긴 것이 아닐까 합니다. 계획이라고까지는 말할 수 없지만 노부나가에게 그러한 의식이 있었던 것 같다고 말씀드릴 수 있을 것 같습니다. 그리고 이것이 히데요시에게 승계된 것이 아닐까, 이런 부분을 계속해서 말씀드렸습니다. 왜 이런 것이 발생했는지 역사적인 관점에서 말해달라고 하셨는데, 사실 매우 어려운 질문입니다. 원래 노부나가 시기에 대해 이러한 구상, 즉 대륙침공구상이 있었는지의 여부에 대해서 일본 국내에서 아직 의견이 분분합니다. 저의 의견처럼 있었던 것이 아니냐 하는 의견은 소수입니다. 그래서 아직 역사적인 관점으로 이것을

충분히 연구할 단계까지는 이르지 못하고 있는데요. 최근 구라치 가치나오(倉地克直) 선생님의 「근세 일본인은 조선을 어떻게 보고 있었는가(近世日本人は朝鮮をどうみていたか)」라는 제목의 책이었던 것으로 기억하는데, 거기에 에도시대와 전국시대, 그리고 또 조선침략전쟁에 참가했던 사람들에게 자신들의 이력을 쓰게 하는 사료가 있었습니다. 그런데 그 사료를 보면 일본 국내의 전쟁, 그리고 임진왜란이라고 하는 전쟁을 거의 구별하지 않고 있었습니다. 지금 우리 입장에서 보면 국내의 전쟁과 해외 침략전쟁은 완전히 의미가 다른 것처럼 느껴지는데, 근세 전기 특히 에도시대 때는 실제로 참전한 병사들은 그런 것을 구별하지 않고 있었던 것 같습니다. 이런 것도 하나의 요소로서 전국시대의 전쟁의 연장선상에서 임진왜란을 생각해볼 수 있지 않을까 합니다.

이어서 둘째, 히데요시의 평화령에 대한 평가입니다. 신동규 선생님께서 말씀한 것과 같은 생각을 갖고 있습니다. '평화령'이라는 명칭, 이것은 후지키 히사시 교수님께서 이름을 명명(命名)하셨는데, 기본적으로 오해를 초래할 수 있습니다. 따라서 당시의 이름을 그대로 써서 '총무사령'이라고 말하든지, 아니면 '총무시의 원칙', 혹은 '총무의 표면적인 규칙' 이라고 보는 것이 좋을 것 같습니다. 일본 국내에도 평화라는 것을 일종의 구호로 여기고, 실제로는 군사력으로 적대하는 다이묘를 정벌하는 것이 히데요시 정권의 본질이었습니다. 그래서 이런 것이 아마 주변 국가들에 대해서도 이루어졌을 것입니다. 그 중의 하나로서 비극적인 발현이 임진왜란이었을 것입니다. 그래서 일본 국내의 논리와 침략전쟁과 관련된 논리를 보면 실제로 평화를 강조하는 어떤 강제력, 즉 군사력인데, 그때 일종의 표면적인 논리가 일본 국내에서는 '천명(天命)'이라는 것을 이용하고, 혹은 천황의 권위를 이용했습니다. 그런데 대외적으로는 이러한 것들을 전혀 사용하고 있지 않다는 것이 일본 국내의 연장선상이면서도 서서히 변질되었다는 것을 뜻합니다. 혹은 상대에 따라서 이것을 그때마다 다르게 쓰고 있습니다. 따라서 공통점과 상이점이 있는 것 같습니다.

그리고 셋째, 히데요시가 쓰시마의 소씨와 조선 종속관계를 오인했던 것이 잘못된 것이 아닌가 하는 지적이 있었습니다. 저도 이 문제에 대해서 심도있게 연구를 해 본 적이 있는 것은 아닙니다. 그런데 말씀하신 것은 시마즈씨(島津氏)와 류큐(琉球)와의 관계에서 쓰시마 소씨와 조선과의 관계를 유추하면서 히데요시가 그렇게 오인한 것이 아닐까 하는 것이 일본 국내 연구계의 가장 대다수 의견인 것 같습니다. 실제로 히데요시가 쓰시마 소씨에게 명령하고 있는 내용을 보면, 이미 소씨를 통해서 조선에 자신의 명령이 전해질 것이라고 생각하고 있는 문장 표현을 쓰고 있습니다. 소씨에게 그렇게 명령을 내리고 있는데, 실제로 이렇게 명령을 해서 협상이 잘 이루어질 수 없습니다. 히데요시가 그렇게 고압적인 태도로 말하고 있는 것을 보았을 때, 그렇게 오인하고 있지 않을까 라고 유추해 볼 수 있습니다. 그런데 그것은 어디까지나 히데요시의 일종의 조선에 대한 멸시가 아니냐 라는, 아까 통신사가 왔을 때 히데요시의 막대하는 태도에서 느껴지지 않냐 라는 말씀이신데, 이것은 제가 이 자리에서 그렇다 아니다 라고 대답하기는 어렵지만, 멸시라고 볼 수도 있는 히데요시의 태도가 있었던 것은 사실인 것 같습니다. 하지만 소씨와 조선과의 관계를 히데요시가 오해하고 있는 이유가 조선에 대한 멸시에서 온 것인지, 아니면 물론 멸시하는 히데요시의 의식이 있었겠지만, 거기에서부터 직접적인 오해를 부르게 된 것인지의 여부에 대해서는 이 자리에서 제가 그렇다 아니다 라고 대답할 수 없습니다. 하지만 가능성은 있을 것 같다고 봅니다.

마지막으로, 가장 큰 질문이라고 할까요, 큰 비판을 해 주셨는데, 일본 국내에서도 많은 사람들이 이런 지적을 해 줍니다. 그래서 솔직히 아픈 곳을 찔러주셨습니다. 일본 국내의 공무결합과 동아시아의 히데요시의 삼국국할구상의 중화황제라는 자리매김인데, 일본에서 히데요시는 관백과 천황이라는 세트를 이미 정치적으로 구축했습니다. 그리고 거기다가 자기가 가장 태허(太虛)로서 군림한다는 형태가 갖춰졌습니다. 이와 마찬가지 형태를 동아시아 국가에서 전개하려고 했다는 것이 저의 공무결합, 그리고 중화황제의 문제의식입니다. 하지만 중화황제라는 표현을 책봉체제 안에서 표현하게 되면 그렇게 표현할 수 있지 않을까 그렇게 보는데, 실제로 앞서 요네타니 교수님이 '치젠노기미'라고 하는 일본 중세에서 일반적으로 사용되고 있는 표현이 더 좋지 않으냐 하고 개인적으로 지적을 해주셨는데요. 하지만 저 자신은 역시 동아시아 속에서 히데요시의 지위를 표현하려고 할 때, 그전까지의 역사 안에 존재하는 지위에서 설명하려고 하면 가장 근접한 것이 명을 중심으로 하는 책봉체제 안의 중화천황이 아닐까, 중화황제죠, 똑같지는 않더라도 말입니다. 그래서 히데요시가 생각했던 것을, 이것은 여러 가지 의미에서 지식 부족인 히데요시에게 지식이 부족하거나 또 그가 오해한 부분도 있었으니까 저희가 그것을 지금 학문적으로 평가하는 것은 실로 어려운 부분이 있습니다. 하지만 역사적인 전개를 돌아봐서 가장 가까운 것을 생각해보면 중화황제가 아닐까 라는 것이 저의 생각입니다. 실제로 일어난 '화이변태'에 대해서 여진족도 한족(漢族)인 명을 정복하지 않았느냐 하고 말씀하셨는데, 여진족이 실제로 명나라를 물리칩니다. 하지만 제가 말씀드리고 싶었던 것은, 처음부터 히데요시 정권과 명의 협상 초기단계에서 히데요시는 그곳을 정복하겠다는 전제하에 이루어지고 있습니다. 여진족은 최종으로는 물론 명나라를 무너뜨리게 되는데, 처음부터 여진족의 역사 속에서 명나라를 정복하겠다는 전제를 세우지는 않았으리라 봅니다. 그래서 그러한 점이 다르다는 것을 말씀드리는 것입니다. 실제로 동아시아에서 여러 가치관의 변화가 16세기 후반부터 17세기에 걸쳐서 나타났습니다. 그 하나의 발현이 '화이변태'라고 불리는 명·청교체, 그리고 히데요시에 의한 임진·정유왜란이라고 봅니다. 충분히 답변을 드렸는지 조금 자신은 없습니다만, 제가 지금 이 자리에서 답변드릴 수 있는 부분입니다. 감사합니다.

사회 : 아마도 이 문제는 상당히 논의를 불러일으킬 만한 부분이기 때문에 여러 질문이 있으시리라 생각하지만 일단 넘어가겠습니다. 이어서 박재광 선생님께서 논문의 문제의식이나 보충할 점이 있으시면 말씀해주시고, 이민웅 선생님의 토론을 듣겠습니다.

박재광 : 예, 박재광입니다. 임진왜란 당시 수군과 육군의 연승연패라고 하는 그러한 결과는 무기체계나 그러한 것들에 영향을 받은 바 있을 것입니다. 그중에서도 임진왜란은 거북선·판옥선·대형화포 등에 대해서 그간의 많은 연구성과가 축적되어 있습니다. 그러한 것들을 통해서 구조적인 무기체계, 군선도 어떤 면에서는 무기체계의 일종이라고 할 수 있기 때문에, 무기의 구조적인 특성이라고 하는 부분이 실제로 승패에 어떠한 형태로 나타났는가 하는 점들에 주목해서 정리를 해 보았습니다. 물론 그런 부분을 통해서 좀 부족했던 부분이라든가 혹은 어떻게 보완을 해야 할 것인가 하는 단계까지 나아가야 하는데, 제가 아직 많이 부족해서 그렇게까지는 하지 못한 것 같습니다. 앞으로 그런 부분들은 토론자의 의견을 들어서 보완하여 완결지을 수 있도록 하겠습니다.

사회 : 그럼 이민웅 선생님의 말씀 부탁드립니다.

이민웅 : 한·일 양국의 여러 저명한 선생님들과 함께 임진왜란에 관해 연구하는 학술대회에 참석할 수 있게 되어 매우 영광으로 생각합니다. 저는 임진왜란 해전사와 조선시대 해양사를 공부하고 있는 이민웅입

니다. 현재 학교에서 보직을 맡은 지 9개월이 지났는데, 공부를 거의 접고 살다시피 해서 조급한 마음이 있었습니다. 오늘 많이 배우고 정말 알찬 시간이 된 것 같습니다. 박재광 선생님과는 자주 만납니다. 전공이나 연배도 비슷합니다. 다른 분들이 제 토론문을 보시고 오해하실 것 같은데, 토론은 토론이고 또한 학술적인 것은 학술적인 것이기 때문에, 이해하시고 들어주시면 좋겠습니다. 오늘 박재광 선생님의 발표문을 중심으로 간단하게 몇 가지 질문을 드리는 것으로 토론에 응할까 합니다.

우선 제목에서 밝히고 있는 '과학적 검토'라고 하는 것이 무엇을 의미하는지 발표자께 질문하고 싶습니다. 발표자의 발표문은 새로운 사실을 밝혔다거나, 아니면 기존의 연구업적을 체계적으로 정리하면서 새로운 연구방향을 제시하는 등의 의미를 찾을 수 없는 것 같습니다. 이런 점 때문에 이 토론문을 작성하기가 매우 어려웠습니다. 평소 다방면에서 왕성하게 활동하시는 박재광 선생님께서 연구사 정리를 너무 급하게 하신 것으로 이해하려고 노력합니다만, 머리말 주 9)에서 다른 사람도 아닌 토론자의 책 제목을 바꾸셨고, 제 기억으로는 그 책에서 거북선에 대해서는 해전에 참전했고 돌격선 역할을 했다고 언급했을 뿐인데 거북선 관련 저서로 꼽은 이유를 잘 모르겠습니다. 그리고 주 12)에서는 조인복의『한국고화기도감』이나 채연석의『조선초기 화기연구』등 굵직굵직한 업적이 있는데, 이러한 책들을 제외하고 있는 특별한 이유가 있는지 궁금합니다.

둘째, 판옥선을 설명한 부분에서 다만 속도가 느린 것이 단점이라고 언급하셨는데, 임진왜란 첫 해의 제1·2차 출전이 포함된 해전에서, 예를 들어 합포해전이나 율포해전의 경우 일본선을 추격해서 분멸(焚滅)에 성공한 기록들이 있는데, 이 점에 대해서는 어떻게 생각하시는지 묻고 싶습니다. 그리고 거북선의 경우 빠르기에 대해 대략 3노트에서 최대 10노트까지 다양한 설을 소개하고 계신데 발표자의 의견은 어느 정도로 보고 계신지, 또한 속도 면에서 판옥선과 어떤 차이가 있다고 생각하시는지 설명해주시기 바랍니다.

그리고 토론문에는 없습니다만, 거북선의 2층설과 3층설에 대해서 제설(諸說)을 정리하시면서 박재광 선생님은 3층설에 동조하고 계신 것처럼 한 발 빼고 계십니다. 그런데 3층설에 입각해서 현재 경상남도에서 만들고 있는 거북선이 있는 것으로 알고 있고, 그리고 그 책임연구원이 바로 박재광 선생님이라는 것을 알고 있습니다. 3층설로 결론짓고 있는 특별한 근거가 있는지, 그 근거를 제시해주실 수 있는지 질문을 드리고 싶습니다.

거북선과 관련해서 두 가지 질문이 더 있습니다. 하나는 돌격선의 역할을 수행하기 위해 거북선이 적선에 직접 충돌하는 충각전법(衝角戰法)을 사용했다고 하셨는데, 이것을 당파전술(撞破戰術)로 보시는 것인지, 당파전술이 무엇이라고 생각하시는지 당파전술의 정의에 대해서 질문드리고 싶습니다. 또한 발표문에 "거북선은 종래 조선의 군선인 판옥선에 덮개를 씌우고 용머리를 붙인, 발명보다는 혁신을 통해 이루어진 군선이라고 할 수 있다. 조선 초기의 맹선(猛船) 시스템과 조선 중기 이후의 판옥선 시스템은 배의 크기부터 달랐다. 당시 전라좌수사였던 이순신은 태종 때부터 존재하였던 거북선을 개량하여 본영과 순천부의 선소(船所) 등에서 3척을 제작하였다." 라고 서술하고 계십니다. 그런데 저는 발표자께서 임진왜란 당시의 거북선과 태종 시대의 그것을 연결하고 계신 것인지 잘 이해가 되지 않습니다. 이 점에 대해서 명확한 발표자의 고견을 듣고 싶습니다.

화기 부분에 대해서는 제가 잘 알지 못해서 별달리 질문할 것이 없지만, 차라리 과학적 검토라고 했으면 발표문에서 조총의 성능에 대해서 조선의 소형화기에 비해 우세했다고 언급하고 있는데, 당시 조총의 성능에 대해서 분당 발사속도는 몇 발인지, 유효 사거리는 몇 미터인지, 이렇게 실질적인 것을 설명해주시면 훨씬 더 우리들에게 도움이 되지 않았을까 합니다. 사실 저는 반대로 생각하고 있습니다. 당시 조총 때문에 졌다는 것은 마치 우리가 6·25전쟁 때 탱크 때문에 졌다는 개념과 똑같이 이해할 수 있습니다. 조총의 성능이 결코 당시 우리가 사용했던 화살의 성능보다 우세했다고 보지는 않고 있습니다.

그리고 다른 한 가지는 -이건 제가 좀 오버한 것 같습니다- 일본 내에서 조총이나 철포에 대해서 엄청난 연구성과가 있는데, 이런 것들에 대해서는 전혀 언급하지 않으시고 계신데, 이 부분에 대해서도 가능하면 설명해주시면 좋겠습니다. 이상입니다.

사회 : 아주 여러 가지 질문을 해주셨습니다. 박재광 선생님, 간단하게 답변 부탁드립니다.

박재광 : '과학적 검토'라고 하는 부분은 사실 제게 주어진 제목이고, 이 부분에 대해서 제가 의도한 것은 단순하게 어떻게 활용되었고 후에 승패가 어떻게 가는지에 대한 것이 아닙니다. 판옥선의 구조라든가 거북선의 구조적인 특성에 대해서, 이런 부분들을 통해서 이것이 실제적인 전술상에서 어떻게 운영되었는가 하는 부분들을 학문적으로 생각해서 연구성과를 토대로 정리를 했습니다. 그런데 능력에 한계가 있어서 새로운 방향까지 제시하지 못한 부분에 대해서는 통감을 하고 있고 앞으로 더 보완하려고 생각하고 있습니다. 그와 관련해서 사실 이민웅 선생님 책에 관련된 부분은 사실은 제 실수로 인한 것으로 원래 주 10번 판옥선 부분에 들어가야 하는 것인데, 제가 서두르다 보니까 잘못 표시한 것 같습니다. 대단히 죄송하게 생각합니다. 그리고『한국고화기도감』과『조선초기 화기연구』부분에 대한 문제입니다.『한국고화기도감』같은 경우는 실제 유물에 대한 재원이라든가 그에 대한 설명을 중심으로 정리가

되어 있습니다. 그외에도 임진왜란 당시의 무기의 성격을 밝히는 것이
아니라서 사실 그 부분은 빼놓았던 것입니다. 그리고 『조선초기 화기연
구』 같은 경우도 고려말부터 조선초기 세종 연간 전까지의 상황을 정리
한 것이기 때문에 임진왜란 그 시기와는 조금 다르다고 생각해서 뺐던
것입니다. 단순하게 생각을 했던 부분입니다.

  둘째, 판옥선을 설명한 부분에서 속도가 느리다고 한 것은 저도 사실
은 아쉬운 부분이 있습니다. 지금까지의 연구성과라고 하는 부분이 사실
은 판옥선의 구조적인 특징, 1층·2층으로 되어 있고 어떻게 활용되었는
지 그에 대해 연구한 기록이 있다고 하는 부분이 있는데, 속도라는 것은
구체적인 연구성과가 없는 것 같습니다. 다만 문헌상에서 판옥선이 왜선
(倭船)에 비해서 느리다든가 그런 부분들을 가지고 판옥선에 대해서, 어
떻게 보면 앞으로의 연구는 그런 구체적인 것들을 통해서 발전시켜야 한
다고 생각합니다. 그런데 저는 그 부분에 대해서는 어차피 속도라고 하
는 부분이 선체(船體)의 길이와 폭의 비율이라든가 선체의 무게, 그리고
그에 따른 격군의 수 등 여러 가지 요인에 의해서 좌우된다고 할 수 있습
니다. 한 가지 더 말씀을 드리자면, 적판장의 길이 대 폭의 비율을 보면
일본선박 같은 경우 0.09가 나옵니다. 우리나라 판옥선 같은 경우는 0.2
정도가 나옵니다. 그만큼 물의 저항이 커질 수 있는 것이기 때문에, 그런
측면에서 본다면 왜선에 비해서 -물론 그 부분은 과학적인 시뮬레이션을
통해서 검증되어야 하는 부분이긴 하지만- 기본적으로 저항이 늘어난다
고 한다면 속도가 떨어질 수 있지 않겠는가 하는 생각이 듭니다. 또 한
가지 그와 유사한 관계에서, 비교적 유사한 데이터를 가지고 속도를 측
정한 것이 있습니다. 쓰시마에서 절영도(絶影島)까지 오는 시간이라든가,
즉 항해시간과 마일리지를 계산하면 일본배 같은 경우 3.1노트 정도 나
오게 됩니다. 그런데 우리나라 선박들이 전라좌수영에서 다른 지역으로
이동했을 때 걸리는 시간을 따져보면 대체로 적게는 1.6노트에서 2.3노

트 정도 됩니다. 물론 3노트 가까이 되는 것이 있습니다만, 그것은 항해 시간이 짧기 때문에 사실 그 정도로 나오게 됩니다. 물론 판옥선이나 거북선의 속도가 3노트에서 10노트까지인데, 사실 6노트나 10노트를 이야기하시는 분들은 여러 가지 다른 조건들을 감안해서입니다. 제가 3노트나 2.3노트, 2.6노트 하는 부분은 '길이 대 시간'이 단순하게 드러나는 것들을 가지고 말했을 때는 판옥선이 왜선에 비해서 속도가 느리다는 것입니다. 물론 상황이 급박하면 훨씬 더 힘을 내서 빨라질 수는 있을 수 있습니다. 그러나 결국 실제적으로 단시간에 추격할 경우에는 평균속도와는 조금 다른 경우가 나타날 수도 있지 않겠는가, 그래서 추격해서 분멸했다고 하는 상황이 나오지 않았겠는가 그렇게 생각했습니다. 따라서 거북선이 3노트에서 최대 10노트라고 이야기하는데, 저는 3노트 내외가 아니겠는가 생각합니다. 물론 판옥선 같은 경우는 그보다 조금 떨어진다고 판단되고, 판옥선과 거북선의 차이는 판옥선이 규모가 더 크고 판옥선 중에서 중간단계의 것을 거북선으로 활용했다고 한다면, 같은 노의 판옥선이 노가 9~10개 정도이고 거북선이 노 10개를 가진다면, 거북선이 속도가 더 나오지 않을까 생각이 됩니다.

셋째, 거북선 3층설은 맞습니다. 그런데 제가 여기에 그것을 설정하지 않은 것은 전투공간의 효율성 측면을 우선적으로 반영했던 것이고, 또 같은 공간 안에서 밀폐된 개판(蓋板)이 있기 때문에 밀폐된 상황이라고 한다면 포를 쐈을 때 어떤 효과가 나타날 것인가 했을 때, 2층 구조보다는 3층 구조가 더 적절하다고 보았기 때문입니다. 그런데 아직 그 부분을 논문으로 정리한 것이 아니기 때문에 여기에서는 뺐습니다. 곧 보완할 예정입니다.

넷째, 당파전술에 대한 부분입니다. 적선을 추격을 통해서 격파한다는 것인데, 고려시대부터 나타났고 조선시대 태종대의 거북선 관련 기록에서도 그런 부분들이 나타나는 것 같습니다. 거북선이 당파를 한다는 것은 곧 접전(接戰)을 한다는 의미이기 때문에, 거북선이 훨씬 더 유리하게 적진 속으로 들어가서 결국에는 적이 등선육박전술(登船肉薄戰術)을 할 수 없는 상황이므로 판옥선보다 훨씬 더 유리하지 않겠는가, 그래서 그런 의미로 받아들였던 것입니다. 그리고 "거북선이 종래의 발명보다는 혁신을 통해서" 라고 서술한 부분은, 사실 태종대의 거북선과 임진왜란의 거북선이 다르다는 것입니다. 왜냐하면 기본적인 체제가 조선초기에는 맹선 체제였던 것이고, 그것이 판옥선 체제로 전환된 상황에서 다만 기본적인 아이디어 측면에서는 전투원을 보호하겠다는 생각이 있었기 때문에, 그리고 기술이라는 부분이 진행되는 과정에서 어떠한 것을 계속 개량해서 발전하는 것이 어느 선까지 완벽하게 새로 나타날 수 있는 것은 아니라고 판단해서, 발명보다는 혁신이라는 용어를 사용한 것입니다.

다섯째, 조총이나 화기 등의 성능 부분에 대해서 저는 조선군 측의 것을 위주로 했던 것이고, 쿠바 선생님께서 구체적으로 다루셨을 것이라고 생각해서 뺐던 것입니다. 대체로 이 부분에 대해서는 최대 사거리를 500미터까지라고 많이들 이야기합니다. 그런데 유효사거리, 어느 정도 살상이 가능한 거리는 200미터 정도이고, 실제 전술적인 활용은 50미터에서 100미터 정도로 이야기를 하고 있습니다. 실제로 조선후기 조총병들의 사수거리는 50미터에서 100미터 정도일 것이라고 생각합니다. 물론 조선후기로 가면, 일본도 역시 이후 시기로 가면 사거리는 점차 늘어나는 것으로 보여집니다. 분당 발사속도는 초기에 어느 정도 숙련된 병사인가에 따라 다르겠지만, 숙련된 병사에 한정해서 본다면 30초 정도 되는 것 같습니다. 그럼 나머지 30초라고 하는 시간 간격은 한 발을 쐈을 때 정상적으로 생기는 것이고, 연속적으로 쏠 경우에는 총신이 식어야 합니다. 수치상으로는 1분에 2발을 쏠 수 있겠지만 총신이 충분히 식지 않으면 폭발할 가능성이 있기 때문에, 그런 부분을 고려한다면 사실 그보다는 좀 더 길지 않았겠는가 저는 그렇게 생각하고 있습니다. 너무 길어질 것 같아서 이 정도로 마치겠습니다. 이상입니다.

　사회 : 다음으로 쿠바 다카시 선생님께서 보충할 것이나 강조할 것, 혹은 본인의 문제의식에 대해서 말씀해주시기 바랍니다.

　쿠바 다카시(久芳崇) : 저는 문제의식이라기보다는 임진왜란이 동아시아에 어떤 영향을 미쳤는지, 그리고 또 하나 유럽사에서 자주 화두가 되는 군사혁명, 16세기에 유럽에서는 화기의 사용이 큰 사회적·전술적인 영향을 미쳐서 성곽의 축성과 사회 전체에 큰 영향을 미쳤습니다. 그래서 사회가 크게 바뀌었고 사회적인 혁신의 원동력이 된 것이 군사혁명이라는 측면이 요즘 회자되고 있습니다. 이것은 동아시아에서도 예측할 수 있는 부분인데, 이런 연구는 기존에 잘 이루어지지 않았습니다. 특히 일본같은 경우는 전후(戰後)에 군사에 대한 연구가 아무래도 회피되었기 때문에 이 부분에 대한 연구가 좀처럼 이루어지지 않았는데, 특히 철포 등의 연구를 하는 사람들은 다른 사람들이 조금 색안경을 끼고 볼 정도로 별로 많이 없었습니다. 그래서 사회적인 관계에서 군사적인 측면이 어떻게 영향을 미쳤는지, 16세기말 동아시아에서 처음으로 화기전쟁이라는 측면이 강했던 임진왜란을 조명해보고, 또한 그런 쪽에 영향을 미친 부분이 크다고 생각했기 때문에 연구를 해 왔습니다. 이상 간단히 말씀드렸습니다.

　사회 : 이어서 쿠바 선생님 발표에 대한 토론은 전남대학교의 변동명 선생님께서 해 주시겠습니다. 부탁드립니다.

　변동명 : 예, 변동명입니다. 우선 많은 공부가 되어서 쿠바 선생님께 고맙다는 말씀을 드리고 싶습니다. 저는 토론문을 읽어가면서 발표하도록

하겠습니다. 약간 긴데 앞의 두 단락은 쿠바 선생님께 고맙다는 말씀을 전하는 내용이니까 생략하고 세 번째 단락부터 읽어가도록 하겠습니다.

임진왜란에 의해 일본식 철포가 조선과 명에 전파 보급되어 이후 두 나라의 화기발달에 영향을 끼쳤다는 논지에는 이의가 있을 수 없습니다. 일본식 철포나 혹은 이 논문에서 주로 다룬 명나라의 화기발달사를 모르기 때문에 더군다나 이것에 논평을 가한다거나 그럴 만한 처지는 못 됩니다. 다만 논감(論感)이랄까, 이 글을 통해서 여러 가지 많이 배웠던 고마움에서 한두 가지 궁금했던 점을 말씀드리도록 하겠습니다.

제목과 관련해서 앞에서도 나왔습니다만, 제목과 서술된 내용에서 차이가 나는 듯 하여 다소 당황했었습니다. 아마도 요청받은 주제를 쿠바 선생님께서 자신의 관심사에 맞추어 논의를 전개하다 보니 그렇게 된 것 같습니다. 그래서 그 부분에 관한 이야기는 빼도록 하겠습니다. 둘째 부분으로 넘어가겠습니다. 역시 그 일본군의 선박에 관해서는 한 단락의 간략한 언급에 그치고 말아 상당히 아쉽습니다. 여기에 대해서는 제가 특히 관심이 많았습니다. 결과적으로 임진왜란의 승패가 해전(海戰)에서 갈린 셈이며, 따라서 수군의 전함이나 함재무기(艦載武器)의 과학적인 검토도 또한 중요한 것으로 여겨지는데, 차후에 따로 검토할 예정인지 여부를 물어보고 싶습니다. 아울러 당시 일본 측에서 해전을 중시하지 않았다 이런 말이 많이 나오는데, 해전에 전혀 관심도 갖지 않았다, 선박도 전함이 없었다, 수송선이었다, 과거에는 수송선과 전함이 큰 차이가 없었던 것이 일반적입니다만 중시하지 않았다고 하는데 그 이유는 무엇이며, 또 임진왜란 시기 일본 수군의 전력을 조선 수군의 전력을 비교한다면 어떠했는지 혹은 어떻게 판단하시는지 궁금합니다.

셋째, 쿠바 선생님 말씀에 따르면 임진왜란 당시 일본의 철포가 신식 고성능임은 '단조철제(鍛造鐵製)'라는 점에 기인하였던 것으로 여겨지는데, 그러한 철포 제조 기술은 일본에서 개발한 것인지 아니면 서양에서 유래한 것인지, 만약 서양에서 유래한 것이라면 중국에서도 '단조 철제'의 제조방식을 알았을 법한데 명의 칠포는 임진왜란 이전에는 '주조 동제(鑄造銅製)'의 것 외에는 없었는지 궁금합니다. 아울러 단조철제의 일본식 철포가 이후 지속적으로 개량·발전되어 갔는지, 발전되어 갔다면 그것을 서양에서의 개량화기 발달과 비교해 볼 필요는 없는지, 또 만약에 크게 개량되지 않았다면 왜 개량되지 않았는지, 이런 것들도 아울러서 설명해 주시면 감사하겠습니다.

넷째, 논의 구조상 그럴 수밖에 없는 측면이 있기는 하지만, 단조철제 일본식 철포의 고성능이라는 측면에 너무 집중한 것은 아닌지 하는 의문이 들기도 합니다. 가령 벽제관 전투(碧蹄館戰鬪) 이후 명에서 일본군의 철포에 대해 진지한 대응을 하지 않을 수 없게 되었다고 해서, 마치 이여송의 벽제관 패배의 주원인이 일본군의 철포에 있었다는 느낌을 주는 표현이 있었습니다. 당시 명나라 군대가 벽제관에서 패한 주된 원인은 선생님도 말씀하셨습니다만, 일본군의 매복전술에 대비하지 못해서 그런 것이지 꼭 철포 때문은 아니지 않느냐, 임진왜란에서 철포의 중요성을 도외시해서는 안 되겠지만 그렇다고 해서 모든 것을 철포하고만 연관시키는 데에도 주의를 할 필요가 있지 않을까 생각이 듭니다. 또한 그와 관련됩니다만, 당시 일본군이 철포를 대량으로 갖추었다는 말씀을 하셨는데, 임진왜란 당시 일본군의 몇 퍼센트나 철포로 무장하였지 그것도 궁금합니다.

마지막으로, 강조 어법의 결과인 듯 싶은데 다소 과한 표현도 때로 눈에 띄는데, 이것은 그냥 빼겠습니다. 사족 하나를 붙이자면, 전쟁을 문물교류의 장이나 혹은 과학발전의 계기로 받아들이다가 어떤 함정에 빠질 수도 있지 않을까 생각합니다. 국제적인 교류나 과학의 발전 혹은 정치사회적 변혁과 같은 것은 전쟁을 통하지 않고도 얼마든지 가능합니다. 따라서 전쟁에 으레 따르게 마련인 강제적 접촉의 결과에 지나지 않은 교류의 성과에 너무 강조한 나머지 전쟁의 파멸적 위험성을 도외시해서는 안 된다는 점을 거듭 환기했으면 하는 마음입니다. 이상입니다.

사회 : 예, 잘 들었습니다. 그럼 이어서 쿠바 선생님의 답변 부탁드립니다.

쿠바 다카시 : 예, 감사합니다. 먼저 제목과 내용의 어긋남인데요. 과학적이라는 것은 역시 저도 어떤 식으로 이것을 받아들일지 생각했는데, 군사적인 것으로 이건 이렇고 군사매니아적인 측면에서 접근을 하게 되면, 기존의 일본의 군사 연구는 그런 것이 좀 많았지만, 그런 것보다는 오히려 전체에 어떤 영향을 미쳤는지 특히 중국에게 어떤 영향을 미쳤는지, 이러한 전반적인 외곽을 굳혀주면서 일본의 무기의 실체에 조명을 해보려고 했던 것입니다. 그런데 그것이 어떤 의미에서 과학적인지 어떤지 하는 부분에서는 저 또한 자신은 없습니다만, 이렇게 이번에 결국 발표를 했습니다. 물론 주제와 제 관심사가 어긋난다는 것은 선생님께서 지적해 주신 대로입니다.

그리고 둘째, 선박에 대한 질문입니다. 제가 지금까지 선박에 대해서 전혀 연구를 한 적이 없었습니다. 그래서 변명을 드리자면, 일본의 연구에서는 선박에 관한 연구가 지금까지 충분히 연구되어 있지 않았습니다. 그리고 제 발표의 주석 3번에 있는 내용이 그 주요 선행연구인데, 여기 있는 것은 2차 대전 이전의 연구가 대체적입니다. 전후도 몇 개 있긴 합니다만, 군역체제나 수송이라든지 군사시스템 이런 것에 대한 부분에 대해서 일본의 선박에 관한 연구결과는 있는데, 무기에 대한 선박연구는 2차 대전 이전의 것밖에는 없다는 것이 현재 일본의 상황입니다. 그래서 참고자료가 좀처럼 없어서 간단하게 밖에 언급하지 못했던 점, 이것은 어디까지나 제 공부가 부족했던 점이기 때문에 이 부분에 대해서도 역시 사과 말씀 드립니다. 앞으로 연구할 수 있는 여지가 많은 부분입니다. 일본의 해전, 그리고 해전에 주요 역할을 한 그들이 도대체 어떤 인물이었는지, 이런 것을 중심으로 해서 앞으로 또 연구할 수 있는 여지가 충분히 있다고 생각합니다. 그리고 일본이 왜 해전을 중요시하지 않았는지 그 이유에 대해서 제가 이 자리에서 대답하기는 어렵습니다. 하지만 역시 육상의 전투가 메인이었습니다. 그래서 대륙으로 군인들이 갔고, 해전보다는 육상에서의 전투가 중점이 되었습니다. 처음에는 이 해전에 대한 전투는 아예 예상을 못했던 부분도 있는데, 나중에는 해전에서 피해를 많이 받아서 나중에는 해전도 중시하게 되는데, 이것이 하루아침에 계량할 수는 있는 부분이 아니었기 때문에 해전은 끝까지 고전을 면치 못하고 열세에 놓였다는 것이 현재 연구성과의 정도입니다.

그리고 셋째, 신식화기 규정으로서 이 단철, 철의 단조 이것은 포르투갈에서 일본으로 들어온 것입니다. 일본도 나사 조이는 방법 등의 기술이 없었기 때문에 철포를 모조하는 것이 어려웠는데, 몇 년의 시간을 지나면서 포르투갈식의 철포를 그대로 모조하게 되었고, 16세기 후반 일본에 전래·전파되었습니다. 중국에서도 아마 처음에는 단조식이 전파되었는데, 왜 그때 철이 아니라 주조였는지는 잘 모르겠지만 아마 제가 상상하는 바에 의하면, 중국에서는 예전부터 화기라는 것이 존재했었습니다. 이것은 대부분 주조로 만든 것입니다. 구리주조는 틀에 넣어서 녹여서 만드는 것이기 때문에 약하긴 하지만 만들기는 쉽습니다. 그리고 화기의 역할 자체도 16세기 중엽까지는 실전에서 상대방에게 명중을 시키는 것보다는, 어떤 하나의 세레머니라든지 상대방을 위협하는 형식, 혹은 외국에서 손님이 왔을 때 행사나 거행식 같은 데서 쓰는 것이 주목적이었기 때문에, 일본처럼 명중의 정밀도가 높다거나 이렇게 실제 전쟁터에서 대응한다기보다는 더 간단해도 된다는 의식이 있었기 때문에 요구 자체가 조금 달랐던 것입니다. 대량으로 만들 수 있는 간단히 만들 수 있는

구리의 주조는 그때 이루어졌습니다. 하지만 임진왜란에서는 일본이 아주 정예철포를 가지고 있었기 때문에 거기에 대응하기 위해서 주조가 아닌 철의 단조 철포제조가 그때 필요해진 것 같습니다. 단철 철포는 역시 서양의 화기 기술이 향상되었습니다. 발표문에도 있듯이 17세기 마카오에서 도입한 철포, 사실 저도 잘 모르지만 16세기 다네가시마(種子島)에 전래된 일본식 철포보다도 훨씬 더 수준 높은 철포일 것입니다. 이것이 17세기 마카오에서 베이징, 베이징에서 요동, 그리고 조선 쪽으로 이런 식으로 전파된 것 같습니다. 그래서 17세기 동아시아의 철포는 16세기의 일본의 철포보다도 더 높은 수준의 것이 전래되었을 것 같습니다. 얼마만큼 널리 전파되었는지는 모르지만 베이징이나 요동의 주요 지역에는 전장에는 이것이 배치되었을 것 같습니다. 하지만 동아시아는 17세기 후반 이후에는 군사적인 혁신이 후퇴되는 시기였기 때문에, 그 이후에는 철포의 성능은 17세기 말에서 18세기 이후 무기에 대한 계량이 그다지 없었습니다. 그래서 새롭게 군사위협이 되었을 때, 즉 17~18세기에 철포가 시대에 많이 낙후되었던 것이 결국 19세기 이후에 가서 동아시아가 유럽에 열세를 면치 못했던 이유 중의 하나라고 생각합니다. 그리고 1593년 벽제관 전투를 말씀하셨습니다. 여러 가지 요소가 있는데 철포 때문에 일본이 승리하고 명이 패한 것이 아니라 전술이라든지 여러 가지 요소가 있었습니다. 그래서 철포만으로 철포의 이유를 다 댈 수는 없습니다. 그런데 나가시노 전투(長篠の戰い)라는 것이 일본에서도 있었지만, 거기에서도 철포가 있는 것과 없는 것의 군사적 차이는 여실히 드러났기 때문에 무기의 요소가 적잖이 컸다고 봅니다.

　마지막으로, 전쟁과 문물의 교류라는 것은 역시 특히 일본에서는 간과되어 왔습니다. 이런 것은 전쟁에서의 사람들의 교류도 그렇지만 이것도 하나의 교류라고 볼 수 있기 때문에 이런 것까지 포함해서 내셔널리즘의 성격이 아니라 과학적으로 객관적으로 검토해 나갈 필요가 있지 않을까요? 실체를 해명하고 해석하기 위해서입니다. 여러분들의 말씀을 듣고서 그렇게 생각합니다. 이상 제 말씀을 마치겠습니다.

사회자: 예, 감사합니다. 장시간에 걸친 발표와 토론으로 힘들어하시는 것 같습니다. 잠시 5분 동안 커피라도 드시고 나서 새로운 마음으로 다시 나머지 토론에 임하겠습니다. 잠시 후에 뵙겠습니다. (잠시 후) 나머지 토론을 시작하겠습니다. 발표자의 문제의식에 관계된 부분은 생략하고 바로 토론으로 들어가겠습니다. 요네타니 히토시 선생님의 발표에 대해서는 상명대학교에 계신 김문자 선생님께 부탁드리겠습니다.

김문자 : 예, 요네타니 선생님의 토론을 맡은 김문자입니다. 토론문 149페이지를 보시면 아실 수 있듯이 토론사항이 몇 가지 적혀있습니다. 요네타니 선생님의 논문을 받았을 때에 완결 논문이 아닌 레지메 형식이어서 충분히 이해할 수 없었던 부분이 많이 있었습니다. 토론문에 몇 가지 의문사항이나 보충할 사항을 중심으로 적어보았기 때문에 이것을 중심으로 해서 질문을 드리도록 하겠습니다. 먼저 지금까지 도요토미 히데요시의 '일본국왕(日本國王)' 책봉을 둘러싼 선행연구는, "히데요시가 명제(明帝)의 '일본국왕' 책봉을 모욕으로 받아들여 고명(誥命)을 찢고 거부하였다, 이로 인해 히데요시가 조선을 재침략하였다."고 하는 연구가 대부분이었습니다. 최근에는 이러한 히데요시의 책봉 거부설이 에도시대 이후에 유포되었던 사실이고, 이에 대한 증거를 뒷받침해주는 연구성과도 적지 않습니다.

본 발표는 지금까지의 연구동향과는 달리 ①히데요시와 여러 다이묘들에 대한 명의 일괄 책봉의 의미가 무엇인지, ②명에 있어서 히데요시의 책봉이 갖는 의미가 무엇인지, ③외교적 수단으로서 책봉의 효력이라는 다각적인 측면에서 매우 흥미롭고 새로운 문제제기를 했다고 생각합니다. 특히 당시 동아시아 외교의 핵심이었던 책봉을 둘러싼 조선과 명·일본 삼국의 인식 차이를 전쟁 발발의 배경과 에도막부의 대명 교섭문제와 새롭게 연계시킨 점은 시사해주는 바가 굉장히 많았다고 생각합니다.

몇 가지 건너뛰고 첫째 질문을 하겠습니다. 「히데요시의 배신(陪臣)에 대한 책봉 대상자의 변동」과 관련해서, 발표자는 "「석성제주(石星題奏)」에서 「만력제조서(萬曆帝詔書)」 사이에 어째서 이와 같이 수직(授職)의 상하가 바뀌었는지 일대 반전이 일어났을까? 명 쪽 사료에는 아무런 기록도 없어서 알 수 없다."고 하셨는데, 이 부분에 대해서도 궁금한 것이 많습니다. 좀 더 보충을 부탁드리고 싶은데 『경략복국요편후부(経略復國要編後附)』라든가 『명신종실록(明神宗實錄)』·『강운수필(江雲隨筆)』에 대한 편찬시기라든가 자료 성격과 관련해서 이 문제를 생각할 수는 없는지, 또 여기에 보충하고 싶은 것은 없는지 묻고 싶습니다. 특히 일본 국내의 다이묘 사이에서 지금까지 이름이 오르지 않았던 우에스기 가게카쓰(上杉景勝)가 수직 대상이 되었다고 적힌 사료는 일본 측의 『강운수필』에만 보이고 있는데, 이 『강운수필』에서 인용한 「만력제조서」는 심유경(沈惟敬)에 의해서 개찬되었을 확률이 높다고 발표자께서도 같은 견해를 갖고 계신지, 그 점에 대해서도 말씀해 주셨으면 좋겠습니다. 그리고 「석성제주」도 석성(石星)이 나중에 처형되는 정치적인 행적과 관련되었기 때문에, 이 부분에 대해서도 책봉대상자 변동과 관련하여 여러 사료 중에서 어떤 문제점이 있는지 알고 싶습니다. 그리고 이것은 12월 7일에 배신 책봉자대상자에 대한 자료를 선생님은 지금 세 가지만 언급을 하셨는데, 혹시 이 외에도 언급된 것은 없는지 좀 궁금합니다. 그리고 이 부분을 읽다 보니까 선생님이 히데요시의 배신 책봉대상자에 대한 것을 강조하신 이유가 노부나가·히데요시 이후에 있어서 '명으로부터 자립했던 일본국왕' 지향의 존재를 지적한 '일본형화이의식론(日本型華夷意識論)'에 대한 다른 의견으로서 이 부분을 강조한 것인지 그것을 조금 더 구체적인 의견을 언급해 주시면 좋겠습니다.

둘째, 발표자께서 오늘 발표하실 때 '사은표문(謝恩表文)' 문제가 가장 흥미롭고도 문제점이 많다고 말씀하셨는데, 발표자는 "히데요시가 재차 출병을 여러 다이묘들에게 명하는 한편, 사은표문을 명 쪽에 제시한 것은 히데요시 나름의 '화전(和戰) 양면책'이 아니었었을까?" 라고 지적하셨습니다. 그런데 이 문장대로라면 사은표문이 히데요시의 인정 하에서 작성되었다고 인식될 수 있는데, 과연 선생님은 어떻게 생각하시는지 궁금합니다. 물론 사은표문이 전부 위조된 것이 아니고 개찬(改竄)된 것이라 해도 사은표문 작성을 통해서 히데요시가 나름의 화전 양면책을 구사하였다고 보는 것에는 약간 문제가 있지 않은가 생각됩니다. 그것은 아까 발표할 때도 말씀하셨는데 관백의 사은표문을 사례를 발표에서 이용하셨는데, 거기에서 보면 "동해(東海)의 소신(小臣)이 직접 중화(中華)의 성전(盛典)을 받을 것을 생각이나 했겠습니까. (중략) 방물(方物)을 갖추어 구중궁궐에 감사함을 표하겠습니다." 라고 하는 이런 표현은 히데요시의 인정 하에 작성되기는 어렵다고 생각되기 때문에 이점에 대해서 조금 더 듣고 싶습니다. 아까 선생님도 발표 도중에 나고야(名護屋)에 강화사(講和使)가 왔을 때 한편으로 진주성 공격을 해서 양면정책을 썼기 때문에 사은표문을 같이 볼 수 있지 않겠느냐 하셨는데, 나고야의 강화사 파견문제, 강화사를 접견했을 때하고 진주성 공격 같은 경우는 히데요시가 직접 본 바가 있기 때문에 약간 차원이 다른 문제가 아닌가 생각합니다. 이 점에 대해서 선생님은 보충설명을 부탁드리겠습니다.

셋째, 「명에게 있어서 히데요시의 책봉」과 관련해서 "만력(萬曆) 27년(1599) 4월, 명의 조선원정군이 북경(北京)으로 귀환하자 일본군 포로를 만력제(萬曆帝)에게 헌상하는 의식이 대대적으로 거행되었고, 다이라노 히데마사(平秀政) 등의 61명을 북경 서시(西市)에서 공개적으로 처형했다"는 이런 기사가 있습니다. 즉 가짜 포로를 처형하는 것으로서 명군의 빛나는 대승리를 연출하고 겨우 '체면'을 유지하였다고 한 점은 흥미로웠습니다. 다시 말하면, 조선이 전쟁이 끝난 후에 일본과 강화를 하기 위해서 제시하였던 '범릉적' 범인의 압송을 주장하면서 이들을 처벌한 후에 대일교섭의 한 획을 긋고서 일본과의 교섭에 나섰던 점과 굉장히 흡사하다고 생각됩니다. 명과 조선이 '포로헌납식'이라는 연출을 통해서 대일관계를 정리하려 했던 점이 공통점이 있지 않았나 하는 생각이 들었습니다.

그리고 넷째, 발표자는 【史料 1】의 ①②③을 통해서 히데요시가 이미 자신을 일본국왕으로 임명하였다는 사실을 알고 있었다는 사실을 전해주고 있습니다. ④번에서는 히데요시가 서책(書册)을 통해서 격노하였던 이유에 대해 「이에즈스회일본보고집(イエズス會日本報告集)」을 통해 서술하고 있습니다. 또 「상이한 책봉 모습」 그 부분에서도 프로이스와 관련된 자료를 다수 인용하고 있는데, 오히려 당시 통신사의 기록이었던 황신(黃愼)의 『일본왕환일기(日本往還日記)』도 당시의 상황이 비교적 객관적으로 서술되어 있었기 때문에 이 부분에 대해서는 언급이 별로 없어서 이 부분을 조금 더 보충했으면 좋겠다는 생각이 들었습니다. 이상입니다

사회 : 대단히 어려운 문제인데 짧게 답변해 주시기 바랍니다. 요네타니 선생님 부탁드립니다.

요네타니 히토시(米谷均) : 먼저 첫 번째, 책봉대상자리스트가 대대적으로 변동된 배경에 대해서인데요, 이것은 저도 잘 모릅니다. 특히 크게 바뀐 것이 나이토 조안(內藤如安)의 책봉과 「석성제주」 사이에 상당히 많이 변했습니다. 그것은 일본의 국내 정세를 알리는 인물이 있었는지, 그래서 그 의견을 물어봐서 받아들여서 책봉대상자를 다시 정리를 한 것

인지 잘 알 수 없습니다. 아직 사료를 좀 더 검토할 필요가 있을 것 같습니다만, 충분한 사료가 남아있지 않기 때문에 그 변화의 이유에 대해서는 아직 해명되지 못했습니다.

　다음으로, 사은표를 둘러싼 문제에 대해서 질문해 주셨습니다. 물론 히데요시가 인정을 하고 작성했다고 볼 수 없는 부분들이 많이 있습니다. "동해 끝에 있는 소신 운운" 하는 것들이 그런 것이고요. 게다가 도쿠토미 소호(德富蘇峯) 같은 사람은 있을 수 없는 문서라고 평가를 전혀 인정할 수 없다고 했는데, 저는 이 사은표 문제는 1606년의 도쿠가와 이에야스(德川家康)의 국서(國書)와 비슷하다고 생각합니다. 무슨 말인가 하면, 조선과 일본의 국교 회복 조건으로서 이에야스의 사죄 국서가 필요하다, 또 범릉적의 인도가 필요하다, 그래서 쓰시마에서 이에야스의 국서라는 것이 보내져 옵니다. 그런데 그것도 완전한 위조라는 설도 있고, 또 비슷한 문서가 있고 원래 문서가 있고, 개찬한 것이라는 설도 있습니다. 그래서 그런 부분에 대해서는 뭐라고 말하기가 어렵습니다. 히데요시가 책봉을 받은 후에 병사를 출병시키는 간단한 명령을 한 것 뿐이었을 수도 있습니다. 그 내용을 어느 정도 파악하고 있었는가 하는 것은 일본국내의 관련 사료들이 지금까지는 없기 때문에 검토할 필요가 있다는 생각이 듭니다.

　그리고 포로 헌납식에 대한 질문을 해 주셨는데, 이것도 범릉적 인도와 비슷한 상황입니다. 1590년 통신사가 일본에 오기 전에 사화동(沙火同)이라는 포작인(鮑作人), 기타지마 선생님의 논문에도 나왔었던 전복 잡는 사람들을 서로 주고받는 의식이 있었습니다. 비슷한 상황이 있었기 때문에 일단 국가의 체면을 유지하기 위해서 이런 나쁜 사람들을 차용하는 그런 의식을 한 것은 1606년 범릉적 이전에 1590년 사화동을 주고받은 의식에서도 있었기 때문에 비슷한 성격이라고 생각이 됩니다.

　마지막으로 예수회 자료 이외에 황신의 『일본왕환일기』 이것도 인용했으면 어땠는가 하는 질문을 주셨습니다. 책봉의례에 관한 기술은 여기에는 많지 않습니다. 황신 이후에는 책봉의식이 이루어진 오사카성에 들어올 수가 없었고, 사카이(境)에서 머무르게 됩니다. 그러니까 책봉의례 정보는 하루 늦게 전문(傳聞) 형태로 그 정보가 알려지게 되었고, 일기에 쓰고 있습니다. 그렇기는 하지만 일부 제 논문에서도 얼마만큼 명의 관복을 받았는가 라는 것도 제가 인용을 해 놓았습니다. 그리고 『일본왕환일기』에서 사용할 수 있다고 한다면 사은표 부분이겠습니다. 두 번, 세 번 다시 썼다는 부분, 이런 것에 대한 기술은 사실 『일본왕환일기』에서 나온 것입니다. 그런 부분은 제가 여기에 명기하는 것을 좀 잊었습니다. 그래서 거기에 보충을 했으면 합니다. 이상입니다.

사회 : 기타지마 만지 선생님께서 잠시 하실 말씀이 있으시다고 합니다. 간단하게 말씀 부탁드립니다.

기타지마 만지(北島万次) : 요네타니 선생님의 발표에서 한국어로 쓰여진 쪽은 141페이지 제일 밑입니다. 그리고 일본어로 된 부분이 255페이지 위에서 6번째 줄 히데요시 책봉은 오히려 국내에 선전되었다고 하는 야마무로 쿄코(山室恭子) 선생님의 책을 써 놨습니다. 그런데 이것이 루이스 프로이스의 사료일텐데, 요컨대 이것은 일본 국내에 강화가 되었다는 것을 가지고 선전하고 다녔다는 얘기입니다. 그 이후에 저는 『사이죠한포지』라는 사료를 읽어봤더니 무슨 얘기가 나오는가 하면, 심유경이 일본에 올 때 배 안에서 선전 문구를 만들었고 합니다. 책봉을 받아서 화의(和議)가 된다고 하는 전제를 하고 심유경이 그런 걸 자기가 선전 문구를 만들었다는 것이 나와 있습니다. 일본에 와서 그것을 만들었던 것이 아니라 조선에서 떠날 때부터 심유경이 그것을 연출했다는 얘기가 있습니다. 그리고 또 하나는 요네타니 선생님 발표 마지막 부분, 즉 "조선 국왕이 명에 대해서 어떻게 해서든지 히데요시를 책봉하게 해 달라는 말을 하게 했다, 굴욕적인 얘기였다." 라는 말로 끝맺음하셨는데, 그것은 사실은 조선이 처음부터 반대했습니다. 조선에게 왕자를 빼앗기고 국왕묘를 파헤친 그런 것들을 용서해 달라는 것은 있을 수 없다, 그런데 명으로부터 심유경과 같이 짜가지고, 그 때 당시 명의 조선경략을 했었던 고육경이라는 사람이 그 밑에 있는 고탁이라는 인물을 국왕에게 보냅니다. 국왕한테 히데요시를 책봉해주었으면 한다 라고 명한테 말해라, 그런데 국왕은 그것을 안 된다고 말했습니다. 싫다고 말했습니다. 그러면 조선 구원병들을 다 철퇴시키겠다, 이렇게 했습니다. 그러면 조선은 망할 것이다 라고 했는데, 국왕은 그래도 거절했습니다. 그런데 몇 번 몇 번 하다보니까 마지막에 유성룡(柳成龍)이 도저히 의(義)로서는 할 수 없지만 이런 경우에는 어쩔 수 없는 것 아니냐 해서 그것을 받아들였다, 마지막에 결정이 되었다는 것이 그게 경위거든요. 그러니까 단순하게 굴욕적으로 이것만 말하면 조금 모자랍니다. 명의 이러한 뒤에서의 획책이 있었다는 것입니다.

　사회 : 예, 잘 들었습니다. 다음으로는 손승철 선생님의 발표에 대해서 국방대학원에 계신 노영구 선생님의 토론을 듣도록 하겠습니다.

　노영구 : 예, 노영구입니다. 저는 네 가지 정도로 주요하게 추가적인 보완이 필요한 부분들만 질문 드리도록 하겠습니다. 하나는 『동국신속삼강행실도』의 편찬 과정에서 여러 가지 전쟁 기간 및 전쟁 이후에 이루어진 공신·충신 및 열녀 등에 대한 자료 정리와 포상 논의를 좀 더 자세히 분석할 필요가 있다고 생각합니다. 특히 공신의 경우는 많지는 않은데, 그것은 조선이 임진왜란에 대해서 어떻게 성격을 규정할 것이냐, 향후 임진왜란에 대한 기억의 형성 과정에서 기본적인 방향이 무엇이냐를 규정하는 출발점이 될 것 같습니다. 이를 위해서는 아마 선조 말에 설치된 공신도감(功臣都

鑑)의 문제를 정리한 자료들을 활용할 필요가 있다고 생각했습니다.

다음으로 이 책의 편찬 과정 자체를 조금 더 검토할 필요가 있습니다. 잘 아시겠습니다만, 『동국신속삼강행실도』의 의궤(儀軌)가 있습니다. 이 것을 보면, 자료가 수집되는 과정, 그리고 그것을 통해서 임진왜란의 기 억이 어떠한 방향으로 설정되고 이를 바탕으로 백성들에게 교육이라고 할까요, 의식을 심어주는 방향이 설정되는 것 같습니다. 그리고 한 단계 더 나아간다면, 아마 그 당시의 집권 정파의 정치적 입장도 고려할 수 있지 않을까 하는 점도 생각해 보았습니다.

세 번째는 삽화에 대한 내용입니다. 내용보다는 설명한 삽화의 경우 여러 가지가 있습니다만, 임진왜란 당시의 특정인물의 행동 양상을 통해 서 특정한 양상, 행적의 일부가 강조된 것이 사실이고, 그 강조점이 아마 조선에서 임진왜란의 기억을 형성하는데 중요한 영향을 미치게 된 것 같 습니다. 따라서 특정인물에 대한 역사적 사실과 『동국신속삼강행실도』 의 내용을 비교할 필요가 있다고 생각합니다.

그리고 이것은 부가적인 것인데요, 삽화가 많이 나와 있습니다. 삽화 에서 많이 나온 것이 가옥구조 같습니다. 무기, 그 다음에 복식 등이 있 는데, 전 아마 이런 것들이 삼강행실도의 자료와 비교를 통해서 변화양 상을 살펴볼 수 있지 않을까 생각해 보았습니다. 또한 우리가 일본 군대 를 보면 쌍칼로 나오지 않습니까. 말도 안 되는 이야기인데, 그렇게 인식 을 하고 있거든요. 그래서 그런 것처럼 어떤 그림 같은 경우는 특정하게 교훈을 주기 위한 상황이나, 그러한 시대상황 같은 것들이 중요한 바가 있는 것 같습니다. 그런 것들을 우리가 그림을 통해서 파악해볼 수 있을 것도 같습니다. 이상입니다.

사회 : 예, 잘 들었습니다. 그럼 강원대학교 손승철 선생님의 답변을 듣도록 하겠습니다.

손승철 : 예, 감사합니다. 논문의 완성도를 위해서 꼭 필요한 항목
들만 딱 집어서 말씀해 주셨는데, 전적으로 수용을 하겠습니다. 그런
데 제가 이『동국신속삼강행실도』에 관심을 가진 것은 사실 처음부터
관심을 가진 것은 아닙니다. 제가 고려말 조선초에 왜구가 한반도에
출몰해서 한반도를 약탈하는 과정, 이러한 것을 연구하는 과정에서 삼
강행실도를 보게 되었고, 삼강행실도가 8건이라고 아까도 말씀드렸지
만, 그런데 그 8건이 사실은『고려사』나『고려사절요』·『조선왕조실록
』에 다 고증이 되고 있습니다. 사실을 좀 철저히 분석을 한다면 결국
이『동국신속삼강행실도』도 그렇게 해야 하는데, 아까도 말씀드렸지
만 전부 1,587건이 나오는데 숫자가 만만치 않습니다. 그래서 그 가운
데서 사실은 임진왜란 관련건만 뽑는데 시간이 다 가버렸습니다. 그래
서 소개하는데 겨우 그쳤습니다. 그리고 이제 앞으로 이것을 토대로
분석의 틀을 마련하고, 지금 말씀하신 대로 그 당시의 선조말 광해군
초기의 정국의 상황, 그 다음「공신록(功臣錄)」을 만드는 과정, 또 이
제 그 포상을 통해서 무엇을 의도했는가, 또 만드는 과정에서 누구는
넣고 누구는 빼고 하는데 어떤 갈등은 없었는가, 여러 가지 분석을 해
야 될 것들이 많다고 생각됩니다. 그 점은 앞으로 유념을 해서 보완하
도록 하겠습니다. 실제로 광해군 때 이것을 편찬했지만, 광해군이 인
조반정에 의해서 몰락하면서 실제로 보급하는데는 상당히 장애가 되
었습니다. 그러한 결과는 정파 간의 갈등 때문에 그렇게 된 것인데, 그
런 상황도 소개를 해야 되겠고 아까 말씀하신 대로 공신도감을 만드는
과정에서의 절차 문제 그러한 것들도 상당히 중요한 분석의 틀이 될
것이라고 생각을 하고 있습니다. 변명같지만, 답변을 대신해서 간단히
말씀드렸습니다.

사회 : 시간이 10분정도 남아있는데, 그 뒤에 두 분들이 협조를 해주
시고 여러 선생님들의 답변시간을 많이 뺏은 것 같아서 대단히 죄송스럽

게 생각합니다. 마지막으로 한일문화교류기금의 이사장님이신 이상우 선생님의 소감이라든지 말씀해 주십시오.

이상우 : 감사합니다. 오늘 우리가 9시 반부터 시작해서 한국의 노동법을 어겨가면서 8시간 이상을 계속해서 토론했습니다. 이 긴 토론시간 동안 한 분도 자리를 뜨지 않으시고 진지하게 회의에 참여해 주신 점 진지하게 감사드립니다. 발표하신 분이나 토론하신 분이나 또 뒤에 배석해서 경청을 해 주신 분, 모두가 최선을 다했습니다. 그 점에 대해서 감동을 받았습니다. 저는 우리 한일문화교류기금 주최로 한·일 간의 역사관계 세미나만 약 20번을 개최하였습니다. 아마도 그 20번의 회의 중에서 오늘 회의가 가장 성공적인 것이 아니었는가 저는 그런 생각을 합니다. 초기에는 한국과 일본의 학자들이 서로가 우리의 관계사에 대해서 어떻게 인식하고 있는가 하는 것을 서로 확인하는 그런 종류의 총론적인 회의가 진행됐었습니다. 그러나 오늘 여러분들이 참여해서 보신 것처럼 이제는 아주 구체적인 사항에 대해서 실증적으로 서로 깊이있게 토론하다보니까 한·일 간의 공통 역사 인식이 자리잡아가지 않는가, 저는 그래서 앞으로 한·일 간의 상호이해를 돕는데 큰 기여를 하고 있다고 생각이 들어 흡족합니다. 앞으로도 이런 유사한 형태로 같은 맥락의 회의를 계속해서 주관해 나갈 생각입니다. 여러분들께서도 관심을 가지시고 계속 참여해 주시면 고맙겠습니다. 감사합니다.

사회 : 이것으로 종합토론을 마치겠습니다. 뒤에 배석해계신 분들께도 질문의 기회를 드렸어야 하는데 죄송합니다. 혹시라도 나중에 저녁을 먹을 때 궁금한 점이라든가 있으면 많이 여쭤보고 서로서로 얘기를 해서 공부에 기여가 되었으면 합니다. 이상입니다. 오랜 시간동안 수고하셨습니다.

부 록

豊臣秀吉의 「日本國王」 册封을 둘러싼 인식의 격차

요네타니 히토시(米谷 均)

머리말

(1) 秀吉의 日本國王 책봉을 둘러싼 선행연구
　… ①日本史 / ②明史 / ③美術史의 입장에서 검토

① 「日本國王」에서 「中華皇帝」로 [堀2000·2003]
　* 信長·秀吉 이후에 있어서 「明으로부터 자립했던 日本國王」 지향
　　의 존재를 지적.
　:한편, 秀吉은 그 陪臣마다 명나라 황제로부터 册封을 받았다는 사실
이 있음.
　* 「日本型華夷意識論」과 整合 불능한 사실. 이 때문인지 文祿·慶長
　　의 役의 「幕間劇」으로 취급되는 경향이 강하다.

---

* 日本 中央大

② 「册封」과 「通貢」의 허가·불가를 둘러싼 明 官人의 격렬한 논쟁
  [中島2007]

* 「封貢幷絶」「許封不許貢」「封貢幷許」를 둘러싸고 明 官人들 간에
  격렬하게 (封貢得失論) 이 전개되었다.

* 明 후기의 「貢市體制」로 일본이 복귀할 가능성을 지적 … 실현되
  면 마카오의 포르투갈인은 대타격을 입는다.

(2) 秀吉의 陪臣에 대한 册封의 의미

:역대 중국왕조의 册封 사례 [* 굵은 글자는 册封使 내지 仲介者로서
의 使者가 일본에 왔던 사례]

* 奴國王·卑弥呼·倭五王(讚·珍·濟·興·武)·懷良親王·足利義滿·足
  利義持·足利義敎·足利義政·足利義澄·足利義晴·豊臣秀吉 … 이
  상 15例.

:왕의 陪臣을 册封했던 사례는 아래의 사례 뿐이다.

* 難升米(卑弥呼의 使臣) ; 率善中郎將. 銀印青綬도 하사(239년).

* 牛 利(卑弥呼의 使臣) ; 率善校尉. 銀印青綬도 하사(239년).

* 倭隋 등 13명(倭王珍의 陪臣) ; 平西征虜冠軍輔國將軍(438년) .

* 龍室道淵(遣明使 正使) ; 僧錄司右覺義(1433년). 단 龍室道淵은
  中國人 渡來僧.

* **德川家康 등 17명(秀吉陪臣)** ; 右都督·都督同知·都督僉事 등(1596년)

(3) 秀吉의 陪臣에 대한 册封의 先例

:明과 몽골 간의 隆慶和議(1571년) … 秀吉册封의 선례로서 小西行長
이 沈惟敬에게시사함 [中島2007].

* 1571년 ; 알탄汗 [* 俺答]을 順義王으로 册封하고, 휘하 두목을 授
  職함.

　*1591년 ; 츄르게汗 [* 제3대 順義王], 明을 침범하고 明軍을 潰走
　　시킴 [?河의 変].

(4) 이 글의 목적

　:册封하는 쪽과 받는 쪽의 인식 및 세계관이 반드시 일치하지 않는다
[* 오히려 괴리되어 있는 것이 보통이다].
　:秀吉의 日本國王 册封은 **명예롭게 전쟁을 종결하려고** 행해졌던 명과
일본의 同床異夢에서 비롯된 거대한 공작이다. 그러나 그 결과 당사자가
의도했던 「평화」는 커녕 거듭해서 전쟁을 초래하게 되었다.
　:히데요시 멸망 후 도쿠가와의 對明 접근을 明은 왜 계속해서 거부했
는가를 검토하는데 있어서 중요하다.

1. 册封使가 일본으로 건너오기까지의 경위(槪略)

(1) 가짜 항복사절단의 北京 파견

　:萬曆 21년(1593) 6/후반 ; 小西行長과　沈惟敬이 획책하여 가짜 「항
복사절」 파견.
　:동 9/중순 ;「항복사절」內藤如安 일행 30명, 遼東 도착. 宋應昌과 대
면.「關白降表」제출.
　:萬曆 22년(1594) 12/7 ;「항복사절」北京 도착. <u>「册封을 희망하는」일
본측 무장의 리스트 제출.</u>
　:동 12/13 ;「항복사절」, ①전면 철수 ②許封不許貢 ③日朝修好의 3개
조항 준수를 서약함.
　:동 12/20 ;「항복사절」, 義滿에게 하사한 金印의 存否 등 20개조의
심문을 받음.

(2) 册封使 파견과 正使의 도망

:萬曆 22년(1594) 12/30 ; 萬曆帝, 秀吉을 册封하기 위한 문서[* 誥命·詔書·勅諭]·金印[*「日本國王之印」]·물품[* 冠服 1벌]의 작성을 하명. 李宗城을 正使로, 楊方亨을 副使로 임명.

:册封使 출발 ; 萬曆 23년(1595) 1/30 北京 → 4/6 조선 입국 → 4/27 한양 도착 → 11/ 말 부산 도착.

:萬曆 24년(1596) 4/3 ; 册封使 正使(李宗城) 도망함.

:萬曆 24년(1596) 5/ ; 明, 楊方亨을 正使로, 沈惟敬을 副使로 다시 임명함.

* 册封文書를 다시 고쳐씀 ; 誥命·詔書·勅諭[* 使者의 이름을 바꾸기 위하여]

* 沈惟敬은 앞서서 일본으로 건너감 ; 6/12에 大坂 도착 후 6/27에 伏見城에서 秀吉 배알.

(3) 册封使 來日과 秀吉의 격노

:文祿 5년(1596) 윤7/(明歷 8/10) ; 朝鮮通信使[黃愼 일행] 明 册封使와 對馬에서 합류.

: 동 9/1(明曆 9/2) ; 册封使, 大坂城에서 秀吉 알현. 誥命·金印·冠服 등 進呈.

: 동 9/2(明曆 9/3) ; 秀吉 격노. 日明 간 화의 파탄.

: 동 9/7(明曆 9/8) ; 秀吉, 島津義弘에게 和議 파탄과 내년의 재출병을 통고함.

: 동 10/10 ; 册封使 名護屋 도착. 이후에 秀吉의 「謝恩表」가 도착했는가?

2. 秀吉陪臣 책봉 대상자 변동

(1)「小西飛稟帖」^{內藤如安}(萬曆 22년〈1594〉 12/제출 ?)에 보이는
　　책봉 희망 순위 [『經略復國要編』 後附]

　:日本國王 ；豊臣秀吉. 日本國王妃 ；北政所. 神童世子 ；拾丸[* 秀賴]

　:大都督；小西行長[* 西海道大都督]·石田三成·增田長盛·大谷吉継·宇喜多秀家

　* 日明講和 교섭 때 창구역할인 유키나가와 朝鮮 3奉行·朝鮮總大將그룹.

　* 유키나가에게는 西日本 방면의 軍事指揮權의 대대 세습과 對明·朝鮮交涉役의 수여를 희망.

　* 기타 大都督의 空名割付 15張 급부를 요청.

　:都　督；豊臣秀政(秀次)[* 겸「關白」]

　:亞都督；德川家康·前田利家·羽柴秀保·羽柴秀秋·蒲生氏鄕·毛利輝元·平國保[* 미상]·小早川隆景·有馬晴信·宗義智

　* 家康·利家·輝元·隆景など,後のいわゆる「五大老」グループ.

　* 기타 亞都督의 空名割付 20張 급부를 요청.

　:都督指揮；前田玄以·毛利吉成·長束正家·寺澤正成·施藥院全宗·柳川調信·木下吉隆·石田正澄·源家次[* 미상]·平行親[* 미상]·小西如淸

　* 秀吉의 측근 그룹과 三成·유키나가의 친척 등.

　* 기타 都督指揮의 空名割付 30張 급부를 요청.

　:亞都督指揮；島津義弘·松浦鎭信·山中長俊·宇久純玄·岡本重政·平信[* 미상]

　:(상당한 封爵)；平山五右衛門·安宅甚藏·早田四郎兵衛·西山九助·吉

下申藏·吉田善右衛門·西川七郎·古田九次·十瀬少吉·松井九太夫

　＊內藤如安과 함께 北京으로 갔던 가짜「항복사절」일행. 주로 對馬 관계자？

　:日本禪師 : 景轍玄蘇

　＊日本 국내의 禪僧을 統轄하는「僧錄」처럼 僧官 수여를 희망했는 가？

　:日本一道禪師；竹溪宗逸

　＊日本의 한 지역[＊西海道 등]의 禪僧을 統轄할 수 있는 僧官 수여 를 희망했는가？

　【留意点】

　:小西行長 및 3奉行과 동급의 인물이 우선하여 授職 희망 대상에 올 라 있는 점.

　＊특히 전쟁개시 당시의 제1군 관계자 [＊小西行長·宗義智·松浦鎭 信·有馬晴信·宇久純玄·柳川調信·[景轍玄蘇]·제4군　관계자[＊毛 利吉成·島津義弘]가 많다.

　:行長과 적대 내지 소원한 파벌 관계자는 전부 배제되어 있는 점.

　＊加藤清正·鍋島直茂·黑田長政·福島正則 등.

　:拾丸을 國王世子로 하고, 秀次의 授職 순위가 行長 그룹보다 낮다는 점.

　:行長 그룹 쪽이 家康 그룹의 授職 순위보다 높게 설정되어 있는 점.

　:大都督·亞都督·都督指揮의 空名割付 65張을 要請하고 있는 점.

　:明쪽은 이 요청 직후 小西行長에게 都督指揮使, 內藤如安에게 都督 指揮의 관직 수여를 결정.

(2)「石星題奏」(萬曆 23년〈1595〉 1/12)에 보이는

　책봉 순위[『明神宗實錄』 萬曆 23/1/을유]

:日本國王；豊臣秀吉.

:都督僉事 (정2품)；小西行長·宇喜多秀家·增田長盛·石田三成·大谷吉継·德川家康·毛利輝元·羽柴秀保

:日本禪師；景轍玄蘇[* 衣帽 하사]

:褒賞 하사；內藤如安[* 최종적으로는 都指揮使 (정2품) 수여…『國?』에 의함]

【留意点】

:行長·3奉行 그룹과 家康·輝元에게 동일 순위의 軍官職을 수여.

:「小西飛稟帖」에 올려진 授職 희망자의 대다수가 대폭 삭제된다.

:明의 職制에서 都督僉事는 황제 직속의 중앙군관직[* 제3위]. 都指揮使는 都督 휘하의 지방군관직.

(3)「萬曆帝詔書」(萬曆 23년(1595) 1/21)에 보이는 책봉 순위[『江雲隨筆』]

:日本國王；豊臣秀吉.

:右 都 督 (정1품)；德川家康

:都督同知 (종1품)；前田利家·宇喜多秀家·毛利輝元·羽柴秀保·小早川隆景·上杉景勝·增田長盛

:都督僉事 (정2품)；石田三成·大谷吉継·前田玄以·長束正家·施藥院全宗·小西如淸·石田正澄·小西行長

　* 日本本光禪師：景轍玄蘇[* 萬曆帝詔書에는 이름이 없지만 兵部割付의 模本이 日本에 전래하고 있다]

【留意点】

:家康 그룹이 行長·3奉行 그룹보다 상위 군관직을 수여받고 있는 점.

:특히 德川家康이 秀吉 陪臣의 筆頭의 군관직을 수여받은 점.

:반면에 小西行長은 예전의 授職 筆頭者에서 수직 末尾者로 전락한 점.

: 「石星題奏」(1/12)에서 「萬曆帝詔書」(1/21) 사이에 어째서 이와 같이 授職의 상하가 뒤바뀌는 일대 반전이 일어났을까? 明 쪽 사례에는 아무런 기록도 없어서 알 수 없다.

* 아울러서 「詔書」는 正使가 李宗城으로 되어 있으므로 1/21 발급 당시의 旧版임이 확실하다[* 册封文書를 萬曆 24년 5월에 다시 개정한 新版은 아니다].

:상기 授職者 중에서 굵은 글씨는 兵部箚付의 原本·模本이 현존한다. 관직은 詔書와 거의 일치한다.

* 輝元·景勝에게 보낸 兵部箚付 중의 관직 부분이 별지에 첨부된 것이라는 점에서 沈惟敬 일행에 의한 改竄工作의 존재를 의심하는 의견도 있다[大庭 1971].

* 최종적인 授職 순위는 일본 국내의 다이묘 사이에서 현실적인 정치력의 순위를 반영한 것이며, 단연 센스가 있다. 예를 들면 지금까지 이름이 오르지 않았던 上杉景勝이 授職 대상이 되었다.

3. 秀吉 책봉의 실태

(1) 상이한 책봉 모습

:景轍玄蘇 … 秀吉, 金印을 받고 明服을 입고 만세를 삼창함[「柳川調信畵像贊」『仙巢稿』하권].

:沈惟敬 … 秀吉, 여러 다이묘들과 함께 5拜 3叩頭를 행하고, 중국어

로 만세를 부르고 北京을 향하여 宮中遙拜함.

　：楊方亨 ⋯ 秀吉, 明服을 입고 北京을 향하여 5拜 3叩頭를 행함[『宣祖實錄』 宣祖 29/12/기사].

　：프로이스 ⋯ 秀吉과 册封使는 다다미 위에 앉아서 양자가 대등한 형태로 알현. 酒宴 後 秀吉은 金印을 머리 위로 推戴하고, 별실에서 明服으로 갈아입었다[프로이스年報補遺 1596/12/28].

　【留意点】

　：沈惟敬과 楊方亨의 증언은 책봉 성공을 明 정부에 강조하기 위하여 기술에 潤色이 가미되었을 가능성이 있다.

　：伝聞情報이기는 하지만, 프로이스의 증언이 가장 實態에 가까운 것인가?

　＊대등한 형태로 알현 / 여러 다이묘들이 列座한 가운데 金印을 머리 위로 推戴 / 明服 착용.

　＊北京遙拜의 5拜 3叩頭는 의심스럽다고 해도 만세삼창은 했을 가능성이 있다.

(2) 여러 다이묘들에 대한 책봉

　：黃愼 ⋯ 秀吉, 책봉을 받았고, 諸大名 40명도 冠帶를 착용하고 授職함[『日本往還日記』 萬曆 24/9/3].

　：프로이스 ⋯ 明服 20重 두 벌이 諸大名 20명에게 하사되었다. 筆頭는 行長[프로이스年報補遺 1596/12/28].

　【留意点】

　：프로이스의 증언이 현실에 가깝다. 다만 小西行長이 陪臣册封의 筆

頭라는 것은 行長을 펀드는 프로이스의 曲筆일까? 실제의 授職 筆頭는 右都督 德川家康이다.

(3) 册封 다음날 秀吉의 격노

【俗說】 : 明帝의 「日本國王」 책봉을 모욕으로 받아들이고 誥命을 발기발기 찢었다.

　　* 에도시대 이후에 유포되었던 소문[*『日本外史』]. 册封文書는 현존한다[*다만 이전 버전의 것]

　:프로이스의 증언이 가장 현실에 가깝다.

　　*「秀吉册封」의 정보는 오히려 국내에 선전하고 있다[山室 1992] [프로이스 下記史料].

　　* 조선 남부의 倭城 파괴를 요구하는 册封使의 서한을 읽고 격노하다[프로이스年報補遺 1596/12/28].

　:동시대의 사례[*島津家文書 등]에는 秀吉이 격노한 원인을 「朝鮮의 왕자가 來朝하지 않았다」고 설명한다.

　　* 국내용 설명. 좌우간 잘못은 조선에게 있다고 책임을 전가한 것에 불과하다.

　　* 明의 倭城 파괴 요구와 조선에서의 완전 철수 요구가 최대 원인이다[中野 2006].

(4) 秀吉의 「謝恩表文」을 둘러싼 여러 가지 문제

　:册封使와 朝鮮通信使가 사카이(堺)에서 추방된 뒤에도 각종 공작이 행해졌던 듯하다.

　:册封을 감사하는 秀吉의 「謝恩表文」 등장[『宣祖實錄』 宣祖 29/12/기사].

　　*「日本國王臣豊臣秀吉」이라고 称臣 書式을 답습하고, 誥命·金印

하사를 감사함.

* 당당한 四六駢儷體를 구사한 아름다운 문장이며, 작성자는 五山禪僧?

* 한편, 萬曆 연호를 쓰지 않고 年紀에 干支[* 「丙申」]를 사용했다[『明神宗實錄』 萬曆 25/3/기유].

* 당초에 表文은 前田玄以 등이 가져왔는데, 아마도 文面이 공손하지 않다는 이유로 접수되지 않았고, 寺澤正成이 表文을 가져왔지만 印章을 찍지 않았다는 이유로 책봉사가 수령을 거부했으며, 인장을 찍은 表文을 正成이 다시 나고야(名護屋)로 가져왔다.

* 그 인장은 「日本國王」印이 아니라 「豊臣」印인가? [『皇明從信錄』]

* 謝恩表에 첨부한 萬曆帝에게 보내는 증정품은 沈惟敬이 양을 늘렸다[『明神宗實錄』 萬曆 25/3/기유].

:謝恩表文의 사본을 본 조선의 관리는 중국인이 작성한 것으로 의심하고 있지만, 四六駢儷體를 구사한 文面은 五山禪僧의 작품으로 보아도 부자연스럽지는 않다. 아마도 원문은 西笑承兌 쯤이 작성한 것일까?[* 傍証으로서는 明 연호를 기피한 점 등]. 그리고 두 세 번 고쳐쓰는 과정에서 沈惟敬 등의 공작이 작용했을 가능성을 부정할 수 없다 [* 謝恩表는 전부 위조된 것이 아니라 改竄된 것일까?].

(5) 秀吉의 「謝恩表文」이 초래한 영향

:釜山에서 보낸 册封使의 보고에 접한 萬曆帝는 「日本受封, 恭順可嘉」라고 크게 기뻐하였다[* 萬曆 25년 1/5]. 조선국왕이 보낸 사태급변 정보를 받고서도 「不得專恃天朝救援」「修備修睦, 以保疆土, 毋得偸安起釁」라고 주의를 주는 형편이었다[* 萬曆 25년(1597) 1/25]. … 册封으로 평화를 획득했다고 굳게 믿고 있다.

:加藤清正의 釜山 상륙[* 萬曆 25년(1597) 1/14]을 재인식한 것은 뒤

늦은 동년 2월 5일의 일이었다.

▽明 쪽의 초기 대응을 지체시켰다는 점에서 秀吉의 「謝恩表文」은 최대한의 효과를 발휘하였다.

▽秀吉이 재차 출병을 여러 다이묘들에게 명하는 한편, 이러한 「謝恩表」를 명쪽에 제시한 것은 秀吉 나름의 「和戰 양면책」이었을까? … 가령 의도적으로 한 것이라면 매우 악질적인 陽動策이다.

맺는 말

(1) 秀吉과 여러 다이묘들에 대한 明의 일괄 책봉의 의미

:「이렇게 해서 日本人(諸臣)은 마치 중국의 封建家臣과 같은 신분이 되었던 것이다」라고 프로이스가 정확하게 총괄해서 평가하였다[프로이스年報補遺 1596/12/28].

:이같은 冊封이 동아시아 세계에서 어떠한 정치적 의미를 가지고 있었는가? 秀吉을 비롯해서 당시 일본측 武將은 어느 정도 이해하고 있었는가? … 대체로 이해하지 못했다.

:명나라 冠服의 일부는 被冊封者 이외의 다이묘에게도 秀吉에 의해서 반포되었다.

  * 吉川廣家의 사례 … 가문의 명예라고 크게 기뻐하며 出雲大社에 奉納하였다[『吉川家文書』 2-No.909].

(2) 明에게 있어서 秀吉의 冊封

:「冊封 → 受封 → 謝恩」이라는 형식적인 측면 만을 말하자면, 明에 의한 秀吉의 冊封은 冊封 완수의 조건을 거의 충족시킨다고 할 수 있다

[* 설사 謝恩表文이 의심스럽다고 해도].

:하지만 이 册封은 그들이 先例에 準했던 몽골의 首長에 대한 册封과 마찬가지로 변경의 전란을 막을 수 없었다[* 일본의 경우 册封 직후에 慶長의 役이 발발했으므로 가장, 더군다나, 그리고 여전히 나쁘다].

:그러한 의미에서 秀吉과 陪臣에 대한 册封은 明에게 있어서 정치적으로나 외교적으로도 완전한 실패이며, 일종의 트라우마(정신적 상처, 쇼크)가 되었던 것은 아닐까?

* 楊方亨(册封使)은 영구 파면, 石星(兵部尙書)과 沈惟敬(册封副使)은 獄死하는 등관계자들은 줄줄이 죽음을 맞이하였다.

* 『明實錄』과 후세에 편찬된 『明史』에서는 秀吉을 義滿 등과는 달리 「日本國王」으로 취급하지 않고 있다. 어디까지나 「倭酋」이다.

:萬曆 27년(1599) 4월, 明의 조선원정군이 北京으로 귀환하자 일본군 포로를 萬曆帝에게 헌상하는 의식이 대대적으로 거행되었고, 平秀政·平正成 등 61명을 北京 西市에서 공개적으로 처형했다[久芳 2007].

* 平秀政은 島津義弘의 조카로서 秀吉의 養子이고, 明에서 「都督」劄付를 받았던 인물이라고 하며, 豊臣秀次에게 仮託된 사람이다. 平正成은 寺澤正成에게 仮託된 인물인가? 여기서는 義弘의 「首級」까지 등장한다. * 上記의 가짜 포로를 처형하는 것으로 明軍의 빛나는 대승리를 연출하고 겨우 '체면'을 유지하였다.

:상기 포로헌납식을 마침으로써 꺼림직한 대일관계를 「封印」했던 것이 아닐까?

:秀吉이 죽은 후 德川家康은 1600년에 島津義弘·寺澤正成의 서한을 매개로 하는 대명교섭[* 金印·勘合으로 官船·商舶의 日明 왕래를 희망]과, 1610년에 本多正純의 서한을 매개로 대명교섭[* 勘合의 하사를 희망]을 모색하였다. 그러나 명측은 이를 완강하게 거부하였다. 그 배경에는 秀吉시대의 日明講和가 실패했던 트라우마가 강하게 작용했던 탓이 아닐까?

(3) 외교적 수단으로서 册封의 효력

:중국측의 세계질서관과 피책봉국측의 그것이 일치했던 경우는 크게 효력을 발휘했겠지만 그러한 피책봉국은 거의 없다. 超律儀者인 조선, 일단 律儀的인 류큐, 오만한 베트남, 그림자가 엷은 타이, 왕의 위업이 미치지 않는 극한의 땅인 몽골, 상식이 통하지 않는 일본 등 나라마다 격차가 심하다.

:중국이 당면한 문제 해결을 위하여 정체를 알 수 없는 상대에게 손쉽게 책봉을 행하면, 그 공손함을 얻기는커녕 혹심한 대접을 받는 경우도 있다. 豊臣秀吉의 日本國王 册封이 그 전형적인 예라고 할 수 있을까?

* 덧붙여서 이때 明이 日本에 대하여 册封과 通貢을 모두 허락했다 해도 慶長의 役은 피하지 못했을 것이다. 秀吉이 명쪽에 원했던 진정한 요구는 조선 남부의 일본 점거를 明이 승인하는 일이었기 때문이다.

≪참고문헌≫五十音順

Arcadio Schuwade.S.J.「朝鮮の役における日明和平交渉について」(『キリシタン研究』11.1966년)

大庭脩　「豊臣秀吉を日本國王に封ずる誥命について―我が國に現存する明代の誥勅―」(『關西大學東西學術研究所紀要』4.1971년 3월)

小野和子「明・日和平交渉をめぐる政爭」(『山根幸夫敎授退休記念　明代史論叢』上卷. 吸古書院. 1990년)

紙屋敦之「大君外交と東アジア」『大君外交と東アジア』(吉川弘文館.1997年)

河上繁樹「爾を封じて日本國王と爲す―明皇帝より豊臣秀吉へ頒賜された冠服―」(『特別展覽會　妙法院と三十三間堂』京都國立博物館. 1999년)

北島万次『豊臣秀吉の朝鮮侵略』(吉川弘文館. 1995년)

久芳崇「明朝皇帝に獻納された降倭―『経略御倭奏議』を主要史料として―」(山根幸夫敎授追悼記念論叢『明代中國の歷史的位相』下. 汲古書院. 2007년)

佐島顯子「壬辰倭亂講和の破綻をめぐって」(『年報朝鮮學』4. 1994년 5월)

佐島顯子 「謎の海將「小西行長」の實像に迫る!」(學硏 『歷史群像』 17. 1995
　　　년 2월)

德富蘇峰 『近世日本國民史　豊臣氏時代　朝鮮役』中卷·下卷(明治書院. 1935년)

中島樂章 「封倭と通貢-1594年の寧波開貢問題をめぐって-」(『東洋史研究』
　　　66-2. 2007년 9월)

中野等 『秀吉の軍令と大陸侵攻』(吉川弘文館. 2006年)

中村榮孝 「豊臣秀吉の外征」(『日鮮關係史の研究』中卷. 吉川弘文館. 1969年)

中村榮孝 「豊臣秀吉の日本國王冊封に關する誥命·勅諭と金印について」(『日
　　　本歷史』300. 1973年 5月)

橋本雄　「室町幕府外交は王權論といかに關わるのか?」 (『人民の歷史學』
　　　145. 2000年 9月)

夫馬進　「明淸中國「冊封體制論」と「朝鮮を視ること內服と同じ」」 (朝鮮史研
　　　究會大會 2007年 10/20)

邊土名朝有 「明の冊封體制と文祿·慶長の役」(『琉球の朝貢貿易』 校倉書房.
　　　1998年)

堀新 「織豊期王權論-「日本國王」から「中華皇帝」へ-」(『人民の歷史學』 145.
　　　2000年 9月)

堀新 「信長·秀吉の國家構想と天皇」(池享編 『日本の時代史』 13. 吉川弘文館.
　　　2003年)

三木聰　「萬曆封倭考(その一)　-萬曆二十二年五月の「封貢」中止をめぐって-」
　　　(『北海道大學文學研究科紀要』109. 2003年) / 「萬曆封倭考(その二)
　　　-萬曆二十四年五月の九卿·科道會議をめぐって-」(『北海道大學文學
　　　研究科紀要』 113. 2004年 7月)

山室恭子 「海を渡った悲劇」『黃金關白』(中公新書. 1992年)

李光濤 『萬曆二三年封日本國王秀吉考』(歷史語言研究所(台北) 1967年)

【史料1】1596年(9/18付, 都發信) 12/28付, 長崎發信, フ
ロイス年報補遺.

① それからあまり間隔をおかずに正使の隨員たちが二列になって進み始
　めた. また, 彼らの前方には, 十本の眞紅と鮮黃色の旗が進んだ.

それらの後部には文字板，あるいは板に丸みをおびた文字で（汝を封
じて日本國王になすと）大書された條項が運んで行かれた．

② （シナ）國主の册書は非常に大きくて重い黄金の板に書いて黄金の函に
納めてあったが，その中にはまた太閤のための衣服と王冠が納めてあっ
た．同様に別の函には，彼の奥方の（北）政所様のために王妃の称号を
入れた王妃の冠が納めてあった．シナ國王はこれ以外に，シナの称号
と位官のついた公家の服二十がさ重ね二組を贈ったが，それはシナ國
王から明らかに指名された二十名の國主たちのためのもので，その筆頭
は（小西）アゴスチイノ（行長）であった．それから同様に他の（國主）たち
のためには，太閤自身が同じ位官をもって任ずべきだと考えた者たちを
指名した．… こうして日本人（諸臣）は，あたかもシナの封建家臣のよ
うな身分に留まったのであった．

③ このすべて（の謁見）は日本の儀式で，すなわち畳の間で座って行われた．
開會中は太閤と正使（楊方亨）とは對等であった．出席者は（德川）家康，
（前田）筑前（利家），（上杉）越後（景勝），（宇喜多）中納言（秀家），
（小早川）金吾（秀秋）殿，毛利（輝元）であったが，彼らは日本國全土
で最大の國主たちであった．盃の後，すなわち酒を少量酌み交わして
後，やおら關白は榮譽ある書册，すなわちかの大いなる黄金の書板
（金印）を受理し，それを頭上に推戴し，その時に冠冕をも受領したの
で，それらを着用するために別室に退いた．

④（＊册封使，堺へ歸還．接待役の秀吉の使僧に對して以下の如く要望）

「（朝鮮の）全陣營を取り毀し，また朝鮮にいる日本の駐留軍を撤退させる

こと．次にシナ國王が何年も前に慈悲によって許したように，朝鮮國民

の過失を寛恕すること．彼らはたしかに破滅に値したかも判らぬが，た

とえ破滅の罰をもって處罰したところで，そこからは何の利益ももたらさぬ

であろう」と．… 仏僧たちは大坂へ歸ると，ただちに書狀を太閣に差し

出した．太閣はそれを讀み，諸陣營を取り毀すことに關するかの要請の

箇所に及んだ時，非常な憤怒と激情に燃え上がり，あたかも惡魔の軍

団が彼を占據したかのようであった．彼は大聲で罵り汗を出したので，頭

上からは湯煙が生じたほどであった．彼がかくも激怒したのは，日本人が

シナ人にひどく恐れられており，朝鮮人にはなおいっそう恐れられているこ

とを承知していたし，また講和を結ぶためには，朝鮮國のわずか半分でも

入手するという己が最初の考えを忘れてはいなかったからである．

（松田毅一監譯『十六・十七世紀イエズス會日本報告集』第Ⅰ期　第2卷）

【史料２】册封使의　報告書(萬曆二十四年十月·九月)에　보

이는　册封의　모양　및　秀吉의　謝恩表．

敦寧都正黃愼・上護軍朴弘長等，册使等の兵部裏帖三道・秀吉謝表を將て

膽書上送す．

① 沈遊撃[＊沈惟敬]兵部裏帖に曰く「東封を完うする事の爲にす．閏

八月十八日，卑職[＊沈惟敬]等，欽鋪せる龍節・璽書等の件の到

るを奉ず．秀吉，擇ぶに九月初二日を以てし，大坂に於いて迎え受

封す. 卑職, 先に往きて礼を教えり. 奉行こ惟れ謹なり. 期に至りて
册使を迎請すれば, 直ちに中堂に至る. わか頒つに誥・印・冠・帶・
服等の項を以てす. 衆を率いて五拜三叩頭の礼を行い, 件件頭頂
し, 華音を習いて万歳を呼び, 闕を望み謝恩す. 一一儀の如し. 禮
畢んぬ. 宴を使臣及び隨行せる各官に開く. 是の晚, 秀吉親しく卑
職の寓所に詣り, 称謝す. 次の早, 楊正使に謁謝し, 饋るに衣・刀・
甲・馬を以てす. 各馬官も亦た刀・幣を饋らる. 言を極めて天恩を感
戴すること盡きず. 再三に慰勞す. 卑職, 速やかに釜兵を撤せよと
特諭すれば, 彼言く『今皇帝の賜を受け王爵に封ぜらるれば, 兵当
に卽ちに撤し, 以て隣好を修むべし. 但だ朝鮮前怨釋けざるを恐る.
仍ねて皇帝の處分を聽き, 再び命下を候たん』と. 卑職, 色を正し
て開諭す. 面あたり首肯すると雖も, 尙お未だ見行せず. 卑職,
初四日に至り, 回りて和泉に至る. 一面船隻を調集し, 一面催諭
を?行す. 初九日, 船に登る. 卑職, 正成[＊寺澤正成]・行長[＊
小西行長]を遣わし日本に行かしむ. 中途に回りて言えらく『卽ち当に
命の如くすべし』と. 行きて名護屋に至る. 卑職, 復た正成を遣わし
往促せしむ. 回る日を俟ち, 中情を備悉し, 騎を飛ばし馳報せん.
此れが爲に先行具稟せん. 萬曆二十四年十月日」

② 天使[＊楊方亨]兵部揭帖に曰く「册封日本正使等官・五軍營等衙門・
署都督僉事楊[＊楊方亨]等, 東封を完報する事の爲にす. 職[＊楊
方亨], 本年六月十五日に於いて, 釜山より舟に登りて渡海す. 已
経に本題を具して知り訖ぬ. 一路の儉阻, 風波の難危, 常に異なる

も，皇上の威靈を仰伏すれば，幸い軀命を保全するを得たり．八月初

四日に至り，始めて和泉州に抵る．乃ち豊臣秀吉，使臣を接待するを

預備するの所にて， 日本國新都を距つこと一百三十余里なり．秀吉，

?ば倭將長盛 [* 增田長盛] ・三成 [* 石田三成] 等を差し，書を持ちて

迎慰す．頗る竭誠を知れり．欽命補給せる龍節・誥命・詔・勅等の件は，

八月十八日に於いて方に到れり． 職等， 即時に隨行員役を率領し，

舟に詣るの次， 叩頭迎捧し，職の寓に安定す．倭將行長，秀吉に

馳報すれば， 擇ぶに九月初二日に於いてし， 册命を大坂地方に奉

迎して受封す．職等，初一日，節を持して前往す．是の日，即ち大

坂に抵る．次日， 欽賜の圭印・官服を領受す．旋卽に佩執して頂被

し，闕を望んで五拜三叩頭の礼を行い，誥命を承奉して受封し訖ぬ.

嗣いで職等の寓所に至る． 天恩を感激し， 及び職等を慰勞して渉

歷勞頓等の語を再び申ぶ．職等， 敢えて久留せず．卽ちに辭するに

初四日を以てす． 節を捧げて回り，和泉州に至る．見今唯だ船隻を

調集するを待つ．卽ち?程西還して闕下に復命せん．此れが爲に，具

題を除くの外，理として合に具題すべし．萬曆二十四年九月初五日」

③ 關白謝恩の表文に曰く「日本國王臣豊臣秀吉， 誠惶誠恐稽首稽首す.

伏し惟んみるに，日月照臨して大明を万國に仰ぐ．江海浸潤して聖化を

無疆に措く．皇運高く承け，天恩普く濟う．恭しく惟んみるに， 祖宗の

德を昭らかにし， 人心の心を安んず．遠近の巨細は， 恩に霑おいて

堯舜の聖世を減ぜず， 威儀の進止は， 禮に合いて周夏の隆風を蕩

やかにす．何ぞ計らん，東海の小臣，直に中華の盛典を蒙り，誥命・

金印·礼樂·衣冠, 咸な恩寵を?る. 臣, 一一遵崇感戴の至りなり. 日を擇びて必ず方物を具し, 九重に申謝せん. 虔みて丹誠を盡くさん. 願わくば愚悃を察せられんことを. 天使先に回る. 謹んで表に附して以聞せり」

(『朝鮮宣祖實錄』 宣祖 二十九年(1596) 十二月己巳(七日) 條)

【史料3】 朝鮮의 구원요청에 대하여 「自衛하라. 日本과 사이좋게 지내도록 하라」고 권유하는 明 朝廷

朝鮮國王李昖[＊宣祖], 倭情緊急を以て救を請う. 兵部い言わく「此の奏, 乃わち去年十一月以前の事にて, 是の時册使未だ回らず. 日本, 朝鮮遣使の官卑しく禮薄きを以て納めず. 其の使の歸報に, 仍お王子を索要するを欲する等の語有り. 今, 楊方亨の奏報に『封事已に竣れり. 止だ是れ朝鮮の禮文を責備するのみ. 已経に覆議せり. 沈惟敬をして調?せしむ』と. 其の兵を請うの一節, 宜しく朝鮮に勅して自ら?備を爲し, 專ら天朝の救援を恃むを得ざらしむべし」と. 旨を得たるに「朝鮮國王に行し, 備を修め睦を修め, 以て疆土を保ち, 安を偸みて釁を起こすを得ること毋らしめよ」と.

(『明神宗實錄』 萬曆二十五年(1597) 一月丙辰條)

〈토론문〉

豊臣秀吉의 「日本國王」 册封을 둘러싼 인식의 격차

김 문 자*

1. 지금까지 豊臣秀吉의 「日本國王」 책봉을 둘러싼 선행연구는, 秀吉이 明帝의 「日本國王」 책봉을 모욕으로 받아들여 誥命을 찢고 거부하였으며, 이로 인해 秀吉이 조선을 재침략하였다는 연구가 대부분이었다. 최근에는 이러한 秀吉의 책봉 거부설이 에도시대 이후에 유포되었던 사실이며, 이에 대한 증거를 뒷받침해주는 연구 성과도 적지 않다.

본 발표는 지금까지의 연구동향과는 달리 (1) 秀吉과 여러 다이묘들에 대한 明의 일괄 책봉의 의미와 (2) 明에게 있어서 秀吉의 册封이 갖는 의미 (3) 외교적 수단으로서 册封의 효력 이라는 다각적인 측면에서 흥미롭고 새로운 문제제기를 했다고 생각합니다. 특히 당시 동아시아 외교의 핵심이었던 책봉을 둘러싼 朝·明·日 삼국의 인식 차이를 전쟁 발발의 배경 및 에도막부의 대명교섭문제와 새롭게 연계시킨 점은 시사해 주는 바가 많았습니다.

---

* 상명대학교

2. 발표문에서 "秀吉의 日本國王 册封은 **명예롭게 전쟁을 종결하려고** 행해졌던 명과 일본의 同床異夢에서 비롯된 거대한 공작이다. 그러나 그 결과 당사자가 의도했던 「평화」는 커녕 거듭해서 전쟁을 초래하게 되었다"고 지적하였다. 그러나 책봉문제를 먼저 제기한 것은 일본측이며, 또한 秀吉이 이를 처음부터 제시한 것이 아닌 小西行長의 자구책이었으므로 <명과 일본의 同床異夢에서 비롯된 **거대한 공작**>이라는 표현은 부적절하다고 생각합니다.

3. <秀吉의 陪臣에 대한 책봉 대상자의 변동>과 관련해서 발표자는 "「石星題奏」(1/12)에서 「萬曆帝詔書」(1/21) 사이에 어째서 이와 같이 授職의 상하가 뒤바뀌는 일대 반전이 일어났을까? 明 쪽 사례에는 아무런 기록도 없어서 알 수 없다"고 언급하였는데『経略復國要編後附』『明神宗實錄』『江雲隨筆』에 대한 편찬시기와 자료 성격과 관련해서 이 문제를 생각할 수는 없는지요. 특히 일본 국내의 다이묘 사이에서 지금까지 이름이 오르지 않았던 上杉景勝이 授職 대상이 되었다고 적힌 사례는 일본측의『江雲隨筆』에만 보이고 있고, 「石星題奏」도 石星의 정치적인 행적과 관련되어 간략하게 언급되어 있는 것은 아닌가 한다. 이와 관련해서 <秀吉의 陪臣 책봉 대상자>에 대한 자료는 본 논문에서 언급한 자료 이외에는 보이지 않는지 궁금합니다.

동시에 <秀吉의 陪臣 책봉 대상자에 대한>를 강조하는 배경은 信長·秀吉 이후에 있어서 「明으로부터 자립했던 日本國王」 지향의 존재를 지적한 「日本型華夷意識論」에 대한 異見으로 파악해도 괜찮은지요.

4. 발표자는 "秀吉이 재차 출병을 여러 다이묘들에게 명하는 한편, 「謝恩表」를 명쪽에 제시한 것은 秀吉 나름의 「和戰 양면책」이었을까?"라고 지적하였는데, 이 문장대로라면 「謝恩表文」이 秀吉의 인정하에 작성되

었다고 파악할 수 있는데, 謝恩表가 전부 위조된 것이 아니라 改竄된 것이라 해도 謝恩表 작성을 통해서 秀吉이 나름의 「和戰 양면책」을 구사하였다고 보는 관점은 문제가 있다고 생각합니다.

5. <明에게 있어서 秀吉의 册封>과 관련해서 <萬曆 27년(1599) 4월, 明의 조선원정군이 北京으로 귀환하자 일본군 포로를 萬曆帝에게 헌상하는 의식이 대대적으로 거행되었고, 平秀政·平正成 등 61명을 北京 西市에서 공개적으로 처형했다>는, 즉 가짜 포로를 처형하는 것으로 明軍의 빛나는 대승리를 연출하고 겨우 '체면'을 유지하였다고 한 점은 흥미로웠다. 즉, 이러한 사실은 조선이 전쟁이 끝난 후 일본과 강화를 하기 위해서 제시하였던 <범릉적 >범인의 압송을 주장하면서 이들을 처벌한 후에 대일교섭의 한 획을 긋고서 일본과의 교섭에 나섰던 점과 흡사하다고 생각되었다. 명과 조선이 <포로헌납식>이라는 연출을 통해서 대일관계를 정리하려 했던 공통점이 있지 않았나 생각된다.

6. 발표내용에는 직접적인 언급은 없으나 결국 발표자께서는 秀吉이 册封 다음날 격노한 배경은 무엇이라고 생각하는지요. 본문에 <秀吉이 명쪽에 원했던 진정한 요구는 조선 남부의 일본 점거를 明이 승인하는 일이었기 때문이다>이라고 지적하였지만, 이는 정유재란의 발발 배경을 알 수 있는 키워드이므로 발표자의 견해를 듣고 싶다.

7. 발표자는 【史料 1】①②③을 통해서 秀吉이 이미 자신을 일본국왕으로 임명되었다는 사실을 알고 있었다는 사실을 전해주고 있고, ④에서는 秀吉이 書册을 통해서 격조하였던 이유에 대해 <十六·十七世紀イエズス會日本報告集>을 통해 서술하고 있다. 또한 <상이한 책봉 모습>에서도 프로이스와 관련된 자료가 다수 인용되고 있는데 오히려

당시 통신사의 기록이었던 黃愼의『日本往還日記』도 당시의 상황이 비교적 객관적으로 서술되어 있으므로 秀吉의「日本國王」책봉 문제와 관련지어서 이 자료가 보완되었으면 한다.

〈일본어 원문〉

豊臣秀吉の『日本國王』册封をめぐる認識の格差

요네타니 히로시(米谷 均)*

はじめに

(1) 秀吉の日本國王册封をめぐる先行研究 … ①日本史 / ②明史 / ③美術史の立場から檢討。

① 「日本國王」から「中華皇帝」へ〔堀2000・2003〕

＊信長・秀吉以降における「明から自立した日本國王」志向の存在を指摘。

：一方で、秀吉は、その陪臣ごと明皇帝から册封されてしまったという事實あり。

＊「日本型華夷意識論」と整合不能な史實。そのためか、文祿・慶長の役の「幕間劇」扱いされる傾向が強い。

② 「册封」と「通貢」の許可・不可をめぐる明官人の激しい議論〔中島2007〕

＊「封貢幷絶」「許封不許貢」「封貢幷許」をめぐり、明の官人たちの間で

* 日本 中央大

熱い〈封貢得失論〉が展開。

* 明後期の「貢市体制」に日本が復歸する可能性を指摘 … 實現すればマ
  カオのポルトガル人は大打撃を蒙る。

(2) 秀吉陪臣への册封の意味

: 歷代中國王朝の册封事例〔* 太字は册封使ないしは仲介者の使者が
來日した事例〕

* 奴國王・卑弥呼・倭五王(讚・珍・濟・興・武)・懷良親王・足利義滿・足
  利義持・足利義教・

足利義政・足利義澄・足利義晴・豊臣秀吉 … 以上15例。

: 王の陪臣にも册封した事例は下記事例のみ。

* 難升米(卑弥呼使臣);率善中郎將。銀印靑綬も下賜(239年)。

* 牛　利(卑弥呼使臣);率善校尉。銀印靑綬も下賜(239年)。

* 倭隋ら13名(倭王珍の陪臣);平西征虜冠軍輔國將軍(438年)。

* 龍室道淵(遣明使の正使);僧錄司右覺義(1433年)。但し龍室道淵
  は中國人渡來僧。

* 德川家康ら17名(秀吉陪臣);右都督・都督同知・都督僉事など(159
  6年)

(3) 秀吉陪臣への册封の先例

: 明とモンゴル間の隆慶和議(1571年) … 秀吉册封の先例として小西行
長が沈惟敬に示唆〔中島2007〕。

* 1571年;アルタンハン汗〔* 俺答〕を順義王に册封し、配下の頭目
  を授職す。

* 1591年;チュルゲハン汗〔* 第三代順義王〕、明を侵犯して明軍を
  潰走せしむ〔?河の変〕。

(4) 本報告の目的

: 册封する側、される側の認識や世界觀は、必ずしも一致しない〔* む

しろ乖離しているのが普通〕。

：秀吉の日本國王册封は、名譽ある戰爭終結を企てるため行われた日明同床異夢の一大工作である。しかしその結果、当事者が目論んでいた「和平」どころか、更なる戰爭を招くこととなった。

：豊臣氏滅亡後、德川氏による對明接近を、なぜ明は拒み續けたのか？、を檢討する上で重要。

1.　册封使の來日に至るまでの經緯(槪略)

(1) 僞降伏使節の北京派遣

：万曆21年〈1593〉6/後半；小西行長、沈惟敬と畫策して僞「降伏使節」を派遣。

：同 9/中旬；「降伏使節」內藤如安ら30名、遼東に到着。宋応昌と對面。「關白降表」を提出。

：万曆22年〈1594〉12/7；「降伏使節」北京へ到着。「册封を希望する」日本側武將のリストを提出。

：同 12/13；「降伏使節」、①全面撤兵、②許封不許貢、③日朝修好の三ヵ條遵守を誓約。

：同 12/20；「降伏使節」、義滿へ下賜した金印の存否など20ヵ條の審問を受ける。

(2) 册封使の派遣と正使の逃亡

：万曆22年〈1594〉12/30；万曆帝、秀吉を册封するための文書〔＊誥命・詔書・勅諭〕・金印〔＊「日本國王之印」〕・物品〔＊冠服一式〕の

作成を下命。李宗城を正使に、楊方亨を副使に任命。

:册封使の出發；万暦23年〈1595〉1/30北京→4/6朝鮮入國→4/27漢城到着→11/末釜山到着。

:万暦24年〈1596〉4/3；册封使正使〔＊李宗城〕、逃亡す。

:万暦24年〈1596〉5/；明、楊方亨を正使に、沈惟敬を副使に任命し直す。

＊册封文書の書き直し；誥命・詔書・勅諭〔＊使者の名前を書き替えるため〕

＊沈惟敬は先行して日本渡海；6/12に大坂到着後、6/27に伏見城にて秀吉に拝謁。

(3) 册封使の來日と秀吉の激怒

:文祿 5 年〈1596〉閏7/(明暦8/10)；朝鮮通信使〔黃愼ら〕、明册封使と對馬で合流。

:同 9/1(明暦9/2)；册封使、大坂城にて秀吉に謁見。誥命・金印・冠服などを進呈。

:同 9/2(明暦9/3)；秀吉、激怒。日明の和議が破綻。

:同 9/7(明暦9/8)；秀吉、島津義弘に對し、和議破綻と來年の再出兵を通告。

:同 10/10；册封使、名護屋に到着。この後に秀吉「謝恩表」が到着するか。

2．秀吉陪臣册封の對象者變動

(1)「(內藤如安)小西飛稟帖」(万暦22年〈1594〉12/提出か)にみる册封希望順位〔『經略復國要編』後附〕

：日本國王；豊臣秀吉。　日本國王妃；北政所。　神童世子；拾丸

〔＊秀頼〕

：大都督；小西行長〔＊西海道大都督〕・石田三成・増田長盛・大谷吉

継・宇喜多秀家

＊日明講和交渉時の窓口役である行長と、朝鮮三奉行・朝鮮総大将のグループ。

＊行長には西日本方面の軍事指揮権の代々世襲と、対明・朝鮮交渉役の授与を希望。

＊ほか大都督の空名割付15張の給付を要請。

：都　督；豊臣秀政（秀次）〔＊兼「関白」〕

：亞都督；徳川家康・前田利家・羽柴秀保・羽柴秀秋・蒲生氏郷・毛利

輝元・平國保〔＊未詳〕・小早川隆景・有馬晴信・宗義智

＊家康・利家・輝元・隆景など、後のいわゆる「五大老」グループ。

＊ほか亜都督の空名割付20張の給付を要請。

：都督指揮；前田玄以・毛利吉成・長束正家・寺澤正成・施藥院全宗・

柳川調信・木下吉隆・

石田正澄・源家次〔＊未詳〕・平行親〔＊未詳〕・小西如清

＊秀吉側近グループならびに三成・行長の縁者など。

＊ほか都督指揮の空名割付30張の給付を要請。

：亞都督指揮；島津義弘・松浦鎮信・山中長俊・宇久純玄・岡本重政・

平信〔＊未詳〕

：（相当の封爵）；平山五右衛門・安宅甚藏・早田四郎兵衛・西山九助・

吉下申藏・吉田善右衛門・西川七郎・古田九次・十瀬少吉・松井九太夫

＊内藤如安とともに北京に赴いた偽「降伏使節」グループ。主に対馬関係者か。

：日本禪師；景轍玄蘇

＊日本国内の禅僧を統轄する「僧録」のごとき僧官授与を希望するか？。

：日本一道禪師；竹渓宗逸

＊日本の一地域〔＊西海道など〕の禅僧を統轄すべき僧官授与を希望するか？。

【留意点】

:小西行長や三奉行に近しい人物が優先して授職希望對象にあげられていること。

　＊特に戰爭開始当時の第一軍關係者〔＊小西行長・宗義智・松浦鎭信・有馬晴信・宇久純玄・柳川調信・景轍玄蘇〕・第四軍關係者〔＊毛利吉成・島津義弘〕が多い。

:行長と敵對ないしは疎遠な派閥關係者は全く除外されていること。

　＊加藤淸正・鍋島直茂・黑田長政・福島正則など。

:拾丸を國王世子とし、秀次の授職ランクが行長グループより低位であること。

:行長グループの方が、家康グループの授職ランクより高く設定されていること。

:大都督・亞都督・都督指揮の空名割付65張を要請していること。

:明側はこの要請の直後、小西行長に都督指揮使、內藤如安に都督指揮の官職授与を決定。

(2) 「石星題奏」(万曆23年〈1595〉1/12)にみる册封順位〔『明神宗實錄』万歷23/1/乙酉〕

:日本國王；豊臣秀吉。

:都督僉事〈正二品〉；小西行長・宇喜多秀家・增田長盛・石田三成・大谷吉継・德川家康・　毛利輝元・羽柴秀保

:日本禪師；景轍玄蘇〔＊衣帽下賜〕

:褒賞下賜；內藤如安〔＊最終的には都指揮使〈正二品〉授与…『國?』による〕

【留意点】

：行長・三奉行グループと、家康・輝元に同一ランクの軍官職を授与。

：「小西飛禀帖」で舉げられた授職希望者の大多數が大幅に削除される。

：明の職制では、都督僉事は皇帝直屬の中央軍官職〔＊第三位〕。都指揮使は都督配下の地方軍官職。

(3)「万歴帝詔書」（万暦23年＜1595＞1/21）にみる册封順位〔『江雲隨筆』〕

：日本國王；豊臣秀吉。

：右　都　督〈正一品〉；德川家康

：都督同知〈従一品〉；前田利家・宇喜多秀家・毛利輝元・羽柴秀保・小早川隆景・上杉景勝・増田長盛

：都督僉事〈正二品〉；石田三成・大谷吉継・前田玄以・長束正家・施薬院全宗・小西如清・石田正澄・小西行長

＊日本本光禪師：景轍玄蘇〔＊万暦帝詔書には名前が無いが、兵部劄付の模本が日本に伝来している〕

【留意点】

：家康グループが、行長・三奉行グループより上位軍官職を授与されていること。

：とりわけ德川家康が、秀吉陪臣の筆頭の軍官職に授与されていること。

：反面、小西行長は、かつての授職筆頭者から授職末尾者に轉落していること。

：「石星題奏」（1/12）から「万暦帝詔書」（1/21）の間に、どうしてこのような授職上下の大轉回が起きたのか、明側史料には何も銘記されておらず不明である。

＊なお当「詔書」は、正使が李宗城となっているので、1/21発給当時の旧版であること

が確実である〔＊册封文書を万暦24年５月に再度改定した新版ではない〕。

：上記の授職者の内、太字のものは兵部割付の原本・模本が現存。官職は詔書とほぼ一致。

＊輝元・景勝あて兵部割付中の官職部分が別紙添付されたものである点から、沈惟敬などによる改竄工作の存在を疑う意見もある〔大庭1971〕。

＊最終的な授職順位は、日本国内の大名間における現実的な政治力の順位を反映したもので、断然センスが良い。例えばこれまで名前の上がらなかった上杉景勝が授職対象となっている。

3．秀吉册封の實態

(1) 相異なる册封の模様

：景轍玄蘇 … 秀吉、金印を頂き明服を着し万歳三呼す〔『柳川調信畵像贊』『仙巢稿』下卷〕。

：沈惟敬 … 秀吉、諸大名とともに五拝三叩頭し、中國音でワンスエ万歳と呼し、北京に向かって宮中遙拝す。

：楊方亨 … 秀吉、明服を着し、北京に向かって五拝三叩頭す〔⊥『宣祖實錄』宣祖29/12/己巳〕。

：フロイス … 秀吉と册封使は疊の間に座して兩者對等の形で謁見。酒宴後、秀吉は金印を頭上に推戴。別室にて明服に着替える〔フロイス年報補遺1596/12/28〕。

【留意点】

：沈惟敬と楊方亨の証言は、册封成功を明政府に強調するために記述に潤色が施された可能性がある。

：伝聞情報ではあるが、フロイスの証言が一番實態に近いものか。

＊對等の形で謁見／諸大名列座の中で、金印を頭上に推戴／明服を着衣。

＊北京遙拝の五拝三叩頭は疑わしいとしても、万歳三呼は行った可能性あり。

(2) 諸大名への册封

：黄　愼　…　秀吉、册封を受け、諸大名40人も冠帯を着して授職〔『日本往還日記』万暦24/9/3〕。

：フロイス　…　明服20重二組が諸大名20人に贈られる。筆頭は行長〔フロイス年報補遺1596/12/28〕。

【留意点】

：フロイスの証言が現實に近い。ただし小西行長が陪臣册封の筆頭というのは、行長贔屓のフロイスの曲筆か。實際の授職筆頭は右都督の徳川家康である。

(3) 册封翌日の秀吉激怒

【俗説】：明帝による「日本國王」册封を侮辱と受け取り、誥命をビリビリ破る。

＊江戸時代以降に流布した風説〔＊『日本外史』〕。册封文書は現存〔＊ただし前バージョンのもの〕

：フロイスの証言が最も現實に近い。

＊「秀吉册封」の情報はむしろ國内に喧伝されている〔山室1992〕〔フロイス下記史料〕。

　＊朝鮮南部の倭城破壊を要求する册封使の書簡を讀み、激怒す〔フロイ
ス年報補遺1596/12/28〕。

　：同時代史料〔＊島津家文書など〕では、秀吉激怒の原因を「朝鮮王
　　子が不來朝」と説明。

　＊國內向けの説明。とにかく非は朝鮮にあり、と責任轉嫁したに過ぎない。

　＊明による倭城破壊要求と、朝鮮からの完全撤退要求が最大原因〔中
　　野2006〕。

(4) 秀吉「謝恩の表文」をめぐる諸問題

：册封使や朝鮮通信使が堺から追い返された後も、様々な工作がなさ
れたようである。

：册封を感謝する秀吉「謝恩の表文」が登場〔『宣祖実録』宣祖29/12/己巳〕。

　＊「日本國王臣豊臣秀吉」と、称臣の書式を踏み、誥命・金印下賜を感
　　謝。

　＊堂々たる四六騈儷体を驅使した美文。作成者は五山禪僧？。

　＊一方で、万暦年号を用いず、年紀に干支〔＊「丙申」〕を使用。〔『明
　　神宗実録』万暦25/3/己酉〕

　＊当初、表文は前田玄以らによってもたらされ、恐らく文面不恭を理由
　　に衝き返され、寺澤正成が表文をもたらすも、印章の未押捺を理由に
　　册封使の受領を拒否され、印を押した表文を再び正成が名護屋にも
　　たらす。

　＊その印章は、「日本國王」印ではなく、「豊臣」印か〔『皇明従信録』〕

　＊謝恩表に附した万暦帝への贈呈品は、沈惟敬によって水増しさる〔『明
　　神宗実録』万暦25/3/己酉〕。

：謝恩の表文の寫を見た朝鮮官人は、中國人の作かと疑っているが、

四六騈儷体を驅使した文面は、五山禪僧の作と考えても不自然ではない。恐らく原文は西笑承兌あたりが作成したか〔＊傍証としては、明年号を忌避した点など〕。そして二度・三度書き替えがなされる過程において、沈惟敬などの工作が働いた可能性は否定できない〔＊謝恩表は、全くの偽造ではなく改竄されたもの？〕。

(5) 秀吉「謝恩の表文」がもたらした影響

：釜山からの冊封使の報告に接した万暦帝は、「日本受封、恭順可嘉」と大喜び〔＊万暦25年1/5〕。朝鮮國王からの事態急変情報を受けても、「不得專恃天朝救援」「修備修睦、以保疆土、毋得偷安起釁」とたしなめる有様〔＊万暦25年〈1597〉1/25〕。… 冊封で和平を獲得したと信じ込んでいる。

：加藤清正の釜山上陸〔＊万暦25年〈1597〉1/14〕を再認識したのは、同年2月5日まで遅れた。

▽明側の初動態勢を遅滞させた上で、秀吉「謝恩の表文」は最大限の効果を發揮した。

▽秀吉が再度出兵を諸大名に命じる一方、かかる「謝恩表」を明側に提示したのは、彼一流の「和戰兩樣策」だったのか？ … 仮に意図的にやったのだとすれば、かなり惡質な陽動策である。

おわりに

(1) 秀吉と諸大名に對する明の一括冊封の意味

：「こうして日本人（諸臣）は、あたかもシナの封建家臣のような身分にと

どまったのであった」というフロイスの的確な總括に盡きる〔フロイス年報補遺1596/12/28〕。

:かかる册封が、東アジア世界にていかなる政治的意味を持っていたのか、秀吉を始め当時の日本側武將はどれだけ理解していたのか … 多分理解していない。

:なお明の冠服の一部は、被册封者以外の大名へも、秀吉によって頒布された。

　＊吉川廣家の事例 … 家門の譽れと大喜びして出雲大社に奉納する〔『吉川家文書』2-№909〕。

(2) 明にとっての秀吉册封

:「册封→受封→謝恩」という形式面だけを言えば、明による秀吉册封は、册封完遂の條件をほぼ滿たしていると言える〔＊たとい謝恩表文が疑わしくても〕。

:しかしこの册封は、彼らが先例に準えたモンゴルの首長に對する册封と同様、辺境の戰亂を防ぐことができなかった〔＊日本の場合、册封直後に慶長の役が勃発しているので、もっと、さらに、なお悪い〕。

:そういう意味においては、秀吉ならびに陪臣への册封は、明にとって政治的にも外交的にも完全な失敗であり、一種のトラウマと化したのではないか。

＊楊方亨(册封使)は永久罷免、石星(兵部尚書)と沈惟敬(册封副使)は獄死など関係者は死屍累々。

＊『明実録』や後世編纂された『明史』では、秀吉は義滿らと異なり、「日本国王」扱いされていない。あくまで「倭首」である。

:万暦27年〈1599〉4月、明の朝鮮遠征軍が北京に歸還すると、日本

軍捕虜を万暦帝に献上する儀式が大々的に執り行われ、平秀政・平正成ら61名を北京西市で公開処刑した〔久芳2007〕。

＊平秀政は島津義弘の族姪で秀吉の養子であり、明から「都督」剳付を受けた人物とされ、豊臣秀次に 仮託された人物。同じく平正成は寺沢正成に仮託された人物か。ここでは義弘の「首級」まで登場。

＊上記の偽者の捕虜を処刑することで、明軍の輝かしい大勝利を演出し、辛うじてメンツを保つ。

：上記の献俘式の終了をもって、忌まわしき對日關係を「封印」したのではないか。

：秀吉死後、德川家康は、1600年に島津義弘・寺澤正成書簡を介しての對明交渉〔＊金印・勘合をもって官船・商舶の日明往来を希望〕や、1610年に本多正純書簡を介しての對明交渉〔＊勘合の下賜を希望〕を模索した。しかし明側は、これを頑なに拒否した。その背景には、秀吉時代の日明講和の失敗のトラウマが強く働いたためではなかろうか。

(3) 外交的手段としての冊封の効力

：中國側の世界秩序觀と被冊封國側のそれが一致した場合は、大いに効力を發揮するであろうが、そういう被冊封國は極めて少ない。超律儀者の朝鮮、とりあえず律儀な琉球、傲慢なベトナム、影の薄いシャム、化外の極みのモンゴル、常識が通用しない日本と、國ごとに格差が甚だしい。

：中國が、当座の問題解決のため、得体の知れない相手に安易に冊封を行うと、その恭順を得るどころか、手ひどい仕打ちを蒙る場合もあり。豊臣秀吉の日本國王冊封は、その典型とは言えまいか。

＊ちなみにこの時、明が日本に対して冊封と通貢を両方許したとしても、慶長の役は免

れなかったであろう。秀吉が明側に求めたの真の要求は、朝鮮南部の日本占拠を明
が承認することだったからである。

≪參考文獻≫五十音順

Arcadio Schuwade.S.J. 「朝鮮の役における日明和平交渉について」(『キリシタ
　　　　ン研究』11。1966年)

大庭　脩　「豊臣秀吉を日本國王に封ずる誥命について―我が國に現存する明
　　　　代の誥勅―」(『關西大學東西學術研究所紀要』4。1971年3月)

小野和子「明・日和平交渉をめぐる政爭」(『山根幸夫教授退休記念 明代史論叢』
　　　　上卷。吸古書院。1990年)

紙屋敦之「大君外交と東アジア」『大君外交と東アジア』(吉川弘文館。1997年)

河上繁樹「爾を封じて日本國王と爲す―明皇帝より豊臣秀吉へ頒賜された冠
　　　　服―」(『特別展覽會　妙法院と三十三間堂』京都國立博物館。1999年)

北島万次『豊臣秀吉の朝鮮侵略』(吉川弘文館。1995年)

久芳崇「明朝皇帝に獻納された降倭―『経略御倭奏議』を主要史料として―」
(山根幸夫教授追悼記念論叢『明代中國の歴史的位相』下。汲古書院。2007年)

佐島顯子「壬辰倭亂講和の破綻をめぐって」(『年報朝鮮學』4。1994年5月)

佐島顯子「謎の海將「小西行長」の實像に迫る！」(學研『歴史群像』17。1995年
　　　　2月)

德富蘇峰『近世日本國民史　豊臣氏時代　朝鮮役』中卷・下卷(明治書院。1935
　　　　年)

中島樂章　「封倭と通貢――五九四年の寧波開貢問題をめぐって―」(『東洋史
　　　　研究』66-2。2007年9月)

中野　等『秀吉の軍令と大陸侵攻』(吉川弘文館。2006年)

中村榮孝「豊臣秀吉の外征」(『日鮮關係史の研究』中卷。吉川弘文館。1969年)

中村榮孝「豊臣秀吉の日本國王册封に關する誥命・勅諭と金印について」(『日
　　　　本歴史』300。1973年5月)

橋本　雄　「室町幕府外交は王權論といかに關わるのか？」(『人民の歴史學』
　　　　145。2000年9月)

夫馬　進「明淸中國「册封体制論」と「朝鮮を視ること內服と同じ」」(朝鮮史研

究會大會2007年10/20)

邊土名朝有　「明の册封体制と文祿・慶長の役」(『琉球の朝貢貿易』校倉書房。
　　　1998年)

堀　　新　「織豊期王權論─「日本國王」から「中華皇帝」へ─」(『人民の歴史學』
　　　145。2000年9月)

堀　　新　「信長・秀吉の國家構想と天皇」(池享編『日本の時代史』13。吉川弘文
　　　館。2003年)

三木　聰　「万暦封倭考(その一)─万暦二十二年五月の「封貢」中止をめぐって
　　　─」(『北海道大學文學研究科紀要』109。2003年) /「万暦封倭考(その
　　　二)─万暦二十四年五月の九卿・科道會議をめぐって─」(『北海道大
　　　學文學研究科紀要』113。2004年7月)

山室恭子「海を渡った悲劇」『黄金關白』(中公新書。1992年)

李光濤『万暦二三年封日本國王秀吉考』(歴史語言研究所＜台北＞1967年)

【史料1】1596年(9/18付，都發信)　12/28付，長崎發信，フロイス
年報補遺.

　①それからあまり間隔をおかずに正使の隨員たちが二列になって進み始
めた. また，彼らの前方には，十本の眞紅と鮮黄色の旗が進んだ. それらの
後部には文字板，あるいは板に丸みをおびた文字で(汝を封じて日本國王に
なすと)大書された條項が運んで行かれた.

　②(シナ)國主の册書は非常に大きくて重い黄金の板に書いて黄金の函に
納めてあったが，その中にはまた太閤のための衣服と王冠が納めてあった.
同様に別の函には，彼の奥方の(北)政所様のために王妃の称号を入れた
王妃の冠が納めてあった. シナ國王はこれ以外に，シナの称号と位官のつ
いた公家の服二十がさ重ね二組を贈ったが，それはシナ國王から明らかに指

名された二十名の國主（こくしゅ）たちのためのもので，その筆頭（ひっとう）は（小西（こにし））アゴスチイノ（行長（ゆきなが））であった．それから同様に他の（國主（こくしゅ））たちのためには，太閤（たいこう）自身が同じ位官をもって任（にん）ずべきだと考えた者たちを指名（ししん）した．…こうして日本人（諸臣（しょしん））は，あたかもシナの封建（ほうけん）家臣（かしん）のような身分に留まったのであった．

③このすべて（の謁見（えっけん））は日本の儀式で，すなわち疊（たたみ）の間（ま）で座って行われた．開會中は太閤（たいこう）と正使（楊方亨（ようほうきょう））とは對等であった．出席者は（德川（とくがわ））家康（いえやす），（前（まえ）田）筑前（ちくぜん）（利家（としいえ）），（上杉（うえすぎ））越後（えちご）（景勝（かげかつ）），（宇喜多（うきた））中納言（ちゅうなごん）（秀家（ひでいえ）），（小早川（こばやかわ））金吾（きんご）（秀秋（ひであき））殿，毛利（もうり）（輝元（てるもと））であったが，彼らは日本國全土で最大の國主（こくしゅ）たちであった．盃（さかずき）の後，すなわち酒を少量酌み交わして後，やおら關白（かんぱく）は榮譽（えいよ）ある書册（しょさつ），すなわちかの大いなる黄金（おうごん）の書板（しょばん）（金印（きんいん））を受理し，それを頭上（ずじょう）に推戴（すいたい）し，その時に冠冕（かんべん）をも受領したので，それらを着用するために別室（べっしつ）に退（しりぞ）いた．

④（＊册封使（さくほうし），堺（さかい）へ歸還．接待役の秀吉（ひでよし）の使僧（しそう）に對して以下の如（ごと）く要望）

「（朝鮮の）全陣營（ぜんじんえい）を取り毀（こわ）し，また朝鮮にいる日本の駐留軍を撤退させること．次にシナ國王が何年も前に慈悲（じひ）によって許したように，朝鮮國民の過失（かしつ）を寬恕（かんじょ）すること．彼らはたしかに破滅に値（あたい）したかも判らぬが，たとえ破滅の罰（ばつ）をもって處罰したところで，そこからは何の利益（わか）ももたらさぬであろう」と．… 仏僧（ぶっそう）たちは大坂（おおさか）へ歸ると，ただちに書狀を太閤（たいこう）に差（さ）し出した．太閤（たいこう）はそれを讀み，諸陣營を取り毀（こわ）すことに關するかの要請の箇所に及んだ時，非常な憤怒（ふんぬ）と激情（げきじょう）に燃（も）え上（あ）がり，あたかも惡魔の軍団が彼を占據したかのようであった．彼は大聲で罵（ののし）り汗を出したので，頭上からは湯煙（ゆけむり）が生じたほどであった．彼がかくも激怒したのは，日本人がシナ人にひどく恐れられてお

り，朝鮮人にはなおいっそう恐れられていることを承知していたし，また講和を結ぶためには，朝鮮國のわずか半分でも入手するという己が最初の考えを忘れてはいなかったからである．

（松田毅一監譯『十六・十七世紀イェズス會日本報告集』第Ⅰ期　第2卷）

【史料２】册封使의 報告書(萬曆二十四年十月·九月)에 보이는 册封의 模樣 및 秀吉의 謝恩表.

敦寧都正黄愼・上護軍朴弘長等，册使等の兵部箚帖三道・秀吉謝表を將て謄書上送す．

①沈遊撃[＊沈惟敬]兵部箚帖に曰く「東封を完うする事の爲にす．閏八月十八日，卑職[＊沈惟敬]等，欽鋪せる龍節・璽書等の件の到るを奉ず．秀吉，擇ぶに九月初二日を以てし，大坂に於いて迎え受封す．卑職，先に往きて礼を教えり．奉行こ惟れ謹なり．期に至りて册使を迎請すれば，直ちに中堂に至る．わか頒つに誥・印・冠・帶・服等の項を以てす．衆を率いて五拝三叩頭の礼を行い，件件頭頂し，華音を習いて万歳を呼し，闕を望み謝恩す．一一儀の如し．禮畢んぬ．宴を使臣及び隨行せる各官に開く．是の晩，秀吉親しく卑職の寓所に詣り，称謝す．次の早，楊正使に謁謝し，饋るに衣・刀・甲・馬を以てす．各馬官も亦た刀・幣を饋らる．言を極めて天恩を感戴すること盡ず．再三に慰勞す．卑職，速やかに釜兵を撤せよと特論すれば，彼言く『今皇帝の賜を受け王爵に封ぜらるれば，兵當に卽ちに撤し，以て隣好を修むべし．但だ朝鮮前怨釋けざるを恐る．仍ねて皇帝の處分を聽き，再び命下を候たん』と．卑職，色を正して開諭す．面あたり首肯すると雖も，尙お未だ見行せず．卑職，初四日に至り，回りて和泉に至る．一面船隻を調集し，一面催諭を?行す．初九日，船に登る．卑職，

正成[＊寺澤正成]・行長[＊小西行長]を遣わし日本に行かしむ．中途に回りて言えらく『即ち当に命の如くすべし』と．行きて名護屋に至る．卑職，復た正成を遣わし往促せしむ．回る日を俟ち，中情を備悉し，騎を飛ばし馳報せん．此れが爲に先行具稟せん．萬暦二十四年十月日」

②天使[＊楊方亨]兵部揭帖に曰く「册封日本正使等官・五軍營等衙門・署都督僉事楊[＊楊方亨]等，東封を完報する事の爲にす．職[＊楊方亨]，本年六月十五日に於いて，釜山より舟に登りて渡海す．已経に本題を具して知り訖ぬ．一路の儉阻，風波の難危，常に異なるも，皇上の威靈を仰仗すれば，幸い軀命を保全するを得たり．八月初四日に至り，始めて和泉州に抵る．乃ち豊臣秀吉，使臣を接待するを預備するの所にて，日本國新都を距つこと一百三十余里なり．秀吉，?ば倭將長盛[＊増田長盛]・三成[＊石田三成]等を差し，書を持ちて迎慰す．頗る竭誠を知れり．欽命補給せる龍節・誥命・詔・勅等の件は，八月十八日に於いて方に到れり．職等，即時に隨行員役を率領し，舟に詣るの次，叩頭迎捧し，職の寓に安定す．倭將行長，秀吉に馳報すれば，擇ぶに九月初二日に於いてし，册命を大坂地方に奉迎して受封す．職等，初一日，節を持して前往す．是の日，即ち大坂に抵る．次日，欽賜の圭印・官服を領受す．旋卽に佩執して頂被し，闕を望んで五拜三叩頭の礼を行い，誥命を承奉して受封し訖ぬ．嗣いで職等の寓所に至る．天恩を感激し，及び職等を慰勞して涉歴勞頓等の語を再び申ぶ．職等，敢えて久留せず．卽ちに辭するに初四日を以てす．節を捧げて回り，和泉州に至る．見今唯だ船隻を調集するを待つ．卽ち?程西還して闕下に復命せん．此れが爲に，具題を除くの外，理として合に具題すべし．萬暦二十四年九月初五日」

③關白謝恩の表文に曰く「日本國王臣豊臣秀吉，　誠惶誠恐稽首稽首
す．伏し惟んみるに，日月照臨して大明を万國に仰ぐ．江海浸潤して聖化を
無疆に措く．皇運高く承け，天恩普く濟う．恭しく惟んみるに，　祖宗の德を
昭らかにし，人心の心を安んず．遠近の巨細は，恩に霑おいて堯舜の聖世
を減ぜず，威儀の進止は，禮に合いて周夏の隆風を蕩やかにす．何ぞ計
らん，東海の小臣，直に中華の盛典を蒙り，誥命・金印・礼樂・衣冠，咸な
恩寵を?る．臣，一一遵崇感戴の至りなり．日を擇びて必ず方物を具し，九
重に申謝せん．虔みて丹誠を盡くさん．願わくば愚悃を察せられんことを．
天使先に回る．謹んで表に附して以聞せり」

（『朝鮮宣祖實錄』宣祖 二十九年(1596) 十二月己巳(七日) 條）

【史料3】朝鮮의 구원요청에 대하여「自衛하라．日本과 사이좋
게 지내도록 하라」고 권유하는 明 朝廷

朝鮮國王李昖[＊宣祖]，倭情緊急を以て救を請う．兵部い言わく「此の
奏，乃わち去年十一月以前の事にて，是の時册使未だ回らず．日本，朝
鮮遣使の官卑しく禮薄きを以て納めず．其の使の歸報に，仍お王子を索要
するを欲する等の語有り．今，楊方亨の奏報に『封事已に竣れり．止だ是
れ朝鮮の禮文を責備するのみ．已経に覆議せり．沈惟敬をして調?せしむ』
と．其の兵を請うの一節，宜しく朝鮮に勅して自ら?備を爲し，專ら天朝の救
援を恃むを得ざらしむべし」と．旨を得たるに「朝鮮國王に行し，備を修め睦
を修め，以て疆土を保ち，安を偸みて釁を起こすを得ること毋らしめよ」と．

（『明神宗實錄』萬暦二十五年(1597) 一月丙辰條）

<부록 2>

임진왜란관련 사료해제*

이 상 훈**

Ⅰ. 官撰史料

≪宣祖實錄≫

1. 내용

임진왜란에 관해서는 가장 기본이 되는 국가의 공식적인 문헌이라고 할 수 있다. 전란 중의 국가의 체계적인 기록이 없었으나 戰禍를 피해 남아 있던 史草와 전쟁 중의 각종 狀啓, 각 관청에 남아 있던 단편적 자료와 개인의 기록들을 참조하여 저술하였다.

다만 朋黨政治로 인한 北人들의 주도로 편찬된 실록이어서 임진왜란 종전 후의 기록을 포함하여 인물에 관한 평은 인용에 주의를 요한다. 즉,

---

* 이 논문은 ≪제2기 한일역사공동연구보고서 제2권≫(2010, 한일역사공동연구위
  원회)에서 재수록한 것임.
** 해군사관학교 해사박물관

自黨에 대해서는 후하고 反對黨은 깎아내린 편파적인 서술이나 고의로 누락시킨 기록이 간혹 존재하기 때문에 객관적인 사실을 파악하기 위해서는 다른 자료와의 비교나 사례의 비판이 가해져야 한다. 이런 점에서 후에 이 책의 修正實錄이 편찬되기도 하였다.

2. 구성

광해군 8년(1616) 춘추관의 주도로 총 221권 116책으로 간행하였으며 체제는 다른 왕들의 실록과 별다르지 않다. 내용은 1567년 7월부터 1608년 2월까지 宣祖 재위년간의 사실을 일자별로 기록하고 있다. 卷首題는 ≪宣宗昭敬大王實錄≫이다. 1609년(광해군 원년) 7월에 편찬을 시작하여 1616년 11월에 완성되었다.

편찬자는 奇自獻·李恒福·李好閔·柳根 등이다. 규장각에 3종([奎 12732, 12756, 12773])이 있는데 이 가운데 [奎12732]본은 鼎足山本이다. 본서는 221권의 방대한 분량이나 대부분 선조 25년 이후 즉, 1592년 4월 임진왜란 이후 약 16년간의 사실을 기록하고 있을 뿐, 그 이전에 관한 기록은 불과 26권에 불과하다. 이러한 원인은 임진왜란 중 실록편찬의 기초사례가 되는 ≪春秋館日記≫·≪承政院日記≫·≪各司謄錄≫類 등이 모두 소실되었기 때문이다.

3. 비고

영인본은 총 4책으로 국사편찬위원회에서 1969년 간행된 것이 가장 많이 보급되었다. 번역본으로는 총43책(색인 2책 포함)이 민족문화추진회에서 1986부터 1994까지 간행되었다. 그 외에 북한에서 간행된 ≪리조실록≫에 포함되어 있다.

≪宣祖修正實錄≫

1. 내용

≪선조실록≫의 편찬이 奇自獻·李爾瞻 등 北人이 중심으로 이루어졌기 때문에, 반대당인 李珥·成渾·朴淳·鄭澈·尹斗壽·尹根壽 등 西人에 대한 행적의 서술이나 인물평에서 편파적인 비판을 가하고 있는 점이 없지 않다. 반면에 北人들에 대해서는 매우 우호적인 시각으로 서술하여 내용상으로 객관성을 잃고 있다. 이에 따라 인조반정 이후 서인이 정권을 잡게 되자 ≪선조실록≫을 수정하자는 의견이 대두되었다. 이에 1641년(인조 19) 李植이 수정을 전담하여 작업에 착수하였으나 이식의 사망으로 중단하게 되었다. 1657년(효종 8) 3월 다시 이 編修 사업이 續開되어 이해 9월에 완성되었다.

임진왜란 관련 연구에서 ≪선조실록≫의 기사나 인물평 등에서 입장을 달리하거나 보충해주는 기사가 있으므로 객관성을 유지하거나 사건의 보강을 위해 양자를 대조해 보는 것이 필요하다.

2. 구성

효종 8년(1657) 간행되었으며 총 42卷 8冊의 분량이다. 원본 소장처는 서울대학교 규장각[奎12733]이다.

卷首題는 ≪宣祖昭敬大王修正實錄≫이며 1년을 1권의 분량으로 하여 월별로 편찬한 것이 특징이다. 서인의 시각과 입장이 많이 반영되어 있다고 하나 ≪선조실록≫의 부족한 점을 완전히 보정한 것은 아니다. 편찬과정에서 선조 즉위년에서 29년까지의 30권은 李植이 편찬하였고 宣祖 30년~41년까지의 12권은 蔡裕後가 편찬하여 대부분의 내용은 이식의 편찬에 의거하여 간행되었다.

3. 비고

영인본은 총 1책으로 국사편찬위원회에서 1969년 간행된 것이 가장
많이 보급되었다. 번역본으로는 총5책(색인 1책 포함)이 민족문화추진회
에서 1989년 간행되었다. 그 외에 북한에서 간행된 ≪리조실록≫에 포
함되어 있다.

≪東國新續三綱行實圖≫

1. 내용

이 책은 국가가 분야별로 선별한 임진왜란 관련 인물 1천 여 명의 약
전을 포함하여 어느 책보다 방대한 임진왜란에 관한 에피소드를 다루고
있다. 다만 한사람 한사람의 행적이 자세하지 않은 점은 있다. 한편 국가
는 이 책의 발간의도에서 임진왜란 후 질서 복원과 재건을 위해 어떤 인
물을 주목하고 선별하여 귀감으로 삼으려 했는지 살펴볼 수 있다. 아울
러 국어국문학의 측면에서 이 책은 근대국어의 기점인 17세기 초에 간행
된 문헌으로 연구에 귀중한 자료를 제공하여 주며, 앞 시기의 ≪삼강행
실도≫ 및 ≪속삼강행실도≫와 비교 연구할 수 있다는 점에서 가치도
지니고 있다. 그리고 비록 목판화이기는 하지만 임진왜란 직후의 화풍에
의해 그려진 다양한 여러 장의 임진왜란에 관한 삽화 또한 미술사적으로
중요한 가치를 지닌다고 할 수 있다.

2. 구성

柳根 등이 1617년(광해군 9) 임금의 명에 의해 우리나라 역대의 三綱
의 사례를 모아 수록하고 언해하여 17권 18책의 목판본으로 편찬, 간행

했다. 1431년(세종 13) 집현전부제학 偰循 등이 편찬한 ≪三綱行實圖≫
와 1514년(중종 9) 대제학 申用漑 등이 왕명으로 엮은 ≪續三綱行實圖≫
의 속편에 해당한다. 여러 고전과 輿地勝覽, 기타 각 지방의 자료들을 취
사선택하여 효자·충신·열녀의 순서로 1인 1장의 체제하에 먼저 한문으
로 행실을 설명하고 다음에 국역문과 도화를 넣었다. 책머리에 尹根壽의
서문과 奇自獻의 전문이, 책 끝에 柳夢寅의 발문과 수찬자 명단이 각각
수록되어 있다. 그리고 각 권마다 목록이 들어있다. 제1~8책 : 孝子 724
명, 제9책 : 忠臣 94명, 제10~17책 : 烈女 779명 등의 신분·계급·성별
등의 차별없이 충·효·열 삼강의 윤리에 뛰어난 우리나라 인물을 수록하
여 유교의 실천윤리를 보여줌은 물론 인물사의 구실도 하고 있다. 본서
에 수록된 인물은 모두 1,597명이나 거의 대부분이 조선시대 사람들이고
삼국과 고려시대 사람은 극히 적다.

　서문, 전문, 발문의 기록 및 ≪光海君日記≫, ≪東國新續三綱行實撰
集廳儀軌≫의 관련 기사 등을 참고하여 간행 경위를 살펴보면 임진왜란
이후에 旌表를 받은 충신, 효자, 열녀를 중심으로 하여 1613년(광해군 5)
에 3편으로 편찬된 〈 新續三綱行實 〉을 토대로, ≪輿地勝覽≫ 등의 고
전 및 각 지방의 보고 자료 중에서 취사선택하여 1천 여 명의 약전을
만든 뒤 ≪삼강행실도≫의 예에 따라 그림을 붙이고 언해하여 만든 것
임을 알 수 있다. 이 책의 편찬은 1615년(광해군 7)에 이미 완성되었으나,
막대한 간행 경비를 충당하기 위해 지방 5도에 간행을 분담시켜 전라도
6책, 경상도 4책, 公洪道(지금의 충청도) 4책, 황해도 3책, 평안도 1책씩
을 각각 간행하도록 하여, 1617년(광해군 9)에 완료되었다. 이 책은 방대
한 분량 때문인지 중간은 한 차례도 이루어지지 않았다. 현전하는 간본
은 국내의 경우 모두 서울대 규장각[奎 1832]에 소장되어 있다.

3. 비고

영인본으로는 국립중앙도서관의 청구총서 1-2로 1958년 간행된 2책
본과, 이를 1874년 다시 찍은 大提閣의 한국고전총서 3 (복원판) 1책,
1992년 홍문각에서 영인한 9책본이 있다. 번역본은 없다.

≪扈聖原從功臣錄券≫

1. 내용

임진왜란 때 선조가 義州까지 피란할 때 임금의 행차를 호종하는데
공을 세운 사람을 1등에서 3등의 호성원종공신에 봉하고 그 명단을 목활
자로 공신도감에서 인쇄한 성책문서이다.

국가나 왕실을 위해 공을 세운 사람에게 주던 칭호 또는 그 칭호를
받은 사람을 공신이라 하는데, 이 중 勳封功臣(또는 勳號功臣)은 다시 正
功臣과 원종공신으로 구분된다.

조선시대 원종공신은 정공신에 미치지는 못하나 공을 세운 사람에게
준 공신 칭호이다. 정공신의 자제 및 사위 또는 그 수종자에 대한 시상으
로, 본래는 元從功臣이라 했으나 諱로 인하여 '原'으로 고쳐 썼다. 조선
을 건국한 뒤 개국공신을 도와 공이 있는 자 1,000여 인에게 개국원종공
신의 칭호를 준 것을 시작으로 한다. 원종공신은 3등으로 구분해 각각
등급에 따라 녹권·노비·토지 등을 주었다. 이것이 선례가 되어 그 뒤 공
신의 상훈이 있을 때마다 원종공신을 정하였다. 공신에 관한 사무를 맡
아보던 기관으로는 공신도감·충훈부·녹훈도감 등으로 구분되어 있었다.

호성공신은 선조 37년(1604)에 공신을 세 등급으로 나누어, 1등에는
李恒福·鄭崐壽가 녹훈되었으며, 忠勤貞亮竭誠茸節協力扈聖功臣이라 하
였다. 2등에 信城君·定遠君·李元翼·尹斗壽 등이 녹훈되었는데, 忠勤貞

亮茸節協策扈聖功臣이라 하였다. 3등에는 鄭琢·李憲國·柳希霖 등이 녹
훈되었는데, 忠勤貞亮扈聖功臣이라 하였다. 이 호성공신은 전란 중 급박
한 상황에서 임금과 거취를 같이한 사람은 귀천을 막론하고 포상한다는
선조의 의지가 담겨 있다.

이들 정공신 이외에 부수적인 유공자로 2,457명에게 1등에서 3등으
로 나누어 호성원종공신 녹권을 주었다. 호성공신 개개인의 策勳 이유는
밝혀져 있지 않지만 공신들의 출신, 가문 등을 알 수 있어 이를 분석한
통계 자료로 활용할 수 있다.

2. 구성

1605년(선조 38) 扈聖原從功臣都監에서 간행하였으며 1권 1책이다.
책훈된 사람이 많기 때문에 線裝本 형식으로 제책되어 있어 일반적인 녹
권이나 교서와는 외형이 다른 특징을 보이고 있다. 녹권은 전체 40장으
로 크게 세 부분으로 구분하여 기재되어 있다. 권수에 '扈聖原從功臣錄
券'이란 녹권명이 기재되어 있으며, 다음의 제2행에는 수급자를 쓰고, 녹
권의 형식상 6행에 걸쳐 '施命之寶'라는 御寶를 날인하였다. 그리고 제3
행 이하에는 왕명의 傳旨를 봉명한 만력 33년의 일자와 봉명자인 도승지
申欽, 그리고 왕명의 내용이 기록되어 있다. 전지의 내용 다음에는 1등
공신으로부터 3등 공신까지의 명단이 차례로 기재되어 있다. 3등 공신의
명단에 이어 각 등급에 따른 포상내용이 규정되어 있다. 말미에는 호성
공신도감의 당상, 낭청, 감교낭청 등의 명단이 차례로 기재되어 있다.

전지의 구성은, 하나는 공훈을 설명하고 녹훈 대상자의 職役과 이름
을 열거한 것이고, 다른 하나는 포상을 규정한 것이다. 공신명단에는 종
친을 비롯하여 경사대부의 고위관료층과 일반 백성, 그리고 심지어 노비
등이 포함된 다양한 계층의 인물이 수록되어 있는 특징을 보이고 있다.

포상규정은 본인에 대한 加資, 자손에 대한 음직 서용의 혜택, 부모에 대한 封爵, 후손에 대한 가자, 본인이나 후손의 죄에 대한 처벌의 면제 등을 담고 있어 조선시대 정치사 및 신분사 연구에 참고할 수 있는 기초사례이다. 이 호성원종공신녹권은 개인 소장본 외에도 국립도서관외에 규장각 등에도 여러 사람에게 발급된 녹권이 다수 전하고 있다.

≪宣武原從功臣錄券≫

1. 내용

이 녹권은 임진왜란 때 공을 세워 선무원종공신에 녹훈된 사람들에게 내린 錄券이다. 宣武功臣은 임진왜란 중에 무공을 세웠거나 명나라에 兵糧奏請使臣으로 가서 공을 세운 관원 등에게 내린 功臣號로서 1604년에 扈聖功臣·淸難功臣 등과 함께 결정되었다. 1등은 李舜臣·權慄·元均 등 3인으로 孝忠杖義毅協力宣武功臣이라 하였고, 2등은 孝忠杖義協力宣武功臣이라 하여 申點 등 5인을, 3등은 孝忠杖義宣武功臣이라 하여 鄭期遠 등 10인을 임명하였다. 그리고 이듬해에는 공을 세운 사람으로서 宣武功臣에 들지 못한 사람들을 宣武原從功臣에 녹훈하였는데, 扈聖原從功臣·淸難原從功臣도 이 때 함께 책록되었다. 原從功臣은 위로는 왕실과 고위관리에서 아래로는 하급서리·內侍·良人·奴婢까지 총 9,060명이 망라되어 있으며, 대부분의 무장들과 의병장들이 포함되어 있다. 職役을 면천·면역·면향으로 표기한 경우도 있어서 당시 신분·직역의 구성과 변화를 이해하는데 도움이 된다. 다만 각 문중의 소장본 중에는 뒤에 다시 번각한 것도 있는데 이중에는 책훈자의 훈격이나 신분, 등을 변조한 것도 있어 인용에 주의를 요한다.

2. 구성

1605년(선조 38) 宣武原從功臣都監에서 간행하였으며 1권 1책이다. 녹권의 형식은 대체로 ≪호성원종공신녹권≫과 유사하다. 권수에 '宣武原從功臣錄券'이란 녹권명이 기재되어 있으며, 다음의 제2행에는 수급자를 쓰고, 녹권의 형식상 6행에 걸쳐 '施命之寶'라는 御寶를 날인하였다. 그리고 제3행 이하에는 왕명의 傳旨를 봉명한 만력 33년의 일자와 봉명자인 도승지 申欽, 그리고 왕명의 내용이 기록되어 있다. 이 뒤로 1등 공신으로부터 3등 공신까지의 명단, 각 등급에 따른 포상내용, 말미에는 호성공신도감의 당상, 낭청, 감교낭청 등의 명단이 차례로 기재되어 있다.

이 녹권은 개인 소장본과 각 기관에 다수 전하고 있다.

≪[扈聖宣武淸難三功臣]功臣都監儀軌≫

1. 내용

1601년(선조 34) 3월부터 1604년 10월에 걸쳐서 壬辰亂 때 西行扈從功臣과 文武諸臣으로 宣力立功한 李舜臣 등과 1596년(선조 29) 7월 李夢鶴 등의 모반을 평정한 洪可臣 등을 녹훈한 기록이다. 도감의 주요 활동은 1601년 3월 10일 壬辰年 西行時의 扈從人 등에 대한 錄勳事에 대한 傳敎를 근거로 錄勳을 발의하고 勘勳하는데서 시작되었다. 이후 당상과 낭청의 의망, 사목 마련 등 기구를 갖추고 공신 칭호를 정하는 일과 공신을 선정하는 과정을 소상하게 기록하여 당시 국가와 임금의 임진왜란 전후 처리에 대한 원칙과 시각을 잘 알 수 있다.

또한 공신 책정 과정에서의 소비된 재화의 규모도 밝혀져 있다. 뿐만 아니라 맨 뒷부분에는 각 공신에게 주었던 공신교서의 내용을 모두 필사하여 공신들 개인의 공적과 포상의 내용 등을 알 수 있다.

2. 구성

호성, 선무, 청난공신 등 3개의 功臣都監(실제로는 통합되어 운영되었음)에서 활동을 시작한 선조 37년(1604) 3월부터 38년(1605)까지의 사실을 1권 1책의 필사본으로 남긴 것이다. 문서의 내용에 따라 크게 일자별로 작게는 사안별로 작성하였다. 서울대 규장각에 원본이 있으며 동 기관에서 1999년 영인하였다. 번역본은 없다.

≪太常謚狀錄≫

1. 내용

조선시대 16세기부터 19세기 말까지 奉常寺에 올려진 謚狀을 정리한 것이다. 太常은 봉상시를 가리킨다. 봉상시는 제사와 시호를 관장하는 기구로 고려시대에 太常府, 奉常寺, 典儀寺, 太常寺 등으로 건치연혁이 복잡하였다가 조선 태종 때에 司農寺와 병합, 典祀寺로 개칭, 봉상시로 복칭하는 과정을 거쳐 한말까지 봉상시로 존속하였다.

시호는 두 글자로 나타내는데 그 사람 평생의 공과를 참작하여 시법에 따라 짓는다. 시호에 사용하는 글자 수가 정해져 있는데 세종 이후 시법에 쓸 수 있는 글자는 모두 301자이다. 이중에 나쁜 뜻을 담고 있는 글자를 제외하고 실제로 쓸 수 있는 글자는 120자 정도이며 모두 좋은 뜻을 담고 있다. 글자수가 제한되어 있으나 한 글자의 뜻이 여러 가지로 풀이되어 시법에 나오는 의미는 수천 가지가 된다. 예컨대 文은 道德博聞, 勤學好問, 忠信接禮, 博聞多見, 博學多聞 등 그 의미가 15가지로 쓰였다.

시호는 원칙적으로 2품 이상의 신료 중 학식과 덕망이 특출하거나 국가에 큰 공을 세운 사람에게만 내렸으나 작위가 낮거나 벼슬을 하지 않은 사람에게 시호를 내릴 필요가 있으면 贈職한 후에 시호를 주었다. 때로 자손들은 改諡를 요구하기도 하였다. 본 ≪태상시장록≫에는 贈諡도 포함되어 있다.

李尙吉(1556~1637), 李元翼(1547~1634), 申砬(1546~1592), 金時敏(1554~1592), 崔希亮(1560~1651), 李魯(1544~1598) 등 임진왜란 중 활약한 많은 사람들의 시장이 실려있다. 시호는 평생동안 활동한 업적을 몇 자로 집약하여 짓기 때문에 그 사람의 일생동안의 행적이 잘 반영되어 있다. 따라서 시호를 통해 그 인물의 됨됨이나 인생의 역정을 알 수 있어 인물연구에 기초가 된다. 특히 ≪태상시장록≫은 시호를 요청하기 위해 작성한 시장이기 때문에 임진왜란 중 각 인물들의 국가에서 평가한 행적과 공과를 총괄적으로 다루고 있다는 점에서 귀중한 자료이다.

2. 구성

奉常寺에서 16세기부터 19세기 말까지 필사되었다. 不分卷 44책의 필사본으로 서문과 발문 등이 없어 필사 시기는 알 수 없다. 장기간에 걸쳐 봉상시에 올려진 시장을 정리한 것으로 필체가 다양하다.

각 권의 표지에 표제가 있고 판심에는 일체 아무 표기도 없다. 44책에는 권수에 수록된 시장의 목록이 있는 경우와 없는 경우가 있다. 목록에 이어서 바로 각 인물의 諡狀이 나오는데 형식은 일정하다. 먼저 한 자 내려서 관직을 열기하고 某公諡狀으로 마감하는 투식으로 시작된다. 이어서 그 사람의 일생의 행적을 적기하는데 내용은 諱, 字, 본관, 가계, 과거와 관직경력, 공적 등을 적었다. 말미에 행장을 지은이의 관직과 성명, 봉상시에 올린 시기, 備三望의 시호와 字意 등으로 구성되어 있다. 낙점된 시호에는 '낙점'이라고 기재하였다. 경우에 따라서는 낙점이라 쓰는 대신 붓뚜껑으로 동그라미를 표시하여 낙점된 시호임을 표시하였다.

≪太常諡狀錄≫의 원본이 한국정신문화연구원 장서각에 소장되어 있으며 영구보존과 열람에 편의를 위해 마이크로필름으로 제작되어 있다. 한국학전자도서관에서는 원문을 이미지로 제공하고 있어 인터넷으로도 자료를 이용할 수 있다.

≪事大文軌≫

1. 내용

≪事大文軌≫는 1619년(광해군 11)에 찬집청에서 1592년(선조 25)후 광해군대까지의 외교문서를 ≪承文院謄錄≫을 바탕으로 편찬한 책이다. 주요한 외교문서로는 다음과 같은 것이 있다. <朝鮮國王咨兵部分司劉袁>, <朝鮮國王咨提督李>, <朝鮮國王咨兵部>, <朝鮮國王咨遼東都指揮使司>, <經略防海禦倭軍務宋咨朝鮮國王>, <遼東都指揮使司咨朝鮮國王> 등 임진왜란 때의 원병요청과 조선에서 明軍의 糧草 을 준비할 것을 요구하는 등 교섭내용, 명나라 사신이 선조를 알현한 내용, 광해군의 分朝와 관련한 내용, 명나라에서 일본과의 화해를 주장하는 내용, <朝鮮國原任議政府領議政李恒福等呈禮部>와 같은 광해군의 왕세자책봉에 대한 교섭내용, 曆日을 청하는 내용, <朝鮮國王咨禮部>와 같이 丁應泰의 무고를 변무하고 정응태가 조선에서 발견했다는 僞書를 辨誣하는 내용, 선조가 琉球에 보낸 咨文과 <琉球國中山王世子尙寧咨朝鮮國王>과 같은 유구와 교섭내용, <朝鮮國王表>와 같은 명나라의 원군에 사은하는 내용, <朝鮮國王咨備倭副總兵馬>와 같은 일본의 정세를 정탐하여 명나라에 알리는 내용 등이다. 이외에 매년 정기사행에 관련한 奏文과 咨文이 많이 기재되어 있다. 외교문서로 구성되어 있어 1차 자료로서의 중요한 가치가 있으며, 임진왜란이후 광해군의 즉위년에 이르기

까지 대명관계의 실상과 임진왜란 당시의 전황 및 정세를 살펴볼 수 있는 자료다.

2. 구성

1619년(광해군 11)경 贊輯廳에서 1592년(선조 25)부터 1608년(광해군 즉위년) 사이 명과의 외교문서를 모아 편찬한 책. 23권 23책. 목활자본. ≪승문원등록 承文院謄錄≫을 바탕으로 편찬한 것으로 보이는 이 책의 구성은 주로 명의 병부·예부 등과 주고 받은 咨·回咨 등과, 그밖에 奏·表·牋·詔·諭旨등으로 되어 있으며, 본래 모두 54권 54책이었으나 현재 규장각에 전하는 것은 23권 23책뿐이다. 현존하는 책별 원권차(原卷次)·문서 수·수록연도를 도식화하면 <표>와 같다.

이 시기는 국내에서 임진왜란을 겪을 때이며 밖으로 後金이 발흥하던 때여서 외교상 문제들이 특히 중요한 때였다. 또 조선 국내에서는 선조말 광해군의 세자책봉 및 왕위 승습을 둘러싸고 미묘한 세력대립의 상태에 있었고, 명나라는 새로이 발흥하는 후금과 조선과의 내통을 차단하는데 주의를 기울이는 상황이었다. 이 책에는 그러한 당시의 외교사정들이 상세히 나타나 있는데, 조명관계에 관한 사건을 몇 가지 소개하면 다음과 같다.

1592년 임진왜란이 일어나자 청원을 포함, 여러 가지 교섭의 내용과 광해군의 분조(分朝)에 관한 사항, 광해군의 왕세자책봉에 관한 교섭 내용, 僞書 또는 丁應泰의 무고등에 대한 辨誣 내용, 광해군을 후사로 세워 왕위를 승습한 뒤 그 동의를 얻기 위한 교섭 등이다.

이 책은 임진왜란에서 광해군 즉위에 이르는 기간의 외교사연구에 있어 1차 자료로 중요한 가치가 있다. 1925년 조선 총독부 조선사편수회에서 해설·목록을 붙여 ≪朝鮮史料叢刊≫ 7집으로 영인, 간행한 바 있다.

<표> 현존 책별 원권·문서 수·수록 연월

책	원권	문서 수	수록 연월
1	3	72	1593. 1. ~ 3.
2	8	49	1594. 2. ~ 4.
3	12	35	1594. 11. ~ 1595. 3
4	17	48	1596. 6. ~ 10.
5	19	29	1597. 4.
6	20	29	1597. 4. ~ 5.
7	22	60	1597. 7. ~ 9.
8	23	36	1597. 9. ~ 10.
9	24	51	1597. 10. ~ 12.
10	28	49	1598. 7. ~ 10.
11	30	65	1598. 10. ~ 12.
12	32	31	1598.윤4. ~ 6.
13	33	61	1599. 7. ~ 9.
14	35	61	1600. 1. ~ 5.
15	36	17	1600. 5. ~ 6.
16	37	12	1600. 6. ~ 9.
17	42	45	1603. 4. ~ 7.
18	43	53	1603. 8. ~ 1604. 3.
19	45	53	1604. 8. ~ 1605. 7.
20	46	56	1605. 7. ~ 1606. 4.
21	47	70	1606. 1. ~ 12.
22	48	31	1607. 4. ~ 11.
23	51	28	1608. 7. ~ 11.

3. 비고

국립진주박물관에서 2002년 임진왜란 사례총서 대명외교편으로 영인 재간행하였다.

Ⅱ. 親筆 筆寫本類

李舜臣,《亂中日記》

1. 내용

李舜臣(1545~1598)이 壬辰倭亂 중에 쓴 陣中日記로 수십종의 번역과 주석, 연구성과가 있는 임진왜란사 연구의 기본서적이다. 임진왜란 중의 수군의 활약과 수군의 동태를 소상하게 알 수 있다. 원래의 이름은 각각의 간지만이 붙어 있으나 정조대에 《이충무공전서》를 발간하면서 난중일기로 명명되었다.

친필의 초고본과 정조 19년(1795)년 간행된 《이충무공전서》의 내용에는 약간의 첨삭과 이본이 있어 인용시 이를 밝혀야 한다.

2. 구성

이순신(1545~1598)이 임진왜란 중에 쓴 陣中日記로, 1969년 忠武公記念事業會에서 간행한 7책의 영인본 등이 대표적이다. 제1책에는 1592년 5월 1일~1593년 3월 22일, 제2책에는 1593년 5월 10일~9월 15일, 제3책에는 1594년 1월 1일~11월 26일, 제4책에는 1596년 1월 1일-10월 11일, 제5책에는 1597년 4월 1일~10월 8일, 제6책에는 1597년 8월 6일~1598년 1월 4일, 제7책에는 1598년 9월 15일~10월 7일의 일기가 각각 수록되어 있다. 제5책과 제6책의 일부 날짜는 중복되어 있는데, 제6책의 기록이 좀더 자세하고 간지가 정확하다. 중간에 빠진 날이 많으며 날씨는 매일 기록되어 있다. 내용은 진중생활에 대한 기록이 대부분이나,

개인적 감회나 가족·친지의 왕래 등도 기록되어 있다.

3. 비고

충무공종가의 소유이며 아산 현충사에서 전시와 관리하고 있다. 주요 판본으로는 조선사편수회, (활자본, 1935)과 충무공기념사업회(사진본, 1969)이 있으며 국사편찬위원회의 인터넷 사이트에 유리건판사진이 올려져 있다.

柳成龍, ≪草本懲毖錄≫

1. 내용

임진왜란 때 영의정과 도체찰사를 지낸 柳成龍(1542~1607)이 쓴 전란 회고록이다. 서명은 ≪詩經≫의 "予其懲而毖後患"에서 취한 것인데, 이는 卷頭에 실린 自序에 기록되어 있다. 유성룡은 字가 이견, 號가 西厓이고, 本貫은 豊山이며 李滉의 문인이다. 1567년(명종 22) 문과에 급제하였고 임진왜란이 일어난 1592년에는 영의정에 올랐다. 鄭仁弘 등의 모함으로 관직을 잃은 후에는 하회로 낙향하여 저술에 힘썼는데, ≪懲毖錄≫은 이 시기에 저술된 것으로 알려져 있다.

징비록의 종류에는 2권본과 16권본이 있는데 2권본이 후대에 편집된 것으로 알려져 있다. 그러나 ≪초본징비록≫만이 '징비록'으로 이름붙은 유성룡의 친필이며 목판본은 유성룡의 다른 친필 자료인 '芹曝集', '辰巳錄', '軍門謄錄', '錄後雜記' 등이 산입되어 편찬 발간된 것이다. ≪징비록≫의 첫머리에는 임진왜란 이전의 정세와 黃允吉, 金誠一의 통신사행 등 임진왜란과 관련된 사건이 서술되어 있고, 이어서 1592년 4월 13일부터의 경과가 사건 중심으로 기술되어 있다. 사실을 있는 그대로 기술하

는 데 힘쓴 점, 당색을 초월한 사실·인물평이 여러 곳에 제시된 점이 특
징이라 할 수 있으며, 날씨는 대체로 제시되지 않았다.

≪징비록≫은 임진왜란 시 전국을 이끈 영의정의 회고록이라는
점에서 가장 정확하고 철저한 비평이 가해진 사례라고 할 수 있을
것이다. 일찍이 일본에 알려져 일본의 임진왜란 기술에도 기초가 되
었다.

2. 구성

≪초본 징비록≫은 조선사편수회가 1936년(소화11) 3월에 서울에서
처음 영인했다. 원본은 편수회가 서문에서 밝히고 있듯이 경상북도 안동
군 풍산면 柳承佑씨가 가장하고 있는 ≪징비록≫ 초본에 근거하고 있다.
후에 영인된 가람본과 想白본은 동일한 영인본으로 300부 한정영인을
하는 데서, 가람본은 209호본이고, 想白본은 10호본이다. 조선사편수회
에서는 ≪초본 징비록≫을 영인하면서 앞에 목차를 부기하고 뒤에다가
해설을 붙여 놓았다. 본 ≪초본 징비록≫은 다른 징비록판과 비교하면
규장각의 2권본과 내용은 동일하나 순서의 뒤바뀜이 있다. 그리고 <錄
後雜記>가 <雜錄>으로 되어있다는 정도의 차이가 있다.

3. 비고

소장자는 서애공 종가(경북 안동 충효당)이고 한국국학진흥원에서 관
리하고 있다. 영인본으로는 조선사편수회(1936), 서애선생기념사업회
(1993), 한국학중앙연구원(1994)이 있고 번역본으로 안동문화원(2001, 영
인본 포함)이 있다.

鄭琢, ≪龍灣見聞錄≫

1. 내용

鄭琢(1526~1605)이 1592년(선조 25) 임진왜란 때, 의주에 왕을 호종하고 이듬해 迎慰使로 經略 宋應昌 등 명나라 장군들을 영접한 전말을 적어 왕에게 바친 것이다. 앞에는 이 책을 기록하게 된 동기를 간단히 쓰고 이어 명의 사신·장군들인 宋應昌·李如松·張三畏·胡煥 등을 접대한 전말을 기재하였다.

정탁은 정계에서 은퇴한 이후 이 책이 외에 자신의 전쟁경험을 정리하여 여러 종류의 회고록을 남기고 있다. 이들은 임란 초 광해군의 분조활동, 대명교섭 관계, 국내 관군의 동태, 이순신의 파직과 탄원, 수군 문제 등에 대해 자세히 기술하고 있어 임진왜란 연구의 중요한 기초자료로 손꼽을 수 있다.

이 책과 ≪약포 용사일기≫, ≪임진기사≫등의 회고록은 탈초 정서와 번역 등의 자료에 대한 기초정리, 연구 등이 시급하다.

2. 구성

1책이며 필사본으로 사안에 따라 정리하였다.

3. 비고

소장처는 약포공 종가(경북 예천)이며 한국국학진흥원에서 관리하고 있다. 서울대 규장각에는 精寫本[奎4881]과 後寫本[奎4171]이 있다. 1995년 국사편찬위원회에서 탈초하여 영인본을 간행하였다.

李德悅, ≪養浩堂日記≫

1. 내용

선조 때 영의정 이준경의 아들인 李德悅(1534~1599)이 임진왜란 중에 작성한 일기다. 수록기간은 1592년 7월 25일에서 1597년 4월 15일까지이며 빠진 기간이 있다.

제1책 중 <星州記>는 저자가 경상도 星州목사로 재직하면서 접한 임진왜란의 전황에 관한 기록이며 수록기간은 1592년 7월 25일에서 12월 13일까지이다. 앞머리에 태반을 유실하고 말단만 기록하였다고 기재되어 있는 것으로 보아 저자는 임란 이전 혹은 임란 초기부터 일기를 썼던 것으로 추정된다. 의병 및 관군과의 갈등, 견내량 및 안골포 해전 등 수군의 승전 소식이 기술되어 있으며 성주성을 둘러 싼 조선군과 왜군의 공방전에 대한 기록이 특히 자세하다.

<勤王錄>은 저자가 조정에 합류하여 軍器寺 僉正으로 제수된 이후의 1593년 3월 18일에서 8월 25일까지 기록이다. 전라도·충청도 지역을 돌아 海路를 이용하여 평안도에 도달하기까지의 경로가 기재되어 있고 晉州城 함락 등 각지역에서 보고된 전투상황이 날짜별로 간략히 기록되어 있다. 4월 13일 이후의 기록에는 왜군이 宣陵(중종의 능)과 靖陵(문정왕후)을 파헤치고 梓宮을 범한 사건 및 이를 수습하는 일에 대한 기록이 대부분을 차지한다.

<憲府諫院記>는 저자가 장령으로 임용된 이후에 작성한 일기이며 1593년 9월 4일에서 1594년 3월 23일까지 기록되어 있다. 대부분 명군 접대와 왜군의 동정에 관한 것이며 충청도지역에서 일어난 반란에 대한 기록도 있다.

<春秋錄>은 저자가 司諫兼春秋館編修官으로 임용된 1594년 3월 24

일에서 同副承旨로 임명된 4월 13일까지의 기록이며 주로 중앙조정의
전란대처 방안에 대한 논의가 수록되어 있다. 자신의 啓言은 물론 전란
대책, 기민구휼책 등에 관한 諸臣들의 견해, 柳成龍이 올린 鎭關體制 復
舊論과 군사훈련방안에 대한 비변사의 보고가 실려 있으며, 義勇隊 兵士
들이 砲手·劍手·槍手로 나뉘어 훈련받는 상황이 묘사되어 있다.

제2책 중 <은대기>에는 날짜와 干支가 함께 수록되어 있고 매일의
날씨가 기재되어 있으며, 都承旨 이하 諸承旨와 注書, 檢閱, 承傳色에
이르기까지 승정원 관원의 직함과 명단 및 매일 出仕여부가 기입되어 있
어 승정원일기의 형식을 취하고 있다. 내용 역시 일반적인 사항보다는
승정원을 통해서 처리된 사건이 중점적으로 기록되어 있다. 제2책 뿐 아
니라 제3책 이하에 수록된 은대기도 모두 같은 체제로 쓰여져 있다.

제2부 권2의 <은대기>는 1594년 5월 11일에서 6월 8일까지의 기록
이며 추가지원을 계속하는 문제에 대한 조선과 명의 입장, 왜군과의 휴
전 및 평화교섭 추진상황 등에 대해 기술되어 있고, 군역 부담을 비롯하
여 전란 중에 나타난 사회상의 변화에 관한 기사도 散見된다.

제2부 권3 <南行日記>는 1594년 6월 10일에서 7월 5일까지 明軍의
철병을 만류하고 특별히 접대하기 위해 호서·호남지역에 파견된 기간
동안의 일기이며 지역사정이 기록되어 있다.

제 2부 권4에서 권6까지는 銀臺記이며 수록기간은 저자가 다시 승정
원에 복귀한 1594년 7월 8일에서 8월 27일까지이다. 제3책과 4책에는
제3부(1594년 10월 24일~1595년 6월 18일), 제5책과 6책에는 제4부
(1595년 8월 14일~1596년 2월 24일), 제7책과 제8책에는 제5부(1596년
10월 4일~1597년 4월 15일)가 수록되어 있다.

왜군의 동향과 각 지역 의병과 관군의 활동, 이동상황, 전란 중 각지
에서 발생한 도적 및 역도들에 대한 보고 등이 기술되어 있으며 군량조달
및 군사훈련 방안과 군제 개편 논의, 왜군의 동향 및 정유재란 초기의 상

황에 관한 기록이 대부분을 차지하며 北邊 野人들의 동정에 대한 보고도 함께 수록되어 있다. 본서는 임진왜란 중에 저자가 중앙조정의 승지로 있으면서 승정원일기의 형식을 빌어 기록한 일기다. 현재 전해지지 않는 임진왜란기 ≪承政院日記≫의 내용을 상당부분 전해주는 것이며, 임진왜란 당시의 상황에 대해 선조실록을 보완할 수 있는 중요한 자료다.

2. 구성

이 책에는 저자가 명기 되어 있지 않으나 본문에 기재된 저자의 官歷과 ≪宣祖實錄≫의 기사 등을 대조하여 저자가 이덕열임을 알 수 있다. 이덕열의 자는 得之, 본관은 廣州이며, 영의정을 지낸 李浚慶의 아들로 李有慶에게 出系되었다. 1569년(선조 2) 별시문과 병과에 급제 하였으며 임진왜란이 일어났을 때 성주목사로 재직하다가 1593년에 사헌부 장령, 1594년에 사간을 거쳐 승정원동부승지에 임명되었으며 1596년 좌승지에 오르는 등 전란이 끝날 때까지 승정원에서 근무하였다. 1599년(선조 32)에는 동지사로 명에 다녀왔으며 이해에 卒하였다.

이 책은 임진란 중에 작성된 것을 후대에 필사한 것으로 연대는 알 수 없으며 저자의 이름을 諱하고 있고 글씨를 고르고 정성스럽게 썼으며 제 8권의 말미에 모눈이 그려진 받침 종이가 끼워져 있는 것으로 보아 후손이 한꺼번에 필사한 것으로 짐작된다. 모두 28권 8책이며 4~8권 단위로 5부로 구성되어 있다. 제1책에는 제1부 권1 <星州記>, 권2 <勤王錄>, 권3 <憲府諫院記>, 권4 <春秋錄>과 제2부 권1 <銀臺記>가 수록되어 있다. 제2책에는 제2부 권2에서 권6까지 5권이 수록되어 있으며 <銀臺記> 1권과 <南行日記> 1권, 다시 <銀臺記> 3권으로 구성되어 있다.

尹卓然, ≪北關日記≫

1. 내용

≪北關日記≫ 上은 重湖 尹卓然(1538~1594)이 임진왜란 때에 선조로부터 臨海君을 호종하라는 명을 받고 왕자를 호종하면서 쓴 것으로 임진년(1592년) 4월 3일부터 그 다음해 6월 29일까지 기록한 것이다. 임해군은 필자와 金貴榮이, 順和君은 鄭琢과 韓準이 호종하라는 명을 받고 군관 한사람을 청하여 군관 李景震을 배속 받아 돈화문을 나서면서 네번 절하고 출발하는 과정을 자세하게 기술하였으며, 수레가 지나는 고을의 군수가 길에 마중 나온 것과 고을의 수령으로부터 상황을 보고 받으면서 민심을 수습하고 성을 끝까지 사수할 것을 당부하는 내용과 왜군과의 접전상황과 명나라 구원병 조정에 올리는 장계 등을 모두 기록하였으며, 국경인의 반란과 민심 이반, 소모군의 장수이름과 모집병력인원수도 자세히 기록되어 있어 임진왜란 연구의 귀중한 자료이다.

윤탁연의 본관은 漆原, 자는 尙中, 호는 重湖, 시호는 憲敏, 1558년(명종 13) 사마시에 합격하고, 이듬해 알성문과에 급제, 史官이 되었다. 1568년(선조 1)에 수찬으로 춘추관기사관을 겸임하였고, ≪명종실록≫ 편찬에도 참여하였다. 1580년 좌승지·도승지·예조참판을 지내고, 1582년 경상도관찰사로 특채되었다. 이듬해 형조참판으로 형조에서 죄인을 다스릴 때 姙婦를 杖刑에 처하여 죽게 한 일이 있어, 그 책임으로 좌천되었다. 1585년 경기도관찰사에 올랐으며, 이어 형조·호조 판서를 지냈다. 1590년(선조 23) 宗系辨誣의 공으로 光國功臣 3등에 책록, 漆溪君에 봉해졌다. 1592년 임진왜란 때 함경도관찰사가 되어 왕세자를 호종하였다. 왕명으로 함경도순찰사가 되어 의병을 모집하고 왜군을 방어할 계획을 세우던 중 객사하였다.

2. 구성

≪北關日記≫라는 제목으로 된 1권 1책의 필사본이며 1592년 4월 3일부터 그 다음해 6월 29일까지 일자별로 기록하였다.

3. 비고

원본은 칠원윤씨 칠계군 종진회에서 소장하고 있으며, 2005년 ≪중호선생문헌집≫이라는 이름으로 연구·번역본과 영인본을 별책으로 간행했다.

李擢英, ≪征蠻錄≫

1. 내용

李擢英(1541~1610)이 1592년 임진왜란이 일어나자 51세의 나이로 종군하여 경상도 순찰사 金睟, 초유사 金誠一과 같이 의병을 모집, 군량 조달, 전략 수립 등 군사 업무에 진력한 내용들을 기록하고 있다. 원본 필사본은 2권2책으로 건권은 일록이라 할 수있다. 임진년 3월 9일 부터 5월까지는 매일 기록하다가 12월까지는 월별로, 그 이후 선조 32년 (1599) 5월까지는 중요기사를 적었다. 저자의 신분이 경상관찰사를 수행하는 營吏였으므로 실제로 전장을 지나면서 현장감을 살려 서술하였다는 점에서 중요하다. 뿐만 아니라 초유사 김성일의 초유문이나 김수와 의견대립이 있었던 의병장 곽재우의 격문과 같은 기록도 등서하였다. 곤권에서는 임란 7년 동안에 있었던 通文과 敎書, 狀啓, 諜報, 檄文 등을 수록하였다. 각 지방에서 일본군과의 대치상황이나 전투에서의 성과 등을 수록하였으며, 중국의 병사들을 접대한 내용도 기록되어있다. 일본군과 교전하여 사살하고 생포한 적군의 숫자와, 의병들이 서로 연합하여 전투를 전개한 상황 등도 상세히 기술하고 있다.

즉, 이 기록은 임진왜란 초기 경상도 지역의 감사 중심의 대응 과정과 전쟁의 참혹한 피해상이 상세하게 서술되어 당시의 전쟁 상황을 살필 수 있는 중요한 자료이다.

이탁영의 자는 子秀, 호는 孝思齋, 본관은 경주인으로 경상우병영의 營吏로 종군하며 진중에서 ≪壬辰變生後日錄≫이라는 제목으로 초하여 두었던 것을 조정에 올리니 1601년 선조가 읽고 ≪征蠻錄≫이라 이름지은 도서이다. 현재 보물 제 880호로 역사적으로 중요한 사례적 가치를 지닌다.

2. 구성

건, 곤의 2권 2책의 필사본이며 건권은 149쪽, 곤권은 186쪽이다. 공문서의 이면을 이용하여 제책하였다. 곤권의 말에 <題征蠻錄後>라는 保晩堂의 발문이 적혀있다.

3. 비고

원본은 의성의 경주이씨 종가 소장이며 한국국학진흥원에서 관리하고 있다. 영인본은 국립진주박물관에서 사례총서 문학편(7)으로 2000년 간행하였고, 활자본은 1987년 의성문화원에서, 번역본은 2005년 의성군에서 간행하였다.

그 외에 후손들이 1959년 내용을 刪削하여 6권 3책의 석인본으로 ≪孝思齋征蠻錄≫으로 간행하였으나 원본의 첨삭이 심하여 인용시 유의해야 한다.

文緯, ≪茅谿先生日記≫

1. 내용

茅谿 文緯(1554~1631)의 일기로, 기축년(1589년)부터 계사년(1593년) 4월 12일까지 4년 4개월 간의 일기를 기록하고 있다. 頭註에 한강 鄭逑(1543~1620)의 연보에 대해서 언급하고 있는 것으로 보아 후대에 필사하는 과정에서 모계의 일기를 수정하거나 삽입한 것으로 보인다. 原泉 全八顧(1540~1612)와 原溪 全八及(1542~1613)과 이웃에 살면서 經史에 대해서 토론하였음을 알 수 있으며, 그가 만난 사람들을 자세하게 언급하고 있어 인맥관계를 살필 수 있는 좋은 자료이다.

문위의 자는 順甫, 호는 茅谿, 본관은 南平이다. 아버지는 山斗이며, 어머니는 함양오씨이다. 거창에서 태어났으며, 德溪 吳健과 한강 정구의 문인이다. 임진왜란 때 의병대장 金沔과 함께 고령에서 왜적과 싸웠다. 김면이 싸움 중에 병으로 죽자, 뒷일을 맡아 처리하였다. 부모의 상을 당하자 고향에 내려가 10여 년 동안 제자들을 가르쳤다. 副提學 金宇顒 등의 천거로 童蒙敎官이 되고, 이어서 사헌부감찰 등을 역임하였다. 광해군이 즉위하자 사임하고 낙향하였다. 1623년 인조반정 뒤에 高靈縣監이 되었으나, 수개월 뒤 신병으로 사임했다. 거창 龍源書院에 제향되었다.

2. 구성

상태가 매우 좋은 단권의 필사본으로 한면은 대개 14행이며 한 행은 37~38자로 필사되었다. 1588년부터 1593년까지 날짜에 따라 기록되었는데 필사된 글씨체가 서로 달라 여러 사람이 나누어 적었던 것을 알 수 있다. 총 161쪽이다.

3. 비고

경상대학교 경남문화연구소에서 간행하는 ≪경남문화연구≫17호 (1995)의 별책으로 영인되었으며, 이후 고령군대가야박물관과 영남대 문족문화연구소의 공동학술대회 논문집인 ≪송암 김면과 임진의병≫의 자료로 2005년 다시 영인 되었다.

鄭慶雲, ≪孤臺日錄≫

1. 내용

≪孤臺日錄≫은 孤臺 鄭慶雲(1556~?)이 지은 것으로, 임진년(1592년) 4월 20일에 왜적이 육지에 닿았다는 내용으로 시작된다. 이후 4월 22일까지는 일실하여 상고할 수 없음을 밝히고 있다. 그리하여 4월 23일부터 병오년(1606년) 11월 1일까지 15년간의 사정을 하루도 빠짐없이 기록하고 있다. 임진왜란 발생이후 왜적의 동태와 전쟁이 끝난 이후 국가적 전후수습대책 등 전체적 상황을 이해하는데 많은 도움이 되고 있어 역사적으로 가치 있는 자료이다. 4권 4책의 필사본으로 윤달도 표시하고 있어 이해하는데 편리하게 기록되어 있다. 정경운의 자는 德顯, 호는 고대, 본관은 晋陽이다. 咸陽에서 태어났으며 來庵 鄭仁弘의 문인이다.

2. 구성

≪孤臺日錄≫은 총 4권 4책으로 구성되어 있다.

1책 : 선조25년 4월 23일~26년 12월 ; 115면
2책 : 선조27년 1월~30년 12월 ; 125면

3책 : 선조31년 1월~35년 12월 ; 128면
4책 : 선조 36년 1월~광해군 원년 11월 ; 146면

3. 비고

경상대학교 남명학연구소에서 간행하는 ≪남명학연구≫2집 및 3집
에 영인되었다. 그런데 여기에서 1권의 21~24면의 중복과 2권 38면의
3권 13면 착간이 있다. 이외 2001년 국립진주박물관 임진왜란 사례총서
(역사편)의 제 10권으로 영인되었다.

金涌, ≪雲川扈從日記≫

1. 내용

이 책은 雲川 金涌(1557~1620)이 임진왜란이 발발한뒤 의주로 몽진
한 국왕인 선조를 수행하며 쓴 일기이다. 작성기간은 1593년 8월부터
1594년 6월까지의 1년 간이다. 호종일기는 평화시의 ≪政院日記≫와 유
사한 것이나 임진왜란 중 行在所에서 史官들이 호종하면서 당시의 모든
정사를 기록한 것으로 1차 자료로서 값진 기록이다. 예를 들면 실록에는
국왕이 還都途中에 載寧의 民家에 도착한 것으로 되어 있으나, 본 책자
에는 그 집 주인의 성명까지 분명하게 기록되어 있을 정도로 정확하며,
자세하다는 점이다.

운천(初諱 潑)은 龜峯 守一선생의 장남으로 명종 12년(1557) 11월 4
일 안동군 일직면 望湖洞 寓第에서 태어나 광해군12년(1620) 10월 19일
향리인 내앞마을 앞 白雲亭에서 향년 64세로 몰한 분이다. 숙부인 학봉
김성일에게 수학하여 선조 23년(1590) 문과에 급제하여 정언 지평 이조
정랑 상주목사 병조참의 증 직을 지냈다. 임진왜란이 발발하자 의병을

일으켜 安東守城將에 추대되고, 정유재란시에는 諸道體察使 李元翼의 종사관으로도 활약했다. 임진왜란의 호종 공으로 효종 2년(1651) 이조판서에 추증되었다.

2. 구성

이 자료는 후인들의 망각 속에 묻혀 있다가 1925년 9월에 발견하여 3책으로 粧帖했다.

3. 비고

보물 제484호로 지정되었다. 안동의 종손가가 소장자이고 한국국학진흥원에서 관리하고 있다.

Ⅲ. 野談 野史類

趙慶男, ≪亂中雜錄/續雜錄≫

1. 내용

임진왜란 때 남원 출신 의병장인 趙慶男(1570~1641)이 난중의 잡다한 일을 편년체로 기록한 책이다.

趙慶男은 한양조씨로 남원에서 태어나 중봉 조헌의 문하에서 수학하였다. 임진왜란 때 일시 고경명의 휘하에서 활약하다가 스스로 의병을 일으켜 의병장이 되었다. 이괄의 난과 병자호란 때도 의병을 모집하였다.

내용을 살펴보면 1592년~1594년 사이 전라 조방장 李由義의 거병, 창녕·영천 등의 토적, 金沔·朴晋 등의 항쟁, 경상도와 전라도의 항쟁, 경기도 조방장 홍계남의 부수사, 명나라 李如松의 원병에서, 1594년~1610년(광해군 2) 사이의 명나라와 일본과의 화의, 경상도와 전라도의 의병의 활동 상황, 명나라 원병과 이순신·권율의 활약, 난후의 수습·정비, 난후의 국정 전반에 관한 자세한 기록을 남겼다.

저자가 남원 출신이면서 영남에서 활약한 朴慶新과 인척관계였으므로 경상순영록 등의 관청기록을 즉시 참조하여 기록하였다. 따라서 壬辰倭亂 관계 자료로 현장성을 가지며 특히 정유재란 중의 기사는 여타 기록이 많지 않아 임진왜란 연구의 대표적 기본 서적으로 손꼽힌다.

2. 구성

원본은 본집 9권 9책 과 속편 7권 7책 도합 16권 16책의 필사본으로 원편에는 1592년(선조 25)부터 1610년(광해군 2)까지, 속편에는 1611년(광해군 3)부터 1637년(인조 5)까지의 병자호란의 참상을 기록하였다. ≪大東野乘≫에도 수록되어 있으며 서울대 규장각본은 편차, 수록 내용이 동일하지만 序·跋 및 附記가 전연 수록되지 않았다.

3. 비고

한양조씨 문중에서 4책으로 석인본을 간행한 적이 있으며 민족문화추진회에서 1973년 <대동야승> 소재 권 5~6으로 번역본을 간행했다 (활자본 포함).

申炅, ≪再造藩邦志≫

1. 내용

申炅(1669~?)이 1577년(선조 10)부터 1607년까지의 임진왜란 전후 30년 동안에 걸쳐 조선과 명과의 관계와 명의 후원을 받은 再造의 사실을 적은 책으로, 저자의 아들 申以華가 1693년(숙종 19)에 영천군에서 목판본으로 간행한 것이다.

저자의 자는 用晦, 호는 華隱, 본관은 平山이다. 申欽의 손자이고 翊聖의 아들이다. 金集의 문인으로 사마시에 합격했으나 병자호란이후 벼슬을 단념하고 태안현 백화산에 은거하여 학문을 닦았다.

내용을 살펴보면 1577년부터 1607년 사이 11년간의 기사가 실려 있고, 끝에는 아들 申以華의 발문이 있다. 이 책은 임진왜란 직전의 일본의 정세 탐문과 조선의 대응방안, 임진왜란의 발발과 전황, 여러 장수와 의병들의 활동, 명군의 지원과 조명연합군의 반격, 정유재란과 강화 체결, 명나라 사신의 접대와 명에의 사신 파견, 전후의 처리 방안 등이 상세히 기록되어 있는 점에서 당시의 정세를 파악하는 데 도움이 되는 자료이지만 그 저술의 기본취지가 명 신종의 '恤小之恩'과 선조의 '事大之誠'을 기리고 있다는 점에서 오늘날의 안목으로 볼 때 그 인식태도에 문제가 있는 것으로 보인다.

2. 구성

이 책은 인용서목만 해도 列聖御製·攷事撮要·東閣雜記·正氣錄·象村集·西厓集·芝峯集 등 30여 종에 이르고, 그 저술방법에 있어서도 여러 서적 중에서 작은 구절이라도 취할 것이 있으면 덧붙여 그 적확을 기하려고 애썼으며, 자신의 견해를 덧붙이지 않았다고 하였다. 규장각본의 앞 표지에 '當于三十年甲戌閏四月日藏于史庫'라고 기재되어 있고, 표지 내면에는 저자 申炅의 간단한 가통과 약력이 소개되어 있다. 서문은 없고 앞에 인용 서목 32종이 나열되어 있다. 간행년대는 알 수 없으며 목활자본의 4권 4책으로 이루어져 있다.

3. 비고

2001년 국립진주박물관에서 사례총서(역사편)으로 영인하였으며, 민족문화추진회에서 1973년 번역한 ≪大東野乘≫ 권 9에 수록되어 있다. (활자본 포함)

李肯翊, ≪燃藜室記述≫

1. 내용

李肯翊(1736~1806)이 조선조의 역사를 記事本末體로 엮은 야사류이다. 저작은 18세기 말부터 19세기 초까지 약 30연간에 걸쳐 이루어졌으며 조선조에는 간행된 적이 없는 필사본들이다. 李肯翊은 자 長卿, 호 燃藜室이며 본관은 전주이다. 그는 저명한 학자요 명필인 圓嶠 李匡師의 아들이다. 그의 백부 李眞儒가 소론의 맹장으로 영조 초년 역모로 몰리자 그의 아버지도 연좌되어 20년간 귀양살이를 하였다. 李肯翊도 아버지의 귀양지에 가서 살기도 하였고, 또 벼슬길을 단념하고 오직 野史 정리에만 몰두하여 이 책을 평생의 사업으로 완성하였다. 특히 그는 다른 史書들이 부정확하고 또 저자의 편벽된 견해에 따라 자의로 筆削한 것에 불만을 느껴 모든 사실을 객관적 기준에 따라 망라하였으며, 자기의 의사를 기술치 않기 위해(述而不作) <按>을 두지 않는다고 의례에서 밝히고 있다.

임진왜란에 대한 사건별의 일목요연한 정리에서 다른 자료보다 먼저 살펴보아야 할 기본서로 평가된다.

2. 구성

원본은 필사본으로 간행년대는 19세기 초(순조 연간:1800~1834)으로 추정된다. 깃본말체로 구성된 것이 특징이다. 총 8책 중 선조조 기사본말에 임진왜란에 관한 내용을 정리하고 있다.

3. 비고

本書는 所藏本이 여러 종 있다. 일제시대에 나온 朝鮮古書刊行會本과 光文會本이 유행되고 있으며 이를 토대로 1966년 民族文化推進會에서 ≪국역 연려실기술≫을 번역 간행했으나 앞의 단군에서 고려까지의 간단한 전말이 빠져 있다.

柳夢寅, ≪於于野談≫

1. 내용

조선 후기 야담집의 효시로 평가받는 柳夢寅(1559~1623)의 야담집이다. 필자는 뛰어난 문학가로 평가받을 뿐만아니라 임진왜란이 끝난 후 선전관으로 나후 민간의 실정을 현지에서 살핀 경험이 풍부하다. 이를 바탕으로 저술한 것이 어우야담이어서 왕조실록 등의 정사에 나타나지 않는 임진왜란 중의 민간 실정을 파악하는데 많은 도움을 주는 연구라고 할 수 있다. 논개이야기와 같은 경우 이 책에서 처음 다루어지고 있다는 사실만 보아도 알 수 있다. 다만 정상적으로 활자화 된 출판물이 없었고

여러 종의 이본이 존재했기 때문에 필사본을 인용할 때는 세심한 주의가
필요하다.

2. 구성

서울대 규장각본을 중심으로 살펴보면 다음과 같다.

> <1> 古 3472-3柳夢寅 저, 연기미상.1책(41장), 필사본, 26.9×17.2cm.
> <2> 古 3472-3柳夢寅 저, 연기미상.1책(83장), 필사본, 33.0×24.5cm.
> <3> 가람 古 813.53-Y92c柳夢寅 저, 연기미상.1책(48장), 필사본,
> 23.6×15.3cm.
> <4> 一簑 古 813.53-Y92eo柳夢寅 저, 연기미상.1책(33장, 零本), 필
> 사본, 23.0×17.5cm.
> <5> 一簑 古 813.53-Y92e柳夢寅 저, 연기미상.3책, 필사본, 33.0×20.6cm.
> <6> 一簑 古 810.82-Y92e柳夢寅 저, 연기미상.2책, 필사본, 25.1×15.0cm.

<1>본에는 총 84화가 수록되어 있는데, 한두 편을 제외하고는 韓明
澮, 尹元衡, 朴淳, 申叔舟, 李珥, 曺植 등 주로 사대부 계층의 일화에 해
당한다. <2>본은 여타의 본과 달리 권두에 유일하게 목록이 제시되어
있고 각각의 조목을 ○표시로 구분하고 있어 비교적 정연한 체제를 유지
하고 있다. 목록에는 총 117화의 제목이 제시되어 있지만 실제로는 3편
이 合述되어 있어 총 114화가 수록되어 있는 셈이다. 사대부 관련 기사
가 많지만 부녀자와 노비와 관련된 흥미로운 이야기도 다수 채록되어 있
는 등 비교적 다양한 계층의 일화가 수록되어 있다. <3>본은 '於于野
譚'이라는 제명 하에 총 35화가 수록되어 있고, 중반 이후에는 평양지방
의 인사 풍물과 관련된 시화집인 ≪箕都詩話≫가 실려 있다. 수록 편수
도 적고 누락되거나 축소된 내용이 많아 여타의 본과 비교해 볼 때 가장
소략한 편이다. <4>본은 천자문의 순서대로 면수를 매기고 있는데, 제
일 첫면이 '玄'으로 되어 있고 서두에 '二張落'으로 명기되어 있는 것으

로 보아 필사자가 소장할 때부터 앞 두장이 떨어져 나가 있던 것으로 보
인다. 총 53화가 수록되어 있는데 인물관련 일화가 대부분이다. <5>본
은 3책중 두 번째 권인 地의 앞 몇 쪽이 逸失된 데다 군데군데 종이가
닳아 찢겨져 나간 부분이 있어 정확한 편수는 알 수 없지만 대략 410여
화 가량이 수록되어 있다. 天의 전반부에는 詩話, 후반부에는 영혼·귀신
관련 일화 등이 실려있고, 地에는 재상에서부터 기생까지 다양한 계층의
인물 일화와 해학적인 기사들이 수록되어 있다. 人에는 신선·승려·술사
의 이야기와 영혼·귀신·제사·죽음·관상·지리 등에 관한 다양한 이야기
들이 실려 있고, 말미에 天啓 元年(1621)에 쓴 雙泉 成汝學의 발문이 수
록되어 있다. <6>본은 책제가 '於于野談'으로 되어 있으나 실제로는
≪어우야담≫ 중에서 詩話와 관계된 32조목을 가려 뽑은 다음, 나머지
는 梁慶遇의 ≪霽湖詩話≫, 許筠의 ≪惺叟詩話≫, 申欽의 ≪晴牕軟談≫·
≪山中獨言≫을 수록하고 있다. 따라서 이 本은 ≪어우야담≫의 詩話集
으로서의 성격이 부각되고 있는 셈이다.

3. 비고

유몽인의 후손인 柳濟漢이 1979년 景文社에서 편차를 조정하여 萬宗
齋본을 간행하였으나 오자가 많다. 2003년 전통문화연구회에서 成百曉,
李忠九 등의 감수로 간행된 국역어우야담 3권이 비교적 정확하다.

朴東亮, ≪寄齋雜記≫

1. 내용

寄齋 朴東亮(1569~1635)이 임진왜란의 전말을 일기체로 엮은 책이
다. 이 ≪寄齋史草≫는 壬辰倭亂에 관한 독자적 저술이라 볼 수 있다.

본서는 일반적으로 ≪寄齋史草≫라고 부르나 원명은 ≪辛卯壬辰史草≫
이다.

朴東亮의 자는 子龍, 호는 梧窓, 寄齋, 鳳洲이며 본관은 潘南이다. 대
사헌 應福의 아들로 1589년(선조 22) 司馬試를 거쳐 이듬해 增廣文科에
丙科로 급제, 1592년 임진왜란 때 왕을 의주에 호종하였다. 그후 도승지
형조판서 등을 지냈다.

辛卯史草는 저자가 假注書로 있을 때인 1591년 2월 3일부터 檢閱時
의 日錄인 동년 5월 61일까지의 임진왜란 직전의 교린관계와 이어 1592
년(선조 25) 6월 18일 임진왜란으로 임금을 모시고 의주로 피난가던 일
을 기록하였는데 그 때의 혼란하였던 일과 대신들의 주장 등을 쓰고 저
자 자신의 평을 덧붙였다. 壬辰日錄은 1592년 4월 13일부터 5월말까지
의 임진왜란의 발생으로부터 각처에서 아군의 패배와 임금의 평양 파천,
同年 6월 1일부터 6월말까지 임금을 모시고 다니며 일어났던 여러 가지
일이 日記體로 기록되어 있다. 분류상으로는 개인기록이지만 왕조실록
의 편찬 자료가 된다는 점에서 공적인 사례에 가까운 신빙성이 높은 중
요 연구자료로 파악된다.

2. 구성

寄齋 朴東亮(1569~1635)이 임진왜란의 전말을 日記體로 엮은 책
이다. 원래 3책으로 이루어진 것으로 엄밀한 의미에서는 조선조 초기
부터 明宗까지 野史를 다룬 ≪寄齋雜記≫ 3권에 이어지는 ≪寄齋史
草≫에 속한다. 보이나 본 규장각 소장은 <卷之 4~6>인 <辛卯史
草>와 <壬辰日錄>만이 실려 있다. 일자별로 각각의 사안이 정리되
어 있다.

3. 비고

민족문화추진회 ≪大東野乘≫에 수록 번역되어 있다.

≪宣廟中興誌≫

1. 내용

1587년(선조 20)부터 1607년(선조 40)까지, 壬辰戰亂의 배경·과정과 전후교섭을 기술한 책이다. 後寫本으로 저자와 만든 해가 밝혀져 있지 않다. 저자가 ≪壬辰錄≫에는 丹室居士의 序가 앞에 수록되어 있고 자신의 저술이라고 밝혔으나 어느 사람인지는 미상이다.

임진왜란에 관한 다른 자료들과 비교 검토하는 자료로 쓸 수 있다.

2. 구성

6권 6책의 필사본으로 587년(선조 20)부터 1607년(선조 40)까지 壬辰戰亂의 배경·과정과 전후교섭을 기술한 책이다. 後寫本으로 저자와 만든 해가 밝혀져 있지 않다. 奎章閣所藏本 중 ≪壬辰錄≫[奎 9774]은 동일한 내용의 것으로 체제를 조금 달리했을 뿐이다. 또 동일 題名의 [奎 12525]는 2권 2책으로 抄錄한 것이다. 각 책에 수록된 연대 및 주요 내용은 다음과 같다.

- 제1책:1587년 9월~1592년 5월. 平(豊臣)秀吉이 사신를 보낸 기사를 위시, 趙憲의 상소, 黃允吉·金誠一이 通信使로 渡日, 李舜臣의 등용, 임란의 발발과 申砬의 패전, 왕의 파천과 난의 과정 및 명에 請兵使 파견등.
- 제2·3책:1592년 6월~12월. 각지의 의병의 활약과 李舜臣의 唐浦

승리, 왕의 義州에서의 對明請兵, 명의 宋應昌과 李如松軍의 來
援과 平壤收復 등.
- 제 4책:1593년 1월~1594년 11월. 權慄의 幸州山城 싸움, 小西行
長과의 和議, 왜군의 京城撤兵, 李舜臣과 金德齡이 령남에서의
승전 및 金應瑞의 휴전교섭 등.
- 제5책:1595년 1월~1597년. 元均이 忠淸兵使로 활약, 沈惟敬의
和戰 교섭, 通信使 黃愼의 入倭, 李夢鶴의 반란 등과 丁酉再亂에
이어 元均의 패전 등.
- 제6책:1598년~1607년. 鄭起龍의 할약과 和戰, 露梁의 大捷과 倭
軍의 철병, 姜沆의 귀환 그리고 日本請和使의 입국, 回答使의 送
倭 등. 끝에 附錄으로 徐氏倭情錄·玉氏倭術錄·姜睡隱沆倭情錄
등을 수록하였는데 내용으로 보아 抄錄한듯하다. 分冊에 따른 내
용은 특별한 기준에 의거하고 있지는 않은 것 같으며 뒷부분에는
연월의 표시가 不分明하다. 또 앞의 내용 기술은 비교적 상세한 편
이나, 정유재란의 것은 소루한 기술이 많다. 저자의 主見이 개입되
지 않고 객관적으로 기술을 한 점이 보인다. ≪壬辰錄≫에 수록된
序文이 이 책에는 빠져 있다.

3. 비고

규장각 영본 중 丹室居士가 서문을 쓰고 자신이 이 책의 저자라고
밝히고 있는데 그의 생몰년이나 활동연대는 알 수 없다. 저자는 임진왜
란의 전개과정과 국가방어의 득실, 그리고 관군 및 의병들의 전공과 활
약상을 기록하여 후세에 전하고자 함이 본서의 편찬목적이라고 말하고
있다.
한국학중앙연구원 장서각 소장의 <임란전후사적>과 친연성을 검토
할 필요가 있다.

Ⅳ. 文集類

李恒福, ≪白沙集≫

1. 내용

백사집은 임진왜란 중 도승지와 병조판서, 우의정 등으로 활약한 이항복의 문집이다. 저자는 자신이 문집 출판을 위한 詩文을 정리하였는데 임진왜란 이후 散佚된 국가 문헌에 대한 보전정책을 건의한 바 있는 저자로서는 자신의 여타 저작에 대하여도 시와 함께 정리하였을 것이 분명하다.

과거의 문집들이 시를 가장 중시하였듯이 백사집도 예외는 아니나 다량의 차자와 계사, 임란에 대한 감상을 적은 글들은 임진왜란 이해의 연구에 일차적 자료로서 중요하다고 하지 않을 수 없다. 그 외 비문과 제문 등을 통해서도 임진왜란 중의 사정과 이항복을 중심으로 한 주위 인사들의 친소 관계도 임진왜란 이해에 중요한 부분이다.

2. 구성

家藏되어 있던 遺文은 문인들의 주도로 1629년 강릉에서 강원도관찰사 李顯英이 강릉 부사 李命俊과 함께 저자의 유고를 모아서 原集 6권, 別集 6권, 附錄 합 10책을 목판으로 처음 간행하니 ≪江陵初刊本≫이다. 강릉본이 간행된 지 6년 만인 1635년에 경상우병사 鄭忠臣이 진주에서 본집을 原集 6권, 別集 4권, 附錄과 補遺 합 8책으로 재편차하여 다시 간행하였는데, 이것이 중간본인 ≪晉州改刊本≫이다. 그러나 이 본집의 改

刻에 대하여 南人들 사이에서는 己丑錄의 문제 꾸준한 쟁점으로 거론되어 이러한 문제를 불식시키기 위해 1726년(영조 2) 嶺南 監營에서 ≪嶺營新刊本≫을 간행≪嶺營新刊本≫ 간행하였다. 원집, 별집, 부록 합 30卷 합 15册이다.

3. 비고

민족문화추진회에서 총 6책으로 국역본을 간행하였다.

李元翼, ≪梧里集/梧里先生續集≫

1. 내용

이원익은 과거에 합격한 이래 중앙의 주요관직을 두루 거치며 영의정에 올랐고 왜란과 호란 때 도체찰사로 활약하였다. 따라서 저자의 저작은 疏箚 등의 公擧文이 중요한 비중을 차지하고 있다. 原集의 소차 제목 아래 글을 올리게 된 배경을 自註로 달아놓은 것이나 疏箚集과 일기가 家藏되어 있다는 기사를 보면 이 소차집은 생전에 저자가 자편한 것임을 알 수 있다. 이와 함께 日記도 있었으며 古事閑話(眉叟記言 辨先誣疏)와 같은 筆記類의 저술도 있었던 것으로 보인다.

　續集이 주목되는데 크게 세 부분으로 구성하여 原集과는 달리 文體別로 좀 더 자세하게 분류하였다. 즉 疏箚, 啓辭, 收議, 狀啓로 구분하여 수록하고 소차의 제목하에는 그 소차를 올리게 된 배경을 약술한 편자의 주석이 달려 있다. 이중 收議는 1600년 明軍撤收에 대한 것부터 1628년 포로쇄환의 문제까지이며, 장계는 1593년 平安道 都巡察使 때 올린 것과 1596년 四道 都體察使로 星州에 주둔하면서 올린 것, 그리고 1597년 丁酉再亂 때 올린 것이다.

拾遺는 공거문을 제외한, 즉 家藏된 草本을 바탕으로 수집한 저자의
詩文을 편차한 것으로 姜籤의 묘지, 자신의 생사당에 있던 圖象의 跋 등
이 실려 있다.

別集 2권은 모두 引見奏事이다. 권1은 1596년 星州에서 還朝하여 인
견한 것과 1623년 李适의 난 때 公州에서 扈從하면서 인견한 기록이다.

오리집은 저자가 임진왜란 당시 4도체찰사로 활약했기 때문에 이와
관련된 자료가 집중되어 있어 임진왜란 연구에 주요 자료로 평가된다.
특히 ≪승정원일기≫를 열람하여 문집의 내용을 보완했다는 점이 주목
된다.

2. 구성

2卷, 別集 2卷, 附錄 2卷, 합 3冊이다. 저자의 문집에 대한 최초의 정
리는 저자의 親孫인 李守綱과 族姪 李喜年에 의해 이루어졌으며 간행여
부가 불분명한 ≪大丘本≫ 이후, 孫婿인 許穆에 의해 ≪眉叟本≫이 완
성되나 간행되지 못하고 초고의 상태로 있다가 1691년 간행되는 ≪咸興
本≫의 모태가 된다. 續集은 玄孫 李存道가 편찬하여 1705년 慶尙道 觀
察使 金演의 도움으로 간행한 것이다.

原集은 疏箚를 중심으로 구성되어 권1만이 詩文이고 나머지는 모두
소차이다. 권두에 權愈와 許穆의 서가 있고, 目錄과 世系가 실려 있다.

3. 비고

민족문화추진회의 한국문집총간 56에 수록되어 있으며, 국역 영인
≪오리선생문집≫이 있다.(한국문집편찬위원회 편, 경인문화사 1990)

李廷龜, ≪月沙集≫

1. 내용

이정구는 조선중기 문장4대가의 한사람으로 꼽힌다. 그는 생전에 여러 차례 중국을 다녀오고, 여러 번 接伴使를 지냈던 관계로 중국의 學士들과 접할 기회가 많았다. 따라서 월사집은 임진왜란 연구에서 명나라에서 파견온 楊鎬, 參將 戚金, 主事 丁應泰, 提督 李如松·麻貴, 遊擊 季金, 都司 吳宗道, 摠兵 陳璘·祖承訓 등 명 장수와 관리들과의 교유 상황이나 1598년 丁應泰의 誣告를 辨明하기 위한 진주사절과 관련되는 戊戌朝天錄, 戊戌辨誣錄 등이 임진왜란 중 대명외교에서 주목되는 사례이다. 이외 국내에서 주위 사람들에게 보낸 간찰도 중요 자료라고 할 수 있다.

2. 구성

이정구는 중국에 다녀올 때마다 詩作을 朝天錄으로 남겨 두었는가 하면, 접반사 때 지은 詩作은 儐接錄, 1613년 계축옥사 이후의 시작은 廢逐錄, 公私 酬答文字는 倦應錄 등으로 이름하여 많은 작품을 정리해 두었다. 이렇게 정리한 자편고는 詩와 文을 합하여 총 74編(卷)이었는데, 詩에는 朝天錄을, 文에는 表箋을 맨 앞쪽에 싣고 大學講語와 南宮錄을 맨 뒤에 실어 놓았다. (月沙先生文集跋, 崔有海 撰, 默守堂集 卷20) 이렇게 생전에 정리해 둔 저자의 시문은 1635년 저자가 졸한 後 1636년 74권 22책의 목판본으로 간행하게 되었다.

그 후 초간본의 판목이 훼손되고 散佚되자 1688년(숙종 14)에 경상 감영에서 原集 63권, 附錄 5권 총 20책의 목판으로 중간하였다.

別集의 간행은 重刊에도 참여하였던 증손 李喜朝에 의해 이루어졌다. 미처 간행하지 못한 遺稿의 雜著, 箚, 啓, 簡帖, 書牘, 神道碑銘, 墓碣銘,

墓表, 諡狀, 附錄을 별집 7권 2책으로 구성하고, 1720년(숙종 46)에 從姪인 大邱 判官 李雨臣의 도움을 받아 大邱에서 간행하였다. 이상을 합하면 원집 63권, 부록 5권, 별집 7권 총 75권 22책이다.

3. 비고

민족문화추진회 편의 한국문집총간에 포함되어 있다.

惟政, ≪奮忠紆難錄≫

1. 내용

임진란 때의 義僧將 四溟大師의 친필 기록을 모아 놓은 책이다. 임진왜란 중 적정 탐지와 강화 교섭을 위해 가등청정 진영에 다녀온 기록이 임진왜란사 연구에 중요하다. <紆亂錄>부분의 人淸正營中探情記, 別告賊情, 往謁劉都督府言事記, 再入淸正陣中探情記, 馳進京師上疏言討賊保民事疏, 復入淸正營中探情記(이상 1594년, 선조 27), 上疏言事(1595년). 書 4수(與圓光元佶長老書, 與承兌西笑長老書, 與玄蘇書, 與宿蘆禪師書) 등이 중요 자료이다.

2. 구성

유정의 5대 法孫인 南鵬의 주선으로 1738년(영조 14) 申維翰(1681-?)이 편집을 하고, 이듬해 7월에 密州(密陽) 表忠詞에서 개간이 되었다. 앞에 金仲禮의 序와 뒤에 宋寅明·尹鳳朝의 舊跋과 申維翰의 新刊跋(1738년)과 釋明學(1739년)의 발문이 있다.내용은 우선 신유한의 편집에 의한 四溟大師의 친필 <紆亂錄> 本文(日記體문장)과, 四溟大師가 당시 참고

로 수집 수록해 놓은 부록으로 나누어 볼 수가 있는데, 이것을 각각 상세
히 표시해 보면 아래와 같다.

<1> <紓亂錄> : 人淸正營中探情記, 別告賊情, 往謁劉都督府言
事記, 再入淸正陣中探情記, 馳進京師上疏言討賊保民事疏,
復入淸正營中探情記(이상 1594년, 宣祖 27), 上疏言事(1595
년). 書 4수(與圓光元佶長老書, 與承兌西災長老書, 與玄蘇書,
與宿蘆禪師書).

<2> 附錄 : 記松雲事蹟(≪芝峯類說≫中), 記松雲事蹟(≪於于野潭≫
中), 記松雲事蹟(≪同五志≫中), 記松雲事蹟(五臺山僧就惠所藏
文藁中), 載松雲事蹟(≪經亂錄≫中), 事蹟出密州誌松雲影堂給
復承傳.

後尾에 四溟大師를 讚하는, 白沙(李恒福)·漢陰(李德馨)·月沙(李廷龜)
등등 당대의 名士 公卿 십수명의 絶句 혹은 律詩를 수록하고, 宋寅明·尹
鳳朝의 跋文과 申維翰의 新刊跋·圭山沙門 明學의 附密州誌跋 등이 수
록되어 있다.

3. 비고

동국대학교 역경원에서 번역본이 발간되었고, 동국대학교 불교문화연
구소에서 발행한 ≪護國大聖四溟大師硏究≫에 소개되어 있어 참고된다.

高敬命, ≪霽峯集≫

1. 내용

본집은 原集 5권과 遺集 1권, 續集 1권 합 6책으로 구성되어 있다.
이중 遺集에는 <秋霜賦> 등 賦 3편과 雜著, 表箋, 敎書, 檄文, 詩가 실

려 있다. <檄諸道書>는 임진년 倡義 때 義兵將으로서 보낸 격문인데 壬辰倭亂 이후 많은 사람들에 의해 회자되던 글이다.

중권에 수록된 <正氣錄>은 아들 高用厚가 문집의 간행에 앞서 1599 년에 저자의 임진년의 事蹟과 함께 전사한 두 형의 遺蹟을 간행한 것이다. 내용은 道內에 보낸 檄書와 通文, 의병장들과의 서한, 저자의 연보와 신도비명, 묘갈명, 연보 등이 실려 있으며, 尹根壽, 李德馨, 李廷龜, 李恒福, 鄭經世, 申欽, 朴承宗 등 당대의 名賢들이 序跋을 지었다.

2. 구성

고경명은 李達, 崔慶昌 등의 三唐詩人과 함께 詩로써 文名을 떨쳐 왔는데, 그의 시문은 自編手錄本의 형태로 사후에도 아들 高用厚에 의해 잘 보존되어 있었다. 高用厚의 <覽先人遺稿有感>에 의하면, 저자가 義兵으로 출전하기 전에 자신이 평소에 저술한 詩文을 맡기고 떠났으며 이 詩文은 이후 高用厚가 정유재란 중에도 항상 등에 지고 다니며 간직해 왔다고 한다. 또 1602년경 尹根壽가 지은 神道碑銘에 "문집 5권이 있는데 세상의 문장을 논하는 선비들이 그 글을 전송하고 그 이름을 중히 여기지 않는 이가 없다"라고 하여 家藏된 5권 분량의 유문이 있었음을 확인할 수 있다. 아들 高用厚는 이 手錄本을 가지고 1614년(광해군 6) 李恒福에게 刪定과 編次를 부탁하고 서문도 받아놓았는데 李恒福의 ≪白沙集≫에는 본 서문이 <苔軒集序>로 되어 있다. 현재 시집만으로 이루어진 原集 5권이 바로 이항복이 편차한 것으로 보인다.

그 후 1616년 高用厚가 南原 府使로 부임하게 되자 다시 詩 외에 약간의 文을 더 수집하여 遺集 1권으로 편차한 뒤 1617년 原集과 遺集, 續集을 목판으로 간행하였다. ≪초간본≫ 續集은 原集과는 별도로 柳根이 가려 뽑은 약 42수 가량의 시를 간행시 續集으로 편차한 것인데, 판식

과 글자체가 原集과 약간 달라서 板下本이 달리 작성되었음을 알 수 있
다. 그러나 현재 刊本 중 속집이 포함되지 않은 본이 없는 것으로 보아
전체적으로 간행 시기는 같다고 생각된다. 이 본은 현재 규장각(奎4510),
장서각(4~6470), 국립중앙도서관(한45~가29), 성균관대학교 도서관
(D1~A476), 고려대학교 도서관(D3B~938) 등에 소장되어 있다.

본집은 原集 5권과 遺集 1권, 續集 1권 합 6책으로 구성되어 있다.

原集의 권수에는 李恒福의 서문이 있고 말미에 柳根의 跋이 실려 있
으며 목록은 없다. 저자가 일찍부터 시로써 이름났던 만큼 원집 5권 전
체가 모두 詩로서 약 1100여 수의 시가 詩體의 구분없이 연도별로 배열
되어 있다.

遺集에는 <秋霜賦> 등 賦 3편과 雜著, 表箋, 敎書, 檄文, 詩가 실려
있다. 잡저 9편 중 <胡安國不識秦檜論>은 1560년 庭試에서 수석을 한
글이며, 安容의 제문과 趙璂의 묘갈명이 있다. 권말에 高用厚의 발문이
있다.

續集은 "西坰選"이란 기록이 있어 柳根이 선정한 것임을 알 수 있다.
42수의 적은 분량의 시이지만 原集이나 遺集과는 달리 詩體別로 편차되
어 있다. 즉 오언절구, 칠언절구, 오언율시, 칠언율시 그리고 長韻의 排
律詩 순으로 배열되어 있다.

3. 비고

1980년 한국정신문화연구원에서 ≪국역 제봉집≫을 간행하였으며,
이를 종중에서 다시 2004년 재간행하였다.

V. 實記類

金沔, ≪松庵先生實紀≫

1. 내용

임진왜란 때 경상도 고령, 거창 지역에서 의병장으로 활약한 金沔 (1541~1593)의 유고와 사적을 모은 책이다. 김면의 본관은 고령, 자는 지해, 호는 송암으로 南冥 曺植을 사사하고 寒岡 鄭逑 등과 교류하였다. 임진왜란이 일어나자 1592년 5월 趙宗道, 郭越, 文緯 등과 거창, 고령 지역에서 의병을 일으켜 경상도의 북쪽지역을 왜적으로부터 지키는 데 큰 공을 세웠다. 특히 知禮와 茂溪 등에서 크게 승리하니, 義兵大將의 호를 주어 경상도 의병을 통솔하게 하였다. 1593년 정월 우도병마절도사에 제수되었으나 3월 11일 陣中에서 병사하였다. 1607년 宣武原從公臣에 녹훈되고 이조판서에 추증되었다.

송암선생실기는 임란 초 경상우도 내륙지역 의병활동의 실상을 알 수 있는 자료로 평가된다. 다만 사후 2백여 년이 지난 후 작성되었고, 타인의 기록에서 차용해온 것들이 많아 이 과정에서 杜撰된 사실들이 섞여 있으므로 매우 조심스런 자료의 비판과 검증이 반드시 필요하는 점은 이 자료의 가치를 반감시키는 아쉬움으로 남는다.

2. 구성

송암선생실기는 김면의 재종질 楓巖公의 玄孫인 김상보가 松庵선생의 死後 2백여 년이 지났는데 遺文과 倡義에 관한 기록이 산일되어 거의 남아 있지 않음을 안타깝게 여기던 중, 金氏家藏 箱篋에서 詩文과 日記를 발견하고, 茅溪手書와 壬辰日記, 문집이나 聞見錄 가운데 선생에 관한 기록들을 모아 한 권의 책으로 묶게 되었다고 했다. 김해현감 金重祚가 1785년 쓴 序, 고령 김씨의 松庵先生之世系圖가 있고, 책 끝에 방계 후손 金尙普가 1786년 정월에 쓴 跋이 있다. 본문은 상권의 김면의 遺稿, 中卷의 타인의 기록을 모은 事跡, 하권의 敎書와 祭文, 行狀 등을 모은 附錄으로 이루어졌다. 관찰사 등에게 보낸 간찰, 家藏인 <壬癸日記>와 김면 휘하에서 활동한 文緯 등의 김면과 관련 부분 사례가 있다.

시는 모두 28편, 서는 3편, 文 1편이 수록되었다. 이외 임진왜란 중의 행적을 다룬 창의사적과 부록으로 교서, 가장, 시장 등이 있다.

3. 비고

2005년 고령군과 남대 민족문화연구소에서는 학술대회논문집으로 ≪송암 김면의 생애와 의병활동≫을 간행하여 관련 논문과 함께 아울러 송암선생실기를 영인하여 수록하였다.

鄭起龍, ≪梅軒實記≫

1. 내용

蔡休徵이 鄭起龍과 관련된 사적 및 제문 등을 모아 편집한 實記로, 2권 2책의 목판본이다. 정기룡(1562~1622)은 字가 景雲, 號가 梅軒으로, 初名은 茂壽였으나 무과에 급제한 후 宣祖의 명에 따라 起龍으로 바꾸었다. 임진왜란이 일어나자 趙儆의 휘하에 종군하면서 居昌, 金山, 尙州 싸움에서 왜군을 무찔렀으며, 1597년 정유재란때에는 討倭大將이 되어 高靈 등지에서 전공을 올렸다. 훗날 三道水軍統制使 兼 慶尙右道水軍節

度使에 올랐다.

≪매헌실기≫는 비록 정기룡에 관한 기록을 후대에 모아 엮은 실기류의 책이지만 중심을 이루고 있는 <연보>는 꼼꼼하고 사실적인 細註로 임진왜란 전반에 걸친 정기룡의 행적을 객관적으로 알아보는데 많은 도움이 된다. 특히 정유재란을 전후한 경상우도의 상황과 일본군과의 전투에 대해 연구하기에 중요한 자료이다.

2. 구성

蔡休徵이 鄭起龍과 관련된 사적 및 제문 등을 모아 편집한 實記로, 2권 2책의 목판본이다. 순조 7年(1807) 간행되었다. 1718년에 쓴 蔡休徵의 서문에 의하면, 이전에 趙挺融이 찬한 정기룡의 事蹟이 자세하지 않으므로, 年譜, 諸賢의 集錄에 남은 기록, 항간의 소문 등을 취합해서 1권을 만들고, 鄭氏家의 家藏 문적을 모아 續卷을 만들었다고 한다. 따라서 1746년 李錫杓가 쓴 서문과 '崇禎甲申後百四年丁卯沙伐洞永慕齋開刊'이라고 되어 있는 간기를 종합하면, 이 책은 조정융, 채휴징, 이석표 등이 편한 내용을 수습하여 1807년 尙州의 永慕齋에서 발간했음을 알 수 있다. 卷1에는 蔡休徵, 李錫杓의 서문에 이어, <目錄>, <世系圖>, <總叙大略>이, 卷2에는 <事蹟>(趙挺融 撰), <跋文>(金兌一 撰), <統制使鄭公神道碑銘>(宋時烈 撰, 李世載 書, 金壽增 篆), <墓碣銘 幷叙>(李萬敷 撰, 李萬維 書), <御祭文>, <祭文>(全湜 撰), <挽詞> 5편, <敎諭書>, <敎統制使書>, <諭右兵使>, <諭統制使>, <皇明都督府信牌>, <皇明都察院票牌>, <大都督景雲鄭將軍尊丈號詩> 2수, <靑霞子贈詩>, <忠烈祠奉安文>, <常享祝文>(洪道涵 撰), <上樑文>(洪道涵 撰), <沙伐洞齋舍上樑文>(河瑞龍 撰), 朴慶新, 鄭起龍, 金基命, 鄭文孚 등의 화상을 모은 <嶺南左右水軍春操之圖>(畵圖缺)가 남아 있다.

이 가운데 채휴징이 편집했을 것으로 보이는 <總叙大略>은 연대기적 서술체재 안에 관련 기사를 세주로 달아 놓았으며, 조정융이 찬한 <事蹟>은 ≪統制鄭公事蹟≫(一簑 古 923.551~G712)에도 수록되어 있으며 약간의 자구 차이가 발견된다.

3. 비고

≪매헌실기≫의 목판은 상주 충익사에 보관 중이며, 1976년 건국대학교출판부에서 영인되었고 1999년 상주시의 지원으로 영남대학교 민족문화연구소에서 국역본을 간행하였다. 이 책에는 영인본이 포함되어 있다.

≪忠烈實錄≫

1. 내용

책의 권두는 壬癸事蹟을 밝히게 되는 경위와 의의를 쓴 金履陽의 序와 目錄에 이어 忠烈祠가 肅宗時修廟된 기사가 적힌 八域誌와 兩祠宇의 규모 및 祭服秩, 祭器秩이 수록되었다. 記의 守城記는 1592년 金時敏이 慶尙右道兵馬節度使가 되어 7일간의 攻防戰으로 晋州城을 死守한 사실을 全城碑, 龍蛇錄, 中興志, 鄭泗川家乘 등의 기록을 통하여 밝힌 것이다. 이어 陷城記는 1593년 金千鎰, 崔慶會, 黃進, 張潤 등이 晋州城을 사수한 사실을 忠壇碑, 兵使崔鎭漢上疏, 懲毖錄의 기록을 중심으로 밝힌 것이다. 疏에는 殉節한 諸將 중에서 追贈받지 못한 巨濟縣令 金俊民 등 21인에 대한 贈職을 청하고 官妓 論介의 旌表를 청하는 疏와 이들이 祭享되던 祠宇의 賜額을 청하는 兵使 崔鎭漢 등의 12疏가 수록되어 있다. <忠愍彰烈兩祠東西祠列位圖>에 의하면 金時敏, 金千鎰 등 총 31인이 贈職되어 配享되어 있다. 권2는 新增된 것인데 金時敏 등에 대한 각

개인별 御製賜祭文과 實錄 등이 수록되어 있다. 壬亂時 晉州城戰鬪를 살필 수 있는 자료이다.

2. 구성

1831년 (순조 31)에 鄭德善 尹台權 등이 金時敏(1554~1592), 金千鎰 (1537~1593) 등 諸將의 壬亂時 晉州城戰鬪에서의 戰功이 기록된 문헌을 중심으로, 사적을 밝히고 贈職되어 配享되는 전말을 수록하여 編刊한 2卷 2册이다. 각 책별 목록은 다음과 같다.

> 제 1책 권1 記 ; 守城記, 陷城記, 疏 ; 請贈職疏, 啓 ; 請額啓, 請春秋享禮啓, 得印啓, 請贈職定位次設齋室啓, 義嚴事蹟碑銘.
>
> 제 2책 권2 狀 ; 兩祠宇修改先報備邊司狀, 碑文, 御製得印銘, 印銘碑文 등, 詩 ; 題金將軍大捷碑後, 哀三忠祠 등 6개의 詩, 祭文 ; 得印後致祭文, 祭黃節度文 등과 祠宇重修告由文, 忠愍祠致祭文, 彰烈祠致祭文, 忠愍彰烈兩祠東西祠列位圖, 忠愍彰烈兩祠助享節目

3. 비고

2005년 진주문화원에서 국역본을 간행하였다(영인본 합본)

李雲龍, ≪息城君實記≫

1. 내용

李雲龍(1562~1610) 행적을 엮은 책이다. 이운룡은 임진왜란이 발발하자 옥포만호로 많은 전공을 세워 선무공신 3등에 책훈되었다. 또한 임진왜란 종전 후 삼도수군통제사를 역임하면서 새로운 통제영의 건설에 많은 공을 세우기도 했다. 임진왜란 기간과 종전 후 삼도수군통제영을 현재 통영인 頭龍浦로 옮긴 시기의 장계 여러 편을 중심으로 <居營日記>, 행장, 제문 등을 목활자로 간행하였다.

또한 종가에 전해져오는 필사본인 <啓本謄錄>함께 영인하였다. 이 계본은 주로 임란 후 이운룡이 삼도수군통제사로 재직할 때 올린 것들이다. 임진왜란 후 전후 수습과정, 수군의 운용 상황을 살펴볼 수 있는 중요한 자료로 향후 많은 연구가 필요하다.

2. 구성

이운룡의 후손인 李基煥에 의해 1949년 목활자로 2卷 1冊으로 간행하였다. 鄭寅普의 서문을 시작으로 교서, 세보, 장계, 거영일기 등이 1권의 수록 내용이다. 2권은 부록으로 묘지명, 신도비명과 수편의 사우명, 제문 등이 수록되었다. 한편 1991년 국역본이 간행될 때에는 追錄이라는 명칭으로 제3권에 원본 계본등록과 거영일기가 영인되었고 岐江書院 상량문과 忠讓祠 봉안 축문 등이 추가로 영인되었다.

Ⅵ. 文集 속의 日記類

張顯光, ≪文康公避亂錄≫

旅軒 張顯光(1554~1637)선생이 임진왜란을 당하여 피난한 기록이다. 임진년(1592년)부터 을미년 여름까지를 기록하였고 정유년부터 무술년의 기록은 뒤에 쓴 것이다. 앞에 서문이 있으며 뒤의 발문은 12대손 炳驥

과 14대손 昌翼이 썼으며, 여헌은 신묘년 12월에 모친상을 당하여 여묘살이를 하다가 15일에야 전쟁이 일어난 것을 알았다고 술회하고, 적장 豊臣秀吉이 10여 년간 우리나라에 사신을 보내어 미리 염탐하였으며, 적장이 우리나라가 예의를 존중한다는 것을 잘 알고 있음을 밝히고 있다. 순찰사가 백성들에게 성을 축성할 것을 독려하고 오늘 한 성이 함락되면 내일 또 한 성이 함락되는 등의 전투상황과 적이 인동 선산과 현풍 성산과 의흥 군위 등 세 갈래로 나누어 진격한 이동경로들이 모두 상세히 기술되어 있어 임란연구에 중요한 자료이다.

장현광의 본관은 仁同, 자는 德晦, 호는 旅軒이다. 정부에서 학문적 권위를 인정한 山林에 꼽혔다. 과거에 뜻을 두지 않고 학문에 힘써 李滉의 문인들 사이에 확고한 권위를 인정받았다. 柳成龍 등의 천거로 여러 차례 내외의 관직을 받았으나, 1602년(선조 35) 공조좌랑으로 부임하여 정부의 周易 교정사업에 참여하고 이듬해 잠깐 의성현령으로 부임한 것 외에는 모두 사양하였다. 1636년(인조 14) 병자호란 때는 의병과 군량의 조달에 나섰으며, 패전 후 동해안의 입암산에서 은거하였다. 문집으로 《여헌집》이 있고 《性理說》, 《易學圖說》, 《龍蛇日記》 등의 저서가 있다. 유성룡·정경세 등과 더불어 영남의 수많은 남인 학자들을 길러냈다. 영의정이 추증되었다. 성주의 川谷書院 등 여러 곳에 제향되었다.

趙守道 ≪新堂日錄≫

新堂 趙守道(1565~1593)의 일기로 무자년(1588년) 정월 28일부터 임진년(1592년) 9월 28일까지의 일기이다. 날짜를 건너뛰며 기록하였고, 동생과 함께 과거시험을 보러가거나 아버지를 모시고 친척을 방문한 일, 임진왜란을 당하여 피난간일들을 주로 기록하였다. 동생과 과거를 보러 가다가 동생이 병이 나서 급히 말을 구하여 태워 보낸 일이나 왕복하는

길에 친척을 방문하여 문안드린 일, 선유들의 유적이나 누정을 찾아 조망한 일 등을 기록하였으며, 임진난을 당하여 필자는 아버지가 부중에 나가 의병을 일으킬 것을 의논하는 데에 동행하며, 곽재우가 의병소를 창설하였다는 말을 듣고 두 동생을 의병에 참가시키고 자신은 부모님을 모시고 피난간 일과 갑자기 아들을 잃어 마음이 불에 타는 듯한 부모의 심정 등을 기술하였다. 부록으로 추모정의 상량문과 묘갈명이 부기되어 있다.

≪倭變日記≫

임진왜란이 발발한 시점부터 그해 12월 26일까지 안동인근에 출몰한 왜적의 동태와 백성들의 피해상황을 매우 자세하게 적은 일기이다. 작자가 高呑寺로 난을 피했다가 다시 胎谷으로 가서 집으로 돌아온 것으로 보아 예안 분천인근에 살면서 당시의 상황을 전해 듣고 기록한 것으로 보인다. 왜적이 13일 동래를 함락한 것으로부터 시작해서 선조임금의 몽진, 임해군·광해군이 도성을 떠난 사실, 이산해가 평해로 귀양 온 이야기 등도 언급하고 있다. 李叔樑이 의병장이 되어 蔡衍과 朴守道 등과 함께 왜적과 맞서 싸워 전과를 올린 기록도 보인다. 따라서 이 일기는 왜란 당시 안동인근의 의병활동상황과 지역일대의 피해상황을 기록하였다.

≪龍蛇事蹟≫

임진왜란이 발발한 당시 高彦伯(?~1609)의 활동과 사적을 순서 없이 모아 놓은 것이다. 고언백이 스스로 지은 것은 아니고 후손들이 선조의 사적과 공훈에 대한 것을 기록한 것으로 ≪海藏實紀≫ 권 1에 수록되어 있다.

고언백은 무관으로 이순신, 권율, 원균에 이어 제 4등의 공을 인정받을 정도로 왜적을 물리친 공이 크다. 임진왜란이 일어나자 寧遠郡守로서 대동강 등지에서 적을 맞아 싸우다가 패배하고, 계속 분전하여 그 해 9월 왜병을 산간으로 유인, 지형을 이용하여 62명의 목을 베었다. 그 이듬해 양주에서 왜병 42명을 참살한 공으로 왕은 그를 楊州牧使에 임명하고 陵寢을 보호하도록 하였다. 양주에서 그는 장사를 모집하여 산속 험준한 곳에 진을 치고 복병하였다가 왜병을 공격하여 전과를 크게 올렸다. 태릉이 한때 왜군의 침범을 받았으나 그의 수비로 여러 능이 잘 보호될 수 있었다. 또, 내원한 명나라 군사를 도와 서울 탈환에 공을 세우고 경상좌도병마절도사로 승진하였으며, 정유재란 때는 경기도방어사가 되어 전공을 크게 세웠고, 난이 수습된 뒤 宣武功臣 2등에 책록되고 濟興君에 봉하여졌다. 1608년 광해군이 즉위한 뒤 臨海君을 제거할 때, 임해군의 심복이라 하여 살해되었다. 고언백의 자는 國弼, 호는 海藏, 본관은 濟州이다.

金始炯, ≪龍蛇應募錄≫

金始炯(1681~1750)이 갑인년(1734) 늦봄에 지은 것으로, 임진왜란때 의병장 곽재우 휘하에서 의병활동을 한 사람들의 명단을 기록해 놓은 것이다. 표지는 ≪용사응모록≫으로 되어 있지만, 판심은 ≪倡義錄≫으로 되어 있다. 의병에 가담한 사람은 의병장 郭再祐를 비롯해 軍務를 分掌한 사람이 18명이고, 일반 백성으로 참여한 사람이 289명이었다. 당시 의병한 참여한 사람들은 성명, 자, 출생연도, 호, 거주지 순으로 확인이 된 것은 빠짐없이 상세하게 기록하고 있다. 또한 정유재란(1598)때 화왕산성을 지킨 사람들의 명단을 기록한 <火旺入城同苦錄>도 함께 부기하고 있다. 당시 성을 지키던 종사관은 成安義(1561~1629 자는 精甫,

호는 芙蓉堂, 거주지는 昌寧), 助防將은 밀양부사 李英, 助戰將은 창녕현
감 張應奇 외 6명, 掌書記는 裵大維 외 6명, 掌務官은 朴孝先과 文弘道
였으며, 함께 성을 지킨 사람은 모두 678이나 되었다. 창의록은 의령지
방을 중심으로 임진왜란과 정유재란에 창의한 1003명의 명단을 기록해
놓은 자료이다. 후대의 조작이 의심되는 대표적 두찬서 중 하나이므로
타 자료와의 비교나 자료의 비판 이후 인용해야 한다.

김시형의 자는 季章, 시호 孝獻, 본관은 강릉이다. 1717년 식년문과에
을과로 급제하였다. 영조 초기에 正言·獻納·執義 등 臺諫職을 지냈다.
1728년 호서·호남 지방의 按撫使 겸 순찰어사가 되어, 李麟佐의 난으로
소란해진 민심을 수습하는데에 힘썼다. 1730년 承旨에 오르고, 1732년
경상도관찰사로 부임하여 敎學振興에 노력하였다. 1736년 호조참판이
되어, 冬至副使로 청나라에 갔다가 이듬해 귀국하였다. 1740년 호조판
서, 이어 의금부판사·돈령부판사·병조판서 등의 요직을 역임하였다.

孫曄, ≪龍蛇日記≫

孫曄 (1544~1600)의 문집인 ≪淸虛齋集≫의 잡저에 수록되어 있으
며, 임진년(1592년) 4월 14일부터 계사년(1595년) 3월 20일까지 임진왜
란의 실상을 기록한 것이다. 여기에는 자신이 보고들은 내용과 피난의
경과, 난리의 양상을 구체적으로 서술하고 있다. 부산·동래·양산·언양·
영천 등의 지역이 함락된 날짜와 鄭撥·宋象賢·趙英珪 등이 전사한 것,
영남지방에서 일어난 격투장면, 난리의 틈을 타서 창고의 곡식을 훔친
사건, 군수물자를 조달한 일, 전사한 사람의 수와 적을 섬멸한 수, 의병
활동, 민심을 진압시킨 일, 기후의 변화, 난리 중 공로가 있어 승진된 사
람 등등의 세세한 일까지 기록되어 있어 임진왜란의 실상을 연구하는 데
좋은 자료가 된다.

손엽의 자는 文伯, 호는 淸虛齋, 본관은 月城이다.

都世純, ≪龍蛇日記≫

都世純(1574~1653)의 문집인 ≪嚴谷逸稿≫ 권 1에 수록되어 있다. 임진왜란이 발발하자 성주에 살고 있던 그는 형과 함께 부모와 친족들을 데리고 난리를 피해 乞水山으로 들어갔다. 난리 중에 형과 떨어졌다가 다시 재회하기도 하고, 생계 때문에 자신은 다리가 아프다고 속이고 형만 먹을 것을 구하러 떠나는 등 생활고에 시달렸던 상황들을 매우 곡진하게 피력하고 있다. 임진년(1592년)의 일들은 비록 자세하게 기술하고 있지만, 그 이후 계사년(1593년)부터 을미년(1595년) 1월 15일까지는 중요한 사건들만 기록하고 있다. 대부분이 먹을 것을 얻어먹고 구걸하는 등의 생계와 관련해서 언급하고 있어 당시 피난 생활의 일단을 살필 수 있다.

도세순의 자는 厚哉, 호는 嚴谷, 본관은 星州이다. 아버지는 夢麒며, 어머니는 강양이씨 양수의 딸이다. 일찍이 한강 정구에게서 수업하였으며, 京山誌를 편찬하였다. 효성이 지극하였으며 임란 때에는 맏형과 함께 아버지를 업고 난리를 피하였다.

李說, ≪龍蛇日錄≫

李說(1553~1609)의 문집 ≪愛日堂實紀≫上에 수록되어 있다. 1592년 4월 13일 왜적이 바다를 건너 동래·기장·울산을 함락했다는 사실을 시작으로 일기를 기록하고 있다. 의병을 모집하여 경주·영천·달성·창녕·울산 등지에서 적과 맞서 싸웠음을 언급하고 있고, 함께 했던 사람들의 이름도 빠짐없이 기록하고 있다. 또한 명나라 장수 楊鎬와 부총병 李

如梅, 제독 麻貴 등이 경주에 주둔했음도 기록하고 있어 왜란사 연구에 귀중한 자료가 된다. 다만 12월 3일 울산 도산전투에서 함께 싸웠던 金宇淨이 전사했다는 기록까지만 있고, 뒷부분이 남아있지 않다는 것이 아쉬움으로 남는다.

이열의 자는 天賚, 호는 愛日堂, 본관은 眞城이다. 아버지는 참봉 德元이며, 어머니는 여주이씨로 감찰 世元의 딸이다. 어려서부터 효성스러웠으며 부모의 상을 당하자 슬퍼함이 지극하였다. '애일당'이라는 호는 이 때문에 생겼다. 그는 문무를 겸비하여 사람들이 鶴坡의 풍채가 있다고 하였다. 昌陵參奉에 제수되었다. 임진왜란 때 권응수와 정세아를 따라 참전하여 적을 많이 죽였다. 또한 종숙부 호군 鳳壽와 함께 경주의 西川에서 적과 싸우다가 종숙부가 죽자 그는 분연히 추격하여 물리쳤다. 1598년에 곽재우와 함께 화왕산성을 지킨 공으로 인해 조정에서는 嘉善大夫에 陞資하였다.

孫起陽, ≪聱漢文集≫ 권4, 〈日錄〉

이 일기는 孫起陽(1559~1617)의 문집인 ≪聱漢文集≫에 수록되어 있으며, 무술년(1598년) 1월 1일부터 다음해 3월 27일까지 군량미를 희사하도록 독려하기 위하여 山南에 방문하고, 군량을 운반하는 과정을 적은 일기이다. 원래 임란의 모든 전말을 기록하였는데, 나머지는 산일되고 무술년 기록만 남아 있어 아쉬움이 남는다. 중간 중간에 전란소식과 일본의 사정들도 함께 수록하고 있다.

손기양의 자는 景徵, 호는 聱漢, 본관은 密陽이다. 1588년 문과에 급제하고 典籍, 蔚州判官, 永川郡守, 昌原府使 등을 역임하였다. 1612년 나라가 어지러워지자 벼슬을 버리고 낙향했다. 뒤에 尙州牧使에 임명되었으나 사퇴하고, 학문으로 여생을 보냈다. 성리학자로서 鄭逑, 鄭經世,

曺好益 등 영남의 명유들과 교유하고 만년에는 역학에 전심했다.

吳克成, ≪壬辰日記≫ 上

吳克成(1559～1616)의 문집인 ≪問月堂先生文集≫ 권2에 수록되어 있다. 경인년(1590년) 3월에 통신사로 황윤길, 김성일, 許箴을 보낸 일과 그들이 돌아와서 일본의 사정을 다르게 보고하는 등 임진왜란이 일어나기 전의 배경에서부터 4월 13일 왜적들이 부산에 쳐들어와서 조선국토를 유린하고 온갖 만행을 자행한 사실을 언급하고 있다. 아울러 명나라에서 천병을 보낸 일을 포함하여 그해 12월까지 왜란으로 발생된 일을 기록하고 있어 임진왜란의 전말을 파악하기에 용이한 자료이다.

오극성의 자는 誠甫, 호는 問月堂, 본관은 咸陽이다. 오극성은 참봉 敏壽의 아들로 1594년(선조 27) 무과에 급제, 宣傳官이 되어 당시 임진왜란으로 소식이 두절된 三南地方에 내려가 수군통제사 李舜臣과 도원수 權慄의 진중을 찾아다니면서 전황을 조정에 보고하였다. 그 뒤 司僕寺主簿를 거쳐 1596년 黃澗縣監이 되었다. 정유재란이 일어나자, 兵馬節度使를 도와 전공을 세웠으며, 1601년 訓練院 判官이 되었다.

鄭士誠, ≪壬辰日錄≫

鄭士誠(1545～1607)의 ≪芝軒先生文集≫ 권3에 수록되어 있다. 1592년 4월 13일 전쟁이 발발한 시점부터 7월 17일까지의 전란 상황을 기록한 일기이다. 지역의 왜란사 연구에 도움이 되는 자료이지만, 뒷부분이 유실되어 볼 수 없다는 것이 아쉬움으로 남는다. 대체로 고을 수령의 도주, 土賊의 창궐 등 안동인근과 관련되는 내용을 담고 있다.

정사성의 자는 子明, 호는 芝軒이다. 17세부터 이황의 문하에서 학업을 닦고 24세에 진사시에 합격했으나 대과 보기를 단념하고 학문에만 힘썼다. 1590년 遺逸로 천거 받아 태릉참봉이 된 뒤 현감을 지냈다. 만년에는 후진 양성에 힘써 문하에서 많은 인재가 배출되었다.

朴慶新, ≪助戰日記≫

朴慶新 (1560~?) 등이 청도, 밀양, 대구, 경주 일대에서 관군을 도와 왜적들을 섬멸한 일을 기록한 것으로, ≪十四義士錄≫ 권1에 수록되어 있다. 임진년(1592년) 10월 20일부터 갑오년(1594년) 6월 5일까지의 전투상황과 죽인 왜적의 수효까지 자세하게 언급하고 있고, 이러한 사실이 조정에 보고되어 통정대부의 품계까지 받게 되었음을 기록하고 있다. 이것은 경상우도지역의 의병활동상황을 생생하게 알려주는 자료로서 기존의 관찬사례나 일반적인 야사류들이 취급하지 못했던 자료상의 한계를 보완해 줄 수 있다는 점에서 그 의미가 크다. 다만 일부 내용의 두찬이 의심되므로 타 자료와의 비교나 자료의 비판 이후 인용해야 한다.

≪十四義士錄≫은 임진왜란 당시 경상북도 청도에 우거한 박경신의 부자·형제·조카·종제 등 밀양박씨 집안 14인이 왜적을 소탕하다 전사한 사실을 기록한 책으로, 1867년(고종 4)에 후손 聖默 (1811~1871)·時默 (1814~1875) 등이 중심이 되어 밀양박씨 가문에서 전해오던 ≪충의록≫과 ≪박씨충의록≫을 토대로 하여 문중의 후원과 협력을 얻어 仙巖書院에서 편집·간행하였다.

趙翊, ≪辰巳日記≫

趙翊(1556~1613)의 문집인 ≪可畦先生文集≫ 권7에 실려 있으며,

임진왜란의 체험을 기록한 글이다. 1592년 4월 14일부터 시작되는데, 12
일 왜적이 부산 동래에 침입했다는 급보를 받은 사실과 16일 학봉 김성
일이 승지에서 우의정으로 승진했다는 소식을 들었다고 하였다. 이후로
하루도 빼지 않고 기록하여 당시 왜적이 북상 중에 도발한 만행을 상세
히 알려주고 있다. 물론 객관적 입장에서 현장성을 기록하고, 간간히 자
기의 목소리를 낸 부분도 있다.

6월에서 9월에 이르는 기간은, 그가 백씨와 힘을 합하여 의병을 일으
킨 과정과 호남 지역에서 승병 700여명이 창의하였다는 사실을 상세히
기술하고 있다. 이어서 그의 의병 활동상황이 그려져 있는데, 노정에서
만난 사람과 이동 장소, 전황 등을 기록하되, 간혹 그의 입장이 표명되기
도 한다.

진사일기는 임란 발발 초기인 4월 14일에서 그 해 12월 29일까지 총
8개월여간의 창의활동을 객관적인 사실에 바탕 하여 쓴 것으로, 향후 연
구할 가치가 높은 자료이다.

조익의 본관은 豊壤, 자는 棐仲이다. 선초에 商議中樞院事를 지낸 崇
의 7세손이다. 숭이 처음 상주에 내려와 거주하였다가 그 후 춘천부사를
역임한 증조 允寧이 다시 서울로 올라갔다가 조부 禧가 다시 상주로 돌
아옴으로써 세거하게 되었다고 한다. 그의 형은 의병장으로 ≪남행록≫,
≪검간임란일기≫ 등을 남긴 黔磵 趙靖이다.

朴慶傳, ≪倡義時日記≫

조선 중기의 의병장 朴慶傳 (1553~1623)의 문집인 ≪悌友堂先生文
集≫ 권2에 수록되어 있다. 창의 당시에 掌書記의 임무를 맡았던 金後生
이 기록한 일기로, 임진왜란이 발발한 4월 13일부터 9월 30일까지만 기
록되어 있고, 그 이후의 기록은 유실되어 상고할 수 없으며, 마지막 부분

에 정유재란에 대한 언급도 하고 있다. 1592년 왜적이 대거 침입하자 박경전이 의병을 모집하고 스스로 대장이 된 전말과 당시 孔嚴陣에서 군기를 제조하고 의병과 군량을 모은 사실, 정유재란 때 창녕의 화왕산성에서 곽재우와 결사고수를 맹세하고 정병 5,000명으로 울산에서 전공을 세운 일 등이 상세히 기록되어 있다. 내용의 두찬이 의심되므로 타 자료와 비교하거나 자료 비판을 한 후에 인용해야 한다.

박경전의 자는 孝伯, 호는 悌友堂·二慕堂, 본관은 密陽이며, 將仕郎 頤의 아들로 淸道에서 살았다. 임진왜란이 일어났을 때, 청도를 비롯한 근처의 여러 읍을 굳게 방어하였으며, 火旺山城에 주둔한 郭再祐와 팔공산에 웅거한 權應銖의 진영에 왕래하면서 많은 전공을 세웠다. 정유재란 때는 다시 의병을 모집하고 울산 甑城戰鬪 등에서 많은 공을 세웠으며, 뒤에 李恒福등이 천거하여 昌寧縣監이 되었고, 1636년에는 兵曹判書에 추증되었다.

金後生, ≪倡義日記≫

임진왜란 때 청도지방의 의병활동 상황을 당시 掌書記였던 金後生이 기록한 것으로, ≪十四義士錄≫ 권2에 수록되어 있다. 朴慶新(1560~?)은 4월 20일 청도가 함락되는 것을 보고는 가족들을 데리고 雲門寺에 들어간다. 이곳에서 그는 자신이 의병장이 되고 가족과 친족들로 구성된 의병부대를 조직하여 의병활동을 전개하기에 이른다. 단순한 조직이 아닌 의병조직·군량조달·무기제조 등의 치밀한 계획을 세웠으니 장수에 못지않은 지략과 용맹성을 가졌음을 알 수 있다. 또한 의병활동에 수많은 왜적들을 물리치면서 많은 승전보를 전해주었으니 그들의 활약이 얼마나 지대하였는가를 살펴볼 수 있는 자료이다. 일기는 9월 30일까지만 기록되어 있으며, 후기에 정유재란때 화왕산성과 울산전투에서의 활동상

황도 부기하고 있다. 내용의 두찬이 의심되므로 타 자료와의 비교나 자
료의 비판 이후 인용해야 한다.

≪십사의사록≫은 임진왜란 당시 경상북도 청도에 우거한 박경신의
부자·형제·조카·종제 등 밀양 박씨 집안 14인이 왜적을 소탕하다 전사
한 사실을 기록한 책으로, 1867년(고종 4)에 후손 聖默 (1811~1871)·時
默(1814~1875) 등이 중심이 되어 밀양 박씨 가문에서 전해오던 ≪충의
록≫과 ≪박씨충의록≫을 토대로 하여 문중의 후원과 협력을 얻어 仙巖
書院에서 편집·간행하였다.

郭䞭, ≪八溪日記≫

郭䞭(1531~1593)의 문집 ≪禮谷先生文集≫ 上의 잡저부분에 수록되
어 있으며, 임란 때 왜적들이 팔계를 침입하여 식량과 무기를 강탈하는
등의 만행을 저지를 때 끝까지 싸워 팔계일대를 지켜낸 일들을 기록한
것이다. 당시 팔계를 중심으로 한 영남지방의 임진왜란사 연구에 참고자
료가 된다. 6월 9일부터 9월 20일까지 기록하고 있으나, 중간 중간 빠진
부분이 많아서 자세하고 일관된 내용을 파악하기에는 무리가 있다.

부산박물관 소자의 이 일기의 필사본과의 대조와 연구가 필요하다.

곽율의 자는 泰靜, 호는 禮谷, 본관은 玄風이다. 1558년 사마시에 합
격하고 1572년 성균관의 천거로 造紙署 別提에 초임, 金泉道 察訪, 內贍
寺 直長, 松羅道 察訪 등을 지냈다. 1586년 司圃로 특진되고, 鴻山縣監,
醴泉郡守 등을 지냈고, 1592년 임진왜란 때 草溪郡守에서 禮賓寺 副正
으로 특진되었으나 도내 유생 鄭惟明등의 만류하는 상소로 초계군수에
유임, 왜군을 방어했다.

權霔, ≪平昌日記≫

權霔(1576~1651)의 시문집인≪春睡堂逸稿≫ 권1에 수록되어 있다. 임진왜란 당시 평창군수로 있던 아버지와 함께 전쟁을 겪으면서 체험한 사실을 기록한 일기이다. 8월 7일 아버지와 庶母와 노비들을 데리고 井洞 石窟에 숨어 있었다. 8월 11일 난을 피한 군대를 굴에 매복하여 지키게 하였지만 결국 적의 총탄에 모두 죽고 서모는 왜적에게 욕을 당할 것을 두려워하여 절벽아래에 떨어져 죽었다. 아버지와 그는 결국 포로가 되어 영월을 지나 제천까지 끌려 다니게 되었다. 그렇게 포로생활을 하던 중 9월 2일 앞을 분간할 수 없는 비가 내림에 그 틈을 타서 탈출을 하게 되는 전말을 매우 자세하게 기술하고 있어 마치 전쟁을 직접 겪는 듯한 느낌을 준다. 또한 뒷부분에는 선조인 南川 權斗文(1543~ 1617)의 ≪虎口錄≫에 실린 전쟁상황도 자세하게 기록하고 있어 왜적이 일반 백성들에게 저지른 만행을 살필 수가 있다.

권주의 자는 子止, 호는 春睡堂·慕明齋, 본관은 安東이다. 斗文의 아들이며 榮州사람이다. 그는 임란 때 아버지와 함께 平昌에 있다가 왜병이 쳐들어오는 것을 보고 군대를 굴에 매복시켜 방어하다가 마침내 포로가 되었다가 탈출하였다. 1605년 진사시에 합격하였으나 벼슬에 나가지 않고 독서와 수양에 몰두하였다. 1636년 병자호란이 일어나면서 조정에서 청나라와 강화하기로 결정을 내리자 그때부터 세상과의 인연을 끊고 집 이름을 慕明齋, 春睡堂이라 하여 절개를 굽히지 않았다. 屛南書院에 제향되었다.

金蓋國, ≪湖西錄≫

충청도사의 임무를 맡을 때 기록한 것으로 金蓋國(1548~1603)의 문집인 ≪晩翠逸稿≫ 권 2에 수록되어 있다. 무술년(1598년) 6월부터 기해년(1599년) 2월까지의 기록이다. 임란의 끝나는 시점에서 전라도와 충청도의 피해상황에 대해서 언급하고 있으며, 제독 劉綎이 만명의 병사를 거느리고 남하했다가 다시 올라갔다가 또다시 서남으로 내려가면서 충청도에 끼친 물질적 피해와 농민들의 처참한 광경을 피력하고 있다. 또 이순신의 전사소식과 왜적들이 물러가게 되었음을 언급하고 있다.

김개국의 본관은 延安, 자는 公濟, 호는 晩翠堂이다. 아버지는 夢得이다. 1573년에 사마시에 합격, 생원이 되고 1591년 식년문과에 병과로 급제하였다. 관직은 정랑을 거쳐 군수에 이르렀다. 효성이 지극하여 부모를 정성껏 모셨으며 옳고 그름을 가리는 일에 임해서는 의리로써 털끝만큼도 굽히는 바가 없었기 때문에 불우한 세상을 살다가 죽었다. 뒤에 집의가 추증되었고, 1643년 영천의 三峯書院에 제향되었다.

郭守智, ≪浩齋辰巳錄≫

浩齋 郭守智(1555~1598)가 임진년 4월 17일부터 그 다음해인 계사년 12월말까지의 임진왜란을 당하여 왜군의 침략상황과 명나라에서의 구원병과 아군의 피해상황 등을 기록하였다. 4월 17일 왜군이 부산포에 침략하였다는 소식을 듣고 영주와 예천, 상주, 문경, 산양 등의 상황을 살피고 함창의 본가로 가서 가족과 신주를 모시고 소백산으로 피난시키고 가족과 친척들의 근황을 기록하였다. 4월14일 부산포에서 동래부사가 해를 입었으며 임진강에서 왜군과 접전하여 시체가 강을 메워 물이 흐르지 않는 등의 전투상황과 조정에서 무과를 실시하여 각도에서 무관을 선발한 내용과 중국에서 지원병을 보낸 일과 왜군이 왕릉을 파헤치고 만행을 저지른 일 등 보고 들은 내용을 상세히 기술하였다.

李偁, ≪篁谷先生日記≫

임진왜란 당시 李偁(1535~1600)의 일상을 기록한 것으로, 갑오년 (1594년) 5월 24일부터 병신년(1596년) 8월 14일까지 기록되어 있다. 임진왜란 당시 함안에 기거했던 그의 일상을 자세하게 알 수 있으며, 급박하던 전쟁이 조금은 소강된 상태에서 왜적과 대응하는 양상의 일면도 살펴볼 수가 있다. 그 또한 남명 曺植의 제자로서 그들 간의 관계를 통해 전란당시의 경상우도의 선비상을 이해하는데 도움이 된다.

이칭의 자는 汝宜, 호는 篁谷, 본관은 廣平이다. 아버지는 士詡며, 어머니는 은진임씨로 得蕃의 딸이다. 1558년에 생원시에 합격하였다. 퇴계 이황과 남명 조식을 사사하였으며, 정구·김우옹·장현광 등과 도의지교를 맺었다.

黃貴成, ≪亂中記事≫

晚休堂 黃貴成(1538~1605)의 ≪晚休堂文集≫에 실려 있는 내용이다. 임란 발발 후부터 이듬해 계사년 10월까지 주요사항들이 기록되어 있지만 그 뒤에는 소실되어 빠져 있고, 정유년에 사건이 조금 기록되어 있다. 기록이 온전하게 남아 있지 않아 당시의 전말을 정확하게 알 수 없지만 무신의 입장에서 당시의 사건의 주요대목만이라도 전하고자 하는 일면이 엿보인다.

황귀성은 본관이 平海이며, 초명은 貴榮, 자는 致章, 호는 만휴당이다. 고려조 太子檢校 溫仁의 후예이며, 아버지는 熙孫이다. 임란 시에 柳成龍의 추천으로 선조를 호종하여 2등 공신에 책록되고 定略將軍에 제수되었다. 무술년(1598년) 이순신이 순국함에 柳成龍의 명으로 조문하고, 이순신의 조카인 李莞과 함께 장사를 치렀다. 임진왜란이 평정된 후 귀향하여 독서로 여생을 보냈다.

필자소개(집필순)

北島万次(前 日本共立女子大學)　　　久芳 崇(西南學院大學)

韓明基(명지대학교)　　　　　　　　변동명(전남대학교)

민덕기(청주대학교)　　　　　　　　孫承喆(강원대학교)

堀 新(共立女子大學)　　　　　　　노영구(국방대학교)

신동규(한림대학교)　　　　　　　　米谷 均(日本 中央大)

朴晢晄(전쟁기념관 교육팀장)　　　김문자(상명대학교)

이민웅(해군사관학교)　　　　　　　이상훈(해군사관학교 해사박물관)

임진왜란과 동아시아세계의 변동　　　　　값 30,000원

| 2010년 4월 24일 | 초판 인쇄 |
| 2010년 4월 30일 | 초판 발행 |

엮 은 이 : 한일문화교류기금
　　　　　동북아역사재단
펴 낸 이 : 한 정 희
펴 낸 곳 : 경인문화사
편　　 집 : 신학태 김지선 문영주 안상준 정연규
　　　　　서울특별시 마포구 마포동 324-3
　　　　　전화 : 718-4831~2, 팩스 : 703-9711
　　　　　http://www.kyunginp.co.kr ｜ 한국학서적.kr
　　　　　E-mail : kyunginp@chol.com
등록번호 : 제10-18호(1973. 11. 8)

ISBN : 978-89-499-0724-6　93910
ⓒ 2010, Kyung-in Publishing Co, Printed in Korea
※ 파본 및 훼손된 책은 교환해 드립니다.